【税理士法33条の2の機能】

税理士制度と納税環境整備

川股修二［著］

北海道大学出版会

序　文

　「租税行政こそが，租税政策を規定する(Tax Administration *is* Tax Policy)」という言葉がある。いくら素晴らしい理念や政策に基づく税制であっても，執行が伴わなければ画に描いた餅である，との趣旨である。この言葉は，元々は発展途上国の税制整備の文脈で発せられたものであるが，経済活性化と財政再建の両立を目指して税制の構造的改革へと舵を切った現在の日本にも，等しく当てはまるであろう。複雑化の一途を辿る税制が，納税者に過大な負担を課すことなく執行されることは，決して自明の理ではない。さらには，税収確保や「課税の公平」の要請が一段と強まる中でも，国庫の利益に偏することなく「法の支配」に即した適正な課税を実現できるかは，グローバル市場の中での日本(の税制)，という観点からは死活的な重要性を持つ。現代日本の税制が置かれたこれらの状況の下で，課税当局と納税者の間に立つ専門家としての税理士が担う責務は，これまでにも増して重要なものとなるであろう。本書の主題はまさに時宜に適ったものということができる。

　本書における川股氏の考察を特徴付けるのは，「我が国の税理士が，一方では税務行政の「補助機関」的地位，他方では納税者の不正行為に加担を強いられる「下請」的存在，の両極へと引き裂かれ，職業専門家としての本来の公共的使命を果たすことができない状況に追い込まれるのはなぜか」という，氏の実務経験に根ざした「熱い」問題意識と，「税理士は「業」として成り立たなければならず，個々の税理士の自覚や職業倫理に訴えるだけでは問題は解決しない」という現実的な——氏は事務所の経営を預かるパートナー税理士でもある——バランス感覚の共存である。我が国の税理士を取り巻く「現実」と向き合ってきた氏は，このディレンマの解決策を「制度」に求める。「個々の税理士が，専門家としての公共的側面と業としての私益に関わる現実とを高いレベルで調和させることを「下支え」する税理士制度の

確立」のためには，(「正三角形」のイメージで表現される）国と納税者の双方から等しく距離をとりうる専門家としての税理士の地位の確立が必要であり，具体的実践を通じてこれを実現するための方策として，税理士法33条の2の書面添付制度を梃子にした，税理士の関与による「租税法の解釈適正化機能」の確立という見通しが提示される。最後の点は，租税法における「法の支配」の貫徹の観点からも，極めて重要な指摘である。

　また，ともすれば「当局」対「納税者＋税理士」という二元的対立構造で語られがちなこの分野において，専門職業人としての税理士の地位と責任を理念として掲げ，税理士が納税者の権利を擁護しつつもその不正を制する役割を担いうる制度的基盤の必要性を説く本書は，「納税環境整備」に関する議論のあり方自体を問い直し，制度論の可能性を広げる意義も有する。しかも，税理士実務の「現場」からの洞察であることが，（私のような研究者が主張するのとは異なる）重みを本書に与えている。本書の個別の主張や見通しについての異論・反論は当然ありうるであろうが，本書が示した問題意識が，実務・理論の両面からさらに考察を深めるべき重要性を含んでいることについては，おそらく異論はないであろう。

　私（藤谷）は，北海道大学在職中に，本書の基礎となった川股氏の博士論文の執筆過程に指導教員として関わるご縁に恵まれた。税の世界にあっては遙かに後輩であるばかりか，税務の現場の知識も乏しい私が，どれほどの「指導」をなしえたのかは，甚だ心許ないところであるけれども，熱意溢れる川股氏の博論執筆過程に「伴走」させて頂き，氏と様々な議論をさせて頂いたことは，私にとって非常に楽しく，貴重な経験であった。また，20代半ばの大学院生たちと机を並べて，ほぼ毎日休まず，朝早くから夜遅くまで研究室に籠って執筆活動に励む氏の姿からは，純粋な学問の喜びに根ざした真摯さが感じられ，我が身を省みて襟を正される思いがしたことも，ここに白状しておく。

　このたび，厳しい出版事情にも拘らず，北海道大学出版会のご厚意により，川股氏の論文が一書として世に問われることとなったことは，大変喜ばしいことである。本書が「真の納税環境整備」と租税法における「法の支配」の

さらなる確立のための礎の一つとなることを願ってやまない。

　2014 年 7 月

東京大学社会科学研究所准教授
藤 谷 武 史

はじめに

　本書は，わが国の税理士を取り巻く以下の「病理」の原因を解明し，その解決策を探るものである。すなわち，わが国の税理士は，しばしば納税者から「脱税」の幇助を要求されており，これに対して毅然とした態度で臨むことができず，納税者に適正な納税義務の履行を指導することもできない状況にある。なかんずく，職業専門家のなかで，およそ税理士のみが，「法律家」として社会的に認知されず，かえって下請のような存在に甘んじている。このような状況を前に個々の税理士の自覚や職業倫理に訴えることはたやすいが，おそらく問題の解決にはならない。むしろ，税理士法を中心とする法制度，及び「業」としての税理士が置かれた社会経済的な環境，の両側面から問題構造を明らかにする必要があろう。

　以上のような問題意識に立ち，本書は，まず第1章において，税理士の置かれた「苦境」を多数の具体的事例を通じて明らかにした上で，現在の税理士制度の構造的な問題を描出する。税理士は，税理士法の第1条により，独立した公正な立場で申告納税義務の適正な実現を図るという公共的な使命を負う。他方で，税理士は，関与先から報酬を得て「業」を成り立たせている役務提供業であり，「業」である以上は提供先(納税者)に満足を与えなければならない，という，相反する要請に直面している。本来，こうした緊張関係を止揚し，(専門家としての)公共的側面と(業としての)私益にかかわる現実とを高いレベルで調和させるための下支えを提供するのが法制度の役割であるが，現在の日本の税理士制度は，そのような機能を十分に果たしていない。以上の現状分析を踏まえつつ，比較を通じて解決への示唆を得るために，第2章は，①外国法との比較，及び②日本法における他の法律関連専門家制度との比較を行う。まず，前半の外国法比較では，先進国のなかで税理士制度を有する外国法として，盤石な税理士制度を持つドイツ法と，歴史的な背

景から税理士制度がわが国と酷似しながらも，近年とみに発展しつつある韓国法を検討する。次いで，後半の他の専門家制度との比較において，税理士制度と共通する問題構造を抽出し，税理士が専門家の自律性を高め依頼者からの信頼を獲得するために必要な法制度の処方を得ることを試みる。以上の比較分析を通じて本書の主題である日本の税理士制度を相対化した上で，第3章は，税理士を取り巻く病理の問題構造に対応した法制度改革の指針を示す。まず，理念のレベルでは，近時盛んに議論されている「納税環境整備」に欠けているものを示した上で，税理士がさまざまな圧力に抗して公共的使命に忠実に行動することを可能にするために必要な制度的基盤としての「真の納税環境整備」という概念を立てる。本来，公務員は公共実現のために中立的な立場を旨とするが，課税の局面では，金銭をめぐって国と私人の利益が正面から相反する関係に立つために，「公益」と「国庫の利益」の区別が曖昧化することが避けられない。ここに，国からも納税者からも等しく距離をとり，適正な納税義務の履行をチェックする専門家集団としての「税理士」が必要とされることを述べる。最後に，第4章は，第3章における「真の納税環境整備」の理念を現実化するための具体的な手段としての税理士法33条の2のポテンシャルを論証する。すなわち，税理士法33条の2は，古くから存在するが実際には効果を封じ込められた「死文」と化していた。しかし，近時の税理士法改正が税理士法33条の2に新たな生命を吹き込んだと解する余地がある。とりわけ，第3章で述べた三位一体（国―納税者―税理士）の納税環境整備に係る税理士法33条の2の効果及び機能を詳細に論じることで，具体的・実践的な法解釈のレベルでも，本書は独自の貢献を企図するものである。

　以上の検討を通じて，本書は，専門家と依頼者，そして，行政庁とのあるべき関係を提示するとともに，税理士が納税者又は国家から期待される税理士制度の確立に向けて，税理士法上の税理士の権利規定である33条の2がその役割を果たすという可能性を論じるものである。

目　次

序　　文（藤谷武史）　　i
はじめに　　v

第1章　税理士制度の問題点 …………………………………… 1

第1節　税理士法1条の沿革 ……………………………………… 2
第2節　税理士の責任 …………………………………………… 8
第1款　税理士の置かれている現状と苦境　　8
第1項　税理士と納税者の関係における状況　　10
第2項　税理士と納税者と国の関係における状況　　21
1．北村事件　23／2．本坊事件　26
第2款　ま と め　　31
第3節　税理士制度の内部構造の問題 ……………………………… 32
第1款　税理士法の実体法としての問題点　　33
第1項　税理士法上の権利義務と責任　　33
1．税理士法上の権利義務　33／2．税理士法上の責任　41
第2項　税理士法上の問題点　　42
第2款　税理士制度の内部的問題　　43
第1項　税理士の使命論からみた税理士制度の内部的問題　　44
1．税務支援に関する問題点　44／2．税理士法33条の2第2項の審査した書面を添付することの問題点　46
第2項　税理士の専門性の維持に関する税理士制度の内部的問題　　47
1．税理士法2条2項の付随会計業務の税理士業務における位置　47／2．資格付与の問題　53／3．税理士の「自律」問題　57

第4節 ま と め ……………………………………………………… 59

第2章　諸外国の税理士制度，他の専門家制度 …………… 87

第1節　ドイツ・韓国の税理士制度 ……………………………… 88

第1款　ドイツの税理士制度　89

第1項　税理士の使命　90

第2項　職務と責任　91

第3項　職業団体の自律性　93

1．税 理 士 会　93／2．登　　録　93／3．処 分 権　94／4．資 格 付 与　95

第2款　韓国の税務士制度　98

第1項　税務士の使命　98

第2項　職務と責任　101

第3項　職業団体の自律性　102

1．税 務 士 会　102／2．登　　録　102／3．処 分 権　103／4．資 格 付 与　104

第3款　日本の税理士制度との比較　106

第1項　「独占性」と「自律性」という観点　106

第2項　「職業倫理」という観点　107

第3項　ま と め　113

第2節　日本の他の専門家制度 …………………………………… 114

第1款　専門家責任　114

第1項　専門家の意義　114

第2項　専門家の契約責任　116

第3項　専門家の不法行為責任　117

第2款　法律分野専門家の専門家制度　119

第1項　わが国の法律分野専門家における実状　119

第2項　各分野の専門家制度　121

1．公認会計士の専門家制度　121／2．司法書士及び土地家屋調査士の登記業務に関する専門家制度　131／3．行政書士の専門家制度　137／4．弁護士の専門家制度　143／

　　　　5．建築士の専門家制度　149
　第3款　専門家としての制度基盤　157
第3節　ま　と　め……………………………………………………159

第3章　税理士制度と納税環境整備……………………………191

第1節　真の納税環境整備…………………………………………192
　第1款　税理士の立ち位置　192
　　第1項　税理士法1条の意義　192
　　第2項　申告納税制度　196
　　第3項　税理士法1条の本質　199
　第2款　国側か納税者側か　200
　　第1項　「保護者」である税理士　201
　　第2項　「法の監視者」である税理士　203
　　第3項　「権利救済者」である税理士　205
　第3款　真の納税環境整備　208
　　　　　0．総　　論　209／1．申告納税の局面　211／2．税務調
　　　　査の局面　212／3．権利救済の局面　213
第2節　納税環境整備の現状と改革………………………………214
　第1款　税務行政手続改革の経緯　214
　　第1項　国税通則法制定の経緯　214
　　第2項　行政手続法制定と税務行政　216
　　第3項　政権交代による納税者権利憲章の制定への期待　217
　第2款　納税環境整備の現状と改革　217
　　第1項　申告納税手続：「申告」に関する納税環境整備　217
　　　　　1．納税者権利憲章　219／2．租税教育　221／3．更正
　　　　の請求　221／4．社会保障・税にかかわる番号制度　223
　　第2項　税務調査手続：「調査」に関する納税環境整備　224
　　　　　1．税務調査手続の明確化　224／2．理由附記　225
　　第3項　権利救済手続：「権利救済」に関する納税環境整備　228
　　　　　1．国税不服審判所の現状　228／2．理由附記　230

第3節　真の納税環境整備に何が必要か……………………………… 231

　　第1款　三つの段階における真の納税環境整備　231

　　　第1項　申告納税手続：「申告」に関する納税環境整備で何が必要か　231

　　　第2項　税務調査手続：「調査」に関する納税環境整備で何が必要か　233

　　　第3項　権利救済手続：「権利救済」に関する納税環境整備で何が必要か　236

　第4節　ま と め ……………………………………………………… 237

第4章　税理士法33条の2（書面添付制度）の役割 …………… 269

　第1節　税理士法33条の2の沿革 …………………………………… 270

　　第1款　立法化された背景　270

　　第2款　改正の経緯　272

　　　第1項　昭和55年改正　272

　　　第2項　平成13年改正　274

　　　第3項　平成21年改正　276

　第2節　書面添付制度の意義 ………………………………………… 278

　　第1款　書面の添付の意義　278

　　第2款　書面添付制度の内容　281

　　　第1項　計算事項等を記載した書面　281

　　　　1．計算事項等を記載した書面　281／2．添付書面の記載項目　281

　　　第2項　審査事項等を記載した書面　283

　　　　1．審査事項等を記載した書面　283／2．添付書面の記載項目　284

　　第3款　書面添付制度の法的効果　288

　　　第1項　税務調査の省略　289

　　　第2項　事前通知前意見聴取と質問検査権との関係　290

　第3節　ドイツ・韓国の類似制度 …………………………………… 293

第1款　ド　イ　ツ　293
　　　　第1項　ドイツ税理士の監査制度　294
　　　　第2項　企業の信用リスクを補完するドイツ税理士による決算
　　　　　　　　書保証業務　296
　　　第2款　韓　　　国　298
　　　　第1項　税務調整計算書制度(調整班制度)　298
　　　　第2項　誠実申告確認制度と税務検証制度導入の挫折　300
　　　　　　　1．誠実申告確認制度概要　300／2．税務検証制度導入の
　　　　　　　挫折　301
　第4節　書面添付制度の活用による機能………………………………303
　　　第1款　書面添付制度活用による税理士の地位向上　303
　　　第2款　税務監査制度の市場経済での要求　306
　　　第3款　会計参与と結合した会計税務監査制度　308
　第5節　ま　と　め…………………………………………………………311

結びに代えて……………………………………………………………333

　　あ　と　が　き　341
　　事　項　索　引　345
　　判　例　索　引　355

#　凡　例

1．判例の出典表記は，以下の略語によった。
　　行集　　行政事件裁判例集
　　刑集　　最高裁判所刑事判例集
　　民集　　最高裁判所民事判例集
　　訟月　　訟務月報
　　税資　　税務訴訟資料
　　判時　　判例時報(判例時報社)
　　判タ　　判例タイムズ(判例タイムズ社)
　　ジュリ　ジュリスト(有斐閣)
　　金判　　金融・商事判例(経済法令研究会)
2．引用文中の〔　〕は，引用者による。引用文中の／は，原文の改行を示す。

第1章　税理士制度の問題点

　税理士制度の問題点には，二つの側面がある。その一つは，外部から強く影響を受ける職業会計人である税理士が置かれている現状や苦境を起因とするものである。また，他の一つは，税理士制度そのものが内部構造として抱えるものである。前者については，税理士に対する民事責任，とりわけ，裁判例や損害賠償責任事例を具体的に検討することにより，税理士の置かれている現状を分析することができる。そして，この文脈でいう，損害賠償請求事件における専門家について求められる注意義務の具体的な内容は，当該専門職の種類，その業務に対する一般的な期待水準，当該依頼契約の内容とその締結に至る経緯，依頼者の社会的地位や知識の程度等を総合的に勘案して決定すべきことになる。それゆえ，税理士制度を考えるときに，税理士業務の特性とは何か，また，税理士の権利や義務の状況はどうか，などが特に検討される必要がある[1]。

　他方，後者の内部的問題は，税理士法上の実体法としての問題と，専門家制度の制度論としての問題に分けることができる。税理士実体法上の問題点は，国家と専門家としての税理士の基本的な信頼関係の欠如を起因とする法制度上の税理士に対する規制である。また，専門家制度の維持にかかわる問題は，専門家としての税理士の資質や権限付与に関するものがあげられる。

　そこで，本章では，まず，税理士の基本的性格を整理するために税理士法1条「税理士の使命」の規定の沿革をたどることにする。その後，外部要因による裁判例や税理士損害賠償責任事例から税理士の取り巻かれている苦境を考察する。そして，税理士制度自体の内部的問題点を検討することにする。

第1節　税理士法1条の沿革[2]

　税理士制度は,「租税」という国家財政の根幹をなす重要な制度に関与する職業集団を維持し,ときには,規律する制度である。そのため,税理士は,その特徴ゆえに,国家による干渉を受けやすく,また,納税者の財産権に直接作用するため,しばしば,納税者が税理士をして,法令を逸脱することに加担させる結果となるなど外的な環境に影響される。そこで,税理士制度の変遷を,自然発生的に誕生した税務代理業者(税理士)が,シャウプ勧告を経て,税理士法の使命のもとで,自治的な税理士制度を確立しようとする姿として概観する。そして,最近の国際化や経済変化に伴い税理士の職域が変化してきていることを確認する。これらは,沿革を遡ることで,税理士制度の中核である税理士の使命論がいかに発展したのかを探り,今日の税理士の基本的な性格を確認するためである。

　税理士という職業は,明治以前の古くから自然発生的に存在していた。その税理士業が法制度として確立したのは,昭和17年(1942年)の「税務代理士法」(昭和17年法律46号)であった[3]が,ここでは同法成立に至る前史を振り返っておくことが有益である。

　税務代理士法制定以前は,たび重なる戦争(日清・日露)で次々と増税が行われるような時代が続いた。そのような時代の要請から,元税務吏員であった者等が納税者から税務相談等の依頼を受けることが増加し,これを独立した業とする職業が新たに誕生したのである。その後,業者のなかには,納税者に対して不当な報酬を請求する者も出てきたので,規制を目的として,明治45年(1912年)に大阪府が「大阪税務代弁者取扱規則」(明治45年府令45号)を制定した。この規則により,納税者と税務代理業者との関係に一応の規制がなされたが,引き続き,無知な商工業者に対する税務代理業者の不正,不当な行為は根絶されなかった[4]。そのため,昭和8年(1933年)に税務代理人の試験制度及び登録制度の採用等の進歩的法制の色彩を帯びた「税務代理人

法制定に関する建議案」が議員提出された。しかし，その成立をみなかったのである。他方，昭和11年に京都府が制定した「京都税務代弁者取扱規則」(昭和11年府令13号)ですらも，その性格は，税理士という職業の重要性を認めてその保護を図ろうとしたものではなかった。その内容は，取締りを中心とするもので，たとえば，事務所所在地の所轄警察署長に許可を得て開業することやその取扱規則の第4条に規定されている者(税務代弁者の許可の取消しを受けた後3年を経過しない者，他人に名義を貸し，又は，貸すおそれのある者，租税の逋脱を謀り，又は，不正行為をなすおそれのある者，所得調査委員の職にある者，その他不適当と認める者等)を税務代弁者として許可しないこと等を規定するものであった。このように，この時代の税務代弁者は，税務の専門家というよりも，警察が取り締まるべき対象として規制すべき職種であったのである。すなわち，悪徳コンサルタントである。

　昭和17年，帝国議会に日華事変以後6回目の11億円の多額にのぼる大増税案が提出された。その結果，納税者の税負担はますます増加する一方，企業経営上税務に関する知識は相当に重要な地位を占めるようになってきた。また，当時の税制は，従来のものとはその内容を変え複雑なものとなったため，税務に関しては特に専門的知識と経験を必要とするようになってきたのである。このような情勢に即応するため税務会計に関する知識経験に基づいて税務に関し，納税者の代理を行い，又は納税者の相談に応ずる等を業とする，いわゆる，税務代理業者の全国的な法整備が急務となった。そして，「税務代理士法」が誕生したのである。もっとも，この税務代理士法における税務代理士の資格付与は，大蔵大臣の許可制になっていた。とりわけ，税務代理士の義務規定が多いにもかかわらず，税務代理士の権限規定は皆無に近く，税務代理士及び税務代理士会に対する官僚統制が極めて強いことが窺える法制度であった。このように，税務代理士法は，税務代理士に対する取り締まり立法としての性格の強いものであったことは否定し得ない[5]。この時代は，税理士が賦課課税制度のもと税務官庁が税額を確定する場合の一翼を担うということであり，税務行政の円滑化という名のもとで，税務官庁の補助的機構に組み込まれていた[6]。それゆえ，税務代理士法に税理士の使命

は規定されていない。

　昭和22年には申告納税制度が導入され，加えて，昭和25年のシャウプ税制は適正な記帳を基礎にした所得課税を促進するため，所得税，法人税につき青色申告制度を導入した。一方，納税者の租税負担も戦前に比べて相当に増大し，税制はさらに複雑化した。こうした背景を受けて，昭和26年に議員立法の形で新たに「税理士法」(昭和26年法律237号)が制定されたのである。

　ところで，この税理士法制定の一つの契機を与えた昭和24年のシャウプ勧告は，税理士のあるべき姿についてどのように考えていたであろうか。勧告は「納税者の代理」という表題のもとで，税理士の重要性を認識し，税理士が納税者の代理を務め，法律に従って行動する税務官吏を助け，納税者が税務官吏に対抗しようとするときの援助者としてあるべき姿を想定していた。しかし，他方において，国税庁の税務代理士の監督は厳重に行わなければならないと提言している[7]。昭和26年の「税理士法」の成立は，シャウプ勧告による税理士のあるべき姿を実現すべく，税理士に倫理を求めることを意識した。そして，その第1条で「税理士の職責」と題し，「税理士は，中正な立場において，納税義務者の信頼にこたえ，租税に関する法令に規定された納税義務を適正に実現し，納税に関する道義を高めるように努力しなければならない」と規定した。ここに，税理士のあるべき姿が規定されたのである。そもそも，この時代の税理士の職責とは，どのようなものであったのであろうか。そこで，この時代の税理士の使命を明らかにするため検討を試みることにする。

　まず，第1条は，税理士が法令に規定された納税義務を適正に実現すること，そして，税理士が納税に関する道義(人のふみ行うべき正しい道)を高めるように努力しなければならないことを定めている。すなわち，第一義的には，租税正義を実現することが求められる。ここで，この「中正な立場」という文言はいかなる意味を持つのかということが重要である。これにつき，この時代の当該文言の主たる解釈として，納税者の税法上の権利擁護こそが税理士の使命であるという立場がある。その立場からは，納税義務を適正に実現するためには，当然に「中立な立場」が要求されるのであり，そうであ

るならば，この「中正な立場」という文言は必要ないという主張が展開される[8]。また，それを裏付けるように立法者においても，納税者の権利擁護を期待する見解がみられていた[9]。他方で，シャウプ勧告は，税理士のあるべき姿として，「中正な立場」とは，委嘱者の立場と全く重複するような立場ではなく，専門家として見識のある判断を加える立場であり，税理士が「納税者の代理をつとめ，法律に従って行動する税務官吏を助ける」という公共的な立場を明らかにするとしている[10]。また，同時に，シャウプ勧告は，納税義務者に対する税理士の役割を「納税者が税務官吏に対抗しようとするときの援助者である」と説いている。以上のように，税理士の使命は，納税者の権利擁護の立場か，公共的な立場か，について明確な解釈がされていなかったといえる。

　この税理士の使命が納税者の権利擁護か公共的な立場かの論争は，その後も引き継がれていった。その間，昭和31年と36年に軽微な税理士法改正が行われた。そして，いよいよ，税理士法の抜本的な改正に向けて，日本税理士会連合会(以下，日税連)は，昭和36年に税理士法改正意見書を国税庁，大蔵省に提出し，法令改正を要する事項について日税連と関係官庁の間で意見調整を行った。そして，政府は，昭和26年に税理士法が施行されて以来の税理士制度の運営につき，税理士のあり方その他税理士制度の全般について根本的な検討を加えなければならない時期であるが，その結論を得るには十分な議論が必要であるとの問題意識を持つに至り，昭和37年に税制調査会に対して「今後におけるわが国の社会，経済の進展に即応する基本的な租税制度のあり方」について諮問し，そのなかで「現行の税理士制度の改善策」についても検討を要請した。これを受けて，税制調査会の税理士制度特別部会は，昭和38年12月6日「税理士制度に関する答申」を取りまとめた。この答申を踏まえた昭和39年改正案は，税理士の地位向上及び業務運営の適正化を図ること，税理士業務の定義を整備し改善すること，税理士となる資格について改善し合理化を図ることを主眼としたものであった。とりわけ，注目されるのは，税理士業務の地位向上又は拡充として，納税者からの税務相談に際して表明された税理士の専門的意見を尊重して，納税者の信頼に応

えるため，申告書に対する税理士の審査証明の制度が新設されたこと，及び，税理士は，付随業務として，会計業務を行うことができる旨の規定が新設されたことである。また，税理士会の自治権の尊重として，税理士の報酬は，国税庁長官がこれを定めるという当時の制度を改め，税理士会が自主的に定めること，さらに，職業専門家としての確立を目的として，税理士となる資格の付与について改善を図ることであった[11]。しかし，この改正案は，その内容について，関係諸団体（とりわけ，税理士会）との調整がつかず，意見が食い違い廃案[12]という結果となった。その後，税理士制度の改正の実現をみるまでに，約15年もの歳月を費やすこととなった。

　ここで注目されるのは，この「税理士制度に関する答申」において，税理士の「中正な立場」とは，「委嘱者の立場とまったく重複するような形においてではなく，税務会計専門家として見識ある判断を加えるという形」と解している点である。このような見解は，税理士の使命につき，納税者の権利擁護というより，税理士の公共的な立場を明らかにするためのものという色彩で強く理解されるようになってきた証といえる[13]。もっとも，納税者の権利擁護に重心を置く立場は，依然として主張されていた。

　昭和39年改正案の廃案後，税理士業界ではあるべき税理士法への研究が行われるようになり，日税連に税理士制度調査会が設置された。このような税理士業界における研究を積み上げて，昭和47年4月に日税連の「税理士法改正に関する基本要綱」が取りまとめられた。これは，「税理士の使命」として，次のごとく規定した。「税理士は，納税者の権利を擁護し，法律に定められた納税義務の適正な実現をはかることを使命とする。税理士は，前項の使命にもとづき，誠実にその職務を行ない，納税者の信頼にこたえるとともに，租税制度の改善に努力しなければならない」。この税理士の使命は，弁護士法1条の弁護士の使命に類似している。それは，当時の税理士法1条の「中正論」を，税理士の専門家としての立場を認めつつも，税理士をいわゆる税務会計専門家とし，かつ，税務行政の補助機関ないしは税務の代書人として捉えようとする政府の見解と，それに対する反作用としてやや過激な納税者の権利擁護論を中心に据えることで税理士の使命を成文化しようとし

た税理士側との意思が顕著にあらわれた結果と思われる。ここで，その使命を納税者の権利擁護とする見解をみると次のとおりである。民間の職業専門家としての税理士の登場が必要とされる場合について，その多くは問題が自明でないために評価が分かれる場合があるとされる。その問題とは，税務上，明確に損金であり，また，益金であると判断できない場合を指し，そして，損金であるか益金であるか評価が分かれるといういわば限界状況の場合では，税理士が納税者の法的権利を擁護するために判断をする使命があると説明される。そうすると，税理士のあるべき本質論的使命は，単なるいわゆる税務会計専門家としての立場ではなく，まさしく納税者の代理人として納税者の法的権利を擁護すべき税法専門家としてのそれでなくてはならず，その意味では「税金の弁護士（タックス・アトーニー）」としてのそれでなければならないという主張[14]が展開される。しかしながら，税務行政の分野における税理士という特質から，税理士が，税法の解釈問題であろうと租税要件事実の認定問題であろうと，中正ないしは公正な立場に立って問題に対処すべきであることは自明であり，その問題があまりにも自明であって疑問がない場合には，税務当局が判断しようと税理士が判断しようと同じ結論になる。実際のところ，問題が自明ではなくて評価が分かれるといういわば限界状況は，それほど多くあらわれることがないといえる。また，「納税者の権利を擁護する」という文言は，直観的に税理士の「公器」としての役割を否定するようにも捉えられる。それゆえ，弁護士の使命論と同様な文脈における税理士の使命論を受け入れるには，いささかの躊躇を感じるところである。さらに，この基本要綱の「税理士の使命」は，当時の複雑な状況下で，突如として，日税連で凍結されたのである[15]。なお，その凍結の経緯は，税理士の使命論として，多くの議論を経た結果としてそうなったのか，何らかの政治的な要素が介入したのかは明らかでない。しかしながら，現在においても，税理士法改正の都度，「納税者の権利を擁護する」という字句を税理士の使命の条文に挿入すべきであるとの主張が続けられている[16]。この問題につき，「従来から，税理士の使命に関し，税理士は納税者の権利を擁護することを使命とする旨明記するかどうかの問題があるが，そもそも〝納税者の権利〟

とは，法律技術的にみて，その具体的内容が必ずしも明確でなく，またこの点については，納税者にとっては自己の納税義務が適正に実現されれば何ら不利益を受けたことにはならないことを考えれば，あえて，このような規定を設けるまでもなく，「納税義務の適正な実現」で十分といえよう」とする見解がある[17]。

　その後の昭和55年の改正[18]では，「税理士は，税務に関する専門家として，独立した公正な立場において，申告納税制度の理念にそって，納税義務者の信頼にこたえ，租税に関する法令に規定された納税義務の適正な実現を図ることを使命とする」と改正された。しかしながら，税理士の使命論に関する論争が決着したわけではない。この昭和55年改正の税理士の使命，すなわち，現行の税理士の使命の意義については，次章以降で述べる。さらに，平成13年の改正は，その間の経済取引の急速な国際化，電子化及び情報化の進展に伴い，税理士に対する納税者等の要請が複雑化，多様化してきている経済社会の変化に即応していく必要から，概ね20年ぶりの改正となった。それは，近時の規制緩和の要請も踏まえつつ，納税者利便の向上に資するとともに信頼される税理士制度の確立を目指す観点から，税理士法人制度の創設，補佐人制度の創設[19]，意見聴取制度の拡充[20]，などの所要の見直しを行った。とりわけ，補佐人制度の創設は，税理士を単なる行政庁の最終救済機関である国税不服審判所の納税者の代理人という立場から，司法制度の枠組みの行政訴訟での納税者の代理人という立場に大きく飛躍させた。このような，税理士業務の大きな変化のなかでも昭和55年に改正された「税理士の使命」は，維持されている。

第2節　税理士の責任

第1款　税理士の置かれている現状と苦境

　近時，税理士に対する損害賠償に係る訴訟は増加している。その大きな原

因は，経済環境の変化に伴い複雑化する租税法や納税者の権利意識の高揚とされる。さらに，これらの原因以外にも，税理士のプロフェッションとしての技量や意識の欠乏と職業倫理観の欠落もその原因となっている。これらのことが，税理士の業務が民事における実体法の義務違反もなく，税理士倫理規定に違反しているのでもないとしても，税理士自らがその役割を明確に認識していない結果，依頼者に失望をもたらし，広く世間の反感を買うような事態が起こっている。そして，それが，依頼者との信頼関係を破壊し，訴訟の増加に結びついている。また，他方において，税理士を取り巻く状況や納税環境整備の未整備に起因することも少なからず存在するといえる。

　税理士は，税務に関する専門家として，依頼者の信頼に応え，租税に関する法令に規定された納税義務の適正な実現を図るために，誠実に税務相談，税務書類の作成，税務申告の代行等の職務を行う義務がある。そして，税理士は，日頃から研鑽を図り，税務に関する法令及び実務に精通し，右職務を遂行しなければならない。それゆえ，依頼者から税務に関して指導，助言を求められ，税務書類の作成，税務申告の代行等を委任された場合，法令等の解釈，適用を正しく行って指導，助言をし，書類作成や申告手続に過誤がないようにしなければならない。その限りにおいて，税理士は，専門家としての高度な契約上の注意義務を負うことになる。そして，注意義務違反による債務不履行が存在するかどうかは，契約の具体的中身，つまり，税理士と依頼者の個別の契約内容から判断されるべきであるといえる。もっとも，近時の専門家責任論においては，税理士の契約上の責任（高度な注意義務責任）と専門家の特色とされる「誠実義務」の違反による責任論[21]が展開されている。このような誠実義務が税理士業務において，なじむか否かという問題につき，「税務行政の分野で，税理士がその業務において，依頼者に最良な選択肢が存在するという裁量という要素を考慮する余地は少ない」とする見解がある[22]。確かに，納税者の納税義務は，法律の定める課税要件の充足によって当然に成立する。その意味では，納税者の自己決定権を考慮しなければならないケースは少ないといえる。そして，多くのケースでは，税理士が判断しようと課税庁が判断しようと，同じ結果になる。つまり，医師と患者

の関係のように延命措置を選択するような場面もなければ，弁護士と依頼者の関係のような訴訟追行の継続を選択する場面もない，いいかえれば，税理士の自由な裁量が許されているのではない。それゆえ，税理士業務の注意義務には，一般に専門家の「高度な注意義務」の内容とほとんど同じものが包含されるのである。そうであるならば，誠実義務によって注意義務範囲を拡張する特段の必要はないのではないかといえる。また，本節で取り上げる税理士責任につき，民事上の注意義務違反と税理士法上の義務違反による責任が必ずしも明確に区分されていないと思われる。たとえば，税理士法41条の3(助言義務)は，税理士という職業に関する規定であり，その違反による制裁は税理士法に規定されているのである。それゆえ，民事上の注意義務違反と税理士法上の義務違反は，同じ舞台で評価されるものではないと考える。

第1項　税理士と納税者の関係における状況

　税理士は，依頼者からの損害賠償請求に関する責任を担保するために，税理士職業損害賠償責任保険(以下，税賠保険)に加入している。この税賠保険の平成22年度における損害賠償請求に対する支払い件数は，211件であり，その金額は，約9億6400万円にも及ぶ[23]。しかし，これらは，損害賠償請求事件の一部であり，現実には，税賠保険の適用を受けないものも多い。そして，多くの損害賠償請求事件は，税理士の単純な業務過誤によるものから生じる。他方，想定の範囲を超過するような責任に対する賠償請求も散見されている。このようなことから，判例の分析は，税理士を取り巻く状況を如実に炙り出し，税理士の苦境を透写するために有益である。そこで，本項では，近時の損害賠償請求事件の判例及び税賠保険の支払い事例から問題を抱える事案を抽出し，依頼者から求められる税理士の責任について考察する。ここで取り上げる判例は，とりわけ，税理士の責任の射程が広く，税理士の立場からは，承服しがたいものが多くある。つまり，それは，端的に，税理士の置かれている厳しい状況や苦境をあらわしている。

（1）「納税者の要請と税理士の責任」(東京地裁平成21年10月26日判決判タ

1340号199頁)[24]

　本件では，不動産賃貸業をしている原告Xが，税理士である被告Yに対して，平成11年度から平成17年度までの所得税の確定申告に係る青色申告決算書及び確定申告書の作成を委任したところ，Yが税理士としての職務上の注意義務を怠り，Xから提出された資料の内容を精査，確認しないまま漫然と確定申告書等を作成し，Xにこれらを提出させて確定申告を行った。その結果，不動産収入の申告漏れ及び経費計上の誤り等があったため，Xは修正申告した上，加算税，延滞税等を課せられ，合計402万3300円の支払いを余儀なくされたとして，Yに対し，委任契約の債務不履行に基づく損害賠償を請求し，前記加算税等相当額及びこれに対する請求の日の翌日から支払い済みまで民法所定の年5分の割合による遅延損害金の支払いを求めた事案である[25]。

　Yの主張に対して，判決で述べている最も注目すべき部分を以下のように分析する。すなわち，判決は，「Yは，更新料は免除される場合が多く，Xから提出された各資料にその記載がなければ，免除されたものと解するのが当然であると主張する。しかし，本件不動産のような賃貸物件の賃貸業者が更新料を免除する場合が多いとは直ちにいえないのであって，Xに対し，更新料の免除の有無を確認することなく，免除したものと解するのが当然であるとのYの前記主張は採用することができない」とする。さらに，Yが，Xの子であるKに対し，礼金等の有無の確認などを求めたにもかかわらずKがこれに応じなかった旨を主張した点について，この主張を裏付ける的確な証拠はないとした。そして，仮に7年間にわたって，一度も上記要請に応じなかったのであれば，「税理士としての職責を担うYとしては，もはや，適切な業務が遂行できないとして，本件委任契約を解除するなどの手段を講じるのが自然である」などと判示した。確かに，税理士は，委任契約を解除するという毅然とした態度で納税者に臨むべきである。しかしながら，委任契約を解除することのみでは，問題の解決にはならない。実際のところ，税理士は，納税者の不正な行為に対して適正な納税義務の履行をするように助言をして，納税倫理を啓蒙することによって，納税姿勢の是正を求

めるよう継続して努力をしている。しかし，納税者側で真実を明かさず隠蔽することも多い。それゆえ，それを原因として，委任契約の解除にまで至らないのが現実的な関与形態(委任関係)なのである。そもそも，この事件の問題の核心は，従前から税理士に対して「正しい納税姿勢」を示さないXが，税理士を「上手く利用」し，税務調査における責任を税理士に転嫁してきたことにあると思われる。それは，次の事実関係から窺い知ることができる。すなわち，Yに対し「Xの計算どおり申告してほしい旨の要望」があったため，やむを得ずYが受けたが，「Xから提出された本件各資料には，礼金等の収入の記載がなく，領収書にはほとんど使途が記載されておらず，必要経費に当たるか否か判別できなかったため，Xの計算を採用せざるを得なかった」という事実である。ところが，裁判所は，Xが礼金等の収入の有無や支出の使途を明らかにせず，Xの計算どおりに申告してほしい旨を要望したという点，あるいは，税理士には，不動産賃貸の仲介業者に対して契約内容を確認する権限がないから，やむを得ずXの計算どおりの金額を採用した点などのYの主張については，「Yは，納税義務の適正な実現を図るために，独立した公正な立場において，職務を遂行すべき職責を担う税理士であり，依頼者から何らかの要望を受けた場合には，必要な範囲で，税理士としての専門知識や技能に基づいて，依頼者の信頼に応えるべく，その要望内容が適切か否かについて，調査，確認すべきであり，仮に，不適切な要望である場合には，その要望を漫然と受入れることなく，これを改めるよう，助言・指導すべき義務を負うと解される」というのである。この点に関し，Yは，Xが故意に仮装隠蔽した事実について，税理士としての職務権限をもって調査することは不可能である旨，XのYに対する仮装隠蔽の意思を主張したが，「Xが重加算税の賦課決定に対する不服申立てをしないまま，本件加算税等を支払ったことをもって，XがYに対し，殊更に仮装隠ぺいを行う意思をもって本件各資料を提出したとは認められず，他にXが故意に仮装隠ぺいしたと認めるに足りる証拠はないので，Yの上記主張は理由がない」と排斥している。通常の税理士業務でも，本判例に類似したケースが相当に潜在的な常態として存在するといえる。また，この事案では，X

の子であるKが実質的な申告において多くの情報を把握していると予想され，Yの甥であるNが税理士であることを考慮すると，税理士側の証拠立証に不備があったのではないかと思われる。そもそも，税理士の実務においては，納税者からの情報収集には限界がある。それは，税理士には，税理士法による課税庁の有する質問検査権のごとき権利がないからである。したがって，税理士は，依頼者との信頼関係を基盤とした，依頼者からの正確な情報提供を期待するより方法はないのである。本件の場合も，おそらく，一年に一度の確定申告時期に数万円程度の報酬を得て申告業務を行うことを受任していたのであろう。なぜなら，青色申告決算書の作成を依頼者の責任において作成させていた事実があるからである。税務の現場では，適正な納税義務を履行しようとしない納税者が，税理士を欺きつつ，税理士を申告の作成に関与(税理士の自署押印)させることで，課税庁に対して適正な申告書であることを表現するという一種の保険的機能として，うまく利用する行為が横行している。このように，納税者が税理士を楯にとることに関しても，税理士の責任が厳しく問われることは承服できない。それゆえ，納税者の責任についても，相当に厳しく明確に問われなければならないのである。

（2）「配偶者の相続税額軽減に関する説明義務等」(東京地裁平成15年9月8日判決判タ1147号223頁)[26]

本件は，税理士であるYの説明義務違反及び任務懈怠によってXの母が支払うべき相続税の算出に配偶者の税額軽減を適用できず，加えて，その延納が許可されなかったなどとして，母の遺産を相続したXがYの債務不履行により被った損害賠償を求めた請求が棄却された事例である。

税理士に対する損害賠償請求訴訟は，裁判所が税理士に対して厳しい判断を下す傾向にある。とりわけ，訴訟は資産税に関するもの，たとえば，本件のような相続税や買換特例を適用する譲渡所得税に関するものが多い。これは，納税額が多額であること，また，申告が一度きりの単発であることなど，税理士と依頼者の信頼関係の構築が脆弱であることが原因である。たとえば，顧問税理士を務めている企業経営者からの直接の依頼の場合は，委任関係が

長期間にわたり，深い信頼関係が醸成されているので，混乱は少ないといえる。しかし，経営者自身が被相続人の場合であっても，税理士がその相続人と面識がないとき，日頃からあまり交流がない場合は，混乱が生じやすいといえる。しかも，近時の納税者の権利意識の向上と法律専門家の市場競争の激化から，訴訟を提起しやすい状況が散見されている。これらの諸要因の相乗効果が依頼者の税理士に対する不信に拍車をかけ，すべてのことを税理士の責任に帰すという主張を依頼者にもたらす結果となっている。本件もまさしく典型的な事案である[27]。

　判決は，「次に，問題になるのは，原告が配偶者税軽減に関し申告期限後3年経過時の手続について説明していないことが被告の債務不履行に当たるかという点である。これを本件についてみるに，前記認定事実によれば，①被告は，従兄の弁護士の紹介で原告から相続税申告手続を受任したこと，②被告は，第1相続の相続税申告に当たり，原告に対し，Fの遺産分割が未了であったため，Gについて配偶者税軽減の届出ができないので，遺産分割完了後に，更正の申告をすると説明したが，遺産分割が相続税申告期限から3年以内に完了すれば税務署長の承認は不要であり，税務署長の承認が得られる期間が満了するのは，相続税の申告日から数えても3年以上も先のことであること，③被告は，C弁護士が原告の遺産分割事件を受任している間は原告から遺産分割の進捗状況の報告を受けていたが，C弁護士解任後の平成4年10月以降は原告から遺産分割の進捗状況の報告を受けなくなったことが認められる。以上の事実によれば，被告が，平成3年の相続税申告の段階で，原告らの遺産分割が，申告時から3年経過しても終わらないという事態を想定し，原告に対し，その手続を説明しなければならないというのはいささか被告に酷であって，被告がそのような義務までを負っていたと解することは困難であるというべきである」とした。

　その事実認定をもとに，「原告は，被告が配偶者税軽減について税務署長に対し承認申請書を提出していないことをもって，被告の債務不履行と主張している。しかし，前記認定事実によれば，原告は，平成4年10月ころ，被告に原告を紹介したC弁護士を解任し，同弁護士の解任後は被告に遺産

分割の進捗状況について報告をしなかったことが認められ，そうだとすると，被告は原告らの遺産分割事件が相続税申告から3年以上経過してもなお決着していないことを知り得なかったというべきであり，被告の承認申請書不提出をもって被告の債務不履行ということはできない」と判断した。さらに，「原告は，被告が延納手続について担保提供が必要なことを説明していないと主張する。しかし，前記認定事実によれば，①被告は原告に対し延納申請書の控えを交付しているところ，同控えには担保記載欄があり，担保が必要なことが明記されていること，②原告はその後自ら尾張瀬戸税務署に担保提供書を持参していること，③原告は延納申請が却下されても，本訴提起に至るまでの約10年間，被告の延納手続を問題にしていなかったことが認められ，これらの認定事実に照らすと，被告は，原告に対し，延納手続に担保が必要であることを説明していたと認めるのが相当である」として延納申請に関する債務不履行を否認した。

　本件判決のみから判断することにやや問題があるとしても，事実関係からは，平成4年の被告Y税理士の従兄のC弁護士が解任(当然，Y税理士も解任されたと黙示に理解していた)され，10年以上経過した平成12年に至り，依頼者らの遺産分割審判が確定したことをもって，更正の請求を別の税理士に依頼したところ，承認申請書が未提出であるため，更正の請求はできないと説明されたこと，それに起因して，依頼者が平成13年に再びY税理士のもとを訪れ，更正の請求を依頼してきた事実が窺える。これにつき，たとえ，依頼者に対して更正の請求が実現できなかったとしても，その後の税理士の対応は真摯であったといえる。したがって，Y税理士の業務に関しては，慎重に履行され，十分に注意義務を果たしていると考えられる。この状況からは，おそらく，他の税理士でも同じような結果になったであろう。つまり，本件税理士の業務履行は，通常行うべき相続税の申告手続を何ら逸脱していないということである。そうであれば，なぜ，依頼者が提訴に及んだのであろうか。判決から読みとれるほかに特別の事情がないとするならば，依頼者の主張は，まさに，依頼者のやり場のない感情が税理士に向かったとも想像し得るのである。

（3）「納税者がすでに買換特例を受けていた事実を示さない状況で，税理士が十分な調査を怠り，買換特例の適用が可能と誤って教示した。そのため，譲渡所得の取得費に誤りが生じたとして，損害賠償請求が認められた事例」(京都地裁平成7年4月28日判決 TAINS Z999-0008)

　依頼者は，税理士の高度な専門知識の活用を期待して業務履行を要求することがある。その場合には，税理士は，依頼者との間で最大限の節税を遂行することを目的とする契約を交わす必要がある。その結果，税理士は，依頼者の要求に応えて，誠実に節税計画を実行する義務があるといえる。それゆえ，選択肢のある節税効果のある税法を採用するという依頼者の選択意思の確認や節税効果を生むための税法の適用については，税理士が実行し得る可能な範囲で確認をしなければならない。

　本判例は，節税計画を実行することを期待された契約において，税理士が，税法の適用に関する事前確認を怠ったため，節税効果を得る機会を失ったとして，その損害賠償を請求された事件である。

　争点は，税理士が関与する前に行われた特例適用譲渡に係る課税情報をどこまで採取すべきであるかということである。この点につき，税理士側の反論として，税理士が依頼者に対して，過去に特例適用譲渡があったか否かを質問し，譲渡がない旨の回答を得ていること，また，過去申告書の納税者控えの提出を求めたところ，依頼者からは，その申告書の提出がなかったことなどの理由を示している。それにより，税理士は，適正に情報採取の義務は履行したと主張している。この主張に対し，判決は，税理士が「依頼者から事情を聴取する際には，特に問題となりそうな点に言及し，事実関係を把握できない場合には，課税庁で当該疑問点を指摘し，調査を尽くさねばならない」とした上で，「税理士は，依頼者からの事情聴取で生じた疑問点については，課税庁に出向いて，過年度の申告書類の閲覧を求め，税務職員に閲覧を拒否されたならば，少なくとも，疑問点を特定して質問をし，回答を求めなければならない」と判示している[28]。しかしながら，この判決は，税理士法による税理士の権利（たとえば，閲覧に関する権利）制度に関する理解が乏しいといえる。なぜなら，税理士が課税庁に対しこのような閲覧を請求し

たとしても，現実には，課税庁側の守秘義務を理由に退けられる例も多いからである。さらに，その場合でも，課税庁は，その拒否の理由を税理士に明示する義務はない。つまり，税理士制度において申告書の閲覧制度が設けられていないのである。そうであるならば，判決のいう注意義務違反の射程内容が，手続的権利として保障されているとはいえない申告書類の閲覧を税理士が怠ることにまで拡張することになる。これは，酷な責任を税理士に負わすことになるといえる。

　また，この判決を含む多くの判決は「ところで，税理士は，税務に関する専門家として，依頼者の信頼に応え，租税に関する法令に規定された納税義務の適正な実現を図るために，誠実に税務相談，税務書類の作成，税務申告の代行等の職務を行う義務がある(税理士法1条，2条参照)。そして，税理士は，日頃から研鑽を図り，税務に関する法令及び実務に精通し，右職務を遂行しなければならない。したがつて，依頼者から税務に関して指導，助言を求められたり，税務書類の作成，税務申告の代行等を委任された場合，法令等の解釈，適用を正しく行つて指導，助言をし，書類作成や申告手続に過誤がないようにしなければならない」と税理士法を引用して税理士の委任契約上の注意義務を判示している[29]。しかし，依頼者に対する委任契約上の注意義務違反と税理士法上の注意義務違反はどのように関係するのか釈然としない[30]。これらの義務の遂行や違反の評価は，税理士と依頼者の個別の契約内容そのものから評価されるべきであり，注意義務違反による債務不履行が存在するかどうかは，契約の具体的中身によって判断されるべきである。他方，税理士法の規定は，税理士という職業に関する規定であり，違反による制裁は税理士法により解決するものである。仮に，民法の委任義務のなかに税理士法上の義務が包含されるとしても，その義務が履行できるような制度的な担保が必要であり，そのような制度がなければ，義務を負うこともない。

　なお，この控訴審である大阪高裁平成8年11月29日判決TKC文献番号28020219，TAINS Z999-0012では，税理士が過去に特例適用譲渡がない旨の回答を依頼者から得ていること，また，依頼者からの過去申告書等の情報

提供がなかったことを認定し，情報採取の義務履行が適正であるとした。その結果，依頼者においても，適正な情報提供を怠ったことに対する責任の配分を認定する判断がなされた。控訴審では，税理士の責任が限定されたものの，税理士に対する過大な責任が課される一方で，納税環境整備のなかで税務情報に対する手続的権利の整備が遅れている状況が存在する。これらは，税理士の責任の強化とそれを担保する税理士制度の構築という均衡をどのように実現すべきであるかという問題として捉えられる。

(4)「税理士には，相続税修正申告書の事務処理にあたり委任者へ延納許可申請の助言・指導義務があるとした事例」(横浜地裁平成6年7月15日判決判タ904号145頁，東京高裁平成7年6月19日判決判時1540号48頁)

本件は，税理士の委任契約上の債務不履行の有無が争われた事件である。Xら(長女・越部，五男・益次郎，六男・良次郎)は，税理士であるYに対し，Xらの相続税修正申告に関する手続を委任したところ，Yが修正申告書を提出したのみで，当該相続税の納期限までに又は納付すべき日になすべきであった相続税延納許可申請を怠った[31]。そのため，相続税を一括納付することができないXらは，これを延滞せざるを得ないこととなり，この延滞税額と延納許可を受けていれば負担することとなったであろう利子税額との差額相当の財産上の損害及び精神的苦痛を被ったと主張して，債務不履行に基づく損害賠償として，金員総額2044万円の支払いを求めたものである。これに対し，Yは，相続税修正申告の事務は委任されたが，延納許可申請手続事務の委任は受けていないとして争った。また，Yは，その妻・みどりが上記相続人のうちの長女・越部の娘と友人であったため，Xらの委任を受けたが，報酬を取らなかったものである。

争点は，税理士が相続税修正申告の事務を委任された場合に，その委任の範囲には延納許可申請手続事務も含まれていたかどうか，また，YはXらに対して延納許可申請手続をなさしめるべき注意義務があったかどうかである。この点につき，第一審判決は，税理士の業務は，税理士の独占業務として法規制を加える目的から，その範囲が法文上明確に規定されており，その

権限の範囲を具体的に明らかにするため，その権限を証する書面である委任状を税務署に提出することを要する。したがって，具体的な委任契約がいかなる範囲の業務を目的として締結されたかどうかの判断は，委任状表示の委任事項の記載及び委任に至る経緯等から，当事者の意思を合理的に解釈してこれを決すべきであるとした上，本件において，関係者間で相続税の延納許可申請に関する話題が出たことはなかったのであり，遺産分割協議を担当した弁護士から税理士への依頼も修正申告書のコピーを利用させてもらいたい（税額計算のため，単なる「メモ」として作成したもの）というものであって，これらと委任状の記載事項とを併せ考えると，XらとY税理士との間に締結された委任契約は，委任状に明記のとおり，「相続税修正申告，税務調査の立会，説明及びこれらに付随する一切の税理士業務」であり，相続税の延納許可申請手続をすることを含まないことが明らかであるとした。つまり，延納許可申請は，相続税修正申告に付随する税理士業務ではないと判示した。さらに，判決は，税務代理を依頼されたY税理士としては，Xらの相続税納税義務が適正に実現されるように配慮する義務があるというべきであるが，Yの受任した事務は限定された事務であって，Xらに相続税の延納許可申請手続をさせるべき注意義務まで負うものではなく，かかる助言をしないことが委任の本旨に従った債務の履行がなかったものということはできないとして，Xらの主張を退けた。また，判決の事実認定では，税理士報酬が無償であった事実も指摘され，本件判決は，報酬が無償であることから委任された業務の範囲を狭く捉えている[32]。

これに対して東京高裁は，申告に際して税理士が行う納付についての助言，指導は，税理士法2条に基づく付随的業務であると判断した上で，委任契約に含まれていないが，延納許可申請手続をするか否かについてXらの意思を確認する義務があるとして，その債務不履行についての税理士の助言・指導義務違反を認め，損害賠償を支払うように命じた。また，損害額の算定については，Xらは，相続した土地を売却して，相続税を納付することを予定していたのであるから，相続した土地を売却するについて相当と認められる期間の損害が相当因果関係にあるものとして認めるのが相当であり，X

らが納付手続について税理士に質問し，延納許可申請をするかどうかについて相談しなかったことは，Xらにも過失があったと認められるから，過失相殺として3割を差し引くのが相当であると判示したのである。

　上記のような事実概要及び判決からは，税理士の任務懈怠による債務不履行が存在するともいえる。しかしながら，判決の事実関係を詳しくみると，税理士が依頼者に上手に利用され，慎重さに欠けた安易な業務履行が，最終的に，税理士自身に損害賠償の責めを負わせることになった背景が浮き彫りになる[33]。

　前述のとおり，本件では，被告税理士が債務不履行による損害賠償責任を負うことになった。本件は，決して例外的なケースではない。実際，税務の現場では，頻繁に依頼者自身の利益のみの実現のために，税理士をうまく利用し，依頼者に不都合や不利益があれば，税理士を法廷に引きずり出して，その損害を埋めさせようとすることが起こっている。このような苦境を税理士は，どのように克服すべきであろうか。

（5）「所得税の居住用資産に係る譲渡所得の申告相談において，特別控除又は買換特例のいずれを適用しても税金はかからないと回答した。その後，所得税ではなく，国民健康保険料の負担について，買換特例を適用した方が納税者に有利となることが判明したことから，損害が生じた。その損害に係る保険金が支払われた事件」(税理士損害賠償事例・保険金支払い事例)

　この事例は，税理士に求められる注意義務の射程は，膨大な税法及び関連法規の細部までに及ぶのであろうかという問題を投げかけている。税理士は，租税に関する専門的な知識を有する職業人であるから，すべての租税に関する正確な知識が必要とされるといえる。一方で，一般論としては，税理士は，多数にのぼる通達についても十分に通じていることが求められる。しかし，実態を重視し，実務において要求される相当程度の知識量を考慮すると，「当面，法令の規定を前提とした注意義務に限定するのが妥当であるように考えられる（通達については税理士試験の範囲からも除かれているはずであ

る)」とする見解もある[34]。

　したがって，税理士が，譲渡所得の計算や申告の段階で，国民健康保険税 (料) の負担との関係を意識し，検討しておく必要があるかどうかは，報酬の有無及び多寡等により総合的に判断されるべきである。それゆえ，税理士に対する依頼が無償である限りは，譲渡所得税の申告に際して賦課徴収であるところの国民健康保険税(料)の負担を検討しなかったとしても，それは注意義務違反とはいえず，また，それが有償の場合であっても，依頼者が問題を特定して質問をするなどの特定の場合を除き，注意義務違反とはいえないとする主張がある[35]。そうすると，この事例による譲渡所得の申告相談が無償で受任されたものであれば，その求められる注意義務は，相当程度軽減されるとの見解[36]も頷けるところである。

　税理士業務は無償独占であり，他の専門家は，有償による業務独占である。この税理士業務の無償独占が許される理由として，税理士の使命の重要性に鑑み，当該業務が強い公共性を有する性格であることがあげられる[37]。しかし，この点をもって，税理士に要求される注意義務の範囲，程度を検討するときに，報酬の有無という要素を注意義務の範囲，程度の広狭深浅と関係がないとして排除するべきではないと思われる[38]。

第2項　税理士と納税者と国の関係における状況

　税理士と納税者の信頼関係の厚薄が最も試されるのが国家権力の発動たる「国税局や税務署の職員が行う税務調査」の場面である。しばしば，この税務調査が任意調査の範囲を逸脱し，税理士と納税者の信頼関係を破壊することがある。一般に，税理士は納税者に対して常に納税倫理の向上や法令遵守を目的として啓蒙活動をしている。しかし，納税者が税務吏員の裁量権のもとにおける質問検査権の行使がおよそ法令遵守とは直観的に思えないとき，国家に疑問を感じ，そして，これらの行為を税理士が是正できないとき，税理士に失望する。その結果，納税者は，国家及び税理士に対する強い不信感を持つに至り，納税者の納税倫理は低下することになる。とりわけ，国家が納税者及び税理士に対して税務調査の日時及び場所を通知することなく，突

然に，納税者の事務所等に税務吏員が臨場し調査を行う，いわゆる，「無通知調査」は，税理士と納税者と国の間に極度の緊張関係を強いることになる。なぜなら，納税者は税理士を税務に関する代理人として「税務代理権限証書」を授与しているため，自らが税務吏員と直接対応しなければならない場面を想定していないからである。その結果，納税者からは，これらの行為認容が納税者に対して税理士が果たすべき役割を履行していないと捉えられることになる。さらに，税理士も課税庁に無通知調査(不意打ち)の違法性を明確に主張できないことから，納税者の税理士に対する期待感を損なうことになる。

　この「無通知調査」は先進国において日本にしか存在しない前近代的な慣習である。そして，この慣習は，税務業界からの強い批判にもかかわらず，課税庁は是正しようとしないのである。その背景には，そもそも，日本人の納税倫理観がおよそ先進国のそれと同様とは認めがたいとする国家の考え方が存在するのか，あるいは，少数の悪徳な納税者に対する税務調査手法として必須であるのかは定かではない。そして，この無通知調査も含め，従前から税務調査のトラブルが後を絶たない状況である。最近の事例を検証すると，圧倒的に課税庁の強権的な調査手法に係る事例が多いが，その一方で，納税者や税務代理人の対応に起因する事例も少なくない。ここでは，無通知調査が実行されたことにより，納税者及び税理士が損害を被り，国に対して賠償を求めた事件を取り上げることにする。

　税務調査は各税法に規定する質問検査を根拠としている。その条文は，「調査について必要があるとき，……質問し，又はその帳簿書類その他の物件を検査することが出来る」とのみ規定し，具体的な手続規定が存在しない。さらに，この規定中の「必要があるとき」という必要性の解釈は，課税庁の裁量に委ねられているのである。もっとも，令状に基づく査察部の調査以外はすべて任意調査であり，質問検査権を根拠として行われる税務調査が任意調査である以上，「納税者の理解と協力を得て行うものである」(『税務運営方針』昭和51年，調査方法の改善の項)のは当然のことである[39]。それゆえ，質問検査権の行使にあたっては一定の限界があることは明白である。しかしなが

ら，昭和49年に国税庁が発遣した「税務調査の法律的知識」や平成17年に東京国税局法人課税課が発遣した「税務調査の法律的知識」(以下，「新法律的知識」)の研修資料や昭和51年の国税庁長官が訓示した「税務運営方針」，平成9年の「今後の税務行政運営について」，さらに平成11年の「現況調査法」等の内部資料(もちろん，法令ではない)をもとにして税務調査が行われているのが実態である[40]。このように，租税法律主義のもとでの納税者に対する適正手続保障という視点からは，租税法の実体法に税務調査に関する手続規定を詳細に創設する必要があるといえる。なお，これらの点については，平成23年の国税通則法の改正によって手当てされた。詳細は後述する。

1．北村事件(京都地裁平成7年3月27日判決税資208号954頁，大阪高裁平成10年3月19日判決税資231号109頁)

本件は，税務調査における国税調査官の個々の行為が違法であるとして，国に対して損害賠償請求をした事件である。裁判所は，国税調査官の個々の行為の違法性を具体的に指摘し，国の損害賠償責任を認めた。また，この事件は，質問検査権の内容及び税務調査のあり方を考えるものとして意義がある。さらに，この事件を契機として課税庁側が現況調査のあり方を見直す結果となった。それゆえ，本件は，当事者の事実に関する主張と裁判の事実認定が重要である。

（1）事案の概要[41]

納税者X1，その妻X2及び母X3は，京都市及び大津市(唐崎)の2ヶ所で，衣料品小売業を営んでいた。平成4年3月30日，大阪国税局資料調査課に勤務する国税調査官であるN，F，T，H及びS，並びに下京税務署に勤務する国税調査官であるR，K及びWの8名は，X1の税務調査のため京都店，唐崎店に臨場した。なお，国税調査官らは，臨場に際して，X1らに対して事前の連絡はしていなかった。京都店においては，X1の長姉(甲子)は，X1は大阪に仕入れに出かけて不在であり，日を改めて来てほしい旨を要請したが，Nは税務調査に応じてほしいとの説得を続けた。Nらは，甲子が強く拒否したにもかかわらず，同店2階にあるX3及び甲子の住居部

分に上がり，ベッドの下のX3らの下着の入った引出しに手を入れて掻き回す等の行為があった。また，1階では，承諾を得ないままレジの金銭を調査し，レジの机の引出しを持って2階へ上がり，その中の帳簿等の調査を行った。唐崎店においては，X2が応対し出直してほしい旨を要請したが，Hらは分かる範囲でよいから調査に協力するよう求めた。その後，レジ付近をX2の承諾なしに点検等を始めた。また，パート従業員のバッグを強引に取り上げ，その在中物を調査する等の行為があった。これに対し，X1らは，国税調査官らの質問検査権の行使が違法であると主張し，国Yに対して総額200万円の損害賠償を求めた事案である。

（2）裁判所の判断[42]

① **本件行為の違法性について**

イ．国税調査官らの行為のうち，事前連絡なしに京都店に臨場した点に違法は認められず，税務調査に応じてほしいとの説得を続け，さらに，調査のため2階へ上がらせてほしい旨再三にわたって説得を試みた行為は，いずれも質問検査権の行使それ自体ではなく，質問検査に応じるように説得するための行為であるところ，質問検査は任意調査であるところから調査の相手方の積極的協力が得られない場合，調査の必要性及び質問検査に対する相手方の受忍義務などを説明して説得に努めることは調査担当者の当然の職務行為であり，説得行為が時間をかけた粘り強いものになることも許容されるところであり，各行為は，いずれも社会通念上相当の範囲内にある適法な行為であると認められるのが相当である。

ロ．FがX3ないし訴外甲子から2階へ上がることの承諾を得ていないことは明らかであるところ京都店の店舗部分とは区分された居住部分である2階へ上がる行為自体は，質問検査に応じるよう説得を続けるための立入りであって質問検査権の行使そのものとはいえないとしても，居住者の拒絶の意思に反して居住部分に立ち入ることが許されないことが明らかであるから，N及びFがX3又は訴外甲子に承諾を得ないで2階へ上がった行為は，社会通念上の相当性を逸脱した違法な行為であると解すべきである。また，国税調査官らの行為のうち，Kが京都店のレジの金銭調査を行っ

た行為については，質問検査権の行使に該当するものであるところ，丙は，京都店の単なるパート従業員にすぎない上，Kから現金を数えるようにとの指示が，命令口調であったため，進んで調査に応じたものでなかったのであるから，X3及び訴外甲子の承諾に基づかない質問検査権の行使であると認めるのが相当である。

ハ．国税調査官らの行為のうち，国税調査官らが事前通知なしに唐崎店に臨場した点に違法は認められないが，Hらが，X2の見守るなか，レジを置いた机の引出し，レジ付近の屑入れ及びレジの横の陳列籠の上に置いてあった大学ノートの検査を行った行為は，同店にいなかった営業主のX1の承諾はもとより，そこにいたX2の承諾を得ないでなされた質問検査権の行使として違法なものというべきである。

ニ．X2がレジの点検キーを押してHの調査を可能にした行為は，Hらからの心理的圧迫感がかなり除かれた状態のもとで，ある程度時間をかけて考慮した後に行われたことが窺われ，X2がHらの強制，圧迫に屈して承諾をしたとはいえないから，Hの調査の部分は，X2の任意の承諾に基づく質問検査権の行使として適法であるということができる。

ホ．国税調査官らの行為のうち，Wが訴外Zのバッグを点検した行為は，Wが訴外Zに対して同女の所持していたバッグの検査を要求し，それを訴外Zが繰り返し拒否したのを押し切って，Wは半ば強引にバッグを取って中を開け，在中物を調べたというものであって，その行為の態様だけみても，訴外Zの承諾のないままに行われたものと認められるものである上，女性のバッグの内容物，特に手帳の中身などは，一般に他者には知られたくないもので，プライバシー保護の要請が特に強いものであるから，Wの行為は，社会通念上の相当性を欠くものであり，違法な質問検査権行使の行為であると解される。

ヘ．これに対し，HがX2のバッグの中を検査した行為は，訴外Zのバッグの場合と異なってHがX2から強引に取り上げたといったこともなく，また，HがX2のプライバシーの保護もそれなりに配慮したといえるから，X2のバッグに対する検査は，X2の任意の承諾に基づく質問検査権の行

使として適法の範囲内にとどまっているということができる。
ト．国税調査官らによる臨場回数が多数回に及んだことについては，被告側からみれば，納税義務者であるX1本人に直接面会するため，帳簿書類の提示を求めるため，多額の資産形成の経緯の説明を求めるため，青色申告承認の取消しの説明のため，青色申告承認の取消しの手続にあたっての帳簿等の提示できない正当事由の有無の確認のため，新しく交代した税務調査担当者による帳簿書類の提示の説得のため，修正申告に応じる意思の有無の確認のため等，その必要性及び理由があることが認められるものであり，これらをもって違法とすることはできない。以上によれば，被告は，国家賠償法1条1項に基づき，国税調査官らの違法行為によってX1に対し50万円及びX3に対し30万円の被った損害を賠償すべき義務があり，X2の請求は失当として棄却するのが相当である。

この事件は，現況確認調査に対する調査対象者の承諾はいわゆる「明示の承諾」が必要であるということを明らかにした。そもそも，国家権力の発動である税務調査，つまり，質問検査権の行使は，慎重な適正手続のもとで実施されなければならない。そのように解するならば，少なくとも，税務調査において「黙示の承諾」という文脈が存在するはずはないということになる。もっとも，国税庁は北村事件の敗訴を受けて「現況調査における留意事項等について(指示)」を発遣している[43]ことからみると，税務体系における事務指針は，「黙示の承諾」を認めていたのかという疑問を持つ。

2．本 坊 事 件(神戸地裁平成16年2月26日判決税資254号65頁，大阪高裁平成17年3月29日判決税資255号97頁)

本坊事件は，裁判所においても事前通知は不必要とされた上述の無通知調査の行為が税理士と納税者の信頼関係を完膚なきまでに破壊した事件である。事件の争点は，税務調査にあたり，臨場する前提において，事前通知を欠如したことは違法か，また，税務吏員において，税務代理権の侵害という違法行為ないし違法事由があったか，さらに，この税務調査を原因として，契約関係の破壊の有無があったかということである。しかし，その争いの本質は，

税務代理権限を有する税理士がいるにもかかわらず、また、さほどの必要もないのに、営業時間に税務調査を行いたい旨の通知することなしに、税務調査を強行したことである。そのことが原因で、納税者と税理士の信頼関係が破壊されたことにその問題がある。課税庁は税理士に「謝罪せよ」という税理士に対して、税務署が「謝罪しない」とした事件である。

(1) 事案の要旨

本件は、B及びA(以下、本件両会社)との間で税務代理に関する委任契約を締結していた税理士である控訴人が、宇土税務署員によるBに対する税務調査及び熊本西税務署員によるAに対する税務調査(以下、本件調査)に際し、担当の本件税務署員らの種々の違法な職務行為によって、上記委任契約に基づく税務代理権を侵害され、これによって控訴人の信用と誇りを著しく傷つけられ、さらに本件調査により本件両会社に圧力がかけられた結果、本件両会社から上記委任契約を解除されたとして、同契約に基づく3年間の顧問料540万円の70％である378万円及び信用毀損による非財産的損害として300万円の合計678万円並びにこれに対する訴状送達の日の翌日から支払い済みまで民法所定年5分の割合による遅延損害金について、国家賠償法1条1項に基づいて請求した事案である。原審は、本件税務署員らが控訴人に対して違法行為を行ったとは認められないとして、控訴人の請求を全面的に棄却したので、これを不服として控訴人が控訴した。

(2) 裁判所の事実認定[44]及び裁判所の判断

裁判所の判断のなかで重要なものとして、以下のことが示されている。

① **臨場にあたり事前通知を欠如したことは違法かについて**

当該質問検査については、質問検査の必要があり、かつ、これと相手方の私的利益との衡量において社会通念上相当な限度にとどまる限り、権限ある税務職員の合理的な選択に委ねられているとしつつも、大阪高裁では、「しかしながら、実定法上特段の定めのない実施の細目について、上記のような範囲において税務職員の裁量権があるというものの、質問検査の必要性においても、私的利益との衡量における社会通念上の相当性においても、実際の調査の場面において、その判断を一義的にすることは容易ではなく、税務職

員と調査対象者との間でトラブルとなることも少なくなく，行きすぎた調査によって納税者の権利が侵害される事態も見られるところである。このようなトラブルを回避し，納税者の権利が不当に侵害されることを防止するためには，税務行政における適正かつ具体的な手続規定を定めること等とともに，税務の専門家であり，税務代理・代行権を有する税理士が調査に立ち会ったり，調査対象者に適切な助言・指導・援助を与えることは重要である」と述べた。また，税務調査は，任意の調査であって，「原則として，納税者に事前通知をするものとした上で，「業種・業態，資料情報及び過去の調査状況等からみて，帳簿書類等による申告内容等の適否の確認が困難であると想定されることから，事前通知を行わない調査(無予告調査)により在りのままの事業実態等を確認しなければ，申告内容等に係る事実の把握が困難であると想定される場合」等については，事前通知を行わないものとしている。また，東京国税局長は，「現況調査における留意事項等について(指示)」を発遣し，大阪国税局は，「現況調査の手引」を作成し，安易に現況調査を行うことを戒め，事前通知の励行を求め，事前通知を行わないで調査する場合は，その必要性について十分に検討を行い，調査は，「明示の承諾」を得て行い，税理士が関与している場合は，調査対象者に確認し，税理士に連絡させるなど所要の措置を講じることなどを定めている」とし，「これらの諸規定が定める事項は，税務調査について，法が求める一般的要件ではなく，これらに違反したからといって，直ちにその調査が違法となるというものではないが，適正・妥当な課税のための調査の実施と，税務調査における納税者の権利保護との調整の観点から定められたものであるから，十分に尊重されて然るべきであって，著しく逸脱する場合は，違法性を帯びる場合もあるというべきである」と判断した。

② **本件調査が必要であったとしても，事前通知を怠ったことは違法か**

「確かに，調査の必要性がある場合であっても，事務運営指針等が示すように，原則として，事前に調査対象者に対し通知することが税務行政上望ましいとされており，前述のように，これらの定めは，納税者の権利保護の観点から重要であるから，みだりに無予告調査を行うべきではない(とりわけ，

事前通知がない場合は，税理士に委任していても，その立会いができない状態で，知識・経験のない調査対象者が専門家の援助を得られないままに税務職員と対峙しなければならない場合が生じやすい)」。また，「本件の場合は，先に判断したように，本件両会社は，これまで優良企業との評価を得ていた上，具体的な問題点を把握した上での調査ではないから，あえて無予告で調査をしなければならないほどの必要性があったかは，かなり疑問というべきである。しかし，……本件両会社は相当長期間にわたって税務調査を受けていなかったのであるから，両会社の過去数年の申告額について，課税庁が「在りのままの実態」を調査するために，今回は無予告で調査を実施しようと判断したことは格別不合理なこととまではいえず，先に認定したとおり，現場に臨場した直後には，控訴人と電話で連絡され，控訴人及び調査対象者の反対で実際には調査が行われていないことも考慮すれば，無予告であったことのみを捉えて，これを違法と判断するのは相当でない」とした。しかし，「確かに営業所等への税務職員の突然の臨場は，出入りする取引先や関係者がいた場合，あらぬ憶測をされ信用に傷が付くような事態も想定されるし，業務に支障が生じることも予想される。本件においても，本件税務署員らが臨場したことにより，本件各会社側が予想外の事態に対処する必要に迫られ，既に工事現場に出かけていたＤ社長を急遽帰社させるなどの対応を取らざるを得なかったことが認められ，本件両会社の日常業務の円滑な遂行になにがしかの支障ないし悪影響が生じた可能性は否定できない」とした。

③　税務代理権を無視する言動があったか

　裁判所は，本件税務署員らが，控訴人の同意が得られなくとも，調査対象者である本件両会社の理解・協力が得られれば，税務調査を実施することができるとの考えで，実質的には，税務調査には，税理士は関係がないという趣旨の言動に及んだとしても不自然ではないと認定して，「ところで，税理士が調査対象者から税務調査を含めて委任を受けている場合は，その間に債権・債務関係が生じており，税理士は，必要がある場合は委任者のために税務調査に立ち会い，委任の趣旨に応じた対応をする義務があり，その履行によって報酬を請求できることにもなり，委任者も受任者である税理士に対し，

そのような義務の履行を求める権利があるというべきであって，第三者たる税務職員において，この権利を侵害することは，その方法・態様等のいかんによっては，債権侵害として違法となることもないとはいえない。そして，受任者である税理士の明確な拒絶にもかかわらず，調査対象者に直接承諾を求めることは，その限りにおいて，委任契約を部分解除することを要求することにもなるのであって，任意の説得の限度を超えれば，違法となることもあり得るというべきである」と判示した。

　裁判所は，最後に結論として「税理士は，税務に関する専門家として，独立かつ公正な立場において，申告納税制度の理念にそって，納税義務者の信頼にこたえ，租税に関する法令に規定された納税義務の適正な実現を図ることを使命とする職業人であり（税理士法1条），そのような見地からすると，税理士は，税務代理に関する委任契約を締結した納税義務者が課税庁の質問検査権を行使されるに当たり，納税義務の適正な実現に資するべく，その現場に立ち会い，検査の対象となっている納税義務者のすべき主張・陳述について代理・代行することができることは当然であり，望ましいことでもある。そして，そのような立場に自覚的な税理士であるほど，課税庁が税理士の立会いなしにする質問検査権の行使に警戒的になることは容易に想定されるとともに，本件における控訴人もそのような立場から本件税務署員らに対応したものと認められ，その心情には理解できるものがある。そして，既に説示したとおり，本件の無予告調査の正当性には相当の疑問があることなどからすれば，本件における控訴人の対応には全く理由がないとはいえないが，本件税務署員らに違法行為・違法事由があったとまでは認め難いことからすれば，結局，控訴人の本訴請求は排斥するほかはない。以上によれば，控訴人の請求は理由がないから，これを棄却した原判決は相当であり，本件控訴には理由がない。よって，本件控訴を棄却することとして，主文のとおり判決する」と判決を下した。

　本件は，税務吏員の実働部隊が税務調査に係る質問検査権の行使につき，どのような意識を持っているかを如実にあらわした事件といえる。裁判所の事実認定からも垣間見えるように，税務体系における事務運営指針は法令で

はないため，それに従わない場合であっても，法令違反を問われることはないといえる。その限りの意味においては，税務吏員は，脱線しやすい状況にあるという事実は存在すると思われる[45]。また，国税庁は，経済社会の高度化，国際化，IT化等による複雑化や納税者数の増大，そして，小さな政府論による税務職員の不足等により，税務調査件数が大幅に減少し，課税の公平が維持できないとして，平成15年に従来の国税庁の使命である「指導・相談・調査・広報」の四つの柱を「調査・徴収」に変更した[46]。その結果，平成15年以降，調査事務の確保を至上命題にした事務運営を行っている。そのため，内部事務の一元化や調査体制の変更等のさまざまな試行と事務のアウトソーシング化を推し進め，平成21年に機構改革を行い，平成22年度から実施している[47]。さらに，国家公務員法の改正により，新人事制度が導入された。この制度は，平成19年7月6日から2年以内に現行の勤務評定に代わり新たな人事評価（成績主義の人事考課制度）を実施した[48]。この人事評価制度が納税者との関係において，適正手続の保障に影響を与える可能性がある。

第2款　ま と め

　上述のように，税理士が依頼者との関係において，専門家であるがゆえに専門家責任を追及された判例は，税理士の置かれている厳しい状況や苦境をあらわしていた。そして，一部の判例は，民法の善管注意義務の規定に加えて税理士法上の諸規定を税理士責任の実定法上の根拠としていると思われる。しかしながら，税理士の責任は，個別の契約内容，契約の締結状況等で確定されるべきものであるといえる。
　また，税務行政分野における特殊性[49]からは，まず，課税庁や税理士及び納税者において，原則として裁量権が許されず，さらに，税務には，極めて高い公共性が存在するということがあげられる。それゆえ，委任契約上の責任において，いわゆる，前述した「誠実義務」が存在するという余地は少ない。いいかえれば，税理士が，納税者の自己決定権を考慮することは少な

いということである。つまり，納税者の納税義務は，法律の定める課税要件の充足によって当然に成立するため，課税庁の判断と税理士の判断が同じ結論になる。たとえば，医師と患者の関係のように延命措置を選択するような場面はない。それゆえ，いわゆる「誠実義務」が，税理士法1条などを根拠にする民事上の責任や，委任契約上の責任に加重されることは存在しないと思われる。さらに，税理士はその業務の公共性から税理士業務に関して無償独占を認められている。その結果，著しく低廉な価格で税理士業務を引き受けざるを得ないこともある。そのような背景から税理士に要求される注意義務の範囲，程度を検討するときに，報酬の有無という要素が注意義務の範囲，程度に影響することをことさらに排除する必要はないと思われる。いいかえれば，税理士業務もビジネスである以上，コストを管理しなければならない。つまり，低廉な価格の業務は，それなりの業務水準ということになる。

　さらに，税理士は納税者に対して常に納税倫理の向上や法令遵守を目指し啓蒙活動をしている。しかし，納税者が税務吏員の質問検査権の行使が手続的裁量権のもとにおよそ法令遵守とは直観的に思えないとき，そして，それを税理士が課税庁に対して是正できないとき，納税者は税理士に失望する。また，いわゆる，「無通知調査」は，納税者自らが税務吏員と直接対応しなければならない状況を誘発し，税理士が税務調査において代理人として果たすべき役割を履行できないことから，納税者の税理士に対する期待感を損なうことになる。その結果，納税者は，税理士に対する強い不信感を持つに至り，納税者の納税倫理の低下につながるといってよい。

　これらの悪循環を好循環に転換する役割を納税環境整備は担う必要があるといえる。

第3節　税理士制度の内部構造の問題

　本節では，前節での税理士の置かれている苦境を受けて，本来，それを下支えするべき税理士制度がどのような機能不全を抱えているかを検討する。

その分析をする際に、税理士制度の内部に存在する問題点を税理士法の実体法としての問題点と、税理士制度それ自体が抱える問題点に区分して整理し、さらに、それぞれを、前者においては、税理士法上の権利義務と責任に関するものと実体法上の問題点に分けて検討する。そして、後者の税理士制度の内部的問題については、税理士の使命論から生じる内部的制度問題と専門家としての税理士が維持しなければならない制度問題に区分し検討する。

第1款　税理士法の実体法としての問題点

第1項　税理士法上の権利義務と責任

1．税理士法上の権利義務

税理士は、税理士法によって種々の権利を有し、また、義務を負う。これらは、税理士が専門職業人であることに由来するもの、そして、納税者の代理人であることに由来するものに区分することができる[50]。この権利や義務は、税理士業務が適正になされることを担保する目的から存在している。とりわけ、税理士法上の権利義務で本書との関係で問題となるのは以下の権利義務である。

（1）税務代理権の明示（税理士法30条）と真正の税務代理権

税理士と委嘱者が委嘱契約を締結すると、税務代理権、代行権が生じる。そして、税理士法30条[51]は、税務代理権の明示義務を規定している。これは、訴えの提起、不服申立てなどの私人の公法行為を代理人が行う場合、その代理人の行為が被代理人の授権によるものであるのかを証明する必要があるとして規定されている。さらに、その方法として、代理行為の際に同時に本人から授権のあったことを示す書面（税務代理権限証書）の提出を義務づけている。そして、それは、現在及び将来の代理行為の有効要件の判定を容易にし、後日の紛争を防ぐという効果を持つものである[52]。なお、税理士が税務代理を行う際に税務代理権限証書を提出しない場合には、税務官公署はその税務代理を拒絶することができる[53]。税理士からその書面の提出が

あった場合，税務官公署は，その真偽を疑われるような特段の事情のない限り，真正の代理権が存在するものとして取り扱うことが許される。書面の提出のない税理士の代理行為を税務官公署が認めたとき，あるいは，提出された書面に明らかな誤りがあるにもかかわらず代理行為を認めたとき，しかも，それが過去の行為である場合には，証拠により税理士に真実の代理権があると証明される限り，無権代理ではなく有効な行為である[54]。

この納税者に対する税理士の真正の税務代理権には，重大な問題が内存している。それは，税理士法が税務代理権に種々の規制をしていることに起因する。たとえば，税理士法33条は，税理士が作成し税理士として署名押印した申告書にも納税義務者本人が署名押印することを要求している。真正の代理人であれば「納税者甲某・右代理人税理士乙某」として申告書に署名押印すれば足りるはずである。しかしながら，納税義務者本人の署名押印を求めている理由は，納税義務の確定は本人及び税務官公署にとって極めて重要なものであるからと説明している[55]。また，現行実務は，仮に，税理士が署名義務を履行せず，税理士の署名がない申告書が提出されても，税理士の署名の有無が書類の効力に影響を与えないと解されている。つまり，税理士が行使する税務代理権及び代行権は，真正の代理権及び代行権とは，異なる様相をみせているのである。さらに，税理士法34条によれば，税務調査は本人に通知し，併せて，税理士に通知することになっている。しかしながら，税務調査の通知なしに，税理士に連絡することなく，納税者に対して質問検査権を行使する場合が常態化している。これらは，上述のように納税者の税理士に対する信頼関係を著しく損なわせ，納税者の納税モラルを引き下げることになる[56]。

(2) 税理士が専門職業人であることに由来するもの

① **書面添付権**(税理士法33条の2)

税理士が申告納税方式による課税標準等を記載した申告書を作成した場合，税理士法33条の2第1項は，「当該申告書の作成に関し，計算し，整理し，又は相談に応じた事項」などを記載した書面を当該申告書に添付することができると規定し，また，当該第2項において，他人が作成した申告書につき

相談を受けて審査したとき，当該申告書が法令に従って作成されていることなどを記載した書面を添付することができると規定している。これを書面添付制度という。この計算事項等を記載した書面及び審査事項等を記載した書面を添付する制度は，税理士が納税者とともに，自らが作成した申告書に税務の専門家としてどの程度関与したのかを明らかにするとともに，税務官公署もこれを尊重して税務行政の円滑化と簡素化を図ることを目的とし設けられたものである[57]。なお，計算事項等を記戦した書面を添付した申告書，又は，審査事項等を記載した書面を添付した申告書について，税務署長などが税務調査，更正，不服申立てに関する調査を行う場合は，その税理士に対して意見を述べる機会を与えなければならない。したがって，この制度は，課税庁が税理士の権利行使により書面記載された「理由」・「主張」を審理すべきことを規定し，さらに，課税庁の税理士に対する意見の聴取義務，つまり，税理士の意見陳述権を規定している(税理士法35条1項～3項)。しかしながら，この制度は，税務行政の円滑化と簡素化を図ることを目的に設けられたものであるにもかかわらず，制度の運用面で問題を抱えている。それは，課税庁が制度の趣旨を理解せず，書面を添付した申告書であるにもかかわらず，税理士の意見陳述権を尊重せず，納税者に直接通知をして質問検査権を行使する場面が散見されるためである。これらは，とりもなおさず，税理士法上の税理士の権利規定を侵害しているといえる。

② **脱税相談の禁止**(税理士法36条)

税理士法36条[58]は，税理士の脱税相談などを禁止するとともに，脱税相談などに応じ，本条に違反した行為をした税理士に対して，懲戒処分や刑事罰を科している[59]。本条が禁止する行為は脱税相談であり，節税や租税回避行為などの指示及び相談は，その禁止するところではない。脱税相談の対象となる「国税」,「地方税」は税理士の独占業務の対象となる租税(税理士法2条)だけでなく，すべての租税であると解されている[60]。したがって，税理士の独占業務の範囲内に含まれない印紙税，登録免許税，関税などについて脱税相談に応じた場合にも違反となる。

税理士が委嘱者の脱税の事実をただ知っているだけであって，それに関与

しない場合や誤って脱税相談などに応じた場合など，税理士が消極的に関与したときには，本条違反は生じない。つまり，税理士が脱税の「指示をし」，「相談に応じ」又は「これらに類似する行為」などの積極的な行為をした場合に違反が生ずるのである[61]。また，税理士が納税義務者の脱税相談などに応じあるいは納税義務者に脱税あるいは不正な還付請求を示唆した場合，当該納税義務者が逋脱行為ないし不正な還付請求をしない場合でも本条違反が成立すると解されている[62]。なお，納税義務者の行為が税理士法36条の禁止する逋脱行為などである場合は，税理士も税理士法違反の責任を問われるとともに，逋脱行為の共犯とも考えられるので，法人税法あるいは所得税法上逋脱犯の責任を問われる可能性がある[63]。この脱税相談の禁止に関しては，税理士法45条において，特別な懲戒規定が用意されている。もちろん，社会的倫理において，法令を逸脱するところの脱税行為は許されるものではない。しかし，この規定の適用要件が抽象的であり，たとえば「脱税」における消極的関与と積極的関与という文理解釈が不安定であることなどが懸念され，この規定が本来の目的を見失い暴走して税理士の自治権を脅かすことにならないようにしなければならない。

③ **使用人監督義務**(税理士法41条の2)

税理士法41条の2によって，税理士は使用人及びその他の従事者を監督する義務が課せられている。民法には使用者責任があることから，別段に使用人監督義務を制定する必要はないとして，この義務の導入については反対も強かった。しかし，昭和55年の法改正において使用人による非違行為が多かったことを理由に創設されたのである。税理士がこの義務に違反する場合には，一般の懲戒を受けることになる。そのため，使用人に対する監督を民事責任だけでなく懲戒責任を追及することで担保しようとしたことが立法理由と考えられる。この義務は，税理士に独自のもので，弁護士など他の士業にはみられない規定である[64]。そのようなことから，そもそも，税理士法についてのみこのような規定が必要であるのかという疑問がある。さらに，この規定の必要性を積極的に説明する合理的な理由が見当たらない。

他方で，「名義貸し」という税理士法違反行為がある。これは，税理士法

2条2項が税理士業務に付随した会計業務を厳格に独占業務と規定していないことに起因する。そもそも，会計業務は，何人も自由に業務として依頼者に提供することができる。その結果，税理士の監督下にあった使用人が税理士の監督下を離脱し，関与先に会計業務を提供する目的で起業することがしばしばみられる。そうした会計業務は，税務申告に直結する場合が多い。そこで，当該使用人は，税理士資格を有する者に名義を借り，名義借料を支払い，税務申告書を作成して，関与先に提供しているという違反行為が行われる。これらの元使用人は，適正な納税義務を履行することができないため，税務調査等で関与先から信頼を失うことになる。その結果，関係した税理士のみならず，専門家である他の税理士の依頼者からの社会的信頼を破壊することになる。

④ **助言義務**(税理士法41条の3)

助言義務規定[65]の対象は，政府解釈(昭和54年6月1日衆議院大蔵委員会，福田幸弘政府委員答弁)がいうように，そのほとんどが脱税相談の禁止又は不真正税務書類の作成禁止に包括される。また，税理士が助言したにもかかわらず，委嘱者が助言に従わなかった場合は，助言義務違反にならない[66]。そうであれば，この規定の効果はどこに求められるのかという疑問がある。この規定は，脱税相談の禁止(税理士法36条)に抵触するほどの積極的な脱税相談までには至らないが，税務の折衝の過程において，たとえば，委嘱者の「故意」を前提として，明らかに，二重帳簿がある，若しくは，仮装預金があるという客観的事実があったとき，その事実を是正するように助言することを要求している。つまり，不真正税務書類を作成しようとする途中の段階で是正助言をすることで，不正を予防する効果を期待する規定であり，倫理的な趣旨を含んだ訓示規定であるといえる。

しかし，税理士が「不正な事実」を知りながら，そのままその委嘱者について税理士業務を継続する場合には，不真正税務書類の作成(税理士法45条)などに該当することになる。すなわち，この規定が懲戒を予定する規範規定として強く機能するもとで，税理士は，「不正な事実」を発見したとき，それを是正することを助言するとともに，委嘱契約[67]を解除しなければなら

ないことになる。このように解すると、そもそも、この規定が、税理士をして納税者の納税倫理に効果を最大に発揮させることになるであろうか。つまり、税理士は、納税者に対して、根気よく納税倫理の啓蒙をすべきであるといえるところ、この規定が存在するために納税者との委嘱関係が不安定になるという弊害があるのではないか。この点につき、「税理士は委嘱契約によって生計を立てており、解除することを想定することも困難である。また、依頼者の不正は税理士が関与しない申告あるいは別の税理士の関与の下になされた申告などで考慮すれば足りると考えられる」との見解もある[68]。いいかえれば、税理士が委嘱者の積極的な脱税行為でない限り、わざわざ、委嘱契約を離脱して、生活の糧を失う必要はない。この規定は、倫理を盛り込んだ訓示規定として機能すべきであり、懲戒と強く結びつく必要はないと考えられる。

(3) 納税者の代理人であることに由来するもの

① **調査立会権**(税理士法34条)

調査立会権は、税理士法34条に規定されている[69]。この調査立会権に対して、所得税法234条の質問検査権に関する最高裁判決は、調査の範囲、程度、時期、場所など実定法上特段の定めのない事項は税務職員の合理的な選択に委ねられていると判示した[70]。この判決を受けて学説は、税務職員が税理士に調査の通知をしないなど本条に違反しても、税理士は税務職員の責任を追及することはできないとしている[71]。その結果、実務では税務官公署の判断により税理士に対して納税者に係る調査の通知がなされないことがある。実際のところ、税理士が会計帳簿の記入の依頼を受けている場合も多く、納税義務者本人では説明ができない場合がある。本条適用の射程が、税理士本人がいない間に税務署が現況調査をすることを可能であるとするならば、それは、税理士の調査立会いを認めないことに等しく、税理士の存在を否定することになりかねないといえる。

② **意見聴取権**(税理士法35条)

税理士法35条1項によれば、税理士法33条の2の「計算事項等を記載した書面」又は「審査事項等を記載した書面」が添付されている申告書につい

て調査する場合，税務代理権限証書を提出している税理士があるときは，その調査通知をする前に，その税理士に対し，その書面に記載された事項に関し意見を述べる機会を与えなければならないとしている。この規定は，平成13年の改正により設けられたものであり，税理士の税務専門家としての立場を尊重して付与された税理士の権利の一つとして位置づけられる。また，税務執行の一層の円滑化及び簡素化を図るため，この意見の聴取によって申告書の内容に疑義がなくなった場合には，実際に帳簿書類の調査に至らない場合もあり得るとされている[72]。さらに，税理士法35条2項は，税務署長などが更正をする場合，つまり，更正前の意見聴取も，同様に，当該書面を添付した税理士に対して意見を述べる機会を与えなければならないとして，税務署と税理士との間で認定した事実や法令の解釈が異なった場合に税理士に意見を述べさせることによって両者の意見を調整し，税務行政の簡素化と円滑化を狙ったものである。また，税理士法35条3項は，不服申し立て事案の調査の際の意見聴取権を規定している。これは，不服申立てについて，代理人として不服申立てを行う税理士に対しても，意見を述べる機会が与えられると規定し，国税不服審判所と税理士との間の意見を調整し，行政争訟の簡素化と円滑化を図る趣旨のものである。このように，この添付された書面の記載事項に関する意見の聴取は，税理士に意見を述べる機会を与えるという税理士法上の権利であるにもかかわらず機能不全に陥っている。つまり，税理士法35条4項において，この規定による税理士の権利行使，すなわち，意見表明は，税務調査に係る処分，更正又は，不服申立てについての決定若しくは採決の効力に影響を及ぼすものと解してはならないと定め，この権利自体の効力を封じ込めているのである。これは，税理士の正当な権利を形骸化するおそれがあるとして，強い批判を受けている。このように，税理士法上の意見聴取権は，税理士の使命そのものにかなうものであることから，納税環境整備の議論の中心に存置されなければならないといえる。

③ **守秘義務**(税理士法38条)

税理士法38条は，税理士は業務上知り得た秘密を漏洩又は盗用してはならないと規定している。この守秘義務は，税理士の使用人も同様である(税

理士法54条)。これに違反した場合には2年以下の懲役又は100万円以下の罰金が科せられる(税理士法59条1項2号)ほか,税理士業務の禁止などの一般の懲戒処分(税理士法46条,44条)が科せられる。とりわけ,刑事罰が科せられているのは,税理士には依頼者である納税義務者の資産など秘密に接する機会が多く,税理士がその秘密を漏らせば,納税義務者は税理士に安心して依頼することができないためであると説明されている[73]。他方,医師,弁護士など職務上他人の秘密を知る職業人の秘密漏洩に関しては,刑事罰として,6ヶ月以下の懲役あるいは10万円以下の罰金が科されている(刑法134条)。これからみると,税理士には医師,弁護士よりも高度の守秘義務が課されていると考えられるが,その差に対して,合理的な理由は存在するのであろうか。この問題に関して,さまざまな見解が存在する。その一つとして,税理士の守秘義務の内容あるいは範囲を論じるとき,弁護士と比較し,弁護士法では「職務上知り得た秘密を保持する権利を有し,義務を負う」(弁護士法23条)とあるのに対して,税理士法では「秘密を守る義務」という規定だけで「権利」という言葉は使われていないこと,また,訴訟上の証言拒否の規定が税理士にないこと等を理由として,税理士の守秘義務は弁護士に比して広いとしその差を是認する見解がある[74]。これに対して,弁護士と税理士との違いは「活動の場」であって,一概に,弁護士と税理士の守秘義務の違いを論じることはできないという反論もなされている[75]。さらに,弁護士と税理士の違いという視点だけでは,税理士の守秘義務の内容,範囲を論じることはできないとして,裁判での証言や税務調査にかかわる法律の趣旨などを勘案して論じるべきであるという見解がある[76]。しかし,守秘義務規定はそれぞれの専門家制度でとりわけ重要な項目であり,税理士制度においても十分に検討されなければならない。すなわち,税理士が国家に対して専門家として,依頼者との信頼を損なわないためにも,秘密を保持する権利の明文規定が必要である[77]。いいかえれば,裁判での証言について,医師,弁護士などと同様に業務上知り得た秘密について証言を拒否できることが認められなければならない(刑事訴訟法149条)。

2. 税理士法上の責任(特別の懲戒と一般の懲戒)

　税理士が，その職責に反する行為をした場合には，財務大臣が懲戒処分をすることができる。そして，その懲戒処分の種類は，戒告，1年以内の税理士業務の停止，税理士業務の禁止が存在する(税理士法44条)。さらに，税理士法45条は，脱税相談等をした場合の懲戒を一般の懲戒(税理士法46条)とは区分して別に定め，あらためて，懲戒処分としての業務の禁止，業務の停止，戒告の構成要件を規定している。これらは，税理士法45条に掲げられた事由，すなわち，脱税相談等は，税理士として最も適当でない行為であるからである。それゆえ，税理士が，真正な事実に反して税務代理や税務書類作成をしたとき，又は，脱税相談を故意に行った場合には，特別の懲戒として，業務の停止又は，業務の禁止の処分を受けることになる。また，これらが過失でなされた場合には，戒告か業務停止という懲戒に処するとしている。もっとも，懲戒処分は，不利益処分であるから，その構成要件を明確に定めなければならない。他方，税理士法46条では第45条以外の税理士の違反行為について戒告，業務停止又は業務禁止という一般の懲戒処分を行うことを規定している。上記の特別の懲戒が過失による違反行為への懲戒を明文で規定しているのに対し，一般の懲戒においては違反行為に対し過失によるものを懲戒の対象にすることを明文では規定していない。このことから，一般の懲戒については過失によるものは対象としないのではないかとの解釈も生ずる。この点につき，一般的には，第46条関連の過失による違反行為は，結局は懲戒処分がなされないことになる事案が多いのではないかという見解[78]がある。

　一方，この懲戒処分は，財務大臣が執行することになる。懲戒の処分がなされる場合は，あらかじめ，当該税理士を聴聞し，弁明の機会を与えなければならない。その処分は，国税庁に置かれている国税審議会に諮り，その議決に基づいてしなければならない(税理士法47条4項)。また，懲戒処分をするときは理由を附記した書面を当該税理士に通知等しなければならない(税理士法47条5項)。

　さらに，財務大臣は，税理士会及び日税連に対して一般的監督権(税理士法

49条の19)や総会の決議の取消しの権限(税理士法49条の17)を有している。他方、国税庁長官は、「税理士業務の適正な運営を確保するために」という極めて抽象的な要件のもとに、税務吏員をとおして税理士及び税理士法人に対して報告の義務を課し、質問検査権を行使することができる(税理士法55条)。この監督権の行使を妨げるときは、刑法が発動し、30万円以下の罰金に処せられる(税理士法62条)。これらの税理士に対する懲戒処分は、国税審議会に諮りつつも、財務大臣が執行することになる。このように、税理士会には、国家の監督権が存在している。つまり、現状では、税理士及び税理士会の自治権は確立されていないのである。

第2項 税理士法上の問題点

上述のように、税務行政という分野では、国、すなわち、課税庁が国家の財政確保をするという大きな機能を保持しなければならない。その結果、税理士に国家の補助機関としての役割を期待する傾向があらわれる。他方、税理士も、税理士法の使命から、公共的な役割を与えられていることを認識しているといえる。この意味で、国と税理士は全面的に対峙する関係に立つものではない。ところが、税理士業務は公共的使命が強いにもかかわらず、契約による注意義務違反として責任を追及される税理士や「名義貸し」という不良行為を行う税理士が結果的に国家と納税者を騙すような状況が散見される。このような事実を考慮すると、税理士制度に国家の監督が及ばないような自治権を与え、申告納税制度を前提として解釈権の行使を尊重することに国家が躊躇して、税理士法上で税理士に対してさまざまな制約を課すという現状に陥っていることも頷けるところである。

しかし、その国家の税理士に対する不信感が、その帰結として生じる、税理士の専門家としての自律性と尊厳を損なうような実務上の運用(前述)を通じて、納税者と税理士との関係を不安定にして、向かうべき方向を逆方向に進むように作用しているのではないだろうか。たとえば、納税者は、税理士に対して真正の税務代理権を与えているし、税理士もそれを享受している。また、調査の立会権も税理士の権利である。しかし、強引な質問検査権の行

使が税理士の真正な代理権を否定し，そのことが，納税者の税理士に対する信頼関係を損なわせている事実があることは，前述したところである。他方で，租税倫理観の醸成や租税教育が行き届いていないわが国では，いまだ，納税することを，「代官に年貢を盗られる」というように捉えるむきも少なくない。それゆえ，税理士は，税の現場で，税理士の職業倫理に基づいた納税者の租税倫理を涵養させる必要があるのである。そうであるにもかかわらずその不信感がそれを妨げるように作用しているのではないだろうか。

さらに，同時に，一見矛盾する要請であるが，税理士業はビジネスとしても成り立つ必要がある。したがって，「霞を食べて生活はできない」ということになる。現実の問題として，納税者の納税倫理の欠如に税理士が対応するとき，根気強い納税倫理の啓蒙とともに，適正な納税を実現する「道具」が必要なのである。納税者の不正行為を発見した場合，納税者との委任関係を終了することが納税者の租税倫理を高める効果を生むとは，到底，考えられないからである。そろそろ，国は，税理士会の紛議調停機能や自浄機能を信頼してもよいのではないか。なぜなら，それを抑制する機能として，税理士会に対して終局的に国家の監督権が存在しているからである。そして，税務行政の円滑化と簡素化を図ることを目的として設けられた税理士の書面添付権(税理士法33条の2)の制度を活用することが必要ではないだろうか。

第2款　税理士制度の内部的問題

前款では，税理士法の実体法上の問題点を指摘してきた。ここでは，現行の税理士制度の「制度としての問題点」について検討したい。この税理士制度には，多様な問題が存在している。そこには，大きく分けて，①税理士の基本的な使命のあり方から，徴税機関の下請又は補助機関として位置づけられることを問題とするもの(第1項)と，税理士が職業専門家であること，つまり，税理士の専門性(プロフェッション性)を維持するために必要であるにもかかわらず不完全であることから問題とされるもの(第2項)がある。

とりわけ，前者については，先に述べたような，税理士の使命を「独立し

た公正な立場」から納税者の「納税義務の適正な履行」に求める立場と，税理士の使命は国家と対峙して，「納税者の権利擁護」を追求することにあると考える立場とでは，問題意識に大きな差異が生じる。たとえば，税理士の使命が「納税者の権利擁護」であるとする視点からは，納税環境の整備に関する税務支援[79]としてのアウトソーシングは，課税庁の「下請」として位置づけられ，批判される。さらに，税理士法33条の2第2項に規定する審査した書面の添付制度は，税理士が国家の徴税機関の補助者としての「税務監査」とされ，課税庁の税務調査の一翼を担うとして，税理士の使命に反すると評価される。しかし，「独立した公正な立場」での「納税義務の適正な履行」に税理士の使命を見出す立場からは，そのような批判は，税理士の使命論からは抽出しがたく，納税義務者の信頼に応えることにより，納税者の権利擁護をすることは当然に要求される，と反論されることになる。そして，その納税者の権利擁護は，税務という特殊な領域であるがゆえに[80]，強い公共的使命に画されているのであると説明される。それゆえ「公器」としての税理士が，まず存在し，そのなかで納税者の権利は擁護されることになる。そのように解すると，いわゆる，上記の「税務支援」や「税務監査」は，異なる観点から位置づけられなければならないと主張されるのである。

　他方，後者は，専門家制度の存続のために必須であり，税理士が真の専門家として認知されるために重要な要件の不備にかかわる問題である。したがって，税理士制度において，それらが不十分である場合は是正されなければならない。この問題に関連して，税理士法2条2項の付随会計業の税理士業務における位置づけ，試験制度を含む国家資格の付与，税理士の「自律の問題」があげられる[81]。

第1項　税理士の使命論からみた税理士制度の内部的問題

1．税務支援に関する問題点

　税理士法1条は，税理士に申告納税制度のもとで，独立した公正な立場から，租税法に定める適正な納税義務の実現を要求している。また，税理士には，税務に関する業務につき，有償及び無償にかかわらず独占が許されてい

る[82]）。他方，税理士会は小規模零細で経済的な弱者に対する税務支援を税理士に要請している(税理士法49条の2第2項9号)。そして，これらは，申告納税制度を税理士法上で担保している支援といえる。そのような意味から，税理士は，その職務の特性から生じる強い公共性を持っていると解することができる。また，税理士が税理士業務の無償独占を得ているのは，業務の独占を維持し，強化するためではない。そこには，無償独占に対する反射的な負担として，独立して公正な立場において，つまり自由業として独立して，納税者や国のいずれの立場にも偏らない公正な立ち位置で自らの意思で行動するという使命からくる公共的役割が要求されているのである。それゆえ，確定申告期における税務支援，経済的弱者に対する記帳指導に関する援助は，税理士の使命から当然の業務として行われなければならない。このように，税理士は，営利を追求する事業体では不可能である業務につき，営利を度外視してまでも適正な納税を実現しようとするために，1日に数十人の確定申告業務を引き受けるという過酷な業務を受け入れているのである。これらの税務支援は，税理士の社会貢献として，税理士の社会的地位を向上させるという評価がなされなければならない。ところが，税理士法50条は，国税局長を主語とした，税理士以外の者に臨時的に税務書類の作成等を許可することができるという特例規定にもかかわらず，本来の目的を離れ，無秩序に商工会，農協，漁協の職員がその構成員に対して，継続的に税務申告に直結する会計業務を提供することを黙認している。この事実は，無償で税務申告書を作成し及び課税標準等の計算に関する事項について相談に応じることを許可する結果となり，既得権益化している[83]）。このことが，納税者に対して，税務に関する専門家は税理士のみとは限らないという混乱を与えている。また，確定申告における税務支援は，当然の任務であるが，その運営の方法が税理士は課税庁の「下請機関」との印象を強く納税者に与えているという問題がある。

　このような，国家による税理士制度の運用をみると，税理士は，税理士の使命という崇高な理念を「美しいお題目」として諳んじることで盲目的に満足させられ，実際のところは，国家に上手に手と足として使われているので

はないかとの不安を掻き立てられることも考えられる。その意味から納税者の権利擁護を主張する立場に引き込まれていくということも頷けるところがある。だが、それを税理士は、その使命から「公器」としての役割があるということで払拭しなければならないのである。そして、こうした税理士側の正当な努力に見合う形で国家は税理士制度の信頼を向上させるために尽力しなければならない。

2．税理士法33条の2第2項の審査した書面を添付することの問題点

　税理士法33条の2第2項は、税理士が、他人の作成した申告書[84]で税理士業務の対象となる租税のうち申告納税方式の国税等の課税標準等を記載したものにつき、相談を受けてこれが適法に作成されているかどうかを審査した結果、その申告書が租税に関する法令の定めるところに従って適正に作成されていると認めたときは、その審査した事項とそれが適法に作成されたものである旨を記載した書面をその申告書に添付することができると規定している。この制度は、他人の作成した申告書が適法に作成されているかを税理士が審査し、納税義務の適正な確定を援助するためのものである。また、審査した事項については、具体的に、何について、どのようにして、どの程度審査したかを所定の書式に従って記載しなければならない。さらに、課税庁がその申告書を調査又は更正する場合は、税理士法35条により、審査した税理士に意見を述べる機会を与えなければならないとしている。

　他方で、税理士法33条の2第2項の審査した書面を添付すること、つまり、「税務監査」は、課税庁の補助機関として、税務行政が本来すべき業務を税理士が肩代わりするだけであり、その結果、税務吏員に対して税務調査の時間的な確保をせしめるという主張がある[85]。しかし、現行の申告納税制度における税理士の役割は、賦課徴収制度における税理士のそれと異なり、納税者の有する第一義的な税法の解釈権を支援する立場にある。また、税理士の使命は、納税義務者の「納税義務の適正な実現を図る」ことにあり、税理士は公器としての役割を負う必要がある[86]。そして、その使命は、税理士の資格を有するすべての者が遵守しなければならない。それゆえ、この税

理士法33条の2第2項の「税務監査」は，その意義を狭く解釈するのではなく，公共的な役割を果たすためのツールとして捉える必要がある。つまり，税理士が作成した申告書類(財務諸表を含む)に対して，他の税理士が(税理士法上の懲戒規定で担保された)審査を行い，その具体的内容を記載した書面を提出することを可能にするべきである(ピアレビューの強化)。それが，とりもなおさず，税理士の公共的使命の遂行にもかない，税理士の社会的地位を向上させるという評価を得ることになる。

第2項　税理士の専門性の維持に関する税理士制度の内部的問題

1．税理士法2条2項の付随会計業務の税理士業務における位置

専門家制度を維持していくためには，専門家として必須要件を完備する必要があることは当然である。しかし，その前提として，その専門家の専門領域が確定していなければ，その必須要件すら備えることができなくなる。それゆえ，その領域を確定しなければならない。税理士は，古くから，税務会計の専門家として認知され，会計業務と税務申告を専門領域として依頼者からの業務を受託し遂行してきた。ところが，近時，税務申告業務と会計業務との関係は，会計ソフトの進化や専門家以外の者の参入によって，さまざまな形態が存在するようになってきている。そのため，税理士の専門領域が不確定になるという問題が生じている。

（1）会計業務と税務申告業務

ここ数年，税理士法2条2項の付随会計業務に関する民事責任を問う訴訟が多発してきている[87]。この傾向は，今後もますます増加すると考えられる。この規定は，昭和55年の税理士法改正で創設されたものである。それは，従前から税理士業務において，会計業務の占める割合が相当であることから，その重要性に鑑み，税理士法上に付随会計業務を規定して，税理士が税務会計の専門家であるということを確認することを目的としている。

① **会計業務は自由業務であるという意味**

税理士法2条2項は，一般的に，これらの会計業務は自由業務であり，税理士の独占業である税理士業務に含めるものではないことを明示し，税理

業務のほか，税理士業務に付随して，財務諸表の作成，会計帳簿の記帳代行その他財務に関する事務を業として行うことができることを確認するための規定であるとされている[88]。しかし，「会計業務は自由業務」とは，今日のように何人も自由に会計業務を業とすることができるという解釈でよいのであろうかとの疑問がある。それは，これらの業務を担うのは，専門家としての倫理や法令を遵守し，それに違反する場合は，制裁規定が準備されているという会計の専門家である必要はないのかということである。そもそも，昭和24年(1949年)に第1次シャウプ勧告が公表され，青色申告制度をはじめとする申告納税制度が整備された。これにより，この制度のもとでは，記帳慣行の定着と正確な会計知識の普及とが根本的に必要とされる時代となった。このことは，税務代理士業務にとって，会計業務の重要性を認識する契機となった。そこで，日本税務代理士会連合会は，税務代理士法改正要綱試案を昭和24年11月10日作成した[89]。これを受けて，大蔵省主税局案による「税務代理士改正案大綱」が発表されたのである。その大綱の趣旨は，「税務の運営が確立された帳簿組織と正確な会計技術を基調とする建前に改善されるに伴い，税務代理等に関する専門職業家の水準の向上を図るとともに，申告納税制度の一層の理解，普及に資するため，現行税理士制度を，税務証理士(仮称又は特別税務代理士)及び税務代理士の2本建制度に改めること。①税務証理士は，一定の学識経験を有する者で専門の税法及び会計学等の試験に合格した者とし，税務代理士の業務の範囲である税務に関する書類の作成，税務代理及び納税相談の外，税務官公署に提出する財務諸表の会計監査についての意見の表明をすることができるものとすること。②税務代理士は，比較的簡易な税法及び会計学の試験に合格した者とし，現行税務代理士の業務の範囲をすべて行うことができるものとすること」とされていた。このように，これらの経緯をみると，当時の大蔵省は，会計業務をその重要性から会計専門家に担わせる意図を持っていたのである。ところが，第2次シャウプ勧告は，〈付録書〉「F.納税者の代理，1.納税者を代理する専門家，d.身分証明」の後段で，「これに関連して，申告書，帳簿および記録を税法に従った正しいものとして認証する資格のある，「税務公証士」のような新しい職

種の納税者の代理者を設けることは望ましくないように思われる。このことは，弁護士や税務代理士のように会計専門でない者が，上のような地位につく資格を認められる場合においては，特にそうである。帳簿や記録の検査は会計士の仕事であ」[90]るとして，この税務公証士又は税務証理士案を批判し，否定した。もっとも，シャウプ勧告も会計業務は会計専門家を予定していた事実は認められる。このように会計業務に対する重要性を理解しながらも，なぜ，税理士法上に規定されなかったのであろうか。それは，この会計業務を専門家に担わせるという改正が，税理士と公認会計士の会計業務の主導権をめぐる職域争い[91]に問題がすり替えられるとともに先送りされたためであるといえる。そして，現在でも，なお，税理士法は改定されず，公認会計士法の規定もそのままである[92]。その結果，この会計業務をめぐる税理士と依頼者及び第三者との紛争が急増している。このように，会計業務は，税務申告業務と密接に関係しているから，その限りにおいては，少なくとも，会計専門家の共通領域かつ独占領域とすべきである。それゆえに，現行規定の解釈は，会計業務は，何人に対しても自由な業務であるのではなく，会計専門家の間において自由な業務と考えるべきである。つまり，会計専門家の業務に付随するという点で，それぞれの会計専門家が提供する業務に相違があるから，会計専門家の間において依頼者に不利益が生じないように，独占するのではなく，自由であると解すべきである。

② **会計業務と税務申告業務との関係**

近時の会計業務と税務申告の関係は，その形態がさまざまに存在する。たとえば，会計業務に関しては，会計ソフトの進化により，会計処理業務は，自社で完了させ，税務申告に影響する事項だけの確認を税理士に依頼してくるもの，記帳代行を業とする事業者又は行政書士等の隣接する専門家と低廉な価格で契約し，税務申告のみを税理士に依頼してくるもの，そして，原始証憑からの記帳代行を税理士に依頼してくるもの等である。したがって，会計業務における税理士の責任は，個別の契約内容，契約締結の状況，種々の要素を総合的に考慮して，個別に確定されるべきものである。それゆえ，税理士と依頼者との契約内容が税理士の責任の範囲と程度を決める基本的要素

となるのである。しかしながら、税務申告を前提にした納税者は、他の者が提供した会計業務に関する責任を税務申告に転嫁させ税理士にその負担をさせることが少なくない。それは、確定決算主義をとるわが国の租税法が会計業務と税務申告の関係を有機的に結びつけ、簡単に両者を切り離すことができないことに起因する。従前は、一般に、会計業務と税務申告の契約は、依頼者と税理士において、包括的に契約されてきた。この点につき、占部裕典氏は、「税理士は、適正な納税義務の実現を図る義務を有しており、主として「税務書類の作成」(具体的には、納税申告書の作成)を通してこの義務を実現していくこととなる。税理士が適正な納付税額を算出するにあたっては、さまざまな経済活動等に伴う事実を認識し、それが課税要件を充足するか否かを確認することが不可欠である。この課税要件事実は、通常、会計帳簿やそのほか財務書類等に表示、反映されることから、税理士法第2条第2項に規定する会計業務は、「税務書類の作成」を中心とした税理士業務の前提をなすきわめて重要な業務である」と述べて、両者は、当然に包括的に受任されるべきであると説く[93]。それゆえ、上述のように、その形態もさまざまとなってきた結果、税理士が税務申告のみを受ける場合であっても、適正な納税義務の実現を図る義務から、税理士がさまざまな経済活動等に伴う事実を認識し、それが課税要件を充足するか否かを確認することが不可欠であるということである。そのように解すると、その前提として他者の行った会計業務に関する誤謬や虚偽に対して、事実認識の不履行があった場合、それを理由に税理士が責任を負担しなければならないということになる。しかしながら、他者の行為につき、現実的には、税理士が充足する事実の検証をすることに少なからず税理士法上の限界があることから、会計業務についても責任を負うことになるとするならば、税理士の負担が過大すぎると考えられる。もっとも、どちらにしても、申告の前提としての会計業務に対して、おしなべて、税理士が責任を負担するのであれば、税務申告に直結する会計業務は、税理士法上、税理士の独占業務として位置づける必要がある。あるいは、他者の提供した会計業務を前提とした税務申告で、その前提となった会計業務から派生する税務上の誤謬に対して、税理士は責任がない旨の明文規定を創

設すべきである。税理士の現場からは税務申告のみを任されて，すべての資料が納税者において留保されている段階で会計業務において虚偽記帳などを発見することは不可能であり，それによる債務不履行責任を問うことは単なる「依頼者の言いがかり」にすぎないとの声も聞かれるところである。

（２）判　　例(富山地裁平成12年8月9日判決 TAINS Z999-0042)[94]

この税理士の会計業務における債務不履行についての判例は，医院に関する税務書類の作成，財務書類の作成，会計帳簿の記帳代行その他財務に関する事務につき締結した有償の受任契約の内容に，医院の経営指導や従業員の不正行為の発見も含まれるかについて判断した事例である[95]。

この判決では，会計業務はその給付結果として「税理士と委嘱者における契約は，正確な財務諸表の作成によって，医院の財政状態や経営成績を金融機関等の利害関係者に示すことができるようにすること，正確な税務書類の作成によって適正な納税ができるようにすることを目的とする」ことが包含されているとして会計業務契約の内容を示した。その上で，「自己の財産に関する注意・危険は，本来，原告が負担すべきものであり，受任者には善管注意義務があることを考慮しても，前記事情に照らすと，受任者である被告に，積極的に不正を発見すべき義務があるということはできない」として原告を退けている。本件は，税理士と委嘱者において包括的に契約した税務会計業務につき，直接に合意内容となっていなくても，いわゆる付随的義務として，不正発見義務があるか否かということに関して言及している。この問題につき，どうやら，契約上で不正発見義務がないことを明示している限りにおいては，当該義務を負う可能性は少ないといえそうである。しかしながら，注目すべきは，この判決が「税理士法1条，41条の3の趣旨に照らせば，少なくとも受任者が不正を発見したときには，これを委任者に報告する義務があるものと認めるのが相当である」として，助言義務を認めていることである。果たして，そうであろうか。この点に関して，この判決をそのまま受け入れることに躊躇するのである。そもそも，税理士法上の助言義務は，納税義務者の納税義務の適正な実現を図ることを目的としている。そして，この義務違反には，税理士法46条において一般的な懲戒処分が定められて

いる。すなわち，税理士法上の助言義務は，民事上の契約から要請される履行(この場合は助言)義務とは異なるものであると考えられるからである。他方,「税理士は,納税義務者の信頼にこたえ,租税に関する法令に規定された納税義務の適正な実現を図るために必要な資料や情報の提供を受けることを期待しており,税理士は,職業専門家として相当の注意を払って業務を遂行し,不正な経理操作等により納税義務者の適正な納税義務に影響を及ぼす事項については,委嘱者に適正な税務処理に向けての是正助言をする義務を負っている。この報告義務の対象となる事項は,納税者の適正な税額等の決定に影響を及ぼすあらゆる事項であると解される」という見解がある[96]。確かに,会計業務については,納税者の適正な税額等の決定に影響を及ぼす事項が多い。しかし,会計業務には,資産振替仕訳を中心として,税額決定に影響を及ぼさないものもかなりの分量で存在する。そのような関係からは,まず,助言義務を契約上の助言義務と税理士法上の助言義務の二重構造として捉え,適正な税額等の決定に影響を及ぼす事項に限って税理士法上の助言義務が問われるべきであるとした限定的な解釈が必要となるといえる。したがって,税理士法2条2項の付随業務に関して,責任が問われるのは,会計業務に関する受任契約が明示された場合に限られ,納税義務の適正な実現と関係なく,税理士が不正を発見できなかったという理由で債務不履行による損害賠償請求を受けることはないというべきである。すなわち,付随業務としての「記帳代行業務」にあっては,委嘱者との間に不正発見義務の特約が存在し,税理士は納税義務の適正な実現を図るという観点から,その不正が発見可能である場合に限り,助言義務があるのであって,それ以外の理由で債務不履行は生じないのである。さらに,本件のように,医院の事務員がデータを入力する場合(これを自ら入力し,コンピューターが計算するという意味で「自計」という)は,税理士の関与する深度がおのずから浅くなる傾向にある。つまり,医院における責任の負担が大きいことになると考えられる。したがって,税理士の責任も,その限りにおいて軽いといえる。

　次に,会計業務の問題を正面から論じた判例として,大阪地裁平成13年5月29日判決(判例集未登載)がある[97]。この判示するところは,税理士の会

計業務について善管注意義務を肯定するものである。このように，判決の動向が税理士の会計業務に債務不履行責任を負わせる方向であることが注目される。現在，日税連では，記帳業務に関する業務基準や規定などについて，税理士が行う記帳業務を含む会計業務は事実行為の代行で，納税義務の適正な実現を目的にした租税事務に付随したものと定義している。そして，記帳業務には不正発見の目的は含まれるものでなく，こうした委任者の請求は過大な期待であるとしている。

これらの判例では，税理士と依嘱者の契約において，会計業務と税務申告が連続して契約内容とされているようである。しかし，前述のように，税務申告に付随する会計業務は，税務申告の基礎となるものであるから，専門家領域として確保されるか，あるいは，その内容の正確性を担保する制度設計が必要である。

2．資格付与の問題

職業専門家の五つの要件の一つとして，免許資格制度の確立がある[98]。これは，一般に，国家資格を有する者が一定水準以上の専門家としての技能及び能力を備えていることを依嘱者が容易に認識し得る必要があるからである。

わが国において，税理士となることのできる者は，税理士法3条において規定されている。税理士法3条は，「税理士となる資格を有する」者として，第1項1号及び2号において，税理士試験に係る有資格者，3号で弁護士（弁護士となる資格を有する者を含む），そして，4号で公認会計士（公認会計士となる資格を有する者を含む）を掲げている。税理士法3条は，昭和55年の税理士法改正以前には，1号に弁護士，2号に公認会計士が掲げられていた。その順位は，昭和17年における税務代理士法，昭和26年の税理士法も同様であった。その理由として，立法に際して，弁護士や公認会計士が税理士よりも高い能力を有していたか，あるいは，その資格の地位が制度上，又は，一般社会において高かったと考えられるとの見解がある[99]。しかしながら，現代においては，国家資格は，国民の公益性及び利便性の要請から，

それぞれの国家資格にそれ相応の意義ある業務内容を有しているといえる。そもそも，税理士という資格は，その者が「税務に関する専門家」であることを広く国民に公表するための名称である。したがって，基本的に弁護士や公認会計士においても，税理士業務を行うときは，税理士として名称を用いることになるのは当然である。一方，弁護士は，租税法に関する読解能力は司法試験に租税法があることから備わっていることが窺われるが，会計に関する知識は十分とはいえない。同様に，公認会計士でも，企業に関する法務及び税務に関しての知識はあるが，租税法全般の知識には欠けるところがある。これらのことから，税理士法の改正意見(案)では，税理士となる資格を有する者は，税理士試験に合格した者を原則とすることを要求している。仮に，例外として，弁護士，公認会計士に対して税理士資格を認めるのであれば，能力担保措置として，弁護士は会計学に属する科目に，公認会計士は税法に属する科目に合格することを提案している。これらの理由は，国民，納税者の利便性や安全性の確保の観点から，原則として，税理士試験合格者に付与されるべき税理士業務を行うのに必要な専門知識や能力を有することを個別に検証し，免除認定する必要があるということによるものである。

　ここで，少し，資格付与に関する沿革をみることにする。昭和55年の第3次税理士法改正前は，退職税務官吏等に対し特別な税理士試験が存在していた[100]。当該試験の内容は，退職税務官吏等で一定要件に該当する者は一般の税理士試験受験者が受ける「会計科目」につき，簡単な特別試験[101]をもってそれに換えることができるというものであった。当時の大蔵省は，税務職員等に実質的に無試験で税理士となる道を開くことを保護し，税理士資格を他の資格と比べて特別な資格として位置づけていた[102]。この特別試験は，当初，5年間の期限で制定されたが，その後，「当分の間」という表現を用いることにより無期限的に存続されることになった。この多くの問題[103]を抱えた特別試験が経過措置期間を承認する形で廃止決定されたのは，第3次税理士法改正時である[104]。この結果，税理士試験としては，一般の税理士試験のみが存在することになった。しかしながら，この改正により，免除科目制度の拡大という大きな問題点を残す結果となった[105]。このよう

第3節　税理士制度の内部構造の問題　55

な沿革を経て，現在では，税務職員は，一般的に税務署で15年以上事務に従事した場合は，税法に属する科目が免除される。5年以上事務に従事すると国税審議会の指定した研修を受講することができ，それを修了(効果測定のための試験に合格することが必要)し，会計に属する科目が免除されたのちに，税務署で通算して23年以上事務に従事した場合は，税理士の資格を取得する。

　ところで，近時，税理士業界に異変が起こっている。それは，税務吏員が，最終的に税理士試験科目の実質的免除を得る権利を行使しないこと，つまり，税理士を開業しないというケースが散見されるようになったことである。その背景には，経済成長の鈍化による関与先の減少，国際課税を含む租税法の複雑化，訴訟リスクに対する不安，大型税理士法人の出現による市場の変化があげられる。

　他方，税理士法7条は修士の学位取得による一部試験科目免除等，税理士法8条は学識経験によるもの(同条1項1号，2号)と税務職員等の実務経験による(同条1項4号〜9号)試験科目の一部免除等が規定されている。さらに税務職員等のなかで一定の要件を満たす者については，実務経験による免除に加えて，上述した国税審議会が指定した研修を修了することによる免除が追加される(同条1項10号)。このように，税理士資格を有する者が一般の国家試験と同等以上の知識を兼ね備える者であり，かつ，さまざまな経験を積んだ者であることは，税理士業界にとっても重要なことである。しかし，税理士は，職業専門家であることから，その資格は，原則として，国家試験に合格することにより取得される必要がある。したがって，これらの当該免除規定は，免許資格制度における特例条項であり，厳格に運用されなければならない。このような運用により，特例による資格取得者の人数は，少なくなるのが当然であるが，残念なことに，現状は，特例による税理士資格取得者が多量に輩出する結果となっている[106]。以上のように，税理士法7条及び8条の内容には問題があり，当該免除規定の存在が，税理士を職業専門家として発展させていくことの弊害となっていることは明らかである。ある職業群が職業専門家として存在するためには，厳格な免許資格制度の確立が不可欠

である。この特別試験に係る判決においても,「税理士業務の公共性や納税義務者の保護等の政策的観点から税理士制度を設け,税理士の資格を有しない者が右業務を行うことを禁止した税理士法の趣旨にかんがみても,税理士資格を付与するについては,できる限り適正公平な方法によるべきことは,改めていうまでもない」と判示されている[107]。

　さらに,税理士法6条は,税理士試験の目的及び試験科目を規定している[108]。この試験科目につき,現行の税理士の業務との間に乖離が生じているとして批判的な意見がある[109]。現在,税理士登録者数は,平成23年5月末現在で7万1810人である。そして,その税理士資格取得方法は,「税理士試験合格者47.5%,税理士試験免除者(一部免除を含む)32.1%,公認会計士6.9%,弁護士0.1%他」となっている[110]。また,平成23年4月28日現在の公認会計士登録者数は,準会員である公認会計士試験合格者等を含め,3万1306人となっている。公認会計士協会が実施したアンケートによれば,公認会計士が税理士となる資格を有する者であることについては,ほとんどの者が認識している。しかし,その根拠が税理士法に規定されていることを知っている者は69.2%と少なかった。さらに,公認会計士の資格において当然に税理士業務ができるようにすべきと考える者は9割を超えており,その理由を「監査会計の専門領域に当然に税務が含まれているから」とする者が多かった[111]。

　近年,公認会計士試験合格者は著しく増加している。しかし,その就職状況は厳しい。今後は,多くの公認会計士が,税理士試験を全く受験することなく,税理士業務に参入してくることが予想される。また,同様に,平成23年6月1日現在の弁護士登録者数は3万488人である。新司法試験導入による弁護士数増加に伴い,弁護士が税理士業を行う機会は間違いなく増えると思われる。このような現況のもと,税理士は,社会からの要請を受けて,その資質の向上を図らなくてはならない。また,税理士資格の取得制度が,免許資格制度に基づく国家資格として適正に発展しなければならない。

3．税理士の「自律」問題

　職業専門家がその地位を確固たるものにするためには，その職業団体の存在が不可欠である。そして，その職業団体の団体構成員に対する職業倫理の遵守やその職業団体及び構成員の強い「自律」が要求される。とりわけ，この「自律」が，依頼者に対して，国家資格を有する者が，独立して公正な立場で専門家としてその信頼に応え得る存在と評価されるための重要な要素である。

　税理士の「自律」の問題は，税理士会の「自治権」の獲得と税理士の税理士業務に対する「自己完結権」の二つの側面に分けられる。そして，税理士の「自治権」の獲得は，税理士が独立した公正な立場で，納税者，税理士，国家との関係における立ち位置を決定する場合に深く影響する。なぜなら，この三者の関係は，本来，租税関係法規のみが，それを律することができるにもかかわらず，現行の税理士法においては，税理士及び税理士会の自治権が確立されていない結果，国家権力の介入する余地を残しているからである。具体的には，財務大臣が税理士の懲戒処分を執行し，税理士会に対する監督権を持っている。さらに，国税庁長官は，税理士及び税理士法人に対して報告の義務を課し，質問検査権を行使することができることになっているのである。とはいえ，近時，税理士の懲戒処分は，税理士自身の責任によるところが多く，昭和55年の税理士法改正以前における「飯塚事件」[112]にいう課税庁の権力介入のようなものはないと思われる。しかし，前述のように，これらの規定の発動可能性は，税理士の立ち位置に大きく影響を及ぼすということから，税理士の使命を実現することの妨げになるといえる。それゆえ，納税環境整備によって税理士法が改正されるときに是正される必要がある。

　一方，一定の資格を有しその資格に基づく相談業務や情報提供業務という職業に従事する者を専門家と定義し[113]，その職業専門家と依頼者の関係において，職業専門家の果たすべき役割についての研究が行われてきた。その研究において，たとえば，医師や建築士の場合には，長年にわたって築きあげられた一般原理が確立していて，それを個別的ケースにあてはめるについて最終的な判断権を医師や建築士自身が持っているので，その主体性や独立

性が確保されやすいといわれている[114]。しかし,その場合でも,企業や政治団体などの圧力に対して最後まで独立と自由を貫徹することが困難な場合もあり,土建請負会社に雇用された建築士や企業内病院に勤務する医師が,その良心を曲げて仕事をするか会社を退職するかの選択を迫られることが多いこともよく知られている。

税理士も,また,依頼者のベスト・インタレストの実現と納税義務者の適正な納税義務の実現を図るために,その環境整備を進めなければならない状況にある。とりわけ,税理士は,納税者と国家との関係でその税理士使命をどのように実現すべきであるかということが求められている。そのため,それらの納税環境整備は,税理士法上の権利として税理士の「自律」が確保されるように整備されることが望ましいといえる。

税理士法33条の2第2項は,税理士が租税に関する法令の規定に従って作成されているかどうかの審査を申告書と関連の財務書類にすることができ[115],審査事項等を記載した書面の添付制度を定めている規定である[116]。つまり,税理士がその申告書を審査し,それが租税に関する法令の定めるところに従って適正に作成されていると認めたときは,その審査した事項等とそれが適法に作成されたものである旨を記載した書面をその申告書に添付する制度である。そして,この書面添付権を受けて,税理士法35条は,課税庁がその審査した申告書につき,調査,更正をするときは,審査した税理士に意見を述べる機会を与えなければならないと規定している。その後,その審査した申告書等が意見聴取の段階で特段の問題がなければ,税務調査に移行しないという課税庁の実務運用が明らかにされている。つまり,税理士法33条の2第2項によって,実質的に税務調査が省略され,最終的な納税義務が確定するということである。この制度は,本来税務官公署が行うべき申告書の適否の判断を税理士に行わせようとするものではなく,あくまで,他人の作成した申告書が租税に関する法令の定めに従って適法に作成されているかを税理士が審査し,納税義務者が行う納税義務の適正な確定を援助するためのものである[117]。上述の税理士の「自律」の問題は,この審査した書面添付制度で解決ができないであろうか。つまり,「税務監査制度」を確立

することで，税理士に対して，最終判断権を与えることができないであろうかということである。そして，この「税務監査」が終了した申告書等は，原則として「適正申告」として捉えることで，税理士の「自己完結権」を創設したいと考えるのである。

第4節　ま　と　め

　これまで述べてきたように，税理士が依頼者との関係において，専門家であるがゆえに専門家責任を追及された判例は，税理士の置かれている厳しい状況や苦境を示していた。そして，一部の判例は，民法の善管注意義務の規定に加えて税理士法上の諸規定を税理士の責任の実定法上の根拠としている。その結果，依頼者の税理士に対する責任追及は，その射程範囲が拡張し，税理士が萎縮するような状況を招いている。これは，依頼者（納税者）と税理士の信頼関係を不安定にしている。
　他方，税理士は納税者に対して常に納税倫理の向上や法令遵守を目指し啓蒙活動をしている。しかし，納税者に対して，国家の税務吏員が法令を逸脱した質問検査権を行使するとき，また，それを税理士が国家に対して是正できないとき，納税者は税理士に失望する。また，いわゆる，「無通知調査」は，納税者自らが税務吏員と直接対応しなければならない状況を誘発し，税理士が税務調査において代理人として果たすべき役割を履行できないことから，納税者の税理士に対する期待感を損なわせることになる。その結果，税理士と納税者の信頼関係は破壊される。
　さらに，これらの不安定な三者の関係を改善するために必要な税理士制度は，機能不全に陥っている。先に述べたように，税理士業務の領域にかかわるもの，そして，専門家としての制度にかかわるものが，建築物の土台，つまり，基礎的な構造として存在しなければならないにもかかわらず，基礎部分の業務領域である会計付随業務は侵食され，会計専門家の共通領域かつ独占領域として確立できずにいる。さらに，税理士の専門家制度を維持するた

めの資格付与体制は厳格さを失いつつある。また，この基礎的な構造の上に建築物の柱，壁，屋根として造りあげられるはずの税理士法上の権利義務に関しても不安定な状態である。なかんずく，これらの税理士法上の権利義務に大きく影響する税理士の「自律」の問題は，「税理士業務の適正な運営を確保するために」という極めて抽象的な要件のもとに，国家（税務吏員）が税理士及び税理士法人に対して報告の義務を課し，質問検査権を行使することができるという監督権が温存されることにより，税理士の「自治権」を妨げている。さらに，税理士の「自律」を大きく支える「自己完結権」の実現可能性を含有する税理士法33条の2第2項の「税務監査」は，その意義を狭く解釈され，税理士が「公器」としての役割を負担する制度ではなく，税理士が「下請機関」として認知され機能できていない。このようなことから，税理士は国家に対して強い不信感を抱き，税理士が納税者の権利擁護を使命とするのか，あるいは，国家の徴税機関の一部として機能するのかという不毛な二項対立になっている。

　しかし，国家と税理士と納税者は，三者がそれぞれにおいて，影響を与えながら，常に緊張状態を保つことでその制度の基盤を維持するように努力をする必要がある。そして，その三者の緊張状態が均衡して保たれた状態，すなわち，国家と税理士と納税者の均衡した構図が描かれるように，これらの不安定な三者の関係を改善するために必要な税理士制度が，整備されなければならないのである。

　以上のように，第1章では，税理士制度の問題点について検討した。次に第2章では，比較法として外国の税理士制度と他の職業専門家について概観することにする。

　　1) 鎌田薫「第6章　わが国における専門家責任の実情」『専門家の民事責任』別冊NBL 28号(1994年)71頁以下。
　　2) 日本税理士会連合会編『税理士制度沿革史(初版)』ぎょうせい，1969年，及び同書増補改訂版，1987年が参考になる。
　　3) (村山達雄大蔵省主税局長，のちに自民党衆議院議員)「税務代理士法のときはよく知っているけれども，昔は，税務代弁者取締規則というのがあって関西で一番問題に

して，警察の取り締まりの対象であった。それはひどい，本来，税務署と納税者の間に立ってやるのが，取り締まりの対象というのはひどいというわけで，(昭和)15年の改正が済んで16年にそれを国の法律にしてくれという立法化運動が起きて，それをぼくは一生懸命になってやった。池田(後の総理大臣池田勇人)さんが，「村山，おまえ何やってんだ」，「税務代理士法というのを作っています」といったら，池田さんが「おまえも物好きだな，一文にもならん仕事をそんなに興味があるのか」と言われたことをいまだに覚えている。昭和16年にその法案を出したら，衆議院は通ったけれども，貴族院でひっかかった。翌年また同じやつを持っていったら，今度は貴族院も通してくれた」(平田敬一郎＝忠佐市＝泉美之松『昭和税制史の回顧と展望』下巻，大蔵財務協会，1979年，228～229頁)。

4) 金井正夫ほか1名の国会議員は，第64回帝国議会衆議院において，「税務代理人法案」を提案し，その理由として，「凡そ税務の事たる，洵に国家財政の枢軸を成して居るのであります。然るに之を本邦の実情に照らしてみまするに，一般納税者の税務知識が甚だ幼稚でありまするが故に，納税者の委任を受けて税務手続の代理を業とする者が，近時夥しく増加するに至ったのであります。其結果或は其中に不正不当の要求を納税者に勧めたり，或は司税者に対する紛争を激成したり，又は減損，更訂，其他の関係に於て納税者から不当な報酬を収受するに至り，甚しきに至っては，此報酬に関して訴訟を提起するような者が続出致しまして，今日納税者を苦しめる者が少くないのであります。働く是等一般納税者の被害を除去致しますると共に，税務に関する紛争を少からしめ，且つ税務行政の円滑と公正を期したい為からして，此税務代理人法案を制定してその資格を定め，是が取締を厳重に致す必要ありと認めまして本案を提案した次第です」と述べた。この発言で，この時代の税務代理業者と納税者の関係が明確になる(日本税理士会連合会編・前掲注2)初版26～27頁)。

5) 昭和17年1月18日の第79回帝国議会に税務代理士法案が提案されたが，当時の賀屋興宣大蔵大臣は，貴族院において，その理由説明を次のように述べている。「申上げる迄もなく租税は国家財政上極めて重要な地位を占めて居るのでありまして，其の運営の適否が，直ちに国政の全般並に国民の利害に重大なる影響を与へるのであります。而して社会経済情勢は愈々複雑多岐に亘りまして，之に伴ふ税務行政の運行及国民の経済生活も亦複雑且困難となって参ったのであります。殊に戦時下に於きます財政需要の増加に伴ひまして，相次いで増税を行ひ，更に今回相当程度の増税の措置を行ふことと致したのでありまするが，此の傾向は今後も一段と加重せらるる方向にあると考えられるのであります。……新たに税務代理士法を制定し，税務代理士の制度を設け，其の素質の向上を図りますると共に，是等の者に対する取締りの徹底を期し，之に依り戦時に於ける税務行政の円滑なる運用に資せむとするのであります。即ち本法案に於きましては，税務代理士の素質の向上を図り，其の業務の公正を期する為，税務代理士の資格を限定し，一定の資格を有する者が主務大臣の許可を受けた場合に限り，税務代理士たることを得ることと致しまして，同時に税務代理士にのみ限りまして，所得税，法人税，其の他の租税に関し，他人の委嘱に依り税務官庁に提出すべき書類を作成し，審査の請求等に付代理をなし，又は其の相談に応ずることを

業と為し得ることと致したのであります。其の他税務代理士会を組織せしめ、自治的に品位の保持、税務代理業の改善進歩を図らしめ、又是等の者が受くべき報酬に付きましても取締りを為すこととし、而して是等の者が国税の逋脱に付指示を為し、相談に応じ、不当の報酬を受けた場合等に於きましては、許可の取消又は業務の停止の処分を為す外特に罰則を適用することと致したのであります」(官報号外、昭和17年1月23日貴族院議事録第3号)。

6) 松澤智『税理士の職務と責任(第3版)』中央経済社、1995年、30頁。

7)「現在純所得の客観的捕捉が不十分で、これに伴い税務署と納税者との交渉が重要性を増してきた結果は、主として、納税者の代理としての税務専門家というよりもむしろ上手な取引者」であり、「この「取引者」という語は、「買収」収賄およびこれに類似するものを意味する婉曲な語句である」と説明して、税務代理士の現状を指摘し、さらに、税務代理士の担うべき役割を「もし、単にえこひいきまたは寛大を得るために交渉するのではなくて、納税者の代理を立派につとめ、税務官吏をして法律に従って行動することを助ける積極的で見聞の広い職業群が存在すれば適正な税務行政はより容易に生まれるであろう」として、さらに「適正な税務行政を行うためには、納税者が税務官吏に対抗するのに税務官吏と同じ程度の精通度をもってしようとすれば、かかる専門家の一団の援助を得ることが必要である」と述べている。しかし、他方、「税務代理士の活動の監督は厳重に行われなければならない。多分納税者を査察していると思われる国税庁における特別な査察官の一団は税務代理士の誠実を査察するために活用せらるべきである。税務代理士に関する苦情は遅滞なく、かつ、十分に調査されなければならない」として行政の監督の必要性も指摘している(財団法人神戸都市問題研究所地方行財政制度資料刊行会編「シャウプ使節団日本税制報告書」『戦後地方行財政資料別巻1　シャウプ使節団日本税制報告書』勁草書房、1983年、287～288頁)。

8) 中川一郎「税理士法改正問題の批判」税法学156号(1963年)2頁では、「中立な立場」という字句は必要がないとしている。

9) 昭和26年3月31日の衆議院大蔵委員会で、当時の平田敬一郎大蔵省主税局長は、「今回新しく税理士法が通って新しい姿で再スタートをはかるということになれば、お話のような方向に税務官庁に対し十分徹底させたいと思う。同時に私は税理士各位が実力を養い、税務官署に対してむしろ堂々たる態度で正しい納税者の利益、権利を擁護するという意味において大いに活躍を願う、むしろそれによって税務行政自体が改善されるというところまで活躍が期待されるような方向に行くのが理想ではないか。ことに申告納税制度の下においてはどうしてもこのような民間機関が相当発達して納税者が遠慮なく相談し、それからまた税理士の各位は、法律に従って正しく納税者を指導し、そして税理士業務をやっていただいてそれによって本当に法律に基づく公正な運用と税務官吏のややもすると起こす独善的な弊害を、チェックする機関といたしましても私は今後大いに活躍を期待したい。そういう意味において新しい税理士法案というものはそういう方向に税理士の資質を向上し、地位をあげるということについて相当有効な役割を果たすものではないか、かように考えておる。運用方針にしても

今申し上げたような方向へ持って行きたいと考えておる」と述べている。
10)「税理士制度特別部会の審議結果」税法学155号(1963年)36頁。
11)「税理士試験に関し、現行の試験制度は、本試験一本で、しかも科目別に合格を判定する方法で運営されているため、実施上難点が多く、かつ、暗記力のテストにかたより過ぎて試験問題がいたずらに難しくなり、反面、実務応用能力を十分に発揮できない欠陥があって、職業専門家としての資格判定制度として問題があることにかんがみ、他の立法例にもならって、所要の改善を図る。すなわち、受験資格を制限している現行制度を廃止して、広く一般に門戸を開放することとしたうえ、一般教養を試すための予備試験と、税理士となるのに必要な専門的知識及び応用能力を試すための本試験とに分け、この場合本試験は、実務応用能力の判定に重きをおくため、まず、基礎的な素養の判定を短答式試験によって行った後、実務応用問題についての試験(試験場に税法書を備え付けて行う。)を行うこととし、なお、合格者の決定方法は、総合点主義によることとする。なお、一部科目合格者等に対する既得権を十分尊重するとともに、試験制度改正の受験者に与える影響を緩和するため所要の経過的措置を講ずることとする。／税務職員に対する税理士資格の付与については、試験免除に関する現行の特例等を整理適正化するとともに、他の職業専門家に関する立法例にもならって専門的経験を重視することとして、所要の改正を行う。すなわち、①勤続10年ないし15年の者に対する現行の試験免除の特例及び勤続20年以上(地方税にあっては25年以上)の者に対する現行の特別税理士試験の特例を廃止するとともに、②永年勤続者(勤続20年以上(地方税にあっては25年以上))で、かつ、5年以上管理職にあった者に対しては、税理士試験審査会の簿記を主とする口頭試問を経て、税理士の資格を付与することとする」(日本税理士会連合会編『新税理士法要説(6訂版)』税務経理協会、1999年、29～30頁)。
12)昭和39年改正案は、当初、対象税目が原則として全税目に及び職域の拡大につながるとか、付随業務として会計業務を法定するなど税理士にとって有利であるとか一般的には考えられていたが、税理士の使命をめぐる日税連内部の議論が深まるにつれて、税理士制度は納税者の権利擁護の制度として確立すべきだという認識が高まり、のちには改正案に反対する運動が展開されるようになった。法案では、国税通則法について、実質課税の原則、一般的な記帳義務規定、資料提出義務違反に対する過怠税の創設、質問検査権についての統合的規定、無申告脱税犯に関する規定の創設などをめぐって、学界や業者団体、さらには労働組合まで巻き込んだ反対運動が巻き起こった。そのほかにも、科目別合格試験が司法試験や会計士試験のように一発合格制度に変更されるという「改正」が含まれているということで、全国数万人に及ぶ受験生が反対運動に立ち上がり、税理士の反対運動と相まって与党議員のなかにも反対論が生まれた結果、税理士法改正案は廃案となった(関本秀治「税理士制度の沿革と税理士の使命」税経新報559号(2008年)23頁以下)。

また、この改正案が廃案となったのは税理士会内部における反対意見の存在が大きな理由と考えられているが、その辺の事情について、衆議院大蔵委員会(昭和39年5月27日)において、大蔵省当局は質問に対し、次のように答弁している。「税理士法

の改正につきましては，御承知のとおり昭和36年の税理士法の改正の際におきまして，国会におきましてすみやかに税理士制度全般につきまして根本的な検討をとげて改正案を提出するようにという附帯決議があったわけでございます。その後この問題につきましては税制と関連の深い点がございますので，税制調査会におきまして検討をすることにいたしました。税制調査会に税理士制度特別部会というのを設けまして，そこで検討いたしたのでございます。お話のように税理士制度を改正するということになりますと，その業会であります税理士会，それから関連業会でございますところの公認会計士協会あるいは計理士会，こういったいろいろの関連業会がございますので，私どもといたしましては，特に関連の深い税理士会につきましては，いろいろの改正要望意見がございますので，それをできるだけ取り入れるという考え方のもとに，税理士制度特別部会には税理士会連合会の会長，副会長2人のうちの1人を特別部会に委員として御参加願いまして，また特別部会の開催のつど，税理士会の役員の方にお集まり願いまして，審議の状況を詳しく御説明を申し上げまして，税理士会との間にそごのないようにつとめるようにいたしたのでございます。税制調査会の答申がまとまる段階におきましては，税理士会としてではございませんが，その委員として最終的意見の表明を留保したいという点が一，二ございましたけれども，おおむねの点につきましては特別部会の方の一致の御意見によりまして答申がまとまったのでございます。ただその後におきまして税理士会連合会の中にもいろいろのいきさつがあったことと思うのでございますけれども，税理士制度の改正につきましていろいろ御意見があるやに拝察いたしたのでございますが，その意見につきましては，大きく分けまして一つは税務職員のうち，経験年数が20年以上の者につきまして税理士になる制度，この点についての意見と，それから試験科目についての意見といった点にしぼられてまいりまして，最終的には，試験科目の点につきましては，簿記及び財務諸表論を選択科目とすることについてはそれでいいということになりました。結局税務職員のうち，経験年数が20年以上の者につきまして税理士になる資格を与える場合に，短答式の試験をやるのかあるいは口頭試問をするのかというだけの点にしぼられたのでございます。その点につきまして税理士会の御意見はあったのでございますが，答申にもございますように，アメリカの制度あるいは西ドイツの制度などをも参考にいたしまして，今回の改正案におきましては，税務職員で経験年数20年以上，そして管理職的地位に5年以上の者につきましては，試験委員会におきまして口頭試問を行なうことによって税理士の資格を与えるという制度にいたしまして，ここに提案をいたしたような次第でございます。当初答申案がまとまる段階におきまして，またその後答申案がまとまる段階におきましては，今回の改正につきまして税理士会のほうからさほど強い反対はなかったのでございます。その後のいろいろの税理士会の事情が加わりまして反対といったような点が出ておりますが，その反対の最終的な点は，いま申し上げました点にしぼられておるわけでございます」。

13) 政府税制調査会は昭和38年4月25日から12月2日までの間に前後17回にわたり会合を開き，慎重な審議を重ねた（日本税理士会連合会編・前掲注11）27頁）。

14) 北野弘久『税理士制度の研究』税務経理協会，1995年，66頁。

15) 昭和39年改正案とすぐ後に述べる昭和55年改正の内容が，ほぼ同一であるところをみると，大蔵省の一般消費税構想の浮上と税理士法改正の動きは，政治的な配慮が大きく影響しているとする説がある(関本・前掲注12) 23頁)。

　要約すると，政府税制調査会は，昭和52年の中期答申で初めてEC型付加価値税としての一般消費税の導入を提言した。しかし，総選挙で時の大平内閣は一般消費税導入を政策に掲げて大敗した。当初から，大蔵省では，一般消費税という新しい税制を導入するためには，税理士法を改正して全面的に協力させることが必要だと考えていた。選挙での敗北を受け，一般消費税の方は，いったん姿を消したが，税理士法改正は予定どおり進捗した。大蔵省は，昭和39年改正案を廃案に追い込まれた後，税理士業界内では税理士制度に対する全会的な討論を深め，政府提案ではなく，議員提案による法改正を実現しようと政治家に対する働きかけを強めたことも踏まえ，税理士業界の反対を封じるために，税理士業界の要望にそった改正であるという体裁をとることになった。その全会的な討論の集大成が昭和47年日税連が最終的に確定した「税理士法改正に関する基本要綱」(以下，基本要綱)である。そこでは，税理士の使命を「納税者の権利擁護」に置くことを高らかに謳っており，それを制度的に保障するものとして税理士の自主権の確立を掲げている。ところが，この基本要綱は，大蔵省によって変質させられてしまった日税連執行部によって事実上，廃棄された。この日税連執行部の変質は，税理士会の選挙への大蔵省の権力的な介入によって達成された。すなわち，当時の大阪合同税理士会の会長選挙にあたって，大蔵省の権力的な介入があった。たとえば，反対派の税理士の関与先に対して権力的な調査を強行し，大蔵省が推す候補者への投票を要求すること等である。その結果，まず大阪合同税理士会をおさえ，やがて日税連会長に据えることに成功した。昭和55年改正法は，大蔵省が推した日税連山本会長，四元専務理事等によって，国税当局と密接な連携のもとに推進された。自民党や社会党の有力議員に対する違法な政治献金も，国税当局の指示と了解のもとで行われたのではないかという疑惑も浮上した(これを裏付ける意味で，北野・前掲注14) 208頁において『毎日新聞』1979年12月7日付夕刊1面トップで「日税連，献金を強制徴収，ワイロの性格濃厚」との記述がある)。このような政治的な背景で昭和55年改正法は，成立した。

16) 長谷川博「納税者権利憲章の制定」税理54巻3号(2011年)39頁，税理士法「改正」問題特別委員会「日税連の『税理士法改正タタキ台』に対する意見書(案)」税経新報575号(2010年)25〜27頁。

17) 日本税理士会連合会編『新税理士法(3訂版)』税務経理協会，2008年，51〜52頁。

18) 昭和55年改正の主な改正点は次のとおりである。①対象税目を原則として全税目とする(つまり，一般消費税，付加価値税などが導入されたときは，自動的に業務範囲に入る)，②懲戒権者を国税庁長官から大蔵大臣(現財務大臣)に移す，ただし，税理士に対する一般的な監督権(報告聴取，質問検査等)は国税庁長官にある(税理士法55条)，③懲戒処分の効力発生を，処分の確定時から処分時に改める，④納税者に対する助言義務の創設，⑤使用人に対する監督義務の創設，⑥会則中に納税者の「経済的理由により無償又は著しく低い報酬で行う税理士業務に関する規定」を設ける(税

理士法49条の2)，会則を守る義務(税理士法39条)によってこれを税理士に義務づける(いわゆる税務援助義務)，⑦税務職員に対する資格付与の条件を勤続20年から23年に延長する，などである。
19) 税理士は，租税に関する事項について，裁判所の許可を要することなく，弁護士である訴訟代理人とともに補佐人として裁判所に出頭し，陳述をすることができることとされた。税理士法人も，その税理士法人の社員又は使用人である税理士に補佐人として陳述させる事務の委託を受けることができるが，その場合，当該税理士法人は，委託者にその補佐人となる税理士を選任させなければならないこととされた。
20) 従来の更正前の意見聴取制度に加え，計算事項等を記載した書面(税理士法33条の2に規定する書面)が付されている申告書を提出した者について，あらかじめ日時場所を通知して帳簿書類を調査する場合には，その通知前に，税務代理権限証書(税理士法30条)を提出している税理士又は税理士法人に対し，添付された書面に記載された事項に関し意見を述べる機会を与えなければならないこととされた。なお，この税務代理権限証書について様式が新たに定められるとともに，計算事項等を記戦した書面について所要の見直しが行われた。
21) 誠実義務違反は，依頼者から信頼されて裁量権の行使を委ねられた専門家が，依頼者の利益という観点からみて，適切とはいえない裁量権の行使をしたことを責任の根拠とする。誠実義務は，専門家に委ねられている裁量的判断が依頼者利益のために適切になされたか否かの問題であり，誠実義務違反は，注意義務とは異なる信認的な義務の違反である。誠実義務違反のなかには，①利益相反行為(患者の治療において，医師が自己の研究上の利益を優先させた場合)，②不誠実な行為(単純ミスなどのように，専門家に期待される誠実さを裏切ったり，裁量権の不適切行使により，依頼者の自己決定権を侵害したりした場合)，③情報開示・説明義務違反行為(複数の治療法が考えられる場合に，患者に理解できるよう説明しなかった場合)，が含まれる。しかしながら，税理士の責任を論じる場合において裁量という要素を考慮する余地はまずありえない，としている(田中治「税理士業務における不完全履行責任」日税研論集39号(1997年)105頁)。
22) 同上109頁。
23) 2011年度版『税理士職業賠償責任保険事故例』株式会社日税連保険サービス，2頁以下。
24) 税理士の事務処理の過誤についての判決としては，このほかに東京地裁平成10年9月18日判決判タ1002号202頁(相続申告につき2億円の借入金債務を念頭に置かなかった結果，より有利な遺産分割の案を提示しなかったことに過失があるとして，税理士に対する損害賠償請求を容認した事例)がある。この判決は，認定された事実によると被告である税理士の注意義務違反が強く認められた結果となっている。また，判決の内容も支持できる。
25) 東京地裁は，「Yは，税理士として，独立した公正な立場において，申告納税制度の理念に沿って，納税義務者の信頼に応え，納税義務の適正な実現を図ることを使命とする専門職であり(税理士法(以下「法」という。)1条参照)，税理士業務を行うに

当たっては，依頼者が，課税標準等の計算の基礎となるべき事実の全部又は一部を隠ぺいし，若しくは仮装している事実等があることを知ったときには，直ちにその是正をするよう助言する（法41条の3）などの義務を負う。したがって，Yは，上記法の趣旨に照らして，本件委任契約に基づき，Xに対し，税務の専門家として，税務に関する法令，実務に関する専門知識に基づいて，Xからの委任の趣旨に沿うよう，適切な助言や指導を行って，確定申告書等の作成事務を行うべき義務を負う」とした上で，「Xには，平成11年度から平成17年度までの各年度において礼金等について相当額の収入が存在したにもかかわらず，K（Xの子）がN（Yの従業員税理士であるYの甥）に提出した平成11年度の賃料収入に関する資料には礼金収入が1件のみ記載され，平成12年度から平成17年度までの本件各内訳明細書には，礼金等の収入が全く記載されていなかったこと，……Nは，Kから提出された本件各資料に記載された数額等につき，特に精査したり，X等に確認することなく，そのまま転記して本件各確定申告書等を作成したため，本件各確定申告書等には，礼金等の収入が計上されず，また，本件借入利息等を含む本件不動産賃貸業に関係しない支出が必要経費として計上されたことが認められる。以上の本件各資料の内容及び本件各確定申告書等の記載に照らせば，税務に関する専門知識を有するYにおいて，本件各確定申告書等の記載と本件各資料の記載を照合して，本件各確定申告書等の根拠となっている本件各資料の内容を精査すれば，礼金等の収入の有無や必要経費の内容や金額などについて，疑問をもち，Xに対し，これらについて説明を求め，追加資料の提出を促すことは容易であったというべきである」とした。また，「Yは，Nが作成した本件各確定申告書等の税理士欄に記名又は記名・押印したが，その際，Yが，本件各確定申告書等の根拠となっている本件各資料の内容を精査して，礼金等の収入の有無や必要経費の項目などについて，Xに説明を求めたり，追加資料の提出を促した形跡は一切窺えない。以上のYの対応は，従業員であるNをして，Xから提出された本件各資料を精査，確認することなく，そのまま転記して不正確な内容の本件各確定申告書等を作成させ，自らも内容の正確性を精査，確認せず，漫然と記名又は記名・押印したという他はなく，……本件委任契約を受任した税務の専門家として，Xからの委任の趣旨に沿うよう，Xに対し，適切な助言や指導を行って確定申告書等を作成すべき義務を怠ったと認められる」とする。したがって，「Yは，本件各確定申告書等の作成にあたり，Xの所得を適正に申告するために必要な資料の精査や事実確認等を怠っており，本件委任契約に基づき，税理士として果たすべき職務上の注意義務に違反したと認められる。そして，XがYに対し，本件各確定申告書等の作成を依頼するに当たり，礼金等の収入を記載しない資料や本件不動産賃貸業の必要経費とはいえない領収書等を提供したとしても，Yの税理士という職責に鑑みると，上記の事情は，直ちにYの債務不履行責任の有無や程度を左右するようなものとはいえないというべきである」と判示した。

26）類似する判例として，神戸地裁平成10年12月9日判決判時1685号77頁がある。判例評釈として，林仲宣，法律のひろば53巻4号(2000年)72頁，酒井克彦，税務弘報53巻6号(2005年)97頁。

27) 本件の事実概要は，次のとおりである。平成3年に，資産分割につき争いが生じている相続事件を担当する弁護士(被告税理士の従兄)からの紹介で，相続人の代表であるXから相続申告の依頼を受けた税理士Yは，相続人間の遺産分割協議が整わないため，未分割状態で相続税の申告書を税務署に提出した。その提出にあたり，依頼者に対して，遺産未分割の場合は，配偶者控除等が適用されず多い相続税を支払うことになるが，分割協議が成立することで，配偶者控除等の適用を受けることができること，その後，そのための更正の請求をすることで税金還付が受けられる旨を説明した。本来，遺産分割協議に相当期間(3年以上)を要するときは，遺産が未分割であることについてやむを得ない理由がある旨の承認申請書を税務署長に提出する必要がある。しかし，当然のことながら，この時点では，分割協議にどれ程の時間が必要であるか不明であるため，当該承認申請書が提出されていない。また，一度に税金の全額を納付することが困難になる可能性から，税理士Yは，延納申請書を提出し，担保提供に関して後日，依頼者から連絡をする旨で税務署員の了解を得ていた。平成4年ころ，従兄である弁護士が依頼者によって解任されたことから，税理士Yと依頼者の連絡は途絶え，分割協議に関する進捗情報は入手できない状態となった。おそらく，税理士Yも，この時点で，黙示の委任契約の解除が成立していると理解していたと思われる。それから，10年以上経過した平成12年に至り，依頼者らの遺産分割審判が確定した。その確定を受けて，更正の請求を別の税理士に依頼したところ，承認申請書が未提出であるため，更正の請求はできないと説明された。平成13年に，依頼者は，税理士Yのもとを訪れ，更正の請求を依頼してきた。税理士Yも，再度，税務署と交渉したが，更正の請求は認められなかった。その結果，依頼者は提訴に及んだ。

28) この判決は，税理士の調査義務の内容につき，税理士に対して，その依頼者の過年度の申告書に対する閲覧を許している(行政サービス)という大阪国税局の回答文書を基礎に判断している。

29) 神戸地裁平成5年11月24日判決判時1509号114頁，大阪高裁平成8年11月29日判決税理士界1109号6頁，大阪高裁平成10年3月13日判決判時1654号54頁。

30) 田中治氏は，弁護士の誠実義務論争における少数説に立ち，税理士の使命を定める税理士法1条が善管注意義務とは独立した責任の根拠になり得るという問題につき消極的に解されるべきであると説く(田中・前掲注21) 111頁)。

31) 本件では，9人の相続人(代襲相続人を含む)を有する被相続人Aが遺言でその一人B(二女・西村)に全財産を相続させるとし，当初，Bは訴外P税理士に委託してそのとおりに申告し，延納許可を得ていた。しかし，その後，他の相続人Xらの希望により，あらためて遺産分割協議が行われた結果，同協議が決着したので，Xらは，その内容にそって相続税の修正申告書(法的には，期限後申告書)を提出することとした。そして，その際，延納許可申請書を税務署に提出していなかった。

32) 岡正晶「最近における税理士賠償責任事例の類型について」税経通信51巻15号(1996年)94頁。

33) 判決において事実として認定されたところでは，被告Yは，好意により原告の相談を受けた友人としての行動が窺知できる。すなわち，被告の妻みどりは，原告越部

の娘瑛子と友人であったところ，同原告宅を訪れた際，同原告から遺産分割の問題で揉めているとの話を聞き及んだ。みどりは，被告に対し，原告越部から自分が依頼している弁護士との意思疎通がうまくいかないので，手助けをしてもらいたいと言われた旨話した。被告は，事情によっては原告の娘の友人の夫として何かできることがあれば，手伝ってもよいと考え，平成3年4月17日にみどりとともに原告越部宅を訪れた。当日は，原告越部から金銭的な相談を受けていた住友銀行飯田橋支店の小川支店長も同席していた。被告は，原告越部に対し，どういう状況で困っているのか等の状況を尋ねるとともに，同原告から①吉田税理士が川越税務署長に対して提出した西村光子の相続税申告書の写し，②当時までにまとまっていた遺産分割協議の案を記載した書面及び③右の分割の案を前提とした場合の相続税などの賦課から納付に至るシミュレーションを記載した書面（吉田税理士作成）を資料として見せられた。原告越部は，被告に対し，相続税を支払うために相続財産のうちの東京都大田区田園調布の土地を売る予定で不動産業者に依頼しており，話はいくつもきているが，遺産分割協議が成立しないと売ることもできないので，早く遺産分割の協議を成立させたいと説明した。被告は，原告越部から分割協議案のどこに問題点があるかの説明を受けて，手伝うことができる旨答えたが，吉田税理士がいる限り自分が税理士としての仕事を受けることはないと言った。また被告は，同年4月27日原告越部の依頼により，同原告，原告良次郎及び西村光子とともに若井弁護士の法律事務所に赴いた。同事務所には，吉田税理士事務所の仙頭税理士も同席していた。被告は，若井弁護士及び仙頭税理士に対し，遺産分割協議を速やかに成立させられるように素人である原告らと若井弁護士との意思疎通を円滑にするための補助的役割を頼まれた旨，その会議に同席する理由を説明した。なお，被告は，仙頭税理士に対しては，相続税に関することは吉田税理士が関与しているので，自分は税理士としてこの場に来たのではない旨説明した。若井弁護士及び仙頭税理士は，右の説明を聞いて異論を差し挟むことはなかった。さらに被告は，同年6月8日にも若井法律事務所を訪れた。若井弁護士は，遺産分割協議が，原告越部が土地を取得する代わりに代償金を支払うとの方向でまとまる見込みであり，その前提として中澤博次郎が立ち退くことになるところ，原告越部から委任を受けた弁護士としては，同原告が代償金及び立退料を調達して円滑に支払われる確実な保証が必要であったことから，できるだけ早く同原告の資金繰りを考慮した上で，代償金の支払いを確実に履行するとの確約をとりたいという強い希望を持っており，被告に対し，同原告からその確約をとってもらいたいと依頼した。一方，原告越部は，早くしてもらわないと土地が売れなくなるという危惧を抱いており，若井弁護士と原告越部の意思疎通は円滑でないことが窺われた。若井弁護士は，被告に対して，前記住友銀行飯田橋支店の小川支店長と話し合って早くやってもらいたい，そうすれば自分の方は遺産分割協議を早めると依頼した。被告は，小川支店長と相談を重ねたが，相続人の一人が土地に抵当権を設定することに同意しなかったことから，住友銀行はその資金を融資できないということになった。原告越部は，手を尽くして売却先を探していたが，なかなか見つからなかった。被告も信託銀行の不動産部を紹介したりして尽力していた。

34) 品川芳宣「本件判批」TKC税研情報5巻7号(1996年)14頁。
35) 同趣旨，岡・前掲注32) 94頁。
36) 田中・前掲注21) 116頁。
37) 日本税理士会連合会編『税理士法逐条解説(6訂版)』2010年，349頁。また，税理士に無償独占権が与えられているのは，それだけ税理士の社会公共性(国家財政を支えるという点において)が高い証であるとともに，税理士の職域防衛の理論的根拠となっているという意見もある。他方，無償独占権は，課税庁が税理士を徴税機構に組み込むためであり，それがために税理士は一層税務行政に協力させられることになる，無償独占権を放棄することが，税理士や税理士会が課税庁から独立することにつながっていく，との意見もある。
38) この点に関し，東京地裁平成8年3月26日判決判時1576号77頁は，変額保険の勧誘に関し，税理士が相続税対策のコンサルティングをして，相続税納税資金対策に係る報酬として10万円を受け取っていた事件で，報酬の収受を事実認定して，生命保険会社，税理士の損害賠償責任を肯定した。他方，東京地裁平成11年3月30日判決判時1700号50頁は，報酬なしで変額保険を勧誘した税理士に対して，保険金額が多額であることを考慮して，説明義務違反を理由とする損害賠償を容認した。このように，報酬の多寡と義務違反が強く結びつけられていないと考えられ，総合的に判断されている。しかし，田中治氏は，無報酬か極めて低い報酬によるときは，責任を軽減すべきであると説く(田中・前掲注21) 116頁)。
39) 調査に応じない場合に罰則規定があるので間接強制といわれる。
40) たとえば，平成17年に東京国税局法人課税課が発遣した「税務調査の法律的知識」(「新法律的知識」)は，内部資料であるため通常は入手できないが，情報公開請求をして東京税財政研究センターにて冊子として販売している。また，中村芳昭『税務行政の改革』勁草書房，2002年に資料編として収録されている。
41) 少し長くなるが，事実に関する当事者の争点及び主張を記載する。
　(イ) 争　　点
　　国税調査官らが，本件調査で行った行為は，権限を濫用ないし逸脱した違法行為であるか否かが争点である。
　(ロ) 納税者(X1ら)の主張
　　a．所得税法234条に定める質問検査権の行使として行われる税務調査はいうまでもなく任意調査であるから，調査に応ずるかどうかは被調査者である納税者の自由な意思に委ねられなければならない。また，税務調査は被調査者の営む事業や生活に支障を及ぼし，納税者の利益を損ねる性質のものであるから，税務調査を行う職員は，被調査者の事業や生活に対する具体的な配慮を十分に払いつつ質問検査を行うべきものであって，そうしてなされた質問検査のみが適法な任意調査としての権限行使として許容されるべきものである。また，国税庁編「税務運営方針」によれば，「税務調査は公益的必要性と納税者の私的利益の保護との衡量において社会通念上相当と認められる範囲で，納税者の理解と協力を得て行うものであることに照らし，一般の調査においては，事前通知の励行に務め，また，現況調査は必要最小限度に

とどめ，反面調査は客観的に見てやむを得ないと認められる場合に限って行うこととする。なお，納税者との接触に当たっては，納税者に当局の考え方を的確に伝達し，無用の心理的負担を掛けないようにするため，納税者に送付する文書の形式，文章等をできるだけ平易，親切なものとする」と定めているのも，同様の趣旨から出たものであることは明白である。
b．しかるに，Ｎらの本年３月30日における行為は，X1が不在であるのにあらかじめ計画的にその店舗に臨場して共同して行われ，いずれも，X1らの家族らの意に反するまま，あたかも強制調査のように誤信せしめて行ったものである。特に，京都店２階に侵入した行為は，住居侵入罪に該当する犯罪行為であり，重大な違法行為であることは明白である。さらに，X3らのタンスの引出しを掻き回し，あまつさえ，同女の下着等も掻き回した行為，X2が拒むのを無視して，同女の私物であるバッグの中を開けて中身を調べた行為，訴外Ｚに対する同様の行為などは明白な違法行為である。犯罪捜査であっても，令状なしには居住部分への侵入や私物の検査は許容されるものではなく，いわんや任意調査たる質問検査権の行使の場合には，かかる行為はその権限に属しない違法行為であることは明白である。レジの金銭等の調査行為も，店主が留守であるのであらためて別の日にしてほしいとの家人の求めを無視して，何の承諾も得ずに行うことが，国税調査官の権限を濫用ないし逸脱した違法行為であることは明白である。身分証明書の提示を求められたＷが所得税法236条に反してこれを提示しなかったのも，かかる行為の違法性の認識ゆえになしえなかったものといわざるをえない。
(ハ) 国(Y)の主張
a．X1が不在であるのに計画的に店舗に臨場して調査を行ったこと　X1本人が当日不在であったことは，職員らがX1の店舗に臨場して初めて判明したことであるから，X1らの主張はその前提においてすでに失当であり，また，税務調査における質問検査権の行使については，税務職員の合理的な裁量に委ねられているのである。すなわち，質問検査の範囲，程度，時期，場所等実定法上特段の定めのない実施の細目については，質問検査の必要性，相手方の私的利益との衡量において社会通念上相当な限度にとどまる限り，これを権限ある収税官吏の合理的な選択に委ねたものと解するのが相当である。よって，この点に関して何ら違法は存しない。
b．X1らの意に反するまま，強制調査のように誤信せしめて調査を行ったこと　本件税務調査が強制調査のように装って実施されたことはなく，また，右税務調査が「X1らや家族の意に反するまま」進められたこともないから，職員らの行為及び発言に何ら違法な点はない。
c．京都店２階に侵入したこと　Ｎらが訴外甲子に事業の概要や帳簿書類などについて質問している際に，X3が突然，２階に上がって行ったため，Ｆもこれに従い２階に上がったのであり，また，Ｎ，Ｔ，Ｒ及びＫも，訴外甲子とともに２階に上がったのであるから，決して「侵入」したということにはならない。すなわち，訴外甲子らは当初，２階には帳簿は一切置いていないとＮらに申し立てておきながら，実際には同所に売上メモや仕入れ関係の納品書などを保管しており，さらに，

右売上メモ等をX3が隠匿しようとしたのであるから，これらの事情に鑑み，Nらは，質問に対する，訴外甲子らの答弁が正しいものであるかどうかを確認するために，2階の居室内において検査を実施する必要があった。したがって，Nらの行為は適正な質問検査権の範囲内のものであり，その行使に何ら違法はない。

d．X3らのタンスの引出し及び同女の下着等を掻き回したこと　X1らは，NらがX3の下着等を掻き回す行為をしたとしているが，そのような事実は全くない。また，X3らのタンスの引出しの中の検査を行った行為は，Nらの質問に対して，訴外甲子らの答弁が正しいかどうかを確認するため及びX3の不自然な行動に係る隠匿物等を把握するため必要があったのであり，さらに，右行為は訴外甲子らの同意に基づいて実施されたものであるから，何ら違法な点はない。

e．家族らの承諾も得ずにレジの金銭等を調査したこと　Tはレジの金銭の調査はしていない。そして，京都店においてレジの金銭等を調査したのはKであり，同人は若い従業員の立会いのもとに，右従業員の同意を得てレジの金銭等の調査を実施したのであるから，X1の主張は，全く的外れなものであり失当である。また，唐崎店においては，HらはX2の同意に基づいてレジの調査を実施したのであるから，「何の承諾も得ずに」調査したというX1らの主張は明らかに事実と反するものであり，Hらの行為に何ら違法な点はない。

f．身分証明書の提示を求められた訴外Wがこれを提示しなかったこと　Wは，X2の身分証明書の提示の要求に対して適正に提示しているのであるから，X1の主張は明らかに失当である。

g．その後の違法行為について　X1らは，N，Hらが，仕入れに向かうX1を追跡した行為が違法な行為であると主張するが，右行為は，本件調査の後，税務職員らが何度もX1に対し調査協力及び帳簿提示要求を行ったにもかかわらず，X1が本件調査の抗議に終始し，結果として全くこれに応じなかったため，やむを得ず仕入れ先を把握するためにとった行為であり，違法ではない。

42)（イ）質問検査権の意義

所得税の終局的な賦課徴収に至る過程においては，更正，決定の場合のみでなく，申請，申告等に対する許否の処分のほか，税務署その他の税務官署による一定の処分のなされるべきことが法令上規定され，そのための事実認定と判断が要求される事項があり，これらの事項については，それらの認定判断に必要な範囲内で職権による調査が行われることは法の当然許容するところと解すべきものであるところ，所得税法234条1項の規定は，国税庁，国税局又は税務署の調査権限を有する職員において，当該調査の目的，調査すべき事項，申請，申告の体裁内容，帳簿等の記入保存状況，相手方の事業の形態等諸般の具体的事情にかんがみ，客観的な必要があると判断される場合には，前記職権調査の一方法として，同条1項各号規定の者に対し質問し，又はその事業に関する帳簿，書類その他当該調査事項に関連性を有する物件の検査を行う権限を認めた趣旨である（最高裁判所第三小法廷昭和48年7月10日決定（刑集27巻7号1205頁））。

ところで，税務職員による質問検査権の行使は，当該職員の質問に対して答弁をせ

ず若しくは偽りの答弁をし，又は検査を拒み，妨げ若しくは忌避したことに対して1年以下の懲役又は20万円以下の罰金に処せられる（所法242八）という制裁の下に，相手方は質問検査を受忍することを間接的心理的に強制されているものであって，相手方において質問検査に応じる義務があることを前提とするものではあるが，相手方においてあえて質問検査を受忍しない場合にはそれ以上直接的物理的に強制し得ないという意味において，国税犯則取締法の規定に基づき裁判所が行う臨検，捜索又は差押，あるいは裁判所の許可を得て収税官吏が行う臨検，捜索又は差押等の強制捜査とは異なり，任意調査の一種である。

(ロ) 質問検査権行使の要件に関する判断

a．税務職員の有する質問検査権は，所得税の適正，公平な賦課徴収を図るという公益上の目的を実現するための制度，手続として認められたものであるから，所得税法234条1項に規定する「調査について必要があるとき」とは，権限のある税務職員において，具体的事情にかんがみて客観的な必要があると判断する場合をいうものであり，確定申告後に行われる所得税に関する調査については，確定申告に係る課税標準又は税額等が過少である等の疑いが認められる場合に限らず，広く申告の適否，すなわち申告の真実性，正確性を調査するために必要がある場合を含むものと解すべきである。

b．質問検査権の範囲，程度，時期，場所等実定法上特段の定めのない実施の細目については，質問検査の必要があり，かつ，これと相手方の私的利益との衡量において社会通念上相当な限度にとどまる限り，権限ある税務職員の合理的な選択に委ねられているものと解すべく，実施の日時場所の事前通知，調査の理由及び必要性の個別的，具体的な告知のごときも，質問検査を行う上の法律上一律の要件とされているものではない（前掲昭和48年最高裁決定）。

c．所得税法234条1項1号における税務職員の質問検査の相手方は，納税者本人のみでなく，その業務に従事する家族，従業員等をも含むものと解すべきである。質問検査権行使の相手方を同条項の文言どおり厳格に解し，納税義務者本人に限定すると，場合により業務の実態の正確な把握ができなくなるおそれが生じ，納税義務者本人が不在の場合には質問検査権の行使が全くできなくなるなど，質問検査の実効性が失われる結果を招来することになる上，そのように解しても，別段納税義務者本人に不利益を課すことになるものではない。なお，所得税法244条1項の罰則の規定も，このような解釈を前提とするものと解される。

e．税務職員による質問検査権の行使は任意調査の一種であると解すべきであるから，その行使に際しては相手方の承諾を要するものであるところ，その承諾は必ずしも明示の承諾に限られるものではなく，場合によっては黙示の承諾も許されるものと解するのが相当である。ただし，質問検査権行使の相手方が，納税義務者本人ではなく，納税義務者本人の業務に従事する家族，従業員等である場合には，質問検査権の行使が納税義務者本人の承諾が得られないことを回避する手段，目的でなされることのないよう特別の配慮をすることが望ましく，したがって，納税義務者本人の事前の承諾が得られていない場合における納税義務者本人の業務に従事する家族，

74　第1章　税理士制度の問題点

従業員等による黙示の承諾の有無については，その具体的状況を勘案した上で，慎重に判断する必要がある。
43) さらに，平成17年6月発遣の東京国税局法人課税課「税務調査の法律的知識」，いわゆる「新法律的知識」のコラム欄で，「明確に拒否しなかったので承諾したものと同じ」という考え方は誤りであるとしている。
44) 事実の認定について
弁論の全趣旨によれば，以下の事実が認められる。
2.(2) Aについて，法人税の逋脱等について特別な疑惑を抱いていたわけではな・・・・・・・・・・・・・・・・・・・・・・・・・・・・かったが，10年以上税務調査を実施していなかったので，税務調査に入ること・・・した〔傍点は引用者。以下同じ〕。(3) Bについて，法人税の逋脱等について格別の・・・・・・・・・問題点を把握していたわけではないが，約6年間調査を行っていなかったため，税務調査に入ることとした。
3.(5) 乙会長は，事前の連絡なく来たことをH上席に確認したが，在りのままを見たいため事前に通知を行わなかったとH上席が回答した。丙上席らは，正式な調査は後日控訴人が立ち会える日程を決めて行うこととし，今日のところは現状確認だけでもD社長が承諾してくれないかと，更にD社長の調査協力を要求した。
5．平成10年4月22日，以下のような出来事があった。(1) 控訴人との合意に基づき，丙，丁，戊各上席及びC調査官は，帳簿調査のため，再びAを訪れた。丙上席らが案内された会議室には，乙会長，D社長，控訴人，控訴人の事務員1名の4名が待機していたほかは，ビデオカメラやテープレコーダーの準備がされていた。なお，上記会議室の壁際に段ボールに詰められた帳簿等が置かれていたが，帳簿等が取り出されたことはなく，丙上席らは，帳簿自体は現認しておらず，帳簿の提示及び提示の申し出もされることはなかった。
9．平成10年6月10日，H上席は，再度，Bの調査の件で乙会長に電話し，調査協力を要請したが，乙会長は，控訴人に全て任せてあるので控訴人に従う，損害賠償についても一緒に戦っていく，税務署は文書で控訴人に回答すべきだと答えるのみで，H上席が文書による回答はできない旨返答しても，対応は変わらなかった。また，H上席は，Bを訪れ，乙会長に対し，同年2月3日に税理士は関係ない旨の発言をしていないなどと述べたが，乙会長は，当該発言はあった旨反論した。
10．平成10年7月8日，控訴人は，宇土税務署長に対し，書面による回答がないどころか，N統括から社長を説得するようにとの見当違いの電話を受けたとして，重ねて，控訴人を無視して調査を求めた行為が税務代理権の侵害にあたること，同年5月13日に調査が行われなかったこと，H上席が乙会長に直接電話する行為が税務代理権を侵害するものであること等を抗議する内容証明郵便を送付した。
16．平成10年9月7日，E統括は，書面で回答できないことは既に控訴人に伝えていると述べた上，再度，乙会長に対し，控訴人が調査に応じるように協力を求めた。すると，乙会長はE統括に対し，控訴人に直接連絡すべきであると返答した。そこでE統括は乙会長に対し，調査依頼は法人の代表者に対してするものであり，本来は代理人にするものではない，代理人が調査を承諾しても代表者が拒否すれば

注　75

　　　調査はできない，代理人の職務は代表者に対してなされた調査の申入れに対して，代表者にかわって回答し得る点にある，このままでは反面調査や銀行調査を行わざるを得ない等と重ねて控訴人を説得するよう依頼した。
20. 平成10年12月18日，E統括が乙会長に電話したところ，乙会長は，控訴人に電話で協力を要請したものの，控訴人が調査を了解しないと言っていたとE統括らに告げ，控訴人はE統括らがAを訪れている件も代理権侵害になると言っている，控訴人は振り上げた手の下ろし場所がないのではないか，何か丸くおさまる方法はないか，と申し入れた。
21. 平成11年1月13日，E統括，F上席及びG調査官は，Aを訪れ，乙会長と面談したところ，乙会長は，自分もできる限り努力するから，税務署としても文書による回答を検討できないか，正式な回答でなくとも，玉虫色の回答でもよい，また，署としてでなくとも統括官としてでもよいから，文書での回答について検討できないか，とE統括らに申し入れた。E統括は，いかなる形でも書面での回答はできない旨答え，帳簿等の調査ができなければ，青色申告承認の取消しや，消費税については課税仕入れが認められないということになると告げて，控訴人に対し調査協力を依頼するよう再度要請した。乙会長は，3月末には，控訴人に会って協力を依頼すると回答するのみであった。
25. 平成11年7月2日，宇土税務署長及び熊本西税務署長は，B及びAに対し，同年6月から実施された反面調査等の結果に基づき，青色申告承認の取消処分，消費税仕入れ税額控除否認の更正処分，消費税の過少申告加算税の賦課決定処分等を行い，結果としてBに対しては本税5万2900円，Aに対しては，本税及び加算税として合計6533万円余りの納付義務を課した。
26. 控訴人は，Aを倒産の危機に追い込んだことに責任の一端を感じ，納付を命じられた税金の一部でも負担したい旨を会社側に申し入れたところ，乙会長はこれを辞退したが，D社長は，一部ではなく全額を持ってくるのが当然であると控訴人に申し入れた。控訴人は，D社長との交渉の結果，Bの土地を1500万円で買うことにしたが，同年8月21日，A及びBは，それぞれ，控訴人との税務代理の各委任契約を解除するに至った。

45) その他の事例

　　事例1　○○局　B税務署　法人課税特別調査部門(パチンコ店)
　　無予告により社長自宅，事業所，取引銀行に総勢12名がいっせいに調査に着手。当日顧問税理士は，出張だったため，対応できたのは30分以上経過してからではあったが，無予告現況調査に抗議するとともに，顧問税理士が代理権限を行使できない客観的条件があるので即時調査を中止するよう要請し，後日あらためて調査を受けることとした。しかし，それまでの間に事業概況と役員の業務内容について聴取されていた。また，翌日社長をはじめ関係者から現況調査の実態について事情聴取したところ，12名のうち身分証明書を提示したのは3名のみであること，社長や他の役員のいないところで従業員数名に質問をしていること，まだ廃棄処分をしていない前日のホールのすべてのゴミ箱の中身を，役員や従業員の了解を得ることなく持ち帰った

ことが判明した。後日の実地調査において、上記3項目について事実確認を行いその事実を認めさせた上で、「明示の承諾」を得ていない違法な調査であり、「窃盗罪」にも該当するため、署長の謝罪と調査中止を求めた。その後、3度の折衝の結果帳簿調査等は一切行わず、役員の病気期間中の報酬の一部否認で調査は終結した。

(解説) この事例は無予告現況調査を行う基準が不明確、税務代理権の侵害、身分証明書の不提示、質問検査の対象者の範囲の逸脱、「明示の承諾」違反、窃盗罪等の諸問題が内在している。当局の見解(平成17年に東京国税局法人課税課が発遣した「税務調査の法律的知識」)は、「質問検査を行う場合、時、場所、方法について、税法上特にそれを制約する規定が設けられていないことから、その方法等が明らかに不当とならない限り、税務当局の裁量に任されているものであり、特段の制約はない」としている。しかし、事務運営指針(平成13年3月27日)には「税務調査に際しては、原則として、納税者に対して調査日時をあらかじめ通知する」としており、事前通知を行うことが適当でない場合について、イ．ありのままの事業実態等の確認が必要な場合、ロ．調査忌避・妨害、あるいは、帳簿書類等の破棄隠蔽が予想される場合と列挙している。しかし、ありのままの事業実態が確認できない事業・業種とは具体的にどのようなものかは明らかにされていない。また、調査忌避等を行う事業者であるか否かの判断基準も明らかにされていない。大多数の税務調査が事前通知を受けているのに対し、一部の納税者が、明確な基準がないにもかかわらず、無予告調査を受けている事実は、納税者間の公平を欠いている。また、仮に、申告内容に疑義があり、調査忌避や妨害等が予想されることが明らかなのであれば、任意調査ではなく、令状に基づく強制調査によるべきである。さらに、質問検査の対象者についての当局の見解(「新法律的知識」)は「法人税法の法人に質問という規定は、原則的には法人の代表者に対して質問すべきものと考えるが、法人の業務の執行は、担当部課等を定めて分掌させたり、特別な事項について代理人を定めて代理させることが通常であることから、代表者のほかに、代理人、使用人その他の従業者が質問の対象と成りえる」としている。しかし、一方で「従業員等へ質問する場合は、調査を円滑に進めるため、あらかじめ代表者の了解を得た上、代表者から協力するよう指示してもらう」としている。

事例2 ○○局 S税務署 特別調査官事案(歯科医)

事前通知により開業4年で初めて調査を受けた。初回の実地調査では納税者本人、及び経理担当者に対しほとんど質問も、帳簿等の検査も行わず4年分の帳簿を持ち帰った。その後納税者の承諾を得ることなく一方的にカード決済されたデパート、旅行代理店等の反面調査が行われ、さらに事業に関係のない妻名義のカード決済分についても反面調査が行われた。以後の実地調査においては、収入金額についての検査質問は一切なく、特別調査官は反面調査の実施を伏せたまま、「旅行は誰と行ったか」と質問、本人は「従業員と慰安旅行」と回答したところ、「嘘を言って隠そうとした」のは仮装隠蔽に該当し、重加算税対象であるとし、青色申告の取消しをチラつかせ「申述書」の提出を強要された。さらに上記を口実に経費の各科目について自己否認を強要され、自己否認分の大部分を重加算税対象とされた。また、何ら根拠を示さず接待交際費のうち自己否認した以外の1/2相当分と車両に係る減価償却費、駐車場代

を否認。専従者給与についても妻の業務内容について一切の質問もなく，従業員の最も高い給与(25万円)を超える月額25万円は過大報酬であるとして否認してきた。その結果4年分で3000万円超(税額で1800万円)の修正申告を慫慂され，応じなければ更正すると脅かされた。

（解説）　当局の見解(「新法律的知識」)においては「反面調査は適正・公平な課税を実現するために必要な情報を収集することを目的として，権限がある税務職員が調査のために必要と認めた場合に，質問検査権に基づいて行うものであり，納税者本人の了解を必要とするものではない」としている。しかし，「税務運営方針」(昭和51年4月)は「反面調査は客観的に見てやむを得ないと認められる場合に限って行うこととする」とその基本方針を述べ，さらに具体的事務運営指針(平成12年7月個人課税事務提要，平成13年7月法人課税事務提要)では「取引先等の反面調査を実施しなければ適正な課税標準を把握することができない場合」とその要件を定めている。さらに，調査事務の概要(東京国税局平成18年7月)では，「反面調査は，調査対象者に対する調査だけでは課税標準の的確な捕捉が十分出来ない場合，又は課税標準の補充に関して疑問点や不合理点があってそれが明らかに出来ないと認められる場合に，その実態を確認するために行う裏づけ調査を言うのであるから，調査対象者の申告所得金額の真実性を疑うに足りる合理的根拠もないまま，只単に取引があるという理由のみで実施するようなことがあってはならない」と明確に記している。したがって反面調査は課税庁の裁量でいつでもできるものではなく，明らかにやむを得ない事情がある場合に限られる。また，「やむを得ない場合」とは，明確な規定はないが，納税者本人が調査を忌避している場合や帳簿書類等がないか，提示を拒否している場合がこれに当たる。反面調査を行う場合「やむを得ない事情」を納税者に説明し了解を得ることは当然である。

　（本川國雄「税務調査の現状と調査事例」税経新人会，平成20年11月19日城北ブロック例会報告の抜粋を参考にして，筆者の経験をもとに修正し，作成したものである）

46) 本川國雄「税務調査の現状と調査事例」税経新報564号(2009年)3頁。
47) 内部事務の一元化，相談事務の廃止，事務系統の横断的・広域的事務の遂行をあげ，特に内部一元化は平成21年7月から全国一斉に実施された。平成20年10月24日から署・局の相談室は廃止，同年11月4日から税務署における税務相談は電話相談集中センターに回され，個別相談は実名・予約制になり，税理士の相談は原則受け付けないことになった。このように，内部事務や相談事務等の納税者へのサービス業務を効率化して，調査事務日数の確保が最重点となっている。
48) 国税庁は平成20年9月16日から3ヶ月間「リハーサル試行」を実施した。評価内容は「能力評価」と「業績評価」で構成され，職員は業務目標を設定し，業務を遂行し，自己申告をする。それをもとに上司が5段階評定(S，A，B，C，D)し，評価の悪いC，Dについては，期末に面談により評価結果が通知される。その結果，評価が悪いというだけで，昇給停止・降格・賃金カットがされる。
49) 本章第3節第2款を参照。

50) 税理士法上の権利義務は，①代理の権限を明示する義務(30条)，税理士証票を呈示する義務(32条)，書面添付権(33条の2)，脱税相談の禁止(36条)，信用失墜行為の禁止(37条)，研修を受ける義務(39条の2)，事務所設置の義務(40条)，助言義務(41条の3)，業務の制限・停止(42条，43条)，②一定の事項について特別の委任を受けるべき義務(31条)，調査の通知(34条)，意見の聴取(35条)，秘密を守る義務(38条)等がある。これらの義務につき，その内容を整理すると，金子宏氏は①を税理士が専門職業人であることに由来する義務とし，②を税理士が納税者の代理人であることに由来するものと区分している(金子宏『租税法(第19版)』弘文堂，2014年，160頁)。
51) 税務代理の権限の明示と題して税理士法30条は，「税理士は，税務代理をする場合においては，その権限を有することを証する書面を税務官公署に提出しなければならない」と規定している。
52) 斉藤祐三「税務代理行為と代理権証明」税務弘報17巻4号(1969年)88頁。
53) 東京地裁昭和39年11月28日判決判タ172号227頁。
54) 東京高裁昭和42年4月27日判決(東京地裁昭和39年11月28日判決の控訴審)。
55) 日本税理士会連合会編・前掲注37) 146頁。
56) 北野弘久「現行税理士制度における税務代理の性格と問題」税法学154号(1963年)6〜7頁，新井隆一「座談会／税理士法改正をめぐる問題点」税理20巻14号(1977年)28頁，北野・前掲注14) 6頁。
57) 日本税理士会連合会編・前掲注37) 154頁。
58) 「税理士は，不正に国税若しくは地方税の賦課若しくは徴収を免れ，又は不正に国税若しくは地方税の還付を受けることにつき，指示をし，相談に応じ，その他これらに類似する行為をしてはならない」と規定している。
59) 1年以内の税理士業務の停止又は税理士業務の禁止の懲戒処分，なお，「相当な注意を怠り」違反行為をした場合には，戒告又は1年以内の税理士業務の停止(税理士法45条)，3年以下の懲役又は200万円以下の罰金(税理士法58条)。
60) 日本税理士会連合会編・前掲注11) 119頁。
61) 本条において「指示をし」とは，脱税などについて具体的な方法を教示することであり，「相談に応じ」とは，脱税の具体的方法について相談相手となり，肯定的な回答をすることである。そして，「これらに類似する行為」とは脱税を企図させる意思をもって納税義務者に具体的な見解を表明するなどして脱税を示唆する行為である。(同上119頁)。
62) 同上119頁。
63) 松澤智氏は，税理士が納税義務者と共同して逋脱行為をし，税理士の本分を超えた場合には法人税逋脱犯などの共同正犯のみが成立し，一方，税理士がすでに逋脱の意思を有する納税義務者の相談に応じるなど受動的に逋脱行為にかかわった場合には税理士法違反のみが成立するとする(松澤・前掲注6) 203頁)。東京高裁昭和41年2月18日判決は，税理士を法人税逋脱犯の共同正犯とした。また，東京地裁昭和63年9月27日判決では，税理士が相続税法違反で2年の実刑判決が下されている。

64) 昭和54年6月5日衆議院大蔵委員会, 福田幸弘発言は, 委任事務は受任者である税理士本人が処理すべきであるとの関係から, 司法書士の補助者は5人と決まっているがごとく, 税理士の使用人の数もこのようにする案も考えられたが, この案は勤務税理士をどう数えるかなどの問題があり断念されたとしている(日本税理士会連合会編・前掲注37) 179頁)。
65) 助言義務規定(税理士法41条の3)についての一つの解釈は, 税理士法41条の3は倫理的義務ないし確認規定であるとするもので, この説によれば, 助言義務違反は結局のところ脱税相談の禁止(税理士法36条)あるいは不真正税務書類の作成の禁止(税理士法45条)に該当することになるから助言義務違反について懲戒責任を問題にする余地はないとする解釈である(松澤・前掲注6) 96〜99頁)。もう一つの解釈は, 政府解釈(昭和55年3月27日参議院大蔵委員会, 福田幸弘答弁)で, 税理士法41条の3は税理士の倫理的義務を規定している点では倫理規定であるが, 助言義務違反が税理士法46条の一般懲戒の対象となるという意味では法規範であることになるとしている。この説によれば, 脱税相談の禁止あるいは不真正書類の作成の禁止に該当せず助言義務違反だけに該当する場合があり, この意味で税理士法41条の3は法規範たる意義を有する。すなわち, 税理士が「不正な事実」があることを知っていたときに助言をせずに顧問契約を解除した場合でも, 助言義務違反として税理士法46条の一般懲戒の対象となるとする。
66) 日本税理士会連合会編・前掲注37) 185頁。
67) 税理士業界では, 依頼者との委任契約をする場合, 委嘱契約書という雛型を使用する習慣がある。委嘱とは, 一定期間, 特定の仕事を他の人に任せることをいう。行政では, 審議会・調査会などの委員に, 民間人やその行政機関に属さない公務員を任じることをいう。
68) 小林博志「税理士の権利と義務」日税研論集24号(1993年)80頁。
69) 税務職員に対して,「租税の課税標準等を記載した申告書を提出した者について, ……日時場所を通知してその帳簿書類を調査する場合において……30条の規定による書面を提出している税理士があるときは, あわせて当該税理士に対しその調査の日時場所を通知」する義務を課している。
70) 最高裁昭和48年7月10日判決訟月19巻9号127頁, 同旨, 最高裁昭和58年7月14日判決訟月30巻1号154頁。
71) 日本税理士会連合会編・前掲注11) 114頁。
72) 日本税理士会連合会編・前掲注37) 159頁。
73) 日本税理士会連合会編・前掲注11) 120頁。
74) 板倉宏＝加藤直隆「通知弁護士と税理士の守秘義務」税経通信37巻7号(1982年)16頁。
75) 関根稔「税理士の業務展開をめぐる知っておきたい事例と判例／税理士の守秘義務」税理33巻8号(1990年)49頁。また, 松澤智氏は, 弁護士は被告人が有罪である場合でもその事実を検察官に告知できないのに対し, 税理士は顧客が脱税をしていることを知った場合には助言義務や脱税相談の規定があることから, 弁護士と税理士の

違いを司法と行政の領域の違いにあると説明している（松澤・前掲注6）325頁）。
76）小林・前掲注68）96頁。
77）大審院昭和5年2月7日判決大審院刑事判例集9巻51頁。税理士が顧客の利益を守るために証言拒否権を行使せずに証言しても処罰されていない。
78）首藤重幸「税理士責任――民事上・行政上・刑事上」日税研論集24号（1993年）145頁。
79）たとえば，記帳指導，確定申告期における電話相談，相談会場における税務相談（いわゆる「無料相談」），年金受給者への説明会等。
80）本章第2節第2款まとめを参照。
81）近時において，税理士職業損害賠償責任保険の加入義務の問題，補佐人税理士の法廷における尋問権，補助税理士の税理士業務の法的な整理などがあげられるが，本書では言及しない。
82）税理士法50条は，「国税局長は，租税の申告時期において，……申告者等の便宜を図るため，税理士又は税理士法人以外の者に対し，その申請により，……申告書等の作成及びこれに関連する課税標準の計算に関する事項についての相談に応ずることを許可することができる」と規定している。税理士法50条は，国税局長が租税の申告時期，又は災害時に税理士以外の者に対し，無償で申告書を作成し及び課税標準等の計算に関する事項について相談に応じることを許可している。すなわち，税務の特殊性，つまり，税務事務の期間的集中から，税理士にはもちろんのこと，税理士以外の者に対しても，申告業務，相談業務を許可しているのである。
83）商工会等の青色申告に関する記帳指導は，国からの助成金を受けて実施され，毎月数千円程度の廉価な価格で会計業務を提供している。これは，税理士のビジネス領域までも侵食する結果となっている。
84）「他人の作成した申告書」とは，その税理士以外の者が作成した申告書をいうのであるが，申告書は納税義務者本人が自ら作成する場合を除き，税理士及び税理士法人以外の者が業として作成することを税理士法は禁止しており，また，税理士と納税義務者とは個人的な信頼関係で結ばれているものであるだけに，税理士が作成した申告書について他の税理士又は税理士法人に相談することは現実問題として考えにくいことから，納税義務者本人が自ら作成した申告書あるいは納税義務者の使用人等が納税義務者の名において作成した申告書ということになるであろう（日本税理士会連合会編・前掲注37）150頁）。
85）税理士法「改正」問題特別委員会・前掲注16）24～25頁。
86）第3章第1節第1款第1項の税理士法1条の解釈を参照。
87）数年前から，日税連が把握しているこの種の損害賠償請求訴訟だけでも，各地域の税理士会に及んでいる。具体的な例としては，売掛金回収のときに，経理担当者がその金銭を横領し，受取手形としていたことにつき，経営者が不審に思い調べたところ，経理担当者の横領が分かった。この企業の経営者は，経理担当者と記帳業務を請け負っていた税理士に対しても，業務を的確に行っていれば不正は知り得た事実であり，税理士の行った業務は債務不履行に当たるとして，税理士に対して損害賠償を求め訴

訟を起こしている。また，歯科医院では，経理担当者と勤務医が共謀し，数年間にわたり歯科医院の売上をヤミ給与として着服。そのため，記帳代行をしていた税理士が着服に気がつかないのは業務上過失があったものとして，損害賠償を求め訴訟が提起されている。このほか，経理担当者の使い込みを知った税理士が，この経理担当者に使い込んだことを経営者に報告して陳謝するよう指導したにもかかわらず，経理担当者が報告しなかったため，税理士にも責任が及んで損害賠償を求められたケースもある。この件に関して，経営者は，税理士は横領を知った時点でその事実を経営者に報告すべきであり，それを怠ったことは税理士の業務上の過失であるとしている（税理士新聞843号1頁）。また，損害賠償訴訟に至る例として新しい流れが出てきている。それは，付随業務の「記帳代行」を対象とした損害賠償であるとしている（山田俊一「会計業務と専門家責任」税研73号（1997年）66頁）。

88）日本税理士会連合会編・前掲注17）64頁。

89）日本税理士会連合会編・前掲注2）初版587〜595頁。そこでは，従来の税務代理士と新たに設けられた税務公証士との2本建てとするもので，その改正案では改正の趣旨として「税務の運営が確定された帳簿組織と正確な会計技術を基調とする建前に改善せられるに伴いこの新情勢に対応すると共に申告納税制度の一層の理解，普及に資するため，現行税務代理士制度を税務公証士（仮称）と税務代理士の2本建制度に改めること」とされていた。

90）財団法人神戸都市問題研究所地方行財政制度資料刊行会編「シャウプ使節団第二次日本税制報告書」『戦後地方行財政資料別巻1　シャウプ使節団日本税制報告書』勁草書房，1983年，74頁以下。

91）昭和54年6月1日衆議院大蔵委員会

　　愛知委員〔自由民主党〕「……公認会計士の行う業務分野との関連につきまして確認をしておきたい点が一つ二つございます。最初に，会計業務でございますが，会計業務は現行法上だれでも行い得る業務でありますけれども，これをこのたびの改正では税理士の付随業務として規定をしたわけでございますが，その目的とするところはどういうところでございますか」

　　高橋政府委員「仰せのとおり，財務書類を作成いたしますとか，会計帳簿を作成いたしますとか，そういうことの代行という会計業務は自由業務でございます。税法に基づく税務計算と申しますのは，会社経理ないし会計経理に関する知識を踏まえて，その基礎の上で必要な調整計算を行っていくということでありますので，実際面においてもこういう意味で，財務諸表の作成，記帳の代行といった会計業務が税理士さんのお仕事の中で相当のウエートを持っているだろうと思います。今度御提案申し上げております改正案で第2条に2項を置きましたのは，こういう現実を踏まえまして，税務代理，税務書類の作成，税務相談という2条1項各号に掲げております本来の税理士業務の委嘱を受けた納税義務者について，税理士業務に付随して会計業務を行うことができるということを確認的に明らかにする，それによって税理士の社会的信用保持という面での効果を期待しようということであります。この法に新しく御提案しております2条2項の中にもありますように，他の法律においてその事務を業として

行うことが制限されているような会計業務につきましては，この2項を新しく設けましたからといって税理士さんができるということでないわけで，公認会計士のやっておられる財務書類の監査，証明のようなものがこれによって税理士の業務に取り込まれるわけでは全くないということと，納税義務者の委嘱を受けなくて会計業務を税理士さんが一般的におやりになるということ，これは自由業務でありますから，それが制限されるわけではない，こういう含意を持っておるわけでございます」

　愛知委員「重ねて確認をさせていただきますと，今回のこの新しい規定によって従来公認会計士が行っております分野にいささかの変更もない，税理士がその分野に進出をしてきて公認会計士の従来からやっておりました分野が侵されるようなことはない，そのように解釈してよろしゅうございますか」

　高橋政府委員「先ほどもお答え申し上げましたように，これは本来自由業務である会計業務というもの，それを行うことができることを確認的に明らかにしたわけでございますから，この新しい2項を置きますことによって，公認会計士，税理士，それぞれの分野に法律上の変更があるというふうに考えないわけです」

92) 公認会計士法2条は，「公認会計士は，他人の求めに応じ報酬を得て，財務書類の監査又は証明をすることを業とする」と規定しその第2項において，「公認会計士は，前項に規定する業務のほか，公認会計士の名称を用いて，他人の求めに応じ報酬を得て，財務書類の調製をし，財務に関する調査若しくは立案をし，又は財務に関する相談に応ずることを業とすることができる。ただし，他の法律においてその業務を行うことが制限されている事項については，この限りでない」と規定している。

93) 占部裕典「税理士の民事責任――税理士法第2条第2項の専門家責任を中心にして」税法学544号(2000年)18頁。この見解では，「単に税理士が会計業務だけを委任された場合と，税理士業務と会計業務をあわせて一体で委任をされた場合は明確に区別をして論ずる必要があることに留意をすべきである」としている。また，「税理士の並行業務」として，一般的には事実上，広く税理士業務と会計業務が組み合わされた包括的契約が多いとしている。

94) 争いのない事実，争点以外の認定事実

1．病院の勤務医であったXは，医院を開業するに際して知人Aに必要な資金の調達方法や不動産の取得について相談し，AはXの開業に向けて銀行との折衝等の経済面の事務手続を全面的に行い，Xの不動産取得に必要な費用を立て替えるなどした。

2．Y(税理士)は，Xの医院資金を融資した銀行から紹介されてAを訪れ，Aとの協議を経て，Xの経営する医院について，税務書類の作成，財務書類の作成，会計帳簿記帳の代行その他財務に関する事務について契約を締結した。

3．Yは，医院の事務員が入力したデータファイルを事務所に持ち帰り月次帳表を作成して医院に届けていた。また，医院の従業員の給料計算について医院にコンピューターソフトを導入した。しかし，Yは，医院の経営指導を行ったことはなく，XがYに対し経営指導を求めたことは一切なかった。

4．Xは，Yの事務員から，毎月，月次帳表を示され収支に関する報告を受けてい

た。月次帳表にはAからの1億円以上の借入が計上されていたが，Xは，Aと医院の資金繰りについて検討をしており，月次帳表の借入残額について疑問は持たなかった。XはAの知人からAが医院の金を横領している旨の忠告を受け弁護士に相談したことがあったがAを追及することはなく，Yに対して相談することもなかった。その後，XはAから借金の全額返済等を求める内容の通知が届いたことをきっかけにAを解雇し，Yに対し契約を解約する旨通知した。

95) この判決に関するものとして，占部・前掲注93) 15頁がある。
96) 同上23頁。
97) 占部裕典「税理士の専門家責任の課題と今後」税務弘報52巻12号(2004年)9～11頁。この判例において裁判所は，「納税者は，自らの責任によって財務書類等を正確に記帳し，これを基礎として申告を行うべき義務を負っているものというべきである。しかし，税理士は，通常，税務に関して専門的知識を持たない依頼者に代わって事務処理を行い，これによって報酬を得ているのであるから，その所属する税理士事務所の規模，依頼者である会社の規模，依頼者の作成した帳簿の正確性等の事情にかかわらず，税務の専門家として，依頼者のために最善を尽くして確定申告書類を作成するとともに，税務申告に必要な限度で財務関係の処理をも行うものと解するのが相当である。すなわち，税理士は，確定申告手続においては，商法32条以下にいう商業帳簿に従って税務書類等を作成するだけでは足りず，法人税法施行規則別表20記載の帳簿を収集し，その内容を検討した上で，確定申告書の記帳代行を行うべきなのであって，依頼者の商業帳簿すべてにつきその正確性を完全に確認する義務までを負うものではないが，帳簿上の数額が前年度の実績等と比較して極端に変動しているなど，疑義を差し挟むべき合理的な事由が存する場合にあっては，帳簿上の疑問点及び不備を指摘して依頼者に説明を求めるとともに，記載の誤りなどがあればこれを是正すべきである」と述べ，また，「被告の税理士事務所は本件事業年度において原告の監査を毎月実施していたこと，被告は，原告が副業として喫茶店を営んでいたことを修正申告に際して把握していたこと，本件申告業務を担当していたAは，喫茶店営業につき仕入れがなされたことを知っていたことの各事実が認められる。ところで，ある営業に関して仕入れがなされておれば，それに対応する売上が存在することは当然に予想されるところであるから，原告の喫茶部門の売上を申告しなかったことについては被告に帰責事由があるというべきであり，この点については，被告に債務不履行責任が認められる」と判示した。
98) 第2章第2節第1款第1項の西嶋梅治氏の見解を参照。
99) 新井隆一『税理士業務と責任』ぎょうせい，1997年，6頁。
100) (村山達雄大蔵省主税局長，のちに自民党衆議院議員)「それから戦後，忠さんが主になって，国家試験に切り替えたわけだね。31年税理士法の改正のとき特別試験制度をいれたわけだ。ぼくは国税庁の直税部長(昭29.10～同31.11)で，渡辺(渡辺喜久造，後に国税庁長官)さんが主税局長(昭27.12～同31.7)で，おまえは税理士法の改正の政府委員になれというわけでさせられたことがあります。それで国会へ行って，なぜ特別試験という制度が必要なのだというのに対して，ぼくはこう答えたのを覚え

ている。いま若い人がいきなり税務署に入ってきて，半年か1年，徹夜で勉強すると，みんな通ります。税務署長を30年もやって，判断力，常識もついた人はみんな落ちます。私も昔，国家公務員試験～当時の高文に通ったけれども，いま受けたら間違いなく落ちる，しかし，私は昔より少しは知恵がついているつもりだ，大体，税理士というのは計算するのか，判断力なのか，考えてみれば判断力だと思うのだがという話をしたら，当時はまだ野党といっても社会党だけだから，そうだ，そうだというわけで非常に敬意を表されて，通った。その後，特別試験廃止という運動があって，ぼくは大蔵大臣になる前だったけれども，税理士さんが集まって，ぼくに会長になれというわけだ。会長は引き受けるけれども，特別試験廃止だけは絶対だめだ，そういう理由で自分で主張していたのだから，その合理性はいまだにあると思うということを冒頭に断って，それで引き受けてもいいと，こう言っておったのだけれども，大蔵大臣になって沙汰止みになった」(平田＝忠＝泉・前掲注3) 228～229頁)。

101) 一般試験との合格率を比較すると，当該試験の昭和53年度の合格率が79.8％であり，昭和53年「税理士試験」科目合格者の平均合格率は11.6％である(税務経理協会編『素顔の税理士法』1980年，94～98頁(米山政府委員発言，昭和54年6月5日衆議院大蔵委員会会議録))。

102) たとえば，弁護士及び公認会計士たるべき資格について考えてみると弁護士は人権の擁護において，また，公認会計士は一般投資家の保護という点においてその責任は重大であり，したがってその資格要件は厳重にしておく必要がある，しかし，税理士たる資格要件について考えると，税理士は納税者の補助者たる機能を果たす者であり，この意味においてその機能は弁護士及び公認会計士と相異なるから，税理士の資格要件は弁護士，公認会計士ほど厳重にしておく必要はないであろう，さらに税理士の資格はその試験に合格した者のみに与えられることについても問題があり，試験制度が万能でないことも考えねばならない，という昭和31年当時の大蔵省の考え方が税理士試験の免除として今日まで続いている。

103) 高橋元政府委員発言「附則で行っております特別税理士試験制度でございますから，暫定措置であるから廃止をして本来の一般試験に一本化すべきだというご意見もございますし，げた履きの試験でございますから，そんな試験をやめてしまって別の制度を設けるべきだというご意見もありました。今回，税理士制度全般を見直す機会を得ましたので，特別税理士試験制度について検討を行いまして，この制度を廃止して，一般税理士試験制度に一本化するとともに，一定の要件を備える者について会計学試験免除制度を採用することにいたしたわけであります」(昭和55年4月1日参議院大蔵委員会会議録)。

104) 特別試験は，昭和61年3月31日まで実施された。

105) 第3次税理士法改正により，実質的に一定の税務職員等については，一般税理士試験の全科目が免除される結果となった。すなわち，一定の勤務年数を有する税務職員等で，所定の研修を修了した者については会計学科目の免除を行うこととされた。

106) 平成21年度の新規登録者数は2642人であり，そのうち試験合格者は952人(36.03％)，試験免除者は1340人(50.72％)，公認会計士が297人(11.24％)等となっ

た。この結果，試験免除者数が試験合格者数を上回った(税務通信3114号(2010年)5頁)。
107) 東京地裁昭和54年9月20日判決行集30巻9号1598頁，同控訴審東京高裁昭和56年9月7日判決行集32巻9号1556頁。この裁判は，税理士試験合格者6名が特別試験につき税理士試験に比し著しく不合理な差別により税務職員に対してのみ特権を与えるものであるとして，特別試験の無効確認等を求めた訴訟「税理士特別試験実施公告処分取消等請求事件」である。
108) (試験の目的及び試験科目)
　第6条　税理士試験は，税理士となるのに必要な学識及びその応用能力を有するかどうかを判定することを目的とし，次に定める科目について行う。
　　一　次に掲げる科目(イからホまでに掲げる科目にあっては，国税通則法その他の法律に定める当該科目に関連する事項を含む。以下「税法に属する科目」という。)のうち受験者の選択する三科目。ただし，イ又はロに掲げる科目のいずれか一科目は，必ず選択しなければならないものとする。
　　　　イ所得税法，ロ法人税法，ハ相続税法，ニ消費税法又は酒税法のいずれか一科目，ホ国税徴収法，ヘ地方税法のうち道府県民税(都民税を含む。)及び市町村民税(特別区民税を含む。)に関する部分又は地方税法のうち事業税に関する部分のいずれか一科目，ト地方税法のうち固定資産税に関する部分
　　二　会計学のうち簿記論及び財務諸表論の二科目(以下「会計学に属する科目」という。)
109) 松澤智氏は，試験科目に国税通則法，民法，民事訴訟法，行政訴訟法が必要であると説く(松澤・前掲注6) 310頁)。
110) 日本税理士会連合会制度部「税理士実態調査予備調査アンケート集計結果」。この税理士実態調査予備調査は，①基準日，2010年9月15日，②対象者，2010年9月15日現在の税理士会員7万1815人から無作為抽出された7000人，③実施時期，2010年10月6日〜11月1日，④実施方法，外部の専門業者に，調査対象者の無作為抽出・発送，回収・集計を委託，⑤回答数，3895件(回答率55.7%)，⑥集計方法，各設問の対象者総数を100%とした場合の各回答の割合と実数が集計表又はグラフとして示される(税理士界1276号(2011年)16頁)。
111) 公認会計士協会は，日税連が平成21年11月に「税理士法改正に関するプロジェクトチームによるタタキ台」を公表したことに伴い，JICPAニュースレター2月号付録において緊急アンケート調査を実施した。本アンケート調査は，会員(監査法人を除く)及び準会員(5号準会員を除く)2万8292名を対象として実施された。アンケート用紙を同封して送付し，うち1510名(5.3%)より回答を得ている(回答期間：2010年2月1日〜26日)。
112) 飯塚毅税理士は，昭和36年ころから従業員に対する利益還元型の「別段賞与」(期末の決算整理において，法人に利益が出た場合に，その一部を従業員に対する利益還元として未払賞与を計上し，源泉税を支払った上これを従業員からの借入金に振り替え，一定の利息を払いながら5年ないし10年に分割して返済するという形態)の支給

を節税対策として指導した。また，旅費規定をつくって，役員や従業員が業務上出張した場合に，日当を支払うことも指導した。これらは，当時の税法上，全く適法なものであった。ところが，関東信越国税局は，これを違法とみなして更正処分をした。飯塚氏は不服申立てを経て訴訟にまで持ち込んだ。飯塚氏は，鹿沼(栃木県)と東京に事務所を持っていたので，関東信越国税局と東京国税局は，「叩けば何か出るだろう」という予断を持って，昭和38年6月24日に，いっせいに飯塚氏の関与先数十件の調査を開始した。これが飯塚事件の発端である。調査は，執拗を極め，当局は，関与先に対して飯塚税理士との顧問契約を解除すれば調査に「手心」を加えるとか，別の税理士を紹介してもらいたいという申出書を税務署長宛に出させるなど，卑劣な手段で切り崩しを図るとともに，「脱税」についての証言をとりつけようとした。検察も，国税当局の要請を受けて捜査を開始，自宅や事務所の捜索をしただけでなく，昭和39年3月14日には飯塚事務所の職員4人を脱税や税理士法違反の嫌疑で逮捕するなどの暴挙を決行した。結局，起訴された4人は，昭和45年11月11日いずれも無罪となり，判決は確定した(高杉良『不撓不屈』新潮社，2002年ほかを参考にした)。

113) 川井健「専門家の責任と判例法の展開」同編『専門家の責任』日本評論社，1993年，3頁以下。

114) 西嶋梅治「プロフェッショナル・ライアビリティ・インシュアランスの基本問題」有泉亨監修『現代損害賠償法講座8 損害と保険』日本評論社，1973年，152頁において，弁護士と医師・建築家という職業専門家につき最終判断権を有するか否かにより，専門家の独立性を分析していることは興味深い。

115) 日本税理士会連合会編・前掲注37) 149頁。

116) 税理士法33条の2の「書面添付制度」の詳細は第4章で述べる。

117) 日本税理士会連合会編・前掲注37) 150頁。

第2章　諸外国の税理士制度，他の専門家制度

　税理士を取り巻く状況を理解しようとするとき，税理士制度の社会的存在理由をたえず問い直す作業が特に重要である。そして，職業専門家としての存在基盤は，社会のなかにおけるその職業専門家が職業専門家たる要件を満たしているか否か，また，満たしているとすればどの程度かということにより測定することができる。

　職業専門家たる要件について，たとえば，川井健氏は，専門家の特色として，第一に資格を必要とするとし，その資格は，国家試験制度に基づくことが多く，特定の専門家集団が形成され，また，その団体は自立性を有するとしている。第二に，特殊な領域についての判断が仕事の内容とされ，高度の裁量権が委ねられていると説く。さらに，第三として，仕事の対価は比較的高額となる。その理由は，その仕事が特殊な教育や高度の技能を必要とするからであると述べる。そして，最後に，社会的地位は，高いことが通常である。以上の4点を掲げている[1]。さらに，この存在基盤の要件として，とりわけ，重要なことは，主体性・独立性の確立である。職業専門家は，その業務上の判断や措置について，顧客や雇主ないし上司から指揮，監督，命令を受けてはならないし，これに盲従することは許されない。職務遂行にあたっては本人の幅広い裁量権が尊重されるべきであり，顧客は，これに介入する能力もないし，介入することが許されない。職業専門家は，もっぱら自己の良心に従って忠実に意思決定しなければならず，いやしくも経済的動機や政治的配慮のために判断がゆがめられてはならないのである。また，この独立性の保持は，個々の職業専門家の心構えに訴えるだけでは到底満足に実現さ

れないから，職能団体によって制度的にその確保が試みられ，自由と独立とが保持されるのである[2]。

以上のように，各々職業専門家の存在意義は，これら要件の充足の有無，ないし，程度により変化するものである。それゆえ，この職業専門家としての税理士制度の存在においては，その特徴としての国家と税理士と納税者の緊張関係(第1章第3節を参照)を中心として，税理士の「独立性」と「自律性」の観点から，これらの関係の強弱を注意深く観察することが必要である。

本章では，まず，税理士の「独立性」と「自律性」の観点から，諸外国における租税の独立専門職の検討を行い，その観点のもとでの日本の税理士制度の特徴を浮き彫りにする。次に，日本法のもとでの他の職業専門家制度において，各々の専門家制度の抱える課題を抽出することによって，税理士制度と比較し得る制度的問題を概観し，税理士制度に与える示唆を得ることを目的とする。

第1節　ドイツ・韓国の税理士制度

諸外国の租税にかかわる独立専門家は，税理士，弁護士，公認会計士など各種のものがあり実に多様である。租税領域において，租税業務を特化するものとして，税理士制度が確立している国もあれば，そのような租税領域に特化した職業集団はなく，会計士業務の一部として，租税業務が行われている国もある。これらの諸外国の租税の独立専門職につき，租税にかかわる特定の業務を行うために国家が認めた資格が必要であるかどうかということ，つまり，業務の「独立性」という観点，及び，租税にかかわる専門家集団が専門家として保持すべき資質と秩序を自ら確保し，維持できるかという「自律性」から分類した先行研究がある[3]。しかしながら，この研究から20年の時が経過し，その間に税理士制度を有する諸外国における税理士を取り巻く国際的環境も大きく変化してきている。そこで，本節では類似する税理士制度を持つ，ドイツ及び韓国の税理士制度について，近年の制度改正を斟酌

しながら，概観することにする。とりわけ，ドイツと韓国を比較対象とする理由は，ドイツの租税制度は，日本の申告納税制度とは異なる賦課課税制度のもとに存在しており，韓国の租税制度は，日本と同様，申告納税制度を有する数少ない先進国の一つであるからである。租税制度上，これらの課税制度の相違は，納税者と税理士の関係に大きな影響を与えるものであると考えられる。それゆえ，それぞれの国において，国と納税者との関係における税理士の存在意義が異なると思われる。なかんずく，韓国の税務士制度は，歴史的な理由から日本の税理士制度と類似することが多く，近年の韓国における税務士制度改革は，日本のそれに有益な示唆を与えるであろう。

第1款　ドイツの税理士制度[4]

　近年，ドイツでは，2000年に税理士法第7次改正が行われ，EUの市場開放の進展に基づき，ドイツ税理士法3条においてEU諸国で税務援助を職業として業務を行う者は，ドイツにおいても業務を行うことが可能となった[5]。EUの市場開放の進展による税理士の国外での活動整備が，EUでの指令や勧告などに基づいて広い地域で行われていることから，EU加盟国相互での専門職業の越境の自由化は，さらに促進すると思われる。とりわけ，2008年4月12日に公布されたドイツ税理士法第8次改正法では，税理士の職業の現代化と発展に向けて，税理士が職業活動を営む上での基本条件が改善されるとともに，重要な点で自由化されることになった。たとえば，税理士の営業活動の禁止内容の緩和，顧問税理士の導入[6]，共同事務所・パートナーシップ共同体の形成，税理士試験の税理士会への委託等の改正である。このように，経済地域の拡大とそれに伴う税理士資格付与の拡大傾向という税理士制度を取り巻く環境は，税理士業務の寡占状態から自由競争へと変化し，ドイツの税理士制度の根幹を揺るがすような強烈なインパクトを持った。それだけに，ドイツの税理士は職業専門家として確固たる存在意義を求めている。そして，より厳しい税理士制度の確立を要求することで，いかなる経済変化においても揺るがずに存続できるように税理士制度を自己改革している。

第1項　税理士の使命

2008年の第8次改正のドイツ税理士法(Steuerberatungsgesetz：StBerG)(以下,ドイツ法)の第32条2項は,「税理士及び税務代理士は,免許を必要とする。それは,自由業であるが,その活動は,営業ではない」[7]と規定している。この自由業の概念を定義する法律規定は存在しないが,その本質については,「その職業に属す者が国又は依頼者に対して従属関係にないことだけに尽きるものではないというのが一致した見解である」とされている[8]。また,営業とは,営利事業を指し利潤獲得のための営利経済的努力を独立して,常に継続する行為である。この規定は,自由業と営利事業とは,相互に相容れないものであるから,営利事業活動の排除を宣言している。したがって,税理士は,いかなる従属関係も有せず,その活動すべてが,利潤獲得に左右されないという強い独立した立場を持つことになる。この税理士及び税務代理士の活動につき,自由業であって営利事業ではないという原則が,ドイツ法57条において,税理士及び税務代理士の使命そして品位保持という形で規定されている。ドイツ法57条(職業上の一般的義務)は,「税理士及び税務代理士は,独立性をもって,自己の責任[9]において,誠実[10]に,秘密を厳守し[11],職業に反する広告を行うことなく[12]自己の業務を遂行しなければならない」,また,「税理士及び税務代理士は,その職業又は職業上の信望と相容れないようないかなる行動もしてはならない[13]。税理士及び税務代理士は,職業活動以外[14]でも,信頼とこの職業に求められる尊敬に値するように努めなければならない」と規定している。使命と責任を規定した上記のドイツ法57条は,義務規定であると同時に懲戒規定でもある。これらに謳われた職業義務に違反した場合は,税理士会理事会によって責問され(ドイツ法76条2項4号),職業法上罰せられる(ドイツ法89条)ことになる。このように,ドイツの税理士の使命は厳格であり,自由業を営むという事実から,独立した立場を要請される。税理士の「独立」とは,税務当局からの独立,経済的独立,依頼人からの独立,職員からの独立,第三者(資本関係)からの独立を意味する[15]。また,税理士は,法律又は職業義務と相容れな

い行動を強制されてはならない。独立の業務遂行は，職業上の意思決定の自由を危うくするような拘束が存在しない場合に初めて可能である(職業規則(Berufsordnung der Bundessteuerberaterkammer，以下，BOStB)2条2項)。このようなドイツの税理士の立場を「完全な中立」の立場として捉えることができる。

第2項　職務と責任

　ドイツ法3条1項1号において無制限な税務援助の資格者として，税理士，税務代理士，税理士会社，弁護士，弁護士会社，開業ヨーロッパ弁護士，公認会計士，監査会社，公認帳簿監査士，帳簿監査会社を規定している。また，ドイツ法3a条1項では，他のEU加入国若しくはその他のヨーロッパ経済領域協定締約国又はスイスにおいて開業等し税務援助している者は，ドイツにおいて，業務としての税務援助を一時的及び臨時的になす資格を有すると規定している。他方，ドイツ法4条では，制限される税務援助の資格者として，公証人，弁理士，その他各種団体等が規定されている。無制限税務援助資格者，すなわち，あらゆる税目について税務援助に携わることができる者の主たる業務は，ドイツ法1条，32条，33条の規定により，税務援助である。税務援助とは，税務の処理及び税務に関する義務履行における助言，代理及び援助をいう[16]。助言は相談と同義と解され，ここに相談とは，助言を求める者に対し，その時々の問題に対応した法の内容や，そのときに講ずべき措置についての教示を行うことである。代理とは，行政手続，財政裁判所手続，及びその他の手続における納税義務者の代理活動をいう。代理権の内容は，1977年ドイツ租税基本法(Bundesabgabenordnung)(以下，AO)80条に規定がある[17]。AO 78条に定める申告者等関係人(以下，関係人)は，その内容から別段のものが生じない限り，行政手続に関係する一切の手続行為について，代理人に代理させることができる(AO 80条1項)。また，代理には，広義において，補佐人としての活動も含まれる。申告，臨場検査立会いの際の援助，特に，終結話し合いへの参加(AO 201条1項)及び臨場検査の結果作成される検査報告書に対する意見表明(AO 202条2項)，裁判外の権利救済手

続(前置主義)としての異議申立て(AO 348 条),訴願(AO 349 条)等が代理人の主たる代理活動となる。

　さらに,財政裁判所手続における代理権がある。財政裁判すなわち税務行政訴訟は,行政官庁から分離された独立,特別の行政裁判所において行われる(財政裁判所法(Finanzgerichtsordnung,以下,FGO)1条)。税務行政訴訟については,州及び連邦の二審制をとっており,税理士等有資格者の訴訟代理に関する権限については,AOと同様の規定が設けられている。原告等の関係人は,財政裁判所に対して自ら法的係争を追行でき,税理士等を委任者として訴訟を代理させることもできる(FGO 62条2項)。なお,1975 年7月8日付連邦財政裁判所負担軽減法等の規定により,連邦財政裁判所に代理強制の制度が導入され,連邦財政裁判所での訴訟代理人の範囲は,弁護士,税理士,公認会計士に限定された。

　一方,租税事務の処理及び租税法上の義務履行における援助には,特に帳簿の作成,予定納税額申告,課税標準申告における援助,租税決定の検査,臨場検査の場合の補助(調査立会いの援助),並びに租税刑事事件や租税秩序違反による過料事件における援助が含まれる(ドイツ法1条2項1号,2号を参照)。業務としての税務援助は,記帳援助も含め,原則として,税理士等有資格者の独占業務である。これに関しドイツ法2条は,「税務援助は,税務援助について資格のある個人及び法人だけが,業務として行うことができる。この規定は,主たる職業,従たる職業,有償又は無償の活動に対すると否とを問わず適用される」とする。すなわち,税理士等の有資格者は,公共の福祉という上位の利益のために認められる職業選択の自由の基本権(ボン基本法12条1項)の制限を取得し,関与先の利益を守るのと同時に財務官庁や財政裁判所に対して信頼関係を保つようにしなければならない。そして,無資格者の税務援助は,反復的,継続的,有償及び無償並びに利益獲得の意図の有無にかかわらず排除されている。さらに,職業の名称についても,ドイツ法43条4項は,税理士,税務代理士又は税理士会社の名称は,本法によりその資格を与えられた者だけが,これを使用することができると規定している。AO 80条5項は,代理人及び補佐人が資格を有しないで業務上の税務援助

をなす場合には，これらの者を拒否しなければならないと規定している。また，ドイツ法65条には，訴訟代理の引受けに係る義務があり，FGO 142条（訴訟上の救助）に基づき，暫定的に無償で，関係人の代理人を引き受けなければならないという，独占権に対する代償規定がある。

このように，ドイツの税理士の職務と責任は重い。また，税理士に「公器」としての役割を求めている。さらに，その「独占性」は，有償及び無償並びに本業及び副業を問わない。その結果，独占に対する反射的な要請として，「完全な中立」の立場を求められている。

第3項　職業団体の自律性

1．税理士会

税理士会は，税理士，税務代理士，税理士会社，及び税理士又は税務代理士ではない税理士会社の主宰者で組織される。そして，公法人として各高等財務局の管轄区域ごとに設置され，21の税理士会が存在する（ドイツ法73条，74条）。その任務は，会員全体の職業上の利益を擁護し，かつ職業上の義務の履行を監督すると規定され（ドイツ法76条1項），その第2項において各種の義務を負うことになる[18]。とりわけ，会員に負わされている義務（ドイツ法57条）の履行を監視し，責問権（ドイツ法81条）を行使できることや職業裁判所の名誉職である陪席員の推薦権を州の司法行政官庁に行使すること（ドイツ法99条3項）をみると職業団体としての税理士会の強い「自律性」がみられる。

2．登　録

試験合格後，税理士会は，申請に基づき，受験者に税理士免許を交付しなければならない（ドイツ法40条1項）。免許の授与は，職業証票の交付によって行われる（ドイツ法41条1項）。証票の交付前に，受験者は，税理士会に対し自らが税理士の義務を誠実に履行する旨の保証書を提出しなければならない（ドイツ法41条2項）。免許授与前に，税理士会は，受験者の許可に対する人的要件がなお満たされているかどうかを審査しなければならず（ドイツ法40条2項），受験者が不正手段によって受験の許可，試験の免除等を獲得した場

合(ドイツ法39a条)，その職業と合致しない活動を行っている場合(ドイツ法57条4項)や，職業賠償保険契約の締結について，申請に基づく暫定的保証約束が存在しない場合は，免許を拒否することができる(ドイツ法40条3項)。免許授与によって，業務として，税務援助を行う資格が得られ(ドイツ法3条)，税理士会の会員としての資格(ドイツ法73条，74条)が生ずる。また，職業登録簿への登録は，宣言的な意味でしかない。さらに，実務経験は，予備教育要件として受験前に必要である(ドイツ法36条)。このように税理士会が自律した資格付与権を有している。

3. 処 分 権

連邦税理士会及び税理士会は国の監督に服する。監督官庁は，連邦税理士会については連邦財務省，税理士会については州の最高財務官庁である(ドイツ法88条1項，2項)。しかしながら，その監督は税理士会に対して法律及び会則が遵守されているか否かに限定される(ドイツ法88条3項)。このように，国の監督は，税理士会自体に対してのものであり，税理士会会員個人に向けられたものではない。

税理士会は，ボン基本法35条の意味における行政庁とみなされ，その他の行政庁に対して職務共助の義務と権利を有しており[19]，税理士に対する監督は，税理士会が行う。その主要な監督任務の一つが，会員の職業義務履行の監督である(ドイツ法76条1項)。これは，行政からの監督権限の委任ではなく，税理士会の「自律性」のあらわれである。具体的には，会員の職業上の義務(ドイツ法57条)の問題について，助言及び教示をすること(ドイツ法76条2項1号)や会員に負わされている義務の履行を監督し，責問権(ドイツ法81条)を行使する(ドイツ法76条2項4号)という監督権がある。また，税理士会は，職業義務違反の疑いがある場合は，職権によってこれを調査し，かつ相当の措置[20]をとらなければならない。これに対し，会員には，ドイツ法80条に基づき，税理士会への出頭義務，情報提供及び書類提出の義務がある。とりわけ，故意又は過失による義務違反に対しては，職業裁判手続開始の申立てがなされ，職業裁判上の処罰を受けた税理士は，職業裁判による処

罰が科される(ドイツ法89条1項，90条)21)。職業裁判の性格は，職業上の義務違反に対する懲戒であり，刑事裁判ではない。その目的は，職業集団内部の秩序と完全性を擁護し，かつ職業従事者に職業義務を誠実に履行させることにある。なお，職業裁判手続は，第一審から第三審まですべて「税理士事件部」が担当する。公判においては，2名の税理士又は税務代理士が，陪席員(名誉職裁判官)として参加する(ドイツ法95条～97条)ことになっている。このように税理士会は処分権を有しており，職業上の義務違反者に対しては，職業裁判所において三審制の裁判により処分される。

上述のとおり，ドイツの税理士制度は完全に「自律性」を保持し，自治権を取得している。この点につき，日本の税理士制度も業務に係る「独占性」は強く，税理士業務は有償，無償にかかわらず独占しているということでは同様である。しかしながら，日本の税理士会の「自律性」は弱く，国家の監督を受けている。ドイツ型の税理士制度にみる税理士会の「自律性」は，日本の税理士制度において目指すべき方向である。

4．資格付与[22]

(1) 資格付与

ドイツにおいても日本の税理士法の試験免除規定と同様な規定が存在する。それは，ドイツ法38条に定められている。当該ドイツの免除規定は，日本の税理士法8条と同じく，学識経験による免除と税務領域における実務経験による免除に区分されている。前者は，ドイツ法38条1項1号であり，従前はドイツの大学又は専門大学において少なくとも5年間租税領域の授業を行ってきた教授と規定されていた。しかし，税理士法第4次改正により，ドイツの大学において少なくとも10年間租税領域の授業を行ってきた教授と変更された。また，当該試験免除者に係る大学及び専門大学の教授は，税理士を兼任することができる(ドイツ法57条3項4号)と規定している。これは，税理士業務の実務経験を通して得た知識，経験等をその教授としての研究成果に還元することができるという考え方である。さらに，このドイツ法38条1項により税理士試験が免除される場合には，その教授が属する研究機関

の自治権が確立されていることも重要な要件とされている。このように，ドイツ法においては，学識経験者として税理士試験を免除される者は，日本の税理士法8条1項1号，2号に比較してかなり厳しく限定されている。

他方，実務経験による免除に該当する条項は，ドイツ法38条1項2号～4号である。これは，該当者の実務内容とその職務上の資格により，元財政裁判官，高級職の元官吏及び同等の職員であり租税領域での部門責任者並びに準上級，上級職の元官吏及び同等の職員であり租税領域での部門担当者に区分され，それぞれ実務経験の最低必要年限が定められている。元財政裁判官は，10年の実務経験により税理士試験が免除される。また，高級職の元官吏及び同等の職員は，原則として大学の予備教育を必要とする高級職の官吏及び被用者を対象とするものであり，10年の実務経験により税理士試験が免除される。さらに，準上級，上級職の元官吏及び同等の職員の免除に係る実務経験は，15年である。当該実務経験による税理士試験免除で注目したいのは，日本の税理士法8条の試験免除規定に比べて，その対象が具体的に限定され，かつ，非常に厳格である。すなわち，当該免除対象者は，公務員等としての就職時の資格，つまり，その者の実務経験内容が具体的に審査検討されるということである。また，試験免除の申請については許可委員会[23]が決定を下すことになっている。これは，税理士資格及びその試験が，実務に依拠するものである点に重点が置かれた結果といえる。そして，申請があれば，当該許可委員会は，受験許可又は試験免除のための個々の要件について，拘束力を有する教示を与えることができる。その判断基準の根底には，この試験免除規定の文言は，税理士業務に無試験で参入を認める例外的規定であり，拡大解釈をすることは許されないという基本姿勢が存在している。したがって，志願者の受験要件や試験免除要件について厳しく個別判断を行っている。その結果，拒否決定に対して当該申請者は，財政裁判所への訴えにより，直接取消しの請求をすることができ（AO 349条3項2号），実際に多くの判例が存在している。

(2) 試験制度

税理士試験については，ドイツ法35条以下に定められている。その第1

項で税理士の免許を受けることができる者は，税理士試験に合格した者又は税理士試験を免除された者に限られるとし，税理士試験は，財務行政を管轄する州最高官庁に設置される試験委員会の面前で行われなければならないと規定している。また，第4項及び第5項は，試験は2回再受験することができ，受験の許可，試験の免除，試験の組織的実施は所轄税理士会の任務とするとしている。なお，税理士試験実施の主体が，税理士会となっていることは注目され，ここでも，税理士会の「自治権」が存在している。さらに，受験許可の条件(受験資格)として，ドイツ法36条では，経済又は法律の大学教育課程の専攻を要求している。また，他の若干の受験資格として7年以上の上級職財務行政従事者なども認めているが，それ自体は，かなり厳しい。

一方，ドイツの税理士試験の概要は，次のとおりである。①試験は税法Ⅰ(所得税等の収益税)，税法Ⅱ(手続法その他)，簿記・会計の3分野。②約6題の問題を6時間で答える試験が3日間。③試験には税法の法令集，通達集その他の法令集の持ち込みが許可されている。④受験資格は，経済や法律の大学を卒業の場合，3年以上の実務経験を要するとされている。この場合要求される実務経験期間は標準在学期間により決定される。標準最低在学期間が4年間に設定されている場合，要求されている最低実務経験期間は2年間になる。標準最低在学期間が4年以下では，要求されている最低実務経験期間は3年間となる。⑤受験回数は3回という制限が設けられている。⑥筆記試験のほか，面接試験がある。さらに，試験科目は以下のとおりである。イ.租税手続法並びに租税刑法及び租税秩序違反法，ロ.所得及び収益に関する租税，ハ.評価法，相続税及び土地税，ニ.消費税及び流通税，関税法の概要，ホ.商法並びに民法，会社法，倒産法及びヨーロッパ共同体法の概要，ヘ.経営経済及び会計制度，ト.国民経済，チ.職業法である。このように，税理士試験に租税法，会計学のような専門科目のみではなく，民法，商法のような法律科目や訴訟手続法が採用されている。それは，ドイツの税理士にとって，訴訟代理人としての業務が，重要な税理士業務となっていることからも当然といえる。そして，注目すべきは，税理士試験の受験チャンスが3回しかないことである。これは，ドイツでは，日本に比べ，年齢的に比較的

早い時期に職業を選択する場合が多いことも影響している。これらを総合すると，試験制度は，日本に比べると，大変厳しいものとなっている。その結果，日本と比べドイツにおける税理士は納税者からの信頼が厚く，その地位は大変高いものといえる。

第2款　韓国の税務士制度[24]

　韓国は，アメリカとの間で韓米自由貿易協定に基づいて税務サービスの一定開放に合意した。そして，当該貿易協定により，韓国は，条件付きながらも一部の税務サービス市場をアメリカ側に開放することを約束している。公表された当該貿易協定によれば，税務サービスについては，発効時と発効後5年以内の2段階にわたって開放されつつある[25]。これを受けて，韓国税務士法は，2011年にその第6章の2において，外国税務諮問社(税務専門家として韓国税務士法19条の3により企画財政部長官から外国税務諮問社資格承認を受けた法人をいう)，及び外国税務法人に関する規定を創設した。韓国税務士会は，今後の国際競争力を強化するために，専門性を高め，国際租税に関する教育に力を入れ，税務法人の大型化・専門化を促進しようとしている。また，税務士の試験制度改善を通じて，数を増やすのではなく質の高い税務士を育成し，アメリカへ逆に進出することを模索する戦略を重点課題としてあげている。

第1項　税務士の使命

　税務士の目的は，韓国税務士法(以下，韓国法)1条，及び税務士会倫理規程(以下，韓国倫理規程)1条，2条に規定されている。韓国法は，第1条にその目的を「この法は税務士制度を確立して税務行政の円滑な遂行と納税義務の適正な履行を図ることを目的にする」と規定している。次に，その使命が韓国法1条の2に「税務士とは，公共性を有した税務専門家であり，納税者の権益を保護し，納税義務の誠実な履行に貢献することが使命である」と規定している。この現行の税務士の使命に関する韓国法は，1997年に改正された。

その改正において「納税者の権益を保護し」という部分が盛り込まれ，税務士の立場がより明確になった。もっとも，この「納税者の権益を保護」は，厳格な租税法律主義のもとでは，「納税者の適法な権益を保護」するものと解すべきであり，公共性を有した税務専門家であるため国と直線的に対峙するということではない。さらに，また，税務士会は倫理規程を制定し，この規程のなかでも納税者の権益保護を定めている。この韓国倫理規程は，会員の職業倫理観を確立するとともに，専門職業人としての品位と税務士会の秩序を維持するために，会員の倫理に関する事項の審議とその処分に関する事項を規定することを目的としている(韓国倫理規程1条)26)。それを受けて，各税務士は，税務士倫理綱領を事務所内に掲示し，これを税務士の基本倫理観としなければならないのである(韓国倫理規程2条)27)。

　民主主義のもとで，申告納税制度を採用している韓国は，納税義務者と税務当局が対等の立場にあることが前提とされる。それゆえ，税務士には，納税者の自主申告権を支援し，納税者の租税上の権益を税務の専門家として擁護することが要求されるのである。税務士は，また，その専門性，中立性を保持しつつ，納税者と税務官庁との間の信頼を確保することが求められている。

　この韓国法1条の目的部分と韓国法1条の2の使命部分は，その規定内容からすると，解釈上で矛盾する場面も想定され得る。それは，韓国法1条は，「税務行政の円滑な遂行と納税義務の適正な履行」をあげているにもかかわらず，韓国法1条の2では，納税義務の誠実な遂行が謳われているものの，「納税者の権益を保護し」という文言が含まれているからである。たとえば，租税法の規定の解釈をめぐり，納税者と課税庁とが対立する場面で，税務士が，納税者の主張を妥当なものであると判断した場合，すなわち，韓国法1条の2の立場を強調した場合に紛争が長引くこともあり得る。その結果，税務行政の円滑な遂行が妨げられることになる。つまり，韓国法1条の目的と背反することになると考えられる。これは，韓国法における国益と私人の利益の線引きに関する苦悩を示す結果となり，日本の税理士法と同様に，ここでも，第1章第3節第2款で論じた意味での税務行政の特殊性が税務士の目

的と使命の関係を不明確にしている。

　従前から韓国の税務士制度は，その歴史的な背景から日本の税理士制度と類似しているといわれてきた。しかし，近年の韓国における租税法分野における納税環境整備等の凄まじい発展が税務士の使命にも影響を与えている。すでに述べたように，韓国法は，第1条に税務士の目的部分があり，税務士の使命が1条の2に規定され，日本の税理士法とは，微妙にその内容が異なる。韓国法では，税務士の立場を「納税者の権益を保護し」と定め，税務士を「公共性を有した税務専門家」と規定している。一方，日本の税理士法は，「税務に関する専門家として，独立した公正な立場において」と規定している。この文脈は，韓国法の「公共性を有した税務専門家」の文言に近似していると思われる。しかし，「公共性」と「独立した公正な立場において」が，どのような意味を持ち，どのように異なるかが重要な問題となる。この件につき，「その意味するところは近似した内容のものではないかと思われる」との見解がある[28]。他方で，韓国法と日本の税理士法で大きく異なるのは，日本法でいう「申告納税制度の理念にそって，納税義務者の信頼にこたえ」の文脈である。韓国では，この部分が明確に「納税者の権益を保護し」と規定されている。日本における申告納税制度は，租税制度の民主主義のあらわれであるとされる。したがって，主権は国民(納税者)にあり，国民は，国家を運営する「会費」を負担しなければならない。そして，自らに課した納税義務を果たすことになる。これが申告納税制度の理念である。日本の税理士はその理念にそって，適正な納税義務の実現を目指す役割を担う。しかしながら，韓国の税務士は，納税者の権利を保護し，納税義務の誠実な履行に貢献することが使命とされるから，納税者権利保護の意識が強いようにも思われる[29]。韓国の租税法分野は，強い大統領の指揮のもと，大統領令により規定されるものが多い。それゆえ，租税法体系を一見すると，韓国国税基本法の近代的な租税回避に係る法令の創設や納税者からの要請による納税者権利憲章のような納税者の権利，義務を掲げたものもみられ，発展しているように思える。しかしながら，これらは，韓国の政治的政策としての納税環境整備であることが窺える。なぜなら，税務士の現場では，税務士会からの税

制改正の建議や税務士法改正のための議員立法への支援が，まだ，不十分であるように思われるからである。

第2項 職務と責任

税務士の業務は，韓国法2条[30]に規定され，大きく分けて，税務代理業務，税務調整計算書業務，記帳業務，納税相談や税務顧問である。とりわけ，近時，税務士が作成した租税に関する申告書類の確認業務(第7号)や申告書類を納税者が直接作成した場合の確認業務等及び所得税法による誠実申告に関する確認業務(第8号)が税務士の業務として追加された。これらは，税務士に対する公共性を有する専門家としてのチェック機能がその役割として求められているといえる。

上述の税務代理とは，税務官公署に対して，租税にかかわる申告，請求(課税前適否審査請求，異議申請，審査請求と審判請求を含む)等の代理をなすことをいう。次に税務調整計算書(いわば，日本の税理士法33条の2に当たる「計算事項，審査事項等を記載した書面」と法人税の別表とをまとめたものに相当する[31])にかかわる業務がある。そして，記帳業務がある。基本的には，企業の記帳業務は，租税目的でない限り何人でもできるが，租税申告が目的の場合は，税務士の独占業務となる。さらに，各種の租税に関する納税相談・税務顧問である。ここまでは，日本における税理士の職務と類似していることが多い。韓国では，さらに，税務官公署の調査又は処分などとかかわる納税者意見陳述の代理が明記されている。とりわけ，所得税申告のとき，税務士などに帳簿記帳内容の正確性の可否が義務的に前もって検証されなければならないという事前検証制度などが税務士の業務に取り入れられている点が特徴的である[32]。

さらに，韓国の税務士は，税務調査に関して意見陳述権や行政不服審査請求権を有する。しかし，租税に関する訴訟について代理をすることができない。したがって，訴訟になると弁護士に依頼し，税務士は補佐人として活動することとされるが，現実は，租税訴訟に関係することは多くはない。この点につき，近年，韓国では，税務士法の改正案が税務士会の働きかけもあり

議員立法により盛んに国会に上程されるようになってきている。しかし，残念なことに改正案の成立をみないのが実状である。

第3項　職業団体の自律性

1. 税務士会

韓国法には，「税務士は，品位を向上させ事務を改善するために，法人である税務士会を組織してその会員にならなければならない」(韓国法18条1項)[33]とあり，組織された税務士会に強制加入することになっている。税務士会は企画財政部長官(日本でいえば，財務大臣)の監督下にある(韓国法18条3項)。税務士会の目的は，大きく分けて，税務士制度の維持，発展と会員の統制，監督に分けることができる。主な事業としてさまざまな項目を掲げている(韓国税務士会会則(以下，韓国会則)3条)[34]。また，税務士会は韓国倫理規程を制定し，会員の品位保持に努めている。また，韓国倫理規程は会員の倫理に関する事項の審議とその処分に関する事項を規定することを目的とする。さらに，当該規程には，韓国法17条の懲戒の対象となる韓国会則違反等の違反項目が，詳細に規定されている[35]。

このように，職業団体としての内部牽制規則は充実しているが，その規定の存在が税務士の倫理や規律が遵守されていることを意味するものではない。また，税務士会が企画財政部長官の監督下にあり，総会には企画財政部長官又は所属の公務員が臨席することができ，さらに，その会則の変更は企画財政部長官の許可を受けなければならないなど，その「自律性」には問題がある。

2. 登　録

税務士に税務業務の独占権がある。それゆえ，税務士資格があっても税務士登録をしないと税務士業務はできず，登録なしでは税務士と名乗ることができない。その登録を求める場合は，登録申請書を企画財政部長官に提出しなければならない(韓国税務士法施行令12条)。

また，税務士の欠格事由は，韓国法4条[36]に規定され，①大韓民国の国

籍のない者，②未成年者，③禁治産者，準禁治産者，破産者，④他の職業法により懲戒，除名等により登録が抹消されてから3年が経過しない者，⑤禁固刑の確定，租税犯処罰の通告処分から3年が経過しない者である。したがって，国籍のある者(大韓民国民)のみが税務士登録できる。税務士として登録した者は，登録後5年目に更新をする必要がある(韓国税務士法施行令12条の2)[37)]。このように登録更新時においても，企画財政部長官に登録申請書を提出しなければならない。税務士の税務士業務に係る独占権は，韓国法12条の3[38)]で税務士の名義貸し等の禁止を規定し，韓国法22条の2[39)]において，無資格者が税務代理をした場合に対する制裁(1年以下の懲役又は1000万ウォン以下の罰金)で担保しているところから，厳格に維持されているといえる。

3. 処 分 権

　税務士会の会員が税務士法違反，会則違反をした場合においては，韓国法17条[40)]により，企画財政部長官の命令により，登録取消しと停職の懲戒処分を受けることになる。この懲罰を処理するために企画財政部内に，「税務士懲戒委員会」が設置されている。この委員会のメンバーは委員長をはじめ9名で構成される。その9名の委員の担当官庁や職業団体名及び資格が詳細に規定(韓国税務士法施行令16条)[41)]されており，税務士会側からは，税務士1名が参加できる。公認会計士たる税務士の事案のときは公認会計士，弁護士たる税務士の事案のときは弁護士が，それぞれ参加することとなっている。また，税務士会の懲戒としては，①登録取消し，②2年以内の職務停止，③1000万ウォン以下の過怠金，④譴責，の各処分がある[42)]。さらに，韓国会則46条では，韓国法9条(署名捺印義務)，11条(秘密厳守義務)，16条の2(損害賠償の保証)，韓国会則7条(開業，休業，廃業申告義務)，13条(会員の職務遂行義務)に違反した者は，税務士会会長が業務浄化調査委員長[43)]などから懲戒要求事項を遅滞なく受けて倫理委員会[44)]が決議する。その場合の懲戒内容は，①注意喚起，②警告，③譴責，④240時間以内の社会奉仕命令，⑤1年以下の会員権停止，⑥除名(除名は総会の承認議決と企画財政

部長官の承認を得て執行する)である。さらに，韓国法19条[45]では，税務士会は，税務士の品位を失墜する会員又は税務士会の会則に違反する会員があるときは，企画財政部長官の承認を受けて，除名することができるとしている。このように，税務士の処分に係る中核をなす組織である税務士懲戒委員会の構成員である委員長や副委員長が内国税に関する業務を管掌する企画財政部のなかから選任され，委員の任命も概ね，国家の権限によるところをみると，税務士の処分権も国家に掌握されていると思われる。しかし，韓国法によっても，会員の除名の権限を有し，業務浄化調査委員会と倫理委員会が会員の自浄作用としての処分を粛々と遂行していることからも，近時，自治権の獲得の動きが強くなっているといえる。

4．資格付与
(1) 資格付与

韓国法では，第3条において，税務士試験合格者，弁護士が税務士の資格を有すると規定されている[46]。従前は公認会計士が弁護士と同様に資格を付与されていたが，法改正により[47]，公認会計士試験合格に付与された税務士自動資格制度が廃止された。他方で，日本の税理士法は，試験のすべてについて免除された者も税理士になれるとされているが，この規定が韓国にはない。したがって，修士や博士による試験免除は存在しない。資格付与に関して従前は，韓国法3条2号において，国税の行政事務に10年以上従事し，かつ一般職五級以上の公務員として5年以上の経歴を有する者が税務士の資格を自動的に付与されてきた。いわゆる，国税OB職員に対する税務士資格の自動付与である。この規定が，1999年末の税務士法の改正時に1年の経過措置を設けて削除された。しかし，職業選択の自由・信頼保護の原則に反するとして憲法違反であると提訴され，その結果，憲法裁判所が違憲判決を下した[48]。そのため，付則により引き続き，従来の規定が適用されることになったのである。すなわち，現在においても，自動資格付与の道が韓国では残されているのである。このように，韓国法は，その歴史的な経緯から日本の税理士法に類似しているところが多く残されている。たとえば，国

税OB職員に対する税務士資格の自動付与などは，その一つであるといえる。しかし，前述のとおり，韓国法は，次々と改正を重ね現在では近代的な法体系を具備しようとしている。

（2）試験制度

韓国法5条の2[49]により，国税関連公務員などが，税務士資格試験において一定の条件を満たした場合，第1次試験免除又は第1次試験の全科目と第2次試験の1/2に相当する科目の免除を受けている。これは，実質的に一般の試験受験者の税務士資格取得の自由競争を制限することとなり，一般受験者との公正性を阻害するものとして批判されている。さらに，韓国の税理士試験は，第1次試験として，財政学・会計学概論・税法学概論・英語（TOEIC 700点以上），選択科目（商法，民法，行政訴訟法から選択）がある。この第1次試験は，5者択一の客観式試験である。また，第2次試験は，税法学1部（国税基本法，所得税法，法人税法，相続税及び贈与税法），税法学2部（付加価値税法，特別消費税法，地方税法（取得税，登録税，財産税に限定），租税特例制限法），会計学1部（財務会計，原価管理会計），会計学2部（税務会計）であり，主観式筆記試験である[50]。

また，韓国の税務士試験の具体的な内容は，第1次試験では，午前の部10時から12時までの財政学・税法学概論・英語と，午後の部12時半から13時50分までの会計学概論と選択科目（商法，民法，行政訴訟法）の試験に分かれる。各科目40題の出題で五つのなかから正解を回答する形となっている。第2次試験は，10時から11時半までの会計学一部，11時50分から13時20分までの会計学2部，14時半から16時までの税法学1部，16時20分から17時50分までの税法学2部に分かれる。このように，韓国では，専門家としての資質を税務士制度上で堅持している。また，国際競争の流れに伴う社会変化にいち早く対応していくために，税務士試験においても，英語や国際租税調整に関する法律も出題されている。また，第1次試験の合格率は，近年は上昇傾向にあるが，過去平均で15%程度である。その後の第2次試験合格者が20%程度という合格率をみると，かなりの難関といえる。

第3款　日本の税理士制度との比較

第1項　「独占性」と「自律性」という観点

　前述において,「独占性」と「自律性」という観点から,ドイツ及び韓国の税理士制度を概観してきた。この「独占性」と「自律性」の強弱は,各々の専門家の国家との関係,あるいは,納税者との関係における特徴をあらわすことになる。そして,その関係の分類を試みると以下の四つの類型が考えられる。第1類型として,税理士業務の「独占性」が強く,かつ税理士会の「自律性」が強い。第2類型として,税理士業務の「独占性」が強く,かつ税理士会の「自律性」が弱い,つまり,国家監督の程度が強い。第3類型として,税理士制度がない,つまり,租税にかかわる専門資格がないので「独占性」が弱く,自由競争に委ねられている。しかし,それを担う専門職の「自律性」は強い。第4類型として,租税にかかわる専門職があるが,その業務独占性はなく,つまり,自由競争に委ねられているため「独占性」が弱く,かつ,租税行政庁による代理資格の認定などを通して,国家監督が強まりつつあるため「自律性」が弱いという類型である。これらの特徴は,ひるがえってみると,独占性が強ければ,それを規律するために,国の関与の度合いが強くなるということを意味するのではない。業務の独占は,税理士会の強い自律性と両立し,また,同時にこれを補完する関係にあるといえる。たとえば,第1類型のような分類に属する国の税理士は,一般的に社会的地位が高い。しかし,業務独占性が強いときであっても,税理士会の内部的自律を欠く場合(第2類型)には,国の広範囲な監督を容認し,それを正当化させることになり,専門家としての信頼度が低い傾向をみせる。他方,自由競争に委ねられている国の租税専門家(第4類型)は,業務独占が弱く,かつ,自律性が弱いという特殊性から,代理資格の認定を通しての国の規制や監督が必要とされる方向にある。したがって,専門家制度の信頼性とその専門家の自律性は,強く関連している。そして,租税専門家に関する類型は,第1

類型には，ドイツ，オーストリアが属する。また，第2類型には，日本，韓国，台湾などがこれに当たる。また，第3類型には，イギリス，フランス，イタリア，カナダ，そして，第4類型には，登録代理人(enrolled agent)の制度を持つアメリカ，税務代理人(tax agent)の制度を持つオーストラリアが該当するとされている[51]。

　本節による考察において，日本及び韓国の税理士制度は，ドイツの税理士制度と比較すると，業務の「独占性」という意味では，ともに「強い」という区分として捉えられ，職業団体，つまり，税理士会の「自律性」は「弱い」とみられ，いいかえると国家監督の程度が「強い」という区分として捉えられる。もっとも，日本の税理士制度の国際的位置づけは，近年におけるわが国の税理士制度改革により，納税環境整備に係る国税通則法の改正やすでに獲得した税理士の出廷陳述権，会計参与制度，及び，税理士法33条の2第2項を活用した最終的判断権の醸成などを加味すると，第1類型と第2類型の中間に位置するものと思われる。すなわち，税理士業務の「独占性」では，税理士の会計参与就任による会計業務の独占，税理士によるわが国の申告納税制度における第一義的な納税者解釈権の保護，税理士の出廷陳述権による租税争訟分野での独占の強化により，一段とドイツ型の業務独占の色合いを強くしている。また，職業団体である税理士会の「自律性」では，最終判断権を有する書面添付制度への発展的な制度改革の不備，税理士に対する検閲や懲戒権の発動に関する国家主導に対する批判はあるものの，税理士法45条及び46条の規定に基づく税理士に対する懲戒処分にあたっての考え方の明確化など(平成20年3月31日財務省告示104号)による「自律性」の確保が第1類型に日本の税理士制度を傾斜させているといえる[52]。

第2項　「職業倫理」という観点

　ドイツの税理士は，職業専門家として優れた見識と技術を持ち，社会的に高い地位を有しているといわれている。それゆえ，依頼人(納税者)との信頼関係が厚いと思われる。ドイツの税理士は，日本の税理士と同様依頼人から報酬を得て事業活動を行っている。また，ドイツの納税者は，租税が「国

家・社会の運営費として納税者が負担する会費」との認識を持っている。しかしながら，納税者は，いつの世も，できることであれば，最小限の税負担になるように望んでいる。また，ときには，納税者が過度に納税負担を抑えるために法律を逸脱するという行動を選択することもあると考えられる。そのようなとき，その納税者の代理人である税理士は，報酬を受領する納税者から，いわゆる，「逋脱」を要求されるのではないだろうか。確かに，ドイツの申告方式が賦課課税であるため，日本のそれとは，大きな違いがある[53]。しかし，ドイツでも，税理士が納税者とともに作成する税務官公署に提出する課税標準を決定させる資料において，そのような「逋脱」の要求があるのではないかと思われる。仮に，そのような要求が納税者からあった場合に，ドイツの税理士は，どのようにして税理士の使命に係る適法な職務を遂行するのであろうか。そこには，ドイツの税理士の崇高な倫理観が存在し，また，ドイツの納税者の法令遵守精神が文化として存在するのか。その結果，税理士が納税者に対して厳格な態度で対応することですべてが解決するのであろうか。

　ドイツ法は，第3章「権利と義務」の第57条で，「職業上の一般的義務」，第60条で「自己責任性」を規定している。また，連邦税理士会連合会の施行規則であるBOStBは，職業遂行のための施行規則として，税理士の職業倫理を規定している。もっとも，ドイツ法やBOStBにおいて，税理士の職業倫理が定められていることをもって，直ちに，その税理士の職業倫理観は崇高であるといえない。しかし，職業専門家として，その倫理を規範により，遵法精神が構築されていくと考える方が自然である。ハンブルグ財政裁判所長官のヤン・グローテア氏は，ドイツにおける裁判官の倫理について「ドイツ裁判法は，（倫理について）一般的な枠組みを提示して，外的な独立性の制度的前提を定めてはいますが，しかし，裁判官の内的独立性に関しては，何も語ってはいません」と述べ，「裁判官の倫理的行動を，たとえば法律による場合のように，制裁をもって強制すべきではなく，この倫理的行動は，裁判官自身の内的な確信に基づき，自主的に達成されなくてはならない。この考え方が正当だというのが私の意見です。ですから，私見によれば，裁判官

に対して，ある特定の状況下において何をなすべきかを，あらかじめ具体的に決めておくことはせず，倫理上の原則を書面化することで，裁判官の行動に関する倫理・道徳的な文化とは何かのみを示すべきであるということになります。この倫理に関する説明は，裁判官の行動の理想像を包含することとなります。ここで示されている理想を追うことが，すべての裁判官の責務となります」として，内的独立性，内的な倫理観は，書面化し，理想として追うことが重要であると指摘している[54]。とりわけ，ドイツ連邦税理士会は，「税理士業務における品質保証に関して——ドイツ連邦税理士会の指針」(ドイツ連邦税理士会総会決議，1998年6月8日，9日)[55]において，その基本事項として「1.3（一般的な品質基準としての職業原則）　税理士の認可された活動領域には，ドイツ税理士法33条に基づく専任業務だけでなく，ドイツ税理士法57条3項に基づくこの職業にふさわしい活動も含まれる。ドイツ税理士法57条1項に基づけば，税理士はその職業を，独立して，自己責任で，良心的に，秘密を守り，かつ職業に反する広告を断念して行わなければならない。この職務遂行に求められる要件が品質基準であり，これは放棄することができない。この要件が守られているか否かを監視することが税理士会の任務である」としている。そして，関与先(依頼人)は，税理士が「①職業的，個人的，経済的に独立し，自己の責任において決定する。②誠実に職務を実行するために必要な実際的，個人的，及びその他の組織的な前提条件を満たしていることが保証されている。③厳しい認可条件と監督条件をクリアするための高い教育水準を満たしており，さらに継続的な研修を受ける義務があるため，常にその知識レベルの更新がされている。④法律上，守秘義務が課せられているため，法的な情報提供拒否権を主張できる。⑤委託された他人の財産価値に対しては特別の注意を払って取り扱う。⑥誤った助言によって生じた財産上の損害を補償する強制保険に加入している。⑦公的な報酬規定に縛られているため請求書に書かれた報酬金額は，履行したサービスに見合った適切なものである」のすべてに該当する者であると信頼して差し支えない[56]としている。さらに「1.4（関与先の期待）　品質の概念は関与先(依頼人)の期待によって影響されるため，関与先(依頼人)の考えと期待を認識

し，可能な範囲でそれに応えることが重要である。実態調査によれば関与先(依頼人)の要求として特に次のようなものがある」[57]として，関与先(依頼人)の期待に応えるようにという方針を出している。このような納税環境整備からは，税理士と依頼者である納税者との間の信頼を基盤とした円滑な関係が読みとれる。そして，税理士自身の職業倫理を厳しく規律することで，税理士制度の揺るぎない基盤を確保していると思われる。

　他方，韓国税務士の倫理は，すでに述べたように，韓国会則46条と韓国倫理規程3条に定められている。これらの倫理規定の改正をみると，従前は，税務士事務所の職員の引き抜き行為や関与先に関する不当な勧誘等にその中心が置かれていたが，近時は，税務士が品位維持と誠実義務に違反する行為，故意に真実を隠蔽する行為等が倫理に反するとしている。とりわけ，税務士の業務に関して嘘の内容を表示する行為，たとえば，広告の方法又は内容が税務士の公共性や公正な秩序を害したり，消費者に被害を与えるおそれがあるものなどを倫理規定で制約を課している。一方，韓国法12条では，第1項で，「税務士は，誠実にその職務を遂行して，その品位を保持しなければならない」とし，第2項では，「税務士は，故意に真実を隠蔽したり，虚偽の陳述をしたりしてはならない」と税務士の誠実義務を，また，韓国法12条の2では，「税務士又はその事務職員は，納税者が詐欺，その他の不正な方法によって租税を逋脱・還給又は控除して受けるようなことに加担・幇助してはならない。また，その相談を受けその他それと類似した行為をしてはならない」として税務代理人の脱税相談などの禁止義務を各々賦課している。しかしながら，近時の税務士の懲戒では，会計士と税務士などの税務代理人が，所得金額を隠す，あるいは，脱税する行為，納税者の脱税を助ける相談や助言などで懲戒を受ける事例が増えている。このような現状をみると，日本の税理士が懲戒を受けているケースに近いことが見受けられる。

　そこで，これに関する韓国での詳細な分析である，「税務代理人の職業倫理規定の遵守に影響を及ぼす要因研究」[58]によれば，その背景として，租税制度が大部分申告納税制度へ変わるにつれて，税法の複雑性及び税法に対する知識が足りない納税者にとっては税務代理人の助力を必要とするようにな

り，税務代理人の役割が重要な位置を占めるようになったことがある。最近，開業代理人の数が急激に増加する反面，相対的に顧客である納税者の需要は停滞し，税務代理人の間の競争が熾烈な状況である。そのため，税務代理人は租税法関連規定に基づいた誠実な業務遂行による納税者の権益保護より，職業倫理を離れた納税者の権益保護に偏る傾向があるといえる。特に，最近しばしば韓国社会の指導層の人々の税務関連の誠実申告問題が社会問題になるたびに，税務代理人の申告代理問題が議論され，その職業倫理が問われるようになってきていると分析している。この分析は，さらに，税務代理人の職業倫理の側面を大きく二つに分けて考えている。一つは，税務代理人と課税官庁との関係での「倫理」であり，もう一つは，税務代理人と納税者との関係での「倫理」である。税務代理人と課税官庁との関係で発生する倫理問題は，過去の政府賦課の課税制度では税務代理人の役割があまり大きくなかった。したがって，それほど重要視されなかった。しかし，現在の申告納税制度下では，税務代理人が納税者を理解させて誠実な納税義務を履行するように促す，税制協力者へ，その位相が変わった。その結果，税務当局が，税務代理人に対してその役割を誠実に行うための高度の職業倫理を遵守するよう求めるようになったとし，その背景を分析している。そして，論文の結論では，税務代理人の職業倫理認識に一番重要な影響を及ぼす要因は，経歴，学歴，出身背景とは関係なく，取引上重要な依頼人であり，被税務代理人が取引上重要な依頼人である場合，職業倫理規定の遵守から離れて非倫理的判断を下すことがあることを示唆しているとしている。また，「税務専門家の倫理的判断に関する研究」[59]では，理論的背景として，韓国とアメリカの税務代理人の倫理規定の比較を行っている[60]。他方で，現実的には稅務代理人以外にも税務分野に専門的な知識がある人々が租税行政や租税理論研究などの業務に携わりながら，租税制度内で重要な役目を担当している。たとえば，税務専門家の一集団である税務公務員は，税務申告書を調査して税法を遵守しない納税者を摘発して税金を追徴するなど，租税行政において重要な任務を遂行しているので，彼らの倫理的判断は公正で効率的な租税行政を遂行するのに非常に重要な影響を及ぼす。一方，租税学者は，理論的根拠や実

証的分析を通じて租税制度に対する問題点や改善策を提示することで，租税政策の確立に重要な役目を担当し，さらに，将来，税務代理人や税務公務員へ進む人々を対象にして大学で税法内容による税金計算や租税政策に対する教育を担当する。そして，彼らに他の税務専門家の租税制度に対する評価や倫理意識を鼓吹するという重要な役目を担う。このような観点からみると，税務専門家の倫理的意思決定に関する研究を遂行するにおいて既存の研究で研究対象として選定した税務代理人だけではなく，租税制度において他の重要な役目を担当する税務公務員や租税学者を含んだ，より広範囲の税務専門家集団を対象にして，彼らの倫理的意思決定過程に対して分析してみる必要性が提起されると述べている。特に税務行政の最前線に携わりながら，倫理的側面でさまざまな問題点を露呈している税務公務員に対する倫理的意思決定を把握し，他の税務専門家集団の倫理的意思決定と比べてみることは非常に意味があるとしている。税務専門家の範囲を納税者の納税義務を代理する税務士，税法を執行することを主業務にする税務公務員，そして租税制度及び税法に対する教育を担当する租税学者などへ拡大して，彼らを対象にして税務業務とかかわる倫理的判断を分析した結果，韓国の税務士，税務公務員，そして租税学者のそれぞれの税務業務における倫理的判断には差が存在することが明らかになった。それは，三つの部類の税務専門家集団のなかで税務公務員は税務士よりも同じ事案(不正行為)に対する倫理的基準において倫理的(不正行為に対して厳格)である，そして，租税学者はこの二つの集団の中間程度の倫理的判断をしているという結論を得ることができたと示唆している。そして，この論文において倫理的認識が低い税務士，租税学者に対して倫理意識を強化し，特に税務代理人に対しては定期的に倫理教育を義務化するなどの方法で倫理意識を強化して，租税制度の公平性と効率性を向上できるようにしなければならないと結論づけた。これらの研究によれば，韓国においても，日本と同様な問題を抱えていると思われる。

　以上，本項では，ドイツと韓国の税務専門家の職業倫理を概観してきた。日本の税理士からみると，ドイツの税理士の職業倫理観は崇高であると感じる。実態は，やや異なるとしても，参考にすべき点が多いといえる。また，

韓国は，どうやら，日本と同じような背景，すなわち，税務体系の類似性を有していることから，税務に関係する者の職業倫理に関しても，同じ土壌を有しているように思われる。

第3項　ま　と　め

　先進国で税理士制度を有する国として，ドイツと韓国の税理士制度をみてきた。税理士は，他の専門家よりも，国の財政に直結する分野の専門家であるため，国家の影響を受けやすい。したがって，国家と税理士の緊張関係がほどよいことが望まれる。日本の税理士制度は，国際的に，業務の「独占性」が強く，国家監督の程度が「やや強い」とされた。すなわち，「独立性」が強く，「自律性」がやや弱いという位置である。この「自律性」に関して，ドイツ及び韓国においても，税理士は国家からの監督を受け，日本の弁護士にいう「自治権」を獲得していない。しかし，ドイツは，税理士個人に関して，国家の監督権は及ばないことになっている。日本の税理士制度においても，国家による税理士会の監督という構図は，本書が理想とする国家と税理士の適当な緊張関係においても必要であるといえるが，税理士個人に対する国家の監督という関係は，専門家としての独立性に及ぼす影響を鑑みると問題があると思われる。次に「納税者の権利保護」につき，各国を比較すると，韓国は公共的な役割を税務士の使命として掲げながらも，納税者の権利擁護という側面を持つといえる[61]。ドイツでは，とりわけ，税理士は，独立性を保ちながら納税者の権利を擁護するとされている[62]。また，税理士の使命として，公共的な役割を負担することが強く謳われているのは，日本であり，このように比較すると，日本の税理士のみが公共性を強く意識して，「公器」として，課税庁と協業する関係にあるようにみえる。日本の税理士がそのような立場でいることは，今後の日本の税理士の進む方向に大きく作用すると思われる。

　一方，ドイツと韓国の税務専門家の職業倫理を概観した。ドイツの税理士の職業倫理観は厳格である。しかし，それを保持し続けるために税理士自身に厳格な規律を求めている。さりとて，EU全体の経済圏における租税専門

家はさまざまであり，彼らがドイツにおいて業務を行うことができることから，今後は，どのような倫理観が醸成されるかを注視する必要がある。また，韓国は，日本と同様の法律専門職を有し，税務体系も類似している。どうやら，税務に関係する者の職業倫理に関しても同じ環境にあるといってよい。ただし，納税環境整備では，その斬新さ，展開の早さは，日本のそれと異なる。外国税務諮問社の受け入れに関する法的整備も用意され，「ピアチェック」に関しても，日本よりも進んでいるところが多い。韓国税務士制度の国際対応は，引き続き参考にすべきである。

第 2 節　日本の他の専門家制度

　本節では，日本における職業専門家の置かれている現状につき法律分野の専門家を中心に概観し，各専門家における専門家としての存在意義や専門家責任[63]について，税理士制度と共通する問題構造を抽出し，比較をしながら検討する。また，法律分野ではないが建築士の専門家制度についても言及したい。それは，建築士が，近時，構造設計建築士の偽装問題で建築士という専門家制度の崩壊の危機に見舞われたためである。その後，建築士業界は，再生を期して，専門家集団の再構築を進めている。そして，建築士は，従前からの慣習や既得権益をかなぐり捨て，専門家としてあるべき姿を追求しているといってよい。そこに，税理士会という専門家集団が参考にすべきものがある。

第 1 款　専門家責任

第 1 項　専門家の意義

　「専門家」とは，通常人とは異なり，「〇〇士」といわれるような一定の資格を有しその資格に基づく相談業務や情報提供業務という職業(プロフェッ

ション)に従事する者をいう[64]。その職業は自由業に属する。プロフェッションとは，西嶋梅治氏によれば「科学または高度の知識に裏づけられ，それ自身一定の基礎知識をもった特殊の技能を，特殊な教育または訓練によって習得し，それに基づいて不特定多数の市民の中から任意に呈示された個々のクライアントの具体的要求に応じて具体的活動を行ない，よって社会全体のためにつくす職業である」と定義されている[65]。そして，職業専門家としての存在意義は，社会のなかにおけるその職業専門家が職業専門家たる要件[66]を満たしているか否かで左右される。この存在意義の要件として，概ね次の五つの条件を具備していることが必要である。第一に，業務に係る一般原理(principle ないし science)が確立しており，この理論的な知識に基づいた技術を習得するのに長期間の高度の教育と訓練が必要である。第二に，免許(資格)制度の確立である。そして，第三に，職業団体の結成と自律性の確保である。さらに，第四は，営利性の排除・公益性の保持がある。最後に，主体性・独立性の確立である。これらにつき，さらに詳しくみると，一般原理とは，長年の研究の蓄積と伝承によって確立されたもので，その原理を個別のケースに応用することによって業務の安全確実性が保障される原理である。次に，免許(資格)制度は，国家試験又はこれに代わる厳密な資格試験(審査)に合格することを要求することによって，その職種全体の社会的信用を確保し，顧客が無資格者や低能力者による被害に遭うことを回避する機能を有する制度である。第三は，職業団体が結成され，当該職能団体が社会一般の外部に対して，自己の能力と活動範囲を公示し，団体内部において，会員の質と能力を保持し，社会的使命の達成のため自己研修と倫理性の保持の必要性を要求する団体として存在する。さらに，その団体が自律性を保持し，強い自己規制力を持つために，資格を自分で審査し，資格を与える権限を持つとともに強大な懲戒権を保持しなければならない。第四の条件は，理念型としての職業専門家は，営利を第一の目的とするのではなく，何よりも利他主義つまり公共の利益の促進を第一にしなければならない。つまり，通常の商業と違って，営利第一主義を認めるわけにはいかない領域である。しかし，公共の利益の促進を強調しすぎることにより，今日の専門家を非営利主義的

聖職としてみることに弊害が生じている。だからといって、逆に、営利主義的な側面からだけみるのも妥当ではない。最後に職業専門家は、主体性・独立性の確立が最も重要である。以上のように、各々職業専門家の存在意義は、これら要件の充足の有無、ないし、程度により変化するものである。

第2項　専門家の契約責任

専門家の契約責任とは、一般の人が持っていない情報や技術さらには判断能力を持つ専門家が、それらを持たない人から依頼されて、その人に代わってその業務の執行につき判断し、執行するときにその任務を果たせなかった場合、あるいは、その人の財産の管理や維持に介入する関係があるときに依頼された人の最良の利益のために依頼者が満足する判断や執行、管理や維持を遂行できなかった場合に生じる法的責任である。そして、その責任の法的根拠を契約責任に求める場合には、専門家と依頼者との間の契約の種類及び法的性質が問題となる。

専門家と依頼者との間に締結される契約は「為す債務」であり、それはサービス提供契約である。したがって、その法的性質は、その専門家が社会に対してどのようなかかわりを持っているか、また社会が専門家にどういう期待を持っているかということを背景として、専門家の種類、専門性の程度などの如何により雇用、請負、委任あるいはそれらの混合契約などいろいろの類型のものが考えられる。とりわけ、法律専門家などの高度専門家の場合には、委任ないし準委任とみられる類型の契約が通常である。その契約の特徴は、まず、契約当事者の間の情報量の格差があげられる。つまり、依頼者が劣後的な立場で契約せざるを得ないという特徴を持つ。そして、この劣後的な立場は、免許（資格）制度に裏打ちされた受任専門家に対する客観的信頼関係により克服される。そして、これを基礎として依頼者と相互の高度な信頼関係が形成される。その結果として、専門家のサービス提供債務に対して、大幅な裁量的判断が委ねられることになる。また、職務の特性として利他性、公共性があげられるため、依頼者の私的利益とかかる公共的利益との調和を考慮しつつその債務を履行すべき義務を負う特徴を持つ。そのため、専門家

個人の私的利益の追求に禁欲的であるべきだという高度の倫理性が要求される。

このような契約の特色から，専門家の債務不履行類型と責任の根拠について，次のような見解が主張されている。その一つは，専門家の債務不履行を高度注意義務違反型と，忠実義務違反型との二つの類型に分けるという義務二分論である[67]。他方は，専門家の債務不履行責任が問題となる場合，通常は依頼者と当該専門家との間に一定の契約があるのだから，当該専門家が依頼者に対し，具体的にいかなる債務を負うかは，基本的にはこの契約の解釈によることとし，専門家責任の各論的研究が重要であると説く見解である[68]。つまり，各論において，専門家集団の抽象的信頼関係を前提にして，サービス提供契約を締結し，依頼者と具体的信頼関係により契約関係（契約以前の接触を含む）に入った専門家の義務は，その契約に入った事情，契約内容，契約関係存続中の諸事情さらには契約関係終了後も一定期間にわたって，当該契約関係の特殊の事情を踏まえ，契約の解釈から導き出されるところの具体的債務を，依頼者の信頼に応えて，その利益の実現を自己や第三者の利益の実現に優先して，誠実かつ忠実に善良なる管理者の注意義務を尽くして履行すべき専門的知識，技能に応じた高度の注意義務が契約上の本来的給付義務であるとする。もっとも，専門家がそれぞれの分野で，依頼者に対して，本旨の履行をすべきであるから，その専門家が依頼者に対し，具体的にいかなる債務を負うかは，基本的にはこの契約の解釈によることになるといえる。そもそも，専門家が高度な注意義務を負うことは，当然のことであり，ただ単に「専門家」というだけで，契約内容を超えた注意義務がさらに加重されることはないのである。

第3項　専門家の不法行為責任

専門家が不法行為責任を追及される場合として，一般に，専門家と被害者との間に直接の契約関係がない場合や契約締結前の過誤の場合，又は，第三者が専門家の過誤により被害を被った場合がある。たとえば，司法書士がいわゆる原野商法に加担したとして，司法書士の不法行為責任を認めた神戸地

裁の判決[69]などがそれに当たる。神戸地裁は，司法書士が貸金業者からの委任に基づいて根抵当権設定登記及び先順位根抵当権の抹消登記の各手続を代行するにあたって，無価値な土地を担保に高額の貸付けが行われることを認識している場合はこの委任を拒否すべきであり，拒否をせずに実際に代行したことは違法な行為を幇助したものであって民法709条の不法行為責任を負うべきだと判示した。また，弁護士の場合でも，東京高裁の判例[70]では，弁護士が別の民事保全事件で疎明資料として家事調停申立書の控えを裁判所に提出し，この文書に第三者のプライバシーに関する事項の記載があったため，弁護士の第三者に対するプライバシー侵害という不法行為責任の成否が問題となった。高裁は，本件文書がXのプライバシーに関する事項を記載した文書であり，Y（弁護士）は，このXとは関係のない別の民事保全事件の疎明資料を提出したとして，第三者に対する不法行為による損害賠償を認めた。さらに，その他の判例は，専門家の注意義務を依頼者と専門家との委託契約成立により初めて生じるものではなく，契約成立前の受任段階においても注意義務がすでに課せられているものとして，専門家による過誤が契約締結前であっても専門家の不法行為責任を認めている[71]。一方，専門家には，それぞれの業法により各種の義務[72]が課せられ，これらの義務に違反して，他人に損害を生じさせた場合にも，当然に，不法行為責任を追及されることはいうまでもない。

　専門家のサービス提供契約が上述の特徴を有し，専門家が委任契約を締結した依頼者に対して，専門家は契約上の善管注意義務を負う。これに対し，専門家が不法行為責任を負う場合には，注意義務違反が問題とされる。専門家としての注意義務とは，専門的知識又は技能を有する職業人を基準として理解されるべきである。そして，その義務の程度は高度であり，通常人に求められる注意義務の程度とは異なる。このために，契約責任，不法行為責任のいずれかによって注意義務の程度に差異が生じるわけではない。

　一般的に，その性質が履行義務者の裁量権の幅が大きい「為す債務」の場合には，訴訟において契約責任構成をとるといっても具体的な債務内容は明確ではなく，不法行為責任構成をとっても専門家が具体的にどのような注意

義務を負っているかを知ることは困難であると考えられる。この場合に契約当事者のどちらが立証責任を負担するのかという問題があるが，訴訟実務では請求権競合なので通常両方が主張されており，どちらの方に説得力があるか，あるいは，きめ細かい説明ができるかという問題だとの意見もある[73]。しかしながら，その請求権競合が訴訟権の濫用につながってはならない。

第2款　法律分野専門家[74]の専門家制度

第1項　わが国の法律分野専門家における実状

近年の司法制度改革は，司法制度改革審議会意見書[75]が大きく寄与した。この意見書によれば，司法の担い手を「法曹」と限定すると，法曹とは弁護士，判事及び検事であり，弁護士を中心とした隣接士業[76]は含まれないとされる。したがって，これら隣接士業は「司法の担い手」ではないが，「法的サービスの担い手」ではあると位置づけられた。そして，当該意見書は，国民への法的サービスの向上を目指して「弁護士と隣接法律専門職種その他の専門資格者による協働については，依頼者の利便の向上を図る観点から，ワンストップ・サービス（総合的法律経済関係事務所）を積極的に推進し，その実効を上げるための方策を講じるべきである。その際，収支共同型や相互雇用型等の形態などいわゆる異業種間共同事業の容認の可否については，更に検討すべきである」との方針を提言している。また，「隣接法律専門職種の活用」の項において，国民の権利擁護，司法アクセスが不十分であるという当時の状況を踏まえて，そのような状況を直ちに解消する必要性に鑑み，利用者の視点から「当面の法的需要を充足させるための措置」を講じる必要があり，そのためには，隣接士業を活用し，当該隣接士業の権限拡大措置の必要性が生じるとした。これらの措置につき，この意見書がその根底で意識していることは，世界においても稀な日本の法律専門家の種類の多さによる国民の法律関連サービス業務に対する非利便性という問題に関し，弁護士を中心とした法律家に集約することによって，その利便性を確保しようとして

いると考えられる。それを受けて，この意見書においては，このような隣接士業の権限拡大措置は，「弁護士人口の大幅増員が達成されるまでの間の過渡的，応急的措置であり，当面の法的需要を充足させるための措置である」としている。

しかしながら，この意見書にいう，これらの権限拡大は，現実的に公認会計士，税理士，弁理士，司法書士，土地家屋調査士，社会保険労務士，行政書士等のいわゆる隣接士業界に既得権益を拡張させる結果となった。つまり，この司法制度改革により，認定司法書士の簡易裁判所における訴訟代理権の獲得，弁理士の特許権等の侵害訴訟に関する訴訟代理権の獲得（弁護士との共同受任に限る），税理士の税務訴訟に関する弁護士とともにする出廷陳述権の付与，特定社会保険労務士の労働関係紛争に対する関与等，行政書士の書類提出手続代理及び契約その他に関する書類の代理人としての作成，不利益行政処分における弁明及び聴聞手続代理権の付与という権益を実現させたのである。

さらに，隣接士業界は，このような「司法制度改革」における流れとは別の「規制改革」の流れに乗った動きもみせた。その結果，司法書士，行政書士，社会保険労務士のそれぞれの連合会・政治連盟がロビー活動を展開し，規制改革会議の第3次答申[77]等に対して，弁護士がその職域権限責任を十分に果たしていないことや隣接法律専門職種が市民の利便性及びニーズに応えることを理由として，法律分野専門家の間の規制緩和[78]を推進すべきことなどのさらなる権限拡大の立法化要求[79]を掲げている。このような規制改革会議の問題意識のもとでは，法律事務についての業務独占を定める弁護士法72条の例外として，隣接士業に一定限度で認められている「法律事務取扱」を弊害のない限り拡大するという方向性が出てくると考えられる。その結果，これらの制度改革や規制改革に呼応するように，近時，従前から互いに接触する各専門家の業務範囲で各々の業界を挙げての職域獲得争いが生じている。これらの判決として，行政書士である被告人が法務局等において代理人として有限会社変更登記の登記申請手続を行ったことが，司法書士法違反に問われた福島事件[80]や弁護士が顧問先の会社の登記申請を代理した

ところ，司法書士会から顧問先に対して弁護士の登記申請行為が違法であるとする趣旨の書面が送付された事案で，「弁護士の登記申請代理行為は適法であるにもかかわらず，右行為を違法であるとするものであって，弁護士の名誉・信用を毀損するものである」という弁護士の主張が容認された埼玉事件[81]などがある。これらの事件の背景には，前述のとおり，日本では法律専門家が細分化され，当該専門家が多様に存在するということがある。さらに，高度成長期に経済では，法律専門家に対する需要が多く，それぞれ専門家はその中核をなす業務を遂行することで十分であったが，経済成長の鈍化により法律専門家が隣接法律専門職種の業務範囲にまで，その範囲を拡張してきているという状況が存在している。

このように，法律分野の専門家は業務の拡大とともに専門家としての責任も拡大され，新たな問題も含め多様な問題を抱えることになった。それゆえ，司法制度改革及び規制改革により，従来から弁護士が独占してきた訴訟代理権を付与されたそれぞれの専門家に関する問題は，過去の弁護士の専門家責任としての判例の蓄積を丁寧に整理することが必要になると思われる。これらを踏まえて，次に，それぞれの法律分野の専門家につき，税理士業務との業際問題を視野に入れつつ，税理士の抱える問題点との関連において比較しながら，その専門家責任や専門家制度について考察する。

第2項　各分野の専門家制度

1．公認会計士の専門家制度
（1）公認会計士の専門家責任[82]

公認会計士法(以下，会計士法)は，公認会計士の使命について「監査及び会計の専門家として，独立した立場において，財務書類その他の財務に関する情報の信頼性を確保することにより，会社等の公正な事業活動，投資者及び債権者の保護等を図り，もって国民経済の健全な発展に寄与することを使命とする」(会計士法1条)とともにその職責として，「常に品位を保持，その知識及び技能の修得に努め，公正かつ誠実にその業務を行わなければならない」(会計士法1条の2)と規定している。さらに，財務書類の監査証明業務(会計士

法2条1項)を有償による独占業務とし,通常会計業務及びMAS業務(会計士法2条2項)を行うことを認めている。とりわけ,通常会計業務は,何人でも業として行い得る会計業務を公認会計士においても有償で行うことができることを確認的に規定している。この規定は,税理士法2条2項の付随会計業の規定と同様である。さらに,税理士法3条は,公認会計士の資格を有する者が,税理士として税理士業務を行うことを認めている。したがって,公認会計士の役割が会計監査のみにあるとはいえないが,会計監査に関する技能を有する唯一の職業専門家であり,その職務は,保証業務が中心となり,会社の資本調達制度の基礎をなすところから,必然的にその監査証明業務に社会的期待が寄せられる[83]。また,税理士は,税理士法2条2項の業務として,納税者からの依頼を受けて,会計業務を行うことが常態化している。この場合に,税理士が粉飾決算[84]に関係する場合がある。公認会計士が粉飾決算に関係した場合に,いかなる注意義務を負うのかという問題は,税理士と共通の問題である。会社は,さまざまな理由によって,不正な記載,あるいは,誤った財務書類を作成することがある[85]。そのような財務書類が主に粉飾を意図して作成され,当該書類に公認会計士の適正である旨の監査証明がなされ,対外的に開示された場合は,その不正確な財務書類が経済活動の指標となる。そして,その結果として,債権者や株主などの利害関係人に不測の損害を生じさせることになる。この場合に,公認会計士が財務書類について重要な虚偽記載が存在することを認識していながら,あえて適正意見を行ったとすれば,公認会計士の故意を原因とする債務不履行責任が認められることは当然である。これに対して,公認会計士が重要な虚偽記載の存在を認識しておらず,これを看過して適正意見を行った場合において,どのような損害賠償責任が認められるかという問題がある。これらにつき,法定監査においては,監査基準・監査実施準則に基づく監査を行い,公認会計士協会の実務指針に基づく監査が行われ,それを監査調書に記載していれば過失のないことが立証されると解されている[86]。しかしながら,粉飾決算を解明する手法が確立され,キャッシュフロー計算書作成が義務化されることになった現在においては,公認会計士協会監査基準委員会の「分析的手続」等

を具体的に実施することがより可能となった。したがって,「分析的手続」等を精緻化しないまま漫然として従来の通常の監査をし,粉飾決算を看過した場合は,公認会計士は義務違反を免れ得ないという意見がある[87]。一方,会社の役員や従業員の不正行為を発見できなかった場合に公認会計士が責任を負わなければならないかどうかという問題がある。この点について,唯一の判断として,日本コッパース事件の第一審判決[88]がある。この事件は,外資系の有限会社が監査法人に任意監査を依頼していたところ,経理部長の不正行為を発見できないまま,無限定適正意見の監査報告書が提出された。有限会社は監査の方法が違法だとして,監査人らに損害賠償請求の訴えを提起したところ判決は監査法人に対する請求の一部を認容した事例である。判決では,「たとえ財務諸表の監査が被用者の不正行為の発見を主な目的にするものでなく,また適正意見の表明が被用者の不正行為のないことの証明をするものでないとしても,財務諸表に著しい影響を与える不正がないことを確かめるのでなければ,財務諸表の適正性に対する意見の表明が無意味になる……ことに変わりはなく,また,独立監査人は,一般に認められた監査基準の下にという範囲内と,監査過程の固有の限界内に限られるのではあるが,財務諸表に著しい影響を与えるであろう誤謬,不正を発見すべく監査計画を立案し,監査の実施に当たり然るべき技術を駆使し,正当な注意を払うことが可能であり,またそのような手続きによって監査を行うことが期待されている」とし,したがって「監査人は,監査した会社の被用者の不正行為を見過したまま適正意見を表明したというだけでは,責任を負わないが,職業的専門家の正当な注意をもって監査を実施するという本来なすべき手続きを怠り,その結果被用者の重大不正行為を看過したときは,監査の依頼者に対し,それによって生じた損害について賠償すべき責任を負う」と判示した[89]。これに対し同事件の控訴審判決[90]は,「近代の監査は,財務諸表の適正性または適法性を監査するもので,不正発見を目的として実施されるものではないから,被監査会社は,従業員の不正防止の機能を公認会計士に依存することはできない。もちろん,監査の途上で不正を発見することもありうるが,それは副次的なものにすぎない。……不正発見目的の合意のない限り,財務

諸表監査においては，使い込み等の不正発見を目的とした監査手続きを行う必要はない」として，特約のない限り不正の発見は監査目的ではないと判示した[91]。この控訴審に関して，さまざまな意見が展開されており，その一つとして，公認会計士の財務諸表監査の目的と監査手続とを誤って解釈しており，会社に不正があってもその発見は会計監査の目的であるとした一審判決を批判し，控訴審判決が，明確に「監査論上，財務諸表監査は，不正発見を目的として実施されるものではない」として，不正を見逃しても公認会計士の責任を問わないものと判示し，さらに「本件監査契約には不正を発見すべしという特約はなかった」旨を述べて，特約のない限り，不正発見は監査目的でないとする本件判決を支持する意見[92]と，財務諸表の適正性監査は，本来的には不正発見は含まれないと解するが，財務諸表の適正性に影響を及ぼすような不正・誤謬を発見し防止することは，原則として，財務諸表監査の目的に含まれる。しかしながら，いくら財務諸表の適正表示に重大な影響を及ぼすような不正・誤謬を発見し防止できなかったとしても，それをもって直ちに監査人の責任が問われるとすることは，監査人に過大な負担を課すことになりかねないため，監査人は，一般に公正妥当と認められた監査の基準に従って監査した場合には責任は問われないものとすべきであるという意見がある[93]。他方，任意監査においては不正発見の責務発生はその特約の有無に係るとしているが，法定であるか否かによって，公認会計士の確認すべきことに差異が生じるとする理解は適当ではないとする意見もある[94]。公認会計士協会監査基準委員会の報告第11号「違法行為」も，監査の実施過程で，違法行為の発生又は存在の可能性について監査人が疑念を抱く場合として，適切な承認のない又は正確に記録されていない重要な取引，監査上必要な書類・資料の提示，提出等にあたっての逡巡，遅延等の異常な対応，行政機関の特別調査又は重要な指摘事項，多額の罰金又は課徴金の支払いなどがあるとし(「違法行為」13項)，監査の実施過程で，違法行為の発生又は存在の可能性に気づいた場合には，違法行為が行われたかどうかを確かめるため，関連書類・資料の分析，経営者への質問，法律専門家の意見の聴取等の適切な監査手続を実施しなければならないとしている(「違法行為」12項)。

公認会計士の業務は，専門家として正当な注意をもって監査を実施し，財務諸表上の重要な虚偽記載を看過してはならないことにある。しかし，監査そのものはすべてをチェックするものではなく，試査によるものであるから，会計上の不正や過失が皆無であることを保証することはできないという限界がある。一般に，会計記録や財務諸表の正確性，虚偽記載の不存在，特定の事実の存否それ自体等に関する責任は，財務諸表を作成した経営者が負うことになる。このように，財務諸表の作成については経営者が，それに関する意見の表明については会計人が，それぞれ責任を分担するという原則を「二重責任の原則」という。とりわけ，二重責任の原則は，監査制度の重要な基盤であり，この原則の存在が責任を分離させる効果を持つ。ここに，この原則がいまだ確立できない税理士の業務との根本的な相違をみることができる。粉飾決算は，利益を過大に計上して，会社の財政状態や経営成績が良いように見せかけることであり，逆粉飾決算は，税金の負担を軽減することなどを目的として，利益を過少計上することである。社会に与える影響は粉飾決算の方がはるかに大きい。それゆえ，粉飾決算の是正を求める社会的な要請は強くなる。つまり，粉飾決算を幇助する会計専門家が存在すれば，おのずと，制裁は厳しくなるといえる。そして，制裁の厳しさ，会計目的，関与する専門家の責任など粉飾決算と逆粉飾決算は異なる会計領域にそれぞれ存在しているとも考えられる。すなわち，粉飾決算は，利益を過大に計上して，会社の財政状態や経営成績が良いように見せかけることであり，社会的な影響は大きい。これに対して，利益計算，つまり，所得計算としての会計にかかわってくるのが逆粉飾決算である。この逆粉飾決算は，税務調査により露顕することが多い。したがって，そのほとんどは，国と企業の一対一の関係の構図をとることになる。また，税務調査が勘定科目の表示等については興味を示さない結果，情報としての会計をあまり重視しない。つまり，会計情報は，税務調査では一般に無視されるのである。

（2）税理士の会計業務に対する責任

　従前から，公認会計士の監査業務は，試査による監査であり，すべてをチェックするものではないとされ，会計上の不正や過失が皆無であることを

保証するものではないとされてきた。その監査制度は，上述のとおり，財務諸表の作成については経営者が，それに関する意見の表明については会計人が，それぞれ責任を分担するという「二重責任の原則」に支えられている。すなわち，財務諸表を作成した経営者は，会計記録や財務諸表の正確性，虚偽記載の不存在，特定の事実の存否それ自体等に関する責任を負うことになる。他方で，税理士は，税理士法2条2項において，税理士業務に付随して財務書類の作成，会計帳簿の記帳代行その他財務に関する事務を行うことができるとされている。さらに，税理士法41条の3は，税理士業務を行うにあたって，課税標準の計算の基礎となるべき事実の全部若しくは一部を隠蔽し，若しくは，仮装している事実があることを知ったときは，直ちに，その是正をするように助言しなければならないと規定している。もっとも，所得税及び法人税は所得を，消費税では資産の譲渡等の対価の額を，課税の単位として捉えているところの課税標準は，商法19条1項及び会社法431条に規定される会計及び企業会計の一般に公正妥当と認められる慣行に従い，公正処理基準[95]（法人税法22条4項）や確定決算主義[96]（法人税法74条1項）によって誘導され確定される。そして，それには正確な帳簿記録に基づいて決算をしなければならないのは当然である[97]。それゆえ，税理士業務が行う会計業務は，専門家としての助言義務及び相当注意義務を伴うことになる。そうすると，税理士は，会計帳簿の記帳代行を受任しているときはもちろんのこと，経営者の作成した会計記録や財務諸表の正確性，虚偽記載の不存在，特定の事実の存否それ自体等に関する責任を負うことになるとの見解がある[98]。先に述べた，所得計算の場面で問題となる逆粉飾決算における問題構造は，粉飾決算での社会的責任ほど影響の範囲は大きくないが，税理士の付随会計業務に関する責任が免除されるわけではない。近時，この粉飾が問題となり，税理士が専門家責任を問われるケースが増加することが予想されている。次に，粉飾に係る判例を概観することにする。

① 逆粉飾決算　東京地裁平成19年11月30日判決判タ1272号19頁[99]
　「ホストクラブ等を経営する会社が青色申告承認を取り消されたことにつき税理士顧問契約の債務不履行による損害賠償責任が認められた事例」

本件の争点は複数存在するが，そのうちY(税理士)にX社(ホストクラブ法人)との顧問契約上の債務不履行ないし，実際の税務処理上の不法行為があったかどうかが重要な争点である。事実認定[100]から判決は，売上の計上漏れ，架空仕入れの計上，税務調査後の是正指導の懈怠，雑収入の計上漏れについて判断した。まず，売上の計上漏れにつき「X社がYと本件顧問契約を締結した当初，X社代表者は毎月10日の数日前になるとYの事務所を訪問し，Yに対し，直接売上伝票等の会計基礎資料を手渡したり，源泉税として現金を支払ったりしていた。また，平成14年当時には，X社の経理を担当していたB，C，DらがYに対し，毎月，手書きで入出金の説明を記入した通帳の写し，出金明細表，売上伝票等の会計基礎資料を郵便や宅急便で送付していた。以上のように，X社がYに対し，売上に関する会計基礎資料である売上伝票を送付していたにもかかわらず，Yにおいて，売上伝票の数字を正確にパソコンに入力せず，その結果，売上計上漏れとして443万2093円につき，否認されることになった」とした。次に，判決は，架空仕入れに関して，YがX社の顧問税理士を辞めるにあたり，Bが返却された書類を確認したところ，領収書ファイル1冊が紛失していることが判明したこと，Yの計上した広告費は銀行振込によるものに限られ，現金払いのものが含まれていないと推認されることなどから，「Yは，X社から，領収書のはり付けられたファイルの送付を受けながら，これを紛失したことから，これを隠すため，X社に無断で広告宣伝費を架空の仕入額として振り分け，毎月架空の仕入額を総勘定元帳にデータ入力していたものと推認するのが相当」であり，「Yがした架空仕入額の計上は，税理士としての善管注意義務に違反することが明らかである」とした。また，是正指導の懈怠につき「平成14年の税務調査のときに給与過大計上について否認されなかったからといって，その後減額指導があったにもかかわらず，それをそのまま放置してよい理由」にならないし，「Yは，X社代表者の父に対する給与を減額するようX社を指導すべき義務があったのにこれを怠り，平成14年7月期の確定申告手続において，過大な給与をそのまま計上したものであって，これが税理士としての善管注意義務に違反したことは明らかというべきであ

る」と判示した。さらに，裁判所は雑収入の計上漏れにつき，「ホストクラブのホストは会社の従業員ではないから，ホストの旅行積立金については預かり金として処理すべきではなく，雑収入に計上しなければならないところ，Yがその計上を行っていなかったため，否認されたのであり，このことは，税理士にとっては当然のことであって，単に考え方の違いで片付けられる問題ではない」，また，「Yが平成14年7月期の確定申告手続において，ホストからの受領金を適切な勘定科目に計上しなかったことについて，Yには，税理士としての善管注意義務に違反した過失があるといわざるを得ない」と述べた。そして，損害の認定は，「Yが税理士としての善管注意義務に違反することなく適正に平成14年7月期のX社の確定申告手続を行っていれば，X社が本件青色申告承認取消処分を受けることはなく，修正申告による重加算税，延滞税を課税されたり，増加された本税を納付する必要もなかった」として，本件の事実関係につき，X社の主張を全面的に認めた。

　確かに，判決の事実関係をみる限り，Yの業務実態は，ずさんであったといえる。また，後任の税理士の極めて緻密な本件に関する分析からは，Yに落ち度があったと推認できる。しかしながら，本件において，粉飾決算行為として強く批判されるべきは，架空仕入れに関するものであり，売上及び雑収入の計上漏れについては，「原告代表は，被告に対し売上高と仕入れについては責任を持つと話した」ところをみると，Yは，税理士の会計業務の限界をX社に対して提示しているといえる。したがって，Yの責任が一方的に問われるのではなく，X社の過失についても問われる必要がある。このX社の過失責任こそ，税理士業務における狭義の意味での「二重責任の原則」の存在を肯定するものになる。

　もっとも，本件で注目すべきは，本税相当額も損害賠償の対象とすることを認めたという点である。本税は基本的には，税理士の義務違反がなくとも，納付を要するものであって，原則として，税理士の義務違反と相当因果関係がない。しかし，本件では，裁判所が「架空計上された経費についていえば，Yが証拠となる伝票類を紛失したことが税務否認の原因となっていることから，例外的に損害として認定することが許さ」[101]れると指摘しているこ

とからすると，裁判所の粉飾決算に対する厳しい姿勢が窺われる。

② **粉飾決算**　仙台高裁昭和 63 年 2 月 26 日判決判夕 663 号 141 頁[102]

「税理士の作成した内容虚偽の確定申告の記載を真実と信じて保証，担保提供をした者からその税理士に対する損害賠償請求が認容された事例」

Y (税理士)は，甲会社の代表者乙(委嘱者)の依頼に基づき，税務署に対しては赤字の確定申告書を提出しながら，銀行に提出する黒字の虚偽の確定申告書 2 期分を作成した。一方，X (第三者)は，甲会社からこの黒字の確定申告書を示されて銀行借入の保証等を頼まれ，その記載を信じた X は，保証等をした。その後，間もなく甲会社は倒産し，損害を受けたので，それは Y の内容虚偽の書類の作成が原因であるとして，損害賠償を請求したものである。判決は，Y は甲会社の銀行借入の保証人等が X であることを知悉していたこと，虚偽の確定申告書であることを知った X が Y を詰問したところ，Y は「本当のことをいえば，X は担保の提供等をやめるだろうし，そうすれば困る人がいるから……」と答えたこと，また，X は甲会社が赤字であれば保証ないし担保の提供をする意思がなかった，という事実を認定し判断した。以上のように，この事件は，第三者に対する不法行為の成否が問題となったものであり，税理士倫理に反する内容虚偽の書類の作成に賠償責任を認めた判決として重要な意義がある。

本件のように，税理士が依頼者の要望に基づいて，融資交渉の前提として提出する確定申告書や決算書について虚偽の内容を記載することは，民法 709 条にいう「故意」又は「過失」による不法行為に該当する。しかし，問題は，どの範囲までの行為について責任を負うかである。この点に関して，「専門家は依頼者に対して善管注意義務を負うのではあっても，第三者に対してはどの程度の注意義務を負うのかということについては検討する必要がある。関係の少ない第三者に対してまで高度の注意義務を負うとすることはできないと考えられるのである。専門家としての注意義務が要求される第三者の範囲の確定が必要であろう」との見解がある[103]。他方，不法行為に係る相当な因果関係について，「虚偽の申告書等を第三者が信用して損害を受けたというときには，第三者に対して不法行為責任を負うことになる。もっ

とも，不法行為責任を負うのは相当因果関係のある損害(予見可能な損害)に範囲が限定されているので，申告書等が盗用された場合はもちろんのこと，通常は予見していない情報として利用されたときには不法行為責任を負うことはないといえる」という意見もある[104]。このように，税理士が，第三者に対して，不法行為に基づく損害賠償責任を負担する法的リスクは，予見可能な損害に限定されるといえる。とはいえ，実際のところ，税理士は損害因果関係が内在する銀行借入対策や建設の入札資格維持などの目的で作成される内容虚偽の決算書類の作成を依頼される場合がある。もっとも，この場合でも，損害を被る第三者が現実に税理士の責任を追及するかどうかという疑問もある。そもそも，会計監査人による監査を受けない会社が計算書類を作成する場合には，中小企業にとって企業会計の慣行がいかなるものかを具体的に示されないと，現実には対応することができない。そこで，会計監査人の監査を受けない中小企業が計算書類を作成する場合には，中小企業会計基準(以下，会計基準)に基づく場合を除き，「中小企業の会計に関する指針」(以下，会計指針)によって計算書類を作成することが推奨されている。会計指針は，中小企業が計算書類の作成にあたることが望ましい会計処理や注記等を示すものとして位置づけられている(会計指針 3)[105]。これらは，一般に公正妥当と認められる会計慣行に従い，中小企業の会計に係る指標によった計算書類を作成することで，粉飾決算や経理不正を排除することに有効であるといえる。これを受けて，日税連は会計基準を普及させ，実効性を持たせるために，平成15年3月に「中小会社会計指針適用に関するチェック・リスト」を作成し，金融機関に対してその活用を勧めている。その結果，会計基準の時代のチェックリスト[106]は，チェックをする税理士自身が作成した計算書類を対象にしていたが，現行のチェックリストは，計算書類が中小企業の会計指針にそって作成されているかどうかを確認する書類として位置づけられ，他人が作成した計算書類を対象としてチェックすることも可能になっている。このように，今日では，多くの金融機関や保証協会等においてチェックリストが利用されており，その作成を依頼される機会が増加している。したがって，税理士は，将来，チェックリストの作成を依頼されることがあることを

前提として，計算書類の作成に臨むべきであろうと考えられる。それは，とりもなおさず，専門家としての注意義務が要求される第三者の範囲が確定されることを意味し，第三者との間に相当因果関係を生じせしめるといえる。

そもそも，専門家が依頼者との信頼関係のもとでその期待に応える本旨を履行するためには，その専門家の専門範囲が法令や制度によって担保されなければならない。つまり，会計業務における財務諸表の作成やその信頼性の証明が税理士にとって独占的な専門分野として位置づけられなければならないのである。当然，歯科医は，医者の仕事はできないのである。それは，専門家の存在基盤を確立させる五つの原則よりも以前の問題として，税理士に大きくのしかかってきている。

2．司法書士及び土地家屋調査士の登記業務に関する専門家制度
（1）司法書士の専門家責任[107]

司法書士は司法書士法において，第1条に目的[108]及び第2条に職責[109]を定め，他人の依頼を受けて，各種事務[110]を行うことを業とする。この業務を実質的に分類すると大きく登記事務と裁判事務の二つに分かれる。さらに，登記事務が商業登記と不動産登記に分かれることから，大方，三つの業務領域があると考えられる。この領域のうち，ここでは，登記事務についての専門家責任を検討することにする。

司法書士と依頼者間の契約は，委任ないし準委任契約としての性質を有する。そもそも，登記事務は，権利関係の当事者が行うことができる。それゆえ，司法書士に依頼する必要がない。もっとも，依頼者が司法書士に業務を嘱託する契機は，業務の専門性や取引における登記事務という性質からの迅速な処理が常に求められることから，それらを満たすために専門家である司法書士に期待をするからである。また，仮に，依頼した業務がその遂行上で不測の事態が発生した場合は，専門家たる者に責任追及ができるという，取引の安全性を司法書士に負担させようとする，いわゆる，一種の保険のような機能を期待しているという意見もある[111]。このような依頼者からのさまざまな期待に対して，司法書士は，職業法に規定する目的を遵守し，業務に

精通して公正かつ誠実に業務を行う職責を果たす義務及びその他の義務[112]を履行する責任を負う。

　従前の司法書士の業務は,「代書」とされ,もっぱら,登記官に伝達する「使者」として,本人により確定し完成された意思を書面に表示することであり,意思の表示機関及び意思表示の伝達機関にすぎないと理解されていた。その結果,実体的な物権変動の意思形成は,本人が行う問題であって,司法書士は立ち入ってはならない,業務の範囲外の事項であった。ところが,専門家としての義務違反を問う判例の増加から,今日の学説においては,司法書士の職能像を,ただ単に依頼者に指示されたとおりの登記申請を黙って行っていればよいだけの道具的な存在と捉える見解から,「使者」から「代理」へと発展したと捉えるように変化している。それゆえ,今日,司法書士は,不実の登記の発生を防止し,登記の真実性を確保するという公益的見地に立って,登記申請の手続法的有効要件や登記の実体法的有効要件である登記原因たる実体関係を調査し,依頼者に対して説明及び助言を与える法律専門家であるという位置づけがなされている。そのような背景から,専門家責任は社会から求められる司法書士像に付随して厳しく問われるようになってきている。これらの変化は,社会がその専門家に何を期待し,何を求めているかが大きく影響するといえる。そして,それは近年の司法書士及び司法書士会の現実社会における活動が「登記事務」のみにとどまらず「町の法律家」として機能を具備してきたことが大きな要因であると考えられる。

　近時の判例の分析[113]によれば,司法書士の登記手続において履行すべき専門家責任は,概ね,依頼者との契約の内容や業務遂行過程から八つに整理される[114]。過去の判例において,司法書士の損害賠償責任が最も争われてきた領域は,調査・確認義務の違反を問われた事案である。現行の登記制度では,登記官の権利に関する登記についての審査は形式的審査主義である。したがって,不動産登記法24条の本人確認制度を除けば,提出された書面の限りで,登記の実体法的な物権変動意思の有無等並びに登記申請意思の有無等に関する判断を行うことになる。これに対して,司法書士には,有効要件を満たす登記申請に向けて,どの程度の調査・確認を行うべきかにつき具

体的な規定は存在しない。とりわけ，登記必要書類の真否に関する確認義務（特に登記済証の偽造を見破れなかった司法書士の過失が問題となった事例）が極めて多い。この登記必要書類の真否の確認義務に関する判例の変化は，司法書士が専門家として社会から要請されている責任の変化そのものである。それゆえ，依頼者の要求に応える専門家としての制度を構築しなければならない。具体的に判例の動向をみてみると，登記済証又は印鑑証明書等の書類の真否に関して，当初，調査・確認義務そのものを否定していた時代があった[115]。その後，「特段の事情」のない限り調査義務はないとする立場に変化した[116]。なお，当該判決は，「特段の事情」の具体的内容として，当該書類が偽造又は変造されたものであることが一見明白な場合，及び，当事者から成立の真否についての調査を委託された場合の二つを判示した。その後，この調査・確認義務に関する近時の裁判例[117]としては，「依頼者から特別に真否の確認を委託された場合や(旧不動産登記法44条にいう保証を委託された場合も，当事者の同一性や登記意思に関する慎重な配慮が求められるから，その職責を果たす上で書類の真否を調査する必要が生じてくることもあろう。)，当該書類が偽造又は変造されたものであることが一見して明白である場合のほか，依頼の経緯や業務を遂行する過程で知り得た情報と司法書士が有すべき専門的知見に照らして，書類の真否を疑うべき相当な理由が存するときは，具体的事案に即してその点の調査確認義務を負う」と述べている。この判旨の前段部分は，基本的には従前からの「特段の事情」を考慮しているが，後段部分は「相当な理由」の存在に言及している。すなわち，今日では，司法書士の「代書」ないし「使者」から「代理」への変化が定着し，それを前提とした判断が下されるに至っているのである。

しかしながら，現実の「司法書士(像)」と社会が専門家として捉えているそれとの間に乖離があるのではないかと思われる。そして，その結果，社会は司法書士に過大な責任を期待しているのではないだろうか[118]。そうでなければ，専門家がうまく利用されて，使い捨ての「楯」の代わりに使われているのではないかとの思いに駆られるのである。たとえば，抵当権の目的とされる土地が，登記簿上の地目に適さないということを知りながら，抵当権

設定登記を受託し，債権者に土地の現況を伝えなかったことが債務不履行になるとして，損害賠償が認められた裁判例がある[119]。そもそも，司法書士の登記手続事務は，書類を取り揃え，登記官に登記行為を促す性質のものである。そして，その報酬もさほど高くない[120]という状況を鑑みると，依頼者が自身で担保物である土地を確認すべきであって，地目を確認せず金銭を貸した後，その貸金が回収不能となり，追及すべき相手がいないからといって，なぜ，司法書士が責任追及されるのであろうか。これは，責任を追及する側にも問題があるといえる。

他方，税理士に対する前述の判決においても，税理士の調査・確認義務について相当に高度かつ強度な義務を課すという判断がなされている。これも，専門家（像）が現実のそれと乖離して，その崇高な使命論を根拠として判示されている。これは，税理士と納税者における納税環境整備の不備を理解していないことが原因であるといえる。現在，見て取れる裁判動向からの専門家責任に係る納税者と税理士の責任バランスの是非については，やはり，制度の創設[121]も含めて議論する必要があると思われる。

（2）土地家屋調査士の専門家責任[122]

土地家屋調査士の業務は，土地家屋調査士法3条において，不動産の表示に関する登記にかかわり，必要な土地又は家屋に関する調査又は測量，申請手続又はこれに関する審査請求の手続の代理，これに伴い，法務局に提出し，又は提出する書類又は電磁的記録の作成，また，筆界特定の手続にかかわり，手続の代理及び提出する書類又は電磁的記録の作成，さらに，これらに掲げる事務についての相談，そして，土地の筆界に関する紛争に係る民間紛争解決手続にかかわり，当該手続の代理業務及び相談が本来的業務として規定されている。このように，土地家屋調査士は，不動産表示登記に関する業務を日常的に行っている。また，土地家屋調査士は，広く一般に，境界問題等を含む土地及び建物の現況の認定に関する専門家と受け止められている。そのために，宅地造成工事や土地売買契約に際して，境界の認定や土地の測量や現況図の作製などを依頼されることも少なくない。これらの業務は，土地家屋調査士に対し表示登記の申請とは無関係な場合であっても，専門家責任と

の関係では本来業務と同様のものとして専門家責任を問われる可能性があると考えられる。

　土地家屋調査士は，「他人の依頼を受けて」業務を遂行するものであるという関係から，依頼者に対する具体的な義務内容は土地家屋調査士委嘱契約によって定まり，それらの義務に違反があった場合には依頼者に対して債務不履行責任が生ずることになる。また，その委嘱契約の法的性質は，表示登記申請はもちろんのこと，境界認定や新築建物の所有者認定などについて高度な専門的な判断が求められ，審査請求の手続をも行い得ることから委任契約と考えられる。しかし，他方では，土地家屋調査士委嘱契約は，多くの場合に調査・測量・登記申請といった仕事の結果獲得を目的として締結され，具体的な仕事内容も比較的単純な事務的作業で完成させることが可能な場合が少なくない。さらに，調査や測量といった作業は建設請負契約の一部に取り込まれていることも多いので請負的な色彩の強い契約ともいえる。このように解すると，土地家屋調査士の業務と同様に，税理士業務における依頼者との契約の性質について会計業務と税務申告業務とでは性質が異なるとも考え得る。とりわけ，会計業務はその依頼される形態に応じて，仕事の結果獲得を目的として契約が締結される場合もある。それゆえ，それぞれの契約内容で，委任や請負の性質を有することもあり得る。ここでは，民法の契約形態にまで言及しないが，今後，税理士の専門家責任を検討するときに考慮する必要があるといえる。

　これまでのところ，業務上の民事責任につき土地家屋調査士の責任の有無が直接に問題とされた裁判例は極めて数が少ない。表示登記は，不動産登記法の上では，登記官の専権事項であり，土地家屋調査士は単に申請手続を当事者に代わって行うだけで，表示登記をなす権限は登記官に専属しているので，土地家屋調査士の申請は登記官の職権の発動を促すだけの意義しかないとはいえないまでも，登記官には登記事務に係る注意義務が存在する[123]。また，表示登記の申請手続において，土地家屋調査士は，依頼者の代理人の立場で行動すべきものであるが，依頼者の提供する情報が真正なものであるか否かの確認については，登記官と同様の厳格な審査をしなければならない

わけではなく，他の客観的資料等に照らして虚偽が疑われる場合でない限り，基本的には依頼者の提出した書類の確認とその説明内容に対する信頼に基づいてよいと解されている[124]。

　一方，土地家屋調査士は，土地家屋調査士法の第2条の要請から，依頼者に対して，忠実義務や説明・助言義務を負うことになる。とりわけ，土地家屋調査士の業務は，表示登記手続の前提として調査測量を伴うこと，また，土地家屋調査士業務のほとんどの場合に地積測量図，建物図面，実測図等の図面の作製が伴うことに特徴がある。土地家屋調査士作製の図面の誤りによる民事責任は，まず図面作製の委託者に対する責任として考えられ，その場合の法律上の根拠たる責任の発生原因は債務不履行ないし不法行為である。さらに，地積測量図の作製を必要とする表示登記申請手続についての土地家屋調査士の第三者に対する責任は，地積測量図作製の過誤によって生じる。つまり，土地家屋調査士の過誤により実体に合致しない表示登記が作出された場合，これを真実のものと誤信して取引関係に入った第三者が不測の損害を被ったときには，民法709条の要件を満たす限り，第三者に対して不法行為責任を負うことが考えられる。また，地積測量図は，その後，地積更正等の登記がされない限り，作製者名とともにいつまでも何人でも閲覧をすることができる。また，法令上の根拠はないが，登記実務上，何人でも謄写することが可能であることから，地積測量図に過誤があった場合に作製者である土地家屋調査士の責任が問題となる。これらの図面は，一種の情報であって，土地家屋調査士の手を離れると，取引のために使用されたり，第三者の手に渡ったりすることになる。このような情報提供を業とする専門家が誤った情報を提供した場合には，情報提供者として責任を依頼者に対してはもちろんのこと契約関係のない第三者に対しても負担することになると考えられる。

　これらの関係は，税理士の会計業務における会社法440条に規定する計算書類の公告と大いに関係するといえる。すなわち，公告された計算書類を閲覧して商取引に入った第三者が，たとえば，新たな商取引を開始するときに，信用取引（売掛け）の限度額を設定するにあたり，公表された財務諸表をもとにした商取引相手（第三者）が専門家の誤った情報を信用したことにより損害

が生じた場合には，その責任を追及されることもあり得ると思われる。以上のように，土地家屋調査士は，表示登記手続の前提として調査測量を伴うこと，また，土地家屋調査士業務に地積測量図等の図面の作製が伴うことに特徴がある。同じく，税理士業務も税務申告の前提として会計業務を伴い，税理士業務のほとんどの場合に計算書類の作成が伴う。そして，計算書類，つまり決算書類は，会社法440条の規定により第三者に公表されるものである。それゆえ，税理士は，これらの業務につき依頼者に対して，忠実義務や説明・助言義務を負うことになる。今後の土地家屋調査士の専門家責任や専門家制度の構築に関して十分に注視する必要がある。

3．行政書士の専門家制度

行政書士法は，第1条で「この法律は，行政書士の制度を定め，その業務の適正を図ることにより，行政に関する手続の円滑な実施に寄与し，あわせて，国民の利便に資することを目的とする」と定めている。その業務は，他人の依頼を受け報酬を得て，①官公署に提出する書類(電磁的記録を含む。以下同じ)，②権利義務に関する書類，③事実証明に関する書類(実地調査に基づく図面類を含む)を作成することを業とする(行政書士法1条の2第1項)。これらの業務は，他の法律において制限されているものを除いて，行政書士の独占業務とされており，行政書士でない者が業として行うことはできないこととされている(行政書士法19条1項)。一方，これらの業務のほか，独占業務とはされていないが，行政書士は，他人の依頼を受け報酬を得て，次の事務を業とすることができることとされている(行政書士法1条の3)。①行政書士が作成することができる官公署に提出する書類を官公署に提出する手続及び当該官公署に提出する書類に係る許認可等に関して行われる聴聞又は弁明の機会の付与の手続その他の意見陳述のための手続において当該官公署に対してする行為(弁護士法72条に規定する法律に関する法律事務に該当するものを除く)について代理すること。②行政書士が作成することができる契約その他に関する書類を代理人として作成すること。③行政書士が作成することができる書類の作成について相談に応ずること。また，行政書士は，不動

産取得税や事業所税に関する申告などを行うことができる(行政書士法51条の2 125)，同施行令14条の2)。

このように，行政書士は，広い範囲の法律行為をできる法律分野専門家である。それゆえ，隣接する法律分野専門との業務に関する境界，つまり，職域についての争いが多い126)。従前は，行政書士業務の付随業務という位置づけのもと登記申請書等の作成も行われていた127)。これらは，法律分野の士業一般について「職域」や「付随行為」といった概念が曖昧に使用されていたことが原因である。近時では，それぞれの法律分野専門家の職業法が平成15年の弁護士法改正を受けて，改正整備されたことにより職域が明確化された。また，それによる隣接法律専門家の法律業務の現実的拡張も存在する128)。

(1) 行政書士法上の職域に関する判決

行政書士の業務が法律事件に関する法律事務に隣接するため，従前から，その業務が弁護士法72条に違反する場合が多いとされてきた。そして，現行の行政書士法に規定する行政書士の業務は，法律事務を広く射程に取り入れている。今日，法的サービスの需要がますます増加するなかで，行政書士を含む隣接法律分野専門家が存在し，社会が必要とする種々の「法的サービス」を提供しているという現実がある。とりわけ，司法書士や行政書士並びに隣接専門職につき職業法が認める固有の業務に付随して依頼者の便益のために応じる法律相談と弁護士の業務との間に質的に境界を設けることは不可能に近いのではないだろうかと思われる。また，弁護士数の不足，大都市への偏在，弁護士に依頼することの経済性などから法律事務の取扱いを弁護士に独占させることの非現実性に着眼し法律事務処理について国民に対するサービスが十分といえるかという観点から検討を要するものがあるといわざるを得ないとの指摘もある129)。

このような状況のもとで行政書士がその業務範囲を超えて弁護士法72条違反の所為に及んだことによって，業務範囲の内外が明確になった事件がある(東京地裁平成5年4月22日判決判タ829号227頁)。判決は「相続財産，相続人の調査，相続分なきことの証明や遺産分割協議書等の作成，右各書類の内容

について相続人に説明することは行政書士の業務の範囲内である」とし、また、「行政書士が紛争の生じている遺産分割で依頼者のために折衝を行うのは弁護士法72条1項に定める法律事務にあたり行政書士の業務の範囲外」と述べた[130]。このように、従前からの曖昧な業務範囲が判例により明確にされるようになってきている。

　他方、行政書士業界は、「頼れる町の法律家」というイメージが定着し、資格取得受験者も増加している[131]。しかしながら、士業として安定した収入を得ることは難しいのが現状である[132]。その結果、職域外の領域である会計業務を主たる収入として活動することが散見される[133]。この会計業務は、税務申告に付随する場合は、税理士の独占とされ、税理士でない者は、税理士業務を行ってはならないものとして規制されることになっている（税理士法52条）。それゆえ、行政書士であっても、その業務を行うことが他の法律において制限されているものに該当し、業務を行うことができない（行政書士法1条の2第2項）。もっとも、行政書士の行う建築業の経営審査のための会計業務は、行政書士の本来の「会計業務」に該当するといえる。しかしながら、実際の会計業務は、税務申告に付随して行われる場合が多く、仮に建築業の経営審査の申請のみに作成されるとしても、現行の消費税法が「課税売上」及び「課税仕入れ」について帳簿記載方式を採用していることから、その業務の遂行上で補助的に消費税に税務判断が要求されるのである。したがって、この点にも問題がないわけでもない。実際のところ、税務申告を前提に行政書士が会計業務を受任することは一般に広く認識され、行政書士会の組織のなかにも会計業務に関する研究会が存在し、行政書士会の開催する研修会においても会計業務に関するものがある。これらにつき、大阪高裁平成16年8月27日判決税資254号順号9725頁の下級審である京都地裁平成15年5月29日判決は、裁判所の事実認定[134]のなかで「原告に平成5年から平成7年分の所得税及び消費税の調査のため来訪したことを告げると、同席していた丁が「行政書士の丁です。西村さんのところの申告をまかされているので来ました。」と言って、調査に立ち会う態度を示した。そこで、乙らは、原告に対し、税理士資格のない者の税務調査への立会いは認められな

いとして，丁を退席させるよう要請した。しかし，原告は，「わしは何も分からんから来てもらっている。何か都合の悪いことがあるのか。」と言い，丁の退席の要求には応じず，丁も「今までこういう状態でやってきた。」などと言いはじめ，退席しようとはしなかった」と述べている。すなわち，これは，従前からこのような実務が行われていたことを意味する。ここにも，税理士制度の制度基盤をなす専門家領域の問題点がある。

（2）職業倫理に関する事件

行政書士は，行政書士法13条で会則の遵守義務を定めている[135]。そこで，日本行政書士会連合会は，行政書士倫理規程を定め，法令違反があった場合は，懲戒処分にすることにしている(行政書士法14条)。

① 最高裁第一小法廷平成22年12月20日判決判タ1339号64頁

「個人の観賞ないし記念のための品として作成され，対外的な関係で意味のある証明文書として予定されていない文書は，行政書士法1条の2第1項にいう事実証明に関する書類に当たらない」

本件は，行政書士でない被告人が，行政書士である共犯者らと共謀の上，合計6名からの依頼に応じて，行政書士法1条の2第1項にいう「事実証明に関する書類」である家系図[136]合計6通を，報酬を得て作成し，業として行政書士の業務を行ったものとして，行政書士法違反に問われた事案である。一審判決は，被告人を懲役8月，2年間の執行猶予に処し，原判決もこれを維持して被告人の控訴を棄却したため，被告人が上告に及んだ。争点は，本件家系図が，行政書士法1条の2第1項にいう「事実証明に関する書類」に該当するかどうかである。この点につき最高裁は，「事実証明に関する書類」に当たらないとして，一，二審判決を破棄し，無罪の自判をした。

そもそも，行政書士業務の中心があくまで官公署への提出書類の作成であることから，その範囲は，官公署提出書類に類する書類が想定されていたものであると解される。しかしながら，一部の行政書士が取り扱っている相続業務に関係しない「家系図作成ビジネス」[137]なるものについては，人権侵害の疑念を多分にはらんでおり，将来憂慮すべき事態ともなりかねないと考えられる。もっとも，行政書士倫理綱領には，行政書士は，国民の権利を擁

護するとともに義務の履行に寄与することを使命とすると明記されており，国民の人権擁護者として常に高い人権意識のもとで業務に取り組む必要がある。いやしくも人権擁護者たることが使命とされている国家資格者たる行政書士に，少しでも人権侵害の疑念を抱かせるような業務形態があってよいはずがない。本件に関する裁判官，宮川光治の補足意見は，本件では，被告人は手数料を支払って行政書士から「戸籍謄本・住民票の写し等職務上請求書」を取得し，戸籍・除籍謄本の請求を行うという不正行為を行っており，その点に問題があるというべきであり，そうした行為は，本来，行政書士の自覚と自律を高めることにより予防すべきことであるとしている[138]。

② 名古屋簡裁平成 17 年 11 月 7 日判決(判例集不登載)・名古屋簡裁平成 18 年 2 月 21 日判決判タ 1214 号 305 頁

「行政書士が自己の職務上請求書を冒用して，住民票，戸籍謄本等の交付を受けたとして過料に処せられた事件」

本件は，行政書士であった被審人が，平成 16 年 12 月 6 日以降同 17 年 5 月 9 日までの間に前後 91 回にわたり，4 社の調査会社から依頼されて，日本行政書士会連合会の発行する「職務上請求書」[139]を使用して住民票，除票及び戸籍の付票を申請等した事案である。この事案による戸籍法 10 条 2 項，同施行規則 11 条違反に関する過料の裁判は，簡易裁判所が専属管轄としている。この事件の影響で職務上請求書の使用を認める有資格者の範囲や要件の再検討が必要ではないかとも考えられるとの意見が主張されるに至った[140]。

③ 東京地裁平成 17 年 2 月 25 日判決判タ 1195 号 183 頁[141]

「委任状を偽造したり使用目的を偽って戸籍謄本を取得した行政書士の不法行為責任」

本件は，行政書士に対し，調査会社が原告らの出身を調査する目的のために原告らの戸籍謄本等を入手するように依頼したところ，行政書士が，使用目的を偽り，相続関係書類作成と記載して戸籍謄本等職務上請求書を提出して，原告らの戸籍謄本等を取得し，原告のうちの 1 名の氏名を冒用してその者の委任状を作成し，その者の父親を筆頭者とする除籍謄本等を入手したと

いう事案である。本件は，調査会社と行政書士による戸籍謄本等の入手行為が不法行為となるのかが問題となった。原告のうちの一人が，自分の子供の配偶者の出自，家族構成等の調査を依頼したものであり，調査後にその母親や母親の親族から原告らは，差別的言辞を受けたり，離婚を強要されたとして，原告らは本件訴訟に至ったものである。裁判所は，行政書士が使用目的を偽ったり，原告のうちの1名の委任状を偽造するなど違法な手段を用いて原告らの戸籍謄本等を取得したのであり，行政書士の行為は違法であるといわざるを得ないと判示し，慰謝料を支払う義務を認めた。

　本判決以前にも参考となる判例がある。東京地裁平成8年11月18日判決判時1607号80頁[142]は，行政書士が正当な理由もなく他人の戸籍謄本，住民票の写し等を取得したことが違法であるとして，慰謝料50万円の支払いを命じた。この判決は，「戸籍法及び住民基本台帳法は，他人の戸籍又は住民票の記載内容をのぞき見することまで無制限に許容するものではなく，正当な理由のある場合にこれを許容する趣旨に出たものと解すべきであり……人は，戸籍及び住民票に記載された情報について，理由もなく開示されることを甘受しなければならないものではなく，正当な理由もないにもかかわらず，戸籍謄本の取得等の方法によってこれに記載された他人の情報を得ることは，静穏な生活を害するものとして不法行為を構成すると解すべきである。……戸籍法及び住民基本台帳法に基づく関係省令は，弁護士，行政書士等による戸籍謄本等の請求について，一般人とは異なる便宜な取扱いを認めているが，その趣旨は，これらの者が，他人の依頼に基づいて事務処理をする過程において戸籍謄本等の取得を必要とする場合も少なくなく，正当な理由もなく，自己の個人的必要のために他人の戸籍謄本等を請求することがないことを信頼してのことと解せられる」と述べている。さらに本件では，行政書士が委任状を偽造して，これを自治体に提出して，除籍謄本等を入手している。もっとも，この委任状の偽造は，有印私文書偽造であり，刑事犯罪に該当する行為であり，当然に違法である。

　このように，一部の行政書士ではあるが，職業専門家としての法令遵守が欠落している。そして，その所属する集団も含めて，専門家としての要件が

未成熟であるといえる。先に述べたように，専門家制度を維持するためのさまざまな制度設計のなかで，なかんずく，経済的な自立を裏付ける制度設計は重要である。それは，経済的な自立がなければ，専門家としての独立性を貫くことが困難になるからである。

4．弁護士の専門家制度
（1）弁護士の「自治権」

専門家制度を支える大きな要素として，専門家集団の自律，すなわち，「自治権」の確立がある。この「自治権」確立の程度や有無が，その専門家制度における依頼者からの信頼の厚薄に係る重要な目安になる。とりわけ，日本の弁護士自治は，国際的にみてもきわだった特徴を有しているといわれている。もっとも，諸外国においても，弁護士の自治は，さまざまな形で制度として担保され，尊重されている。たとえば，アメリカでは，弁護士に対する懲戒権限の実質的行使は，弁護士を中心に構成される懲戒委員会に委ねられている。また，フランスでは，弁護士会に設置された評議会が弁護士に対する懲戒の裁判を行い，これに対する上訴のみを控訴院が担当することになっている[143]。さりとて，これらの国でさえも，国家機関による弁護士の監督は完全に排除されていない。ところが，日本では，弁護士を懲戒する権限は弁護士会が独占しており，国家機関による関与は一切ないのである。そもそも，自治とは，自らのことを自らの意思で自律的に処理することをいう。したがって，自治の本質は自律と独立にある。そして，弁護士自治は，国民生活に深くかかわる制度として重要な意義を有している。一般に，弁護士自治とは，弁護士の資格審査や懲戒処分を弁護士の自律に委ね，弁護士の職務活動や規律を裁判所，検察庁，行政官庁などの監督に服せしめない原則をいうものとされている[144]。したがって，弁護士は，依頼者のために独立して弁護活動を行うことができる。つまり，弁護士自治は，国民の基本的人権を擁護する上で欠くことのできない制度なのである。このように，日本の士業のなかでも，監督官庁を持たない業種は弁護士だけである。それは，他の専門家からみれば，羨ましく見え，弁護士が獲得した「自治権」は，まさに金

字塔と映るであろう。しかし，近時の司法制度改革は，その「自治権」にやや不安定な要素(これは，弁護士からみた見解といえる)を付加した。それは，「市民の目」である。その結果，弁護士の先達が歴史的に凄まじい闘い[145]をとおして獲得し，守り抜いてきた「自治権」の内容が変化してきていると思われる。

（2）依頼者との位置関係

弁護士法は，第1条[146]で弁護士の使命を謳いあげている。また，その第2条[147]は，弁護士の職責の根本基準を示している。さらに，第3条[148]は，弁護士の職務を定めている。この規定の文理解釈からは，弁護士が第3条の「職務」を当たり前に行うだけでは，第1条の「使命」を果たしたことにはならないと解される。つまり，依頼者からの委嘱によって訴訟事件等に関する行為等を行うことのみでは，基本的人権の擁護及び社会正義実現の使命や社会秩序の維持及び法律制度の改善のすべてを果たすことができないのである。この点につき，新聞紙面の投稿に，「日本での弁護士の社会的地位や役割は，訴訟社会と言われている米国とは異なるが，私は常々，日本の弁護士には不満を感じている。弁護士は訴訟相手に対し，依頼人の権利と利益を守るため，依頼人の代理として係争することが使命だと思う。ところが，私の経験では日本の弁護士は，最初から係争の仲裁役を務めようとすることがある。依頼人としては，自分の弁護士が本当に自分の利益を100パーセント守るために闘ってくれているのか不安になるのである。弁護士も，国家としての仕組みが遅滞なく動くように考えられた機能の一つのように見える。弁護士の存在意義は個人の権利を守るためにあると考えるのは少数派なのだろうか。弁護士のイメージが国民を管理する機構の一つとしか映らないようでは困る」という叙述があった[149]。これは，まさに，依頼者の利益と社会的使命の達成との狭間で苦悩している弁護士像を揶揄しているといえる。そして，この弁護士法に象徴される，弁護士をはじめとする他の士業の「職務」と「使命」の分離は，日本の士業の「職業観」にある種の不明瞭性(スッキリしない感情)を生み出している。それは，日本弁護士連合会(以下，日弁連)の「弁護士倫理」規定からもみることができる。第3章「依頼者との関係にお

ける規律」の最初に「弁護士は，事件の受任及び処理にあたって，自由かつ独立の立場を保持するように努めなければならない」(第18条)として，「依頼者からの自由・独立」が強調されている。そして，弁護士が依頼者の決定を尊重すべきであるという定めはなく，弁護の方針について依頼者と相談すべき義務も定められていない。唯一，依頼者に対する報告義務(第31条)が定められているにすぎない。その結果，弁護士は，「依頼者からの自由・独立」という伝統的考え方を持つようになる[150]。そして，日本の多くの弁護士の意識は，民事でも刑事でも，つきつめれば「弁護の方針は基本的に弁護士が決めるものであり，弁護の方法について依頼者の意向を確かめる必要もない」というものに至る[151]。一方，依頼者は，盲目的に弁護士に従えば，最大の利益が享受できると思うのである[152]。ところが，現実は，依頼者の利益と社会的使命との均衡から，弁護士が訴訟を継続することが依頼者の利益にならないとして，相手方との和解を模索し始める。それにより，依頼者は，弁護士の弁護活動に失望し，不信感を抱くようになる。もっとも，ほとんどの弁護士は，「依頼者からの自由・独立」を依頼者の利益や公益的使命のため維持している。しかし，一部の弁護士は，裁判官に弁護士から任官(平成5年8月〜11年2月)した田川和幸弁護士によれば，驚いたこととして，「裁判所依存，さらにステレオ・タイプ化して言うと，「裁判官おまかせ主義」の弁護士の数が少なくないこと」を述べている[153]。また，強制執行妨害罪の嫌疑で逮捕，起訴された安田好弘弁護士によると，「私の場合でも，弁護人が罪を認めるようにと私を一生懸命に説得するんです。こっちはやっていないと闘ってるのに，罪を認め執行猶予が明けたら，復権できるとまで勧めてくる」というのである[154]。このように，現状の弁護士活動における「依頼者からの自由・独立」は，やや，様相を異にする場合も少なくないといえる。果たして，弁護士が最善と考える弁護の方針と依頼者の希望とが食い違った場合は，弁護士は，どのようにすべきであろうか。依頼者の本当の利益は依頼者のみしか知らないとするならば，医療現場におけるインフォームドコンセントや尊厳死に関する考え方も司法の場に持ち込まれる必要があるのではないかと思われる。このように理解すると「自治権」，つまり，自律と独立

は，専門家の「ひとりよがり」であってはならない。いいかえると，専門家集団の既得権益を死守するための「自律」ではなく，また，依頼者の要求が置き去りにされた「独立」であってはならないということである。

（3）「自治権」の意義

現行弁護士法では弁護士自治の内容として，以下のことが定められている。①弁護士となるためには，弁護士会における資格審査を経て弁護士名簿への登録を要し，弁護士名簿は日弁連に備え付けられる。②弁護士の指導，連絡及び監督は，弁護士会及び日弁連において行う。弁護士会は，日弁連の指導・監督を受ける。日弁連は行政機関又は裁判所による監督を受けない。③弁護士の懲戒は，弁護士会又は日弁連が行う。すなわち，弁護士に対する行政機関や裁判所などの国家権力の監督を排し，弁護士に弁護士会への加入を義務づけた上，弁護士の資格付与や登録あるいは弁護士に対する指導，監督，綱紀・懲戒を弁護士会が自ら行うことによって，弁護士の職務の独立性を保障しようとするものである[155]。

弁護士自治がなぜ認められるのか，それはどのような内実を持ったものであるのかという，弁護士自治の理念をめぐっては，基本的人権の擁護と社会正義の実現という弁護士の使命(弁護士法1条)を達成するためには，弁護士は権力等から独立して自律した存在でなければならず，弁護士自治はそれを保障するものであるとする「独立保障説」がある[156]。これが支持される理由として，日弁連は，平成14年2月28日に開催した臨時総会で「綱紀・懲戒制度の改革に関する基本方針」を議決しているが，その提案は「弁護士の使命は，基本的人権の擁護と社会正義の実現にあり，国家機関などが人権侵害を引き起こすときは，弁護士は，これと厳しい対抗関係に立つ。弁護士は，市民にとって最後の人権の擁護者でなくてはならず，時として，裁判所とも鋭い対抗関係に立つことを余儀なくされる。このような弁護士の使命を達成するためには，弁護士があらゆる国家機関からの独立性を確保し，その活動の自由を保障されることが不可欠であり，そのため，弁護士会に自治機能が与えられ，弁護士の指導・監督及び懲戒権が弁護士会に委ねられている」と述べている[157]。他方，「団体自治説」がある[158]。この見解は，自治権を認

めるのは，懲戒制度をとおして，団体としての存在の維持と目的実現のため，非行を行った会員を処分して団体の質の向上を図る趣旨であり，その団体自身が本来的に有している機能であるとする。しかし，こうした意味における団体自治は，弁護士に限らず基本的にどのような団体でも有しているものである。確かに，弁護士は，国家機関等から懲戒処分や監督を受けることが一切なく，弁護士自治に基づく懲戒処分によって，弁護士としての業務を停止ないし禁止することも可能となっている。しかし，弁護士自治は，この団体自治説からは説明することのできない他の機能を包含している。したがって，弁護士自治の最も重要な特徴と本質は，団体自治の性質からは合理的説明ができない。

また，司法制度改革審議会意見書は「弁護士の職務の質に関する指導・監督等については，弁護士会に自律的機能(いわゆる弁護士自治)が認められ，国家機関の監督に服さないこととされている。これら弁護士会の自律的機能を実効的かつ厳正に行使し弁護士自治を一層実効あらしめることは，弁護士会の国民に対する責務というべきである」と述べている[159]。これを「自律的機能説」と呼ぶ。そこには，弁護士自治とは弁護士の権力からの独立を保障する制度であるという認識はみられない。このような認識に従えば，弁護士を監督するのは必ずしも弁護士会である必要はない。他の専門職と同様，国が監督してもかまわないことになる。このような理解に基づく弁護士自治は，個々の弁護士がその職務を遂行する上で国民(依頼者等)に迷惑を及ぼすことのないよう，弁護士会が自ら弁護士を監督してその質の維持・向上を図るべきであるという，弁護士会の自己責任論にその本質が求められることになる。しかし，弁護士の使命は基本的人権の擁護と社会正義の実現にあるのであり，弁護士業は営利を目的とするビジネスであってはならない。このように，人権擁護が使命である以上，弁護士にとって権力からの独立は本質的に重要な要素であるといわなければならない。したがって，弁護士自治の本質は，独立保障説的に理解されるべきであろうとする見解が支持されるべきである[160]。

以上にみてきた弁護士会の自治権と比較して，税理士会の「自治権」は，

まだ，不完全である。すでに述べたように，国は税理士会を監督する権限を持つだけでなく，税理士個人をも監督する権限を持っている。また，課税庁には，「税理士監理官」という職務も存在するのである。そもそも，税理士個人の資質の管理は，税理士会がそれを担うべきであり，国家は税理士会を監督することで十分ではないだろうか。

（4）「自治権」の問題

弁護士の「自治権」を権力からの独立の必須要件であるとするならば，国家と対峙することが要求される専門家は，権力からの完全な独立が必要ということになる。しかし，専門家団体にその自治権が集中することに，何らの弊害もないのであろうか。

弁護士は，国家機関等からの監督を一切受けず，弁護士に対する懲戒処分も弁護士自身の手，つまり，弁護士会によって行われる。これは，弁護士の「自治権」を維持するために重要な原則である。したがって，弁護士に対する懲戒処分がどのような手続で行われるかは，弁護士自治にとって最も関心の深い事柄となる。近時の弁護士法改正では，この綱紀・懲戒手続について重要な改正が行われた。その改正は，従前の，弁護士のみが弁護士を綱紀・懲戒制度によって，処分するという鉄則を打ち破るものだった。つまり，綱紀・懲戒制度に「弁護士以外の者」が関与することをもたらしたのである。それは，綱紀審査会の新設である。綱紀審査会は，日弁連の綱紀委員会の決定を「市民の目」でチェックすることを目的としている[161]。これによって，日弁連綱紀委員会の決議を，原則的には[162]，弁護士以外の委員のみの力によって覆すことができるようになったということである。この綱紀審査会は，弁護士自治の原則に例外を設ける制度として存在している。そして，綱紀審査会における懲戒相当の議決を避けるために，弁護士があらかじめ自己規制しなければならなくなるような事態も起こり得ると思われる。このように，弁護士の「自治権」が，弁護士の利用者である市民，国民の参加を認め，懲戒手続の各段階において国民の意見が反映されるような制度設計がなされてきている。これは，弁護士が，弁護士倫理の強い遵守を求められているにもかかわらず，それを履行できず，弁護士集団のみでは，適正な制度運営に支

障をきたしてきていることの証左であろうか[163]）。そして，近年の懲戒事例[164]には，さまざまな事例が存在する[165]）。とりわけ，「退会命令」の処分を受けた桑原時夫弁護士の事例[166]）は，処分理由の「論理」や処分の「重さ」について，弁護士会の懲戒制度のあり方に重大な危惧を抱かせるものがあった。その事例の内容は，多重債務者の債務整理事件を弁護士に周旋することを業とする疑いのある政治結社Ａから，継続的な関係に基づいて多数回にわたり受任したことによる「非弁提携」という理由による処分である。桑原氏がその処分の不当を訴えている理由として，まず，懲戒請求人が弁護士会だということである。そして，「退会命令」という重い処分を導いた「非行事実＝非弁提携」は，僅か4名にすぎないことである。確かに，違反行為であるが，問題なのは，その処分理由が「被審査人に多重債務者に向けられた高邁な理想があるとすれば，それは，非弁提携によることなく，弁護士主導で債務処理を実施する方策を，前記弁護士会の活動に参画し志を同じくする会員と手を携えて追求していくことによって実現されるものであり，この点で被審査人は方向性を誤ったといわねばならない」として，「理想に反した」ことや「弁護士会活動から外れた」ことをことさらに非難している点にある[167]）。その他の背景や，これらのことからすると，この懲戒処分は，その処分理由に合理性が欠け，処分も重たすぎるといえる。つまり，弁護士の「法律事務独占」という特権を無条件に貫徹しようとする弁護士会の恣意的な意図が感じられるのである。また，この処分には，日弁連が「一罰百戒」を狙って異分子を排除しようとしているということが垣間見える。このように，弁護士会の懲戒制度が弁護士会の既得権益の維持のために使われるというようなことがあれば，弁護士の「自治権」の維持が保てなくなることはいうまでもない。弁護士が「弁護士自治」を大切に思うのであれば，手続の適正を市民の目も参加した上での自治で担保された懲戒手続として抜本的に改められるべきである。

5．建築士の専門家制度

ここまで，法律分野に関する専門家の責任や専門家を支える制度をみてき

た。そこで，やや，趣を変えることになるが，専門家としての建築士を概観したい。建築士は，建築士法1条で，目的を定めて「その業務の適正をはかり，もって，建築物の質の向上に寄与させることを目的とする」と規定し，その職責として，建築士法2条の2で「建築士は，常に品位を保持し，業務に関する法令及び実務に精通して，建築物の質の向上に寄与するように，公正かつ誠実にその業務を行わなければならない」と定めている。そして，建築士の主たる業務は，「設計」及び「工事監理」である。設計とは設計図書(図面及び仕様書)の作成であり，工事監理とは工事を設計図書と照合し，それが設計図書のとおりに実施されているか否かを確認することである(建築士法2条1項)。設計に際しては，設計者は委託者に対して設計内容に関して説明する努力義務を負い(建築士法18条2項)，監理に際しては，工事が設計図書のとおりに実施されていないと認めるときは，監理者は直ちに工事施工者に対して注意を与え，施工者が従わないときはその旨を建築士に報告しなければならない(建築士法18条3項)。

　近時，姉歯秀次元一級建築士が耐震強度を記した構造計算書を偽造したという事件が発覚したことは周知の事実である[168]。これを受けて，日本建築士会連合会(当時会長，宮本忠長氏)，日本建築士事務所協会連合会(当時会長，小川圭一氏)，日本建築家協会(当時会長，小倉善明氏)の建築設計関連3団体は平成17年11月25日，東京・港区の日本建築士会連合会会議室で共同記者会見を行った。このなかで3団体は次の3点を発表した。①大きな社会問題を引き起こしていることについて，建築設計に関係する団体として厳粛に受け止めている。②本来建築物の安全性を確保し，国民の生命，財産を守るべき立場の一級建築士が，自らの責任を放棄し基準に満たない建築物を設計し，居住者等に対して多大な被害を生じさせ，国民を不安に陥れる行為をとったことは，全く許されるべきことではなく，あってはならない。③国土交通省の調査結果を待たねばならないが，構造計算書を偽造した建築士に直接の責任があることは明白である。しかし，建築設計を担当する元請の建築士事務所は構造設計についても元請として統括・調整する立場にあり，その役割と責任は大きい。今後は関係団体が一層連携して国民の信頼を回復すべく最善

の努力をすると公表した。そして，当面の対応として相談窓口の設置，建築士の職業倫理遵守の徹底，建築士事務所のチェック体制の強化，国民に向けた情報の開示，研修・講習等による建築士及び建築士事務所の技術・能力の向上，などを掲げた。また，この事件を契機に法改正[169]を議論してきた社会資本整備審議会建築分科会(分科会長：村上周三氏，日本建築学会会長・慶應義塾大学教授)は，平成18年8月の最終答申である「建築物の安全性確保のための建築行政のあり方について」の冒頭で，この事件に触れて，「本来，法令を遵守すべき資格者である建築士が，職業倫理を逸脱して構造計算書の偽装を行い，その偽装を，設計図書の作成，建築確認，住宅性能評価，工事施工のそれぞれの段階で，元請設計者，指定確認検査機関，建築主事，指定住宅性能評価機関のいずれもが見抜くことができず，建築確認・検査制度及び建築士制度等への国民の信頼を失墜させたことは，極めて深刻な事態である」と述べている。このように，建築士という専門家集団は，甚大な信用毀損を被ることになった。この破壊された専門家制度を，再度，どのように構築するのかを概観することは，専門性が異なるにしろ，税理士制度にとっても有益であると思われる。

(1) 建築士と「名義貸し」

わが国の建築士は，欧米に比して極端に多い[170]。その原因は，建築士法に基づく資格試験が立法の趣旨に即して行われておらず，毎年，大量の合格者が輩出しているためである[171]。このことは，「我が国の建築士が必ずしも専門家としての資質を備えておらず医師や弁護士と並ぶ専門家としてその民事責任を考えるのは不適切ではないか，という疑問を生じさせる。確かに，木造建築士まで含めれば我が国の建築士の数は極めて多く，中には専門家としての資質を備えていないような者も数多く存在するようである」[172]との指摘がある。しかし，この建築士の人数の多寡のみをもって専門家として不適格とすることはできない。なぜなら，建築士は，都市計画ないしは街づくりの観点から地域住民を中心とする社会的・公共的な良質な空間や環境を形成すべき責任を有し，建築主の財産は当然のこと，その居住者に対する生命及び身体に対しても重大な影響を及ぼし得る職責を負うからである。それゆ

え，建築士は，その有する職責の重大性から，専門家とは到底いえないような建築士が現実には仮に数多く存在するとしても，建築士としての義務の不履行に対しては，公法のみならず私法上も厳格な責任追及がなされるべきである。

　近年，設計士の職能に対する認識が徐々に浸透してきたこともあって，建築士の責任に関する訴訟が増加しつつある。そもそも，建築士が設計及び施工を依頼される場合は，従前から，①設計・施工・監理を一貫して同一の業者が引き受ける場合[173]，②設計・監理が施工者によって別の業者(建築士)に依頼される場合，③設計・監理と施工が建築主によってそれぞれ別の業者に依頼される場合[174]，④設計・施工と監理が建築主によってそれぞれ別の業者に依頼される場合[175]の類型があるといわれている[176]。とりわけ，②の類型は，設計・監理と施工は，形式的には別の業者によって行われ，設計・監理者(建築士)は施工者によって選定・依頼され，設計・監理の報酬も施工者によって支払われるため，両者の分離が不完全な場合である。ここには，施工者が建築確認手続などの申請を行うために建築士に形式上の設計・監理者となってもらうことを依頼するいわゆる「名義貸し」が存在する。名義貸しは従来からかなり広範に行われてきたようであるが[177]，近年その責任を問う事件が増加しつつある[178]。この②類型は，設計・監理と施工が形式的には，分離しているが，実質は一貫ないし従属という特徴を有している。すなわち，施工者と建築士との間に何らかの支配従属関係が存在している場合が多い。たとえば，建築士が施工業者に従属する関係にある場合，工事監理をする建築士が施工業者自身の被用者である場合や建設業者との力関係で相対的に弱い関係である場合には，施工の適正さをチェックする工事監理が骨抜きになりやすい。しかも，建築確認申請の際に必要な工事監理者の欄に名義だけを貸して実際には工事監理を行わない，いわゆる，建築士の「名義貸し」が行われる土壌をつくることになる。このような，建築士の役割を無視した施工者と建築士の実質的・経済的な癒着関係が最終的に依頼者の期待を裏切ることになる。この建築士の「名義貸し」に対して判例はいかなる態度をとっているのであろうか。この件につき[179]，従前は，建築士は当該事

案で暫定的に建築確認申請書に名前を出しただけで実質的な工事監理者は別人がなると考えていた。そして，法もそれを容認しているという論理(大阪地裁平成11年6月30日判決判例集不登載)や名義貸し行為が脱法行為に当たることを認めつつ，だからといってそのことが損害賠償責任の法的根拠にならないという論理(大阪地裁平成10年7月29日判決金判1052号40頁)，また，建築申請の際に名義貸しをしたからといって，その後，瑕疵ある建物が建築されるとは限らないから，責任はないとする論理(大阪地裁平成12年9月27日判決判例集未登載)など，単に名義を貸したにすぎないのでそこから工事監理の義務は生じないとして，名義を貸した建築士の責任を否認してきた経緯がある。ところが，大阪地裁平成12年6月30日判決ジュリ1192号216頁は，「そうすると，建築士は，そもそも建築確認申請に際し，工事監理者の名義貸しを行うことは許されないし，少なくとも，事後的に，建築主に監理契約を締結するよう求めた上で監理業務を行うか，工事監理者とならない旨行政に通知する等の是正措置を講ずるべきである。さらに，その建物が転売を予定されたものである等の事情があることを知り，又は容易に知り得た場合には，違法建築がなされた場合に建築主以外の第三者が不測の損害を受ける蓋然性が高いのであるから，なおさらその義務の程度は高いといわざるを得ず，それにもかかわらず，何の是正措置も講じなかったような場合には，不法行為責任を負うものと解すべきである」として，「名義貸し」をした建築士の注意義務違反を認めた。

そもそも，建築士の役割は，何であろうか。このような欠陥住宅被害を防止するためには何が必要か。建築基準法は，一定の建築物の建築には，建築士の工事監理が不可欠であるとしている。建築は建築士の設計図に従い，建設業者が施工する。しかし，設計図に欠陥があり，また設計図は完全であっても，設計図どおりの建設がなされなければ欠陥住宅ができあがる。そこで，それを防止するために注意を払う専門家が建築士法によって資格を定められた「建築士」である。このように建築士による工事監理は，欠陥住宅被害防止の「要」的位置を占める。そして，そのために専門家としての建築士制度があり，建築確認申請制度がある。したがって，建築確認申請書に「名義貸

し」をして，実際には工事監理をしなかった建築士に厳しい責任を負担させるのは，当然のことである。しかしながら，欠陥住宅被害の元凶がすべて建築士にあるわけでもなく，むしろ問題は欠陥建築を行う建築業者自体にある。さらに，建築業者に低コストで建設を注文する不動産会社やコスト削減を下請，孫請に押しつける建築業界の構造自体にも問題がある。他方，違法建築への銀行の融資責任や行政の側での建築確認の行為自体の実効性の確保も検討されなければならない。そして，建築士側の言い訳である，名義を貸しただけで実際に工事監理契約を締結していなかったのだから，工事監理をすべき義務はなかった，だから責任はないとする論理は認められない。それは，「建築物の質の向上」を実現すべき専門家としての建築士制度の根本をないがしろにするものであり，また，「国民の生命，健康，財産の保護」をも目指す建築基準法上の建築確認制度を骨抜きにすることになるからである。それゆえ，工事監理を行う建築士の独立性の確立が求められなければならない。

（2）建築士制度の再構築

甚大な衝撃を受け，壊滅的になった建築士制度は，再出発することになった。専門家制度の再構築のためには，どのようなことが重要なのであろうか。いいかえれば，今日に受け入れられる専門家制度とはどのようなものであろうか。

平成18年8月，社会資本整備審議会建築分科会は，「建築物の安全性確保のための建築行政のあり方について」の最終答申(以下，分科会答申)をまとめ，「再発防止策を講じ，一日も早く国民が安心して住宅の取得や建築物の利用ができるよう，建築基準法，建築士法等の法令上の問題をはじめ建築・住宅行政上の諸課題を検証し，制度の見直しに早急に取り組むこと」が必要と指摘した。他方で，建築士事務所の実態は，その大部分が専業事務所であり，また，所員数5人未満の小規模事務所であり，賃金水準も低い[180] 零細な実態が明らかとなっている[181]。また，専業事務所では開設者と管理建築士が同一であることが多い。業務内容としては，約43％の事務所において意匠設計業務が中心で，構造設計業務の約45％，設備設計業務の約69％が再委託されている。特に，これらの再委託業務については，事務所が依頼主に対

して再委託先を提示していないといった責任関係の曖昧な業務実態が明らかとなっている。また，工事監理について，建築士法における確認義務[182]が履行されておらず，さらに，工事監理については，建築基準法で工事監理者の選任が義務づけられているが，実際は工事監理なしで工事が進められるといった問題も起きている。さらに，今回の偽造された構造計算書から判断する限り，当該建築士は，適切な構造計算を行えるだけの十分な能力を有していないという建築士の能力の欠如が問題視され，外注した元請建築士らは，「構造を原則論的には分かっているが，実際の数量等は構造設計の範疇だと思っているため分からない」，「確認が下りているということを頼りにしていた」等の主張をしており，安全な建築物を適法に設計しなければならないという義務を果たせるだけの能力，すなわちチェック能力のない元請建築士の存在が明らかとなった[183]。

　これらの状況を踏まえて，分科会答申は，法改正の方向性として三つの指摘をした。第一に，建築士制度に対する信頼性の回復，そして，第二に，住宅の売主等の瑕疵担保責任の実効性確保，さらに，最後として，建築行政における監督体制・審査体制の強化及び建築関連情報の管理・提供体制の充実等である。もっとも，建築士制度が崩壊したことから，国の監督体制が強化されることはやむを得ないといえる。その上で，分科会答申は，建築士制度に対する信頼性の回復は「建築士」という資格やその業務のあり方，業を行うための「建築士事務所制度」を消費者の立場から厳しく見直すとともに，これらの正確な業務実施を支えるための取り組みを総合的に講じることが必要となり，その際，建築物に対する社会や国民の高度化・多様化するニーズに応え，安全で質の高い建築物を提供するため，得意分野の異なる者が協業して建築物の設計や工事監理の業務を行うことが常態化していることを念頭に置いて検討すべきであるとしている[184]。これを実現するための具体策として，①建築士の資質，能力の向上及び高度な専門能力を有する建築士の育成・活用[185]，②高度な専門能力を有する建築士による構造設計及び設備設計の適正化[186]，③建築士及び建築士事務所の業務の適正化[187]，④工事監理業務の適正化と実効性の確保[188]，⑤業務実態を踏まえた業務報酬のあり

方[189]，⑥団体による建築士及び建築士事務所の業務適正化に向けた取り組みの強化[190]の6項目を指摘している。

　これらの具体策から建築士制度の再構築のために必要なものは，まず，建築士が需要からみて供給過剰であり，建築士の資質の不良化を進行させないために受験資格や試験などの資格要件の厳格化を行うことである。また，資格取得後も不断の自己研鑽により，資質の向上及び維持が必要であることである。次に，建築士にとって，関連する重要な分野である構造建築及び設備建築について，高度な専門能力を持つ建築士が関与して設計が行われる仕組みの制度化，すなわち，建築士の専門分野を明確にして，必要な線引きをすることである。さらに，管理建築士による事務所管理機能を強化して，建築主と工事監理者となる建築士との間での業務内容を確認し，その適正化と第三者性などの実効性の確保を図るための措置をとることである。また，これらには，専門家の建築士として経済的自立を図るための適正報酬の見直しが要求される[191]。最後に，専門家の所属する団体による業務適正化に向けた取り組みの強化である。建築士に関連する所属団体は，主なもので，日本建築士会連合会[192]，日本建築士事務所協会連合会(以下，日事連)[193]，日本建築家協会[194]がある。従前，これらの団体のうち，法定団体として位置づけられるものが存在しなかった。しかし，近時の法改正により，日事連及びその単位会(事務所協会)は建築士法に規定された法定団体になることとなった[195]。これにより，専門家集団，すなわち，建築士の自律的監督体制が確立され，苦情解決業務，開設者や事務所に所属する建築士への研修等の業務が建築士法に定められた。他方，日本建築士会連合会は，「CPD制度」[196]により，「継続能力開発を行っている会員建築士の実績を日本建築士会連合会が確認して証明し，表示する自主制度」として，会員に資質の向上を促している。しかしながら，日本建築家協会は，改正建築士法に関して，設計者が設計契約をし，その役割と責任を明確にし，独立的・公正中立的に仕事をするという想定に欠け，建築設計者の独立性という点では不十分であり，統括者としての建築設計者の位置づけが不明確であるとしている。さらに，日本建築家協会は，研修，講習の義務づけ，免許カードの発行などによって将

来的に建築設計に携わっていない人たちを排除していく，すなわち実際に設計監理している人たちに収斂していく方向は評価できる．しかし，構造・設備の新たな資格者をつくったことは評価できるが，構造，設備技術者の位置づけも一級建築士の資格のなかにとどまり，実態からかけ離れている．また，一級建築士資格の受験要件として大学院や土木科を外したのは評価できるが，大学での Professional School 等の動きを否定してしまうのは問題である，としている。他方，耐震設計の偽装に関して，行政機関の審査が機能しなかったことを受けて，建築基準法 6 条 5 項は，一定の建築物には構造計算適合性判定（ピアチェック）を要求している。これは，従来の行政機関による審査に加えて，構造計算適合性判定員が 2 人 1 組で審査する制度である。この判定員は，構造設計の建築士等であり，「建築士が建築士を審査する」ことになる。すなわち，「プロの仕事は，プロが評価する」ということである[197]。もっとも，いまの制度は，何でも行政が引き受けることになっている。建築士の構造計算詐欺は，この反省から行政が民間委託したにもかかわらず，それが適正に機能せずに発生したことによる。今後は，さらに発展してこれを改め，「建築は建築主の責任でつくる」という考え方も採用されるべきである。すなわち，日影規制，容積率など周囲に害を及ぼすものに関しては行政で規制するが，建物自体は建築主が自分の責任において造るということである。それゆえ，何が起きても行政は面倒をみないということになる。そうすると，建築主は設計者を選ぶことに慎重になる。そして，もし頼んだ設計に不安がある場合には，他の建築士に，その不審な部分の審査を依頼するとよい。実は，これが，日本建築構造技術者協会の以前から主張していた「ピアレビュー」という手法である[198]。建築士制度の再構築は，真の意味で建築士が公的役割を果たし，行政，建築士，建築主がその役割を分担することによってなされるものであるといえる。

第 3 款　専門家としての制度基盤

専門家は，主体性・独立性の確立が最も重要である。そして，主体性・独

立性は，依頼者と国との関係で，その強弱が決まってくる。そのため，専門家と依頼者と国がつくるトライアングルの関係をいかに構築するかということが肝要である。その三者の緊張状態が均衡して保たれた状態にあるときに，専門家制度の基盤は強固になる，といってよいだろう。

その意味において，構造設計建築士の偽造問題は反面教師となる。これは，職業倫理が欠如した専門家が私欲のために偽装行為に及んだ結果，専門家が国を欺き，国との関係を破壊し，さらに関係業者の不当な専門家に対する経済的追い詰めが偽装という手口を誘発して，専門家の依頼者からの信用を失墜させた事例である。そして，建築士制度は，公私共存という不十分な専門家制度だけでは存在を維持することができないことを学習したのである。

建築士制度の再構築は，国家が公共政策の目的等の公共的役割を担う建築士という専門家を監督するだけでは成立しない。それは，依頼者との関係において，相互の緊張感を維持しつつ，同時にビジネスとして成立しなければならないのである。たとえば，建設業者との力関係で相対的に弱い関係にある場合の建築士の独立性確保の問題や建築業者に低コストで建設を注文する不動産会社やコスト削減を下請，孫請に押しつける建築業界の構造自体にも改善すべき問題がある。さらには，行政の側の違法建築に対する建築確認の行為自体の実効性確保の問題も解決しなければならない。そのためには建築士の資質の向上及び維持を図り，建築士にとって関連する重要な分野である構造建築及び設備建築について制度化，すなわち，専門領域を確定することである。さらに，建築主と建築士との間での業務内容を確認し，提供される業務の質を確保することにも目を向けなければならない。また，専門家の所属する団体による業務適正化に向けた取り組みが必要である。そして，これらを支える専門家の建築士として経済的自立を図るための適正報酬の見直しが要求される。

これらのことは，税理士制度では，付随会計業務の問題を指摘して述べたように，依頼者に対する関係，すなわち，専門家が依頼者との信頼関係のもとでその期待に応える本旨を履行するためには，その専門家の専門範囲が法令や制度によって担保されなければならないということを意味している。つ

まり，会計業務における財務諸表の作成やその信頼性の証明が税理士や会計士にとって独占的な専門分野として位置づけられなければならないのである。あるいは，税理士においても，司法書士がそうであったように，使い捨ての「楯」の代わりにされることのないよう，依頼者にも経済的な負担を求め，依頼者の負担すべき責任を明らかにすべきである。そして，現実の「税理士（像）」あるいは「司法書士（像）」と社会が専門家として捉えているそれとの間の乖離を埋めるために，専門家として社会から要請されている責任の変化に対応するために，依頼者の要求に応える専門家としての制度を構築しなければならない。さらに，行政書士制度の抱える問題として，専門家の経済的自立がある。経済的自立を行い得ないため，専門家としてふさわしくない行為に及ぶという行政書士の実態を真摯に考えなければならない。されども，行政の効率化に資するために公共的な使命を有する行政書士という専門家の活用も必要であることも忘れてはならない。

　一方，税理士が求めている「自治権」は，弁護士のそれと同様でなければならないのであろうか。「自治権」つまり，専門家の自律と独立は，専門家集団の既得権益を死守するための「自律」や依頼者の要求が置き去りにされた「独立」であってはならない。それは，専門家の「ひとりよがり」であってはならないということである。その意味の限りにおいて，税理士の「自治権」の獲得についても，「市民の目」が必要であると思われる。

第3節　ま　と　め

　日本とドイツと韓国の税理士制度を比較してみると，日本の税理士制度は，国際的に，業務の「独占性」が強く，国家監督の程度が「やや強い」と分析された。この「自律性」に関しては，国家と税理士の緊張関係がほど良いことが求められる必要がある。ドイツ及び韓国においても，税理士は国家からの監督を受けている。それは，国家の財政基盤を担う専門家である以上，当然のことである。しかし，ドイツでは，税理士個人に関して，国家の監督権

は及ばない。日本の税理士制度においても，国家による税理士会の監督という構図は，本書が理想とする国家と税理士の適当な緊張関係においても必要であるといえるが，税理士個人に対する国家の監督という関係は，専門家としての独立性に及ぼす影響を鑑みると改善すべきであると思われる。次に「納税者の権利擁護」に関して，韓国は公共的な役割を税務士の使命として掲げながらも，納税者の権利擁護という側面を持つ。ドイツにおいては，税理士は独立性を保ちながら納税者の権利を擁護するとされている。また，公共的な役割を負担することが強く謳われているのは，日本であり，日本の税理士のみが公共性を強く意識して，「公器」として，課税庁と協業する関係にあるようにみえる。日本の税理士がそのような立場でいることは，納税環境整備の進むべき方向に大きく作用すると思われる。

　一方，ドイツと韓国の税務専門家の職業倫理を概観した。日本の税理士からみると，ドイツの税理士の職業倫理観は崇高である。しかし，それを保持し続けるために税理士自身に厳格な規律を求めている。今後のドイツ税理士の倫理観は，経済圏の流動化に伴って，どのように変化するか注目される。また，韓国は，日本と同様の法律専門職を有し，税務体系も類似している。税務に関係する者の職業倫理に関しても同じ土壌を有しているといってよい。ただし，納税環境整備では，「ピアチェック」などが日本よりも進んでいるし，税務士制度の国際対応は注視すべきである。

　他方で，専門家制度の存在基盤について，税理士と他の専門家を比較すると，依頼者との関係において，法律分野の専門家に業務を依頼することは，医師と患者との関係と異なり，その専門家の専門性を重視しているのではなく（依頼者自身でも業務を遂行できると考えている），専門家の豊富な経験から効率のよい業務の完成が予想され，また，依頼した業務に不履行があれば責任を負わせることができるといういわば「保険」として依頼していることが多いと思われる。その結果，民事責任の追及でも実際の専門家の業務保護範囲よりも責任の方が大きくなってきている。とりわけ，司法書士はその傾向が強くみられ，税理士よりも，過大な責任を追及されている。また，国家行政との関係において，税理士が求めている「自治権」は，弁護士の「自治

権」と同様である必要はないといえる。税務行政という極めて公共的な性格の強い分野では，国家との関係は重要な位置づけと考えられ，国家との緊張関係における協業が重要であるからである。したがって，お互いに牽制し合う関係でよいと思われる。また，国家の財政基盤を担う納税者の目線も重要であり，その意味の限りにおいて，税理士の「自治権」の獲得についても，「市民の目」が必要であるといえる。さらに，専門家制度の基盤として欠かせないのが「経済的自立」である。先に述べたように，建築士偽装問題や行政書士の業際問題（他士業との職域侵食問題）は，その根源に「経済的自立」の欠如がある。専門家が依頼者との信頼関係のもとでその期待に応える本旨を履行するためには，依頼者にも適正な経済負担を求める必要があるし，専門範囲が法令や制度によって担保されなければならない。

以上に強調してきた専門家の主体性・独立性の確保は，依頼者と国との関係で捉える必要がある。国と専門家と依頼者の三者は「三方一両損」の意識を持つべきではないだろうか。すなわち，税理士と国家の関係では，国家は，税理士を信用し，税理士に対して「最終的な判断権」[199]を付与する。そして，税理士は，その信頼に応え「公器」としての役割を担う。税理士と納税者の関係では，納税者は，適正な納税を実現するために，税理士による「税務監査」を経済的負担とともに受け入れる。その効果として，税務調査は省略される。国家と納税者の関係では，納税者は，納税は民主国家を運営する自費の支弁であるという納税思想をもとに適正な納税義務の履行に努力する。このような，専門家と依頼者と国がつくる関係において，相互の緊張感を保ちながら，かつ，ビジネスとして成立させ，その公共性と営利性という相反する問題を解決するためには，国と専門家と依頼者の三者の意識改革が必要であると思われる。そして，その意識改革に支えられた三者の構図を描くための「真の納税環境整備」が望まれるのである。そこで，第3章では，この「真の納税環境整備」について，検討したい。

1) 川井健「問題提起」『専門家の民事責任』別冊 NBL 28 号（1994 年）1 頁（本章注 66 を参照）。

2) 西嶋梅治氏は,「プロフェッショナル・ライアビリティ・インシュアランスの基本問題」有泉亨監修『現代損害賠償法講座8 損害と保険』日本評論社, 1973年, 141頁において, 職業専門家をこれらの要件を満たす職業群であるとしている。
3) 田中治「比較制度論的な税理士制度研究の意義」田中治監修・東海税理士会 = 韓国税務士考試会編『諸外国の税理士制度』新日本法規出版, 1994年, 4頁。
4) 本書におけるドイツ税理士制度に関しては, 筆者が2011年3月にハンブルグ税理士会を訪問したときのヒアリングによるところが多い。
5)「ヨーロッパ弁護士」(EUのドイツ以外の国に事務所を置く弁護士)を加え, 税理士会社, パートナーシップの出資者等が業務執行者となることができることになった。すなわち, 税理士, 弁護士, 公認会計士及びヨーロッパ弁護士は, 事務所の所在地及びその地域を越えてEU全域で, パートナーシップを形成することができることになった。ただし, パートナーシップを形成することが可能なEUの税務援助者はEU全域を対象にしているが, 1998年の連邦財務省とドイツ連邦税理士会との協定に記されている者に限られている。
6) 企業の税務部門で被用者として働いている場合にも, 税理士として選任することが可能となる。この顧問活動は, ドイツ税理士法33条に規定する被用者活動の枠内で業務を遂行するという条件のもとでしか許可されることはない。したがって, 適切な書類(たとえば, 雇用契約書, 地位説明書)と使用者の証明書を税理士会に提示して証明しなければならないことになる。そして, 顧問税理士が, 税理士としての性格上, 一般的に利害の衝突を回避するため自分の使用者のために活動することが許されない。顧問税理士は, 独立した活動を行うために, 独自の財産損害賠償責任保険に加入し続けなければならない。
7) 本書におけるドイツ税理士法の和訳は, 柳祐治訳「ドイツ税理士法 第8次改正報告書」日本税務研究センター, 2010年によるところが多い。
8) Gehre/Koslowski, Steuerberatungsgesetz mit Durchführungsverordnungen Kommentar, 6. Auflage, 2009, §32 Rn. 6.
9) 自己責任性 独立の税理士及び税務代理士は, 自己の責任によって活動を遂行する(ドイツ法60条1項1号)。自己責任性は, 職業従事者が自己の判断を自ら形成し, 自ら決定を下すことを要する(職業規則(Berufsordnung der Bundessteuerberaterkammer, 以下, BOStB)3条2項)。職業従事者は, 義務に適合した行動をする自由を奪い取るような命令に拘束されてはならない(ドイツ法60条2項)。自己責任性には二つの側面がある。自己のすべての行為に対して全責任を負い, 依頼人の指図にはいかなる場合にも拘束されないことを意味するとともに, その業務中にあらわれるすべてのものに対して責任を引き受けることを意味する(Ebenda, §57 Rn. 29)。
10) 誠実性 職業従事者は, 依頼を引き受けこれを遂行する際に, 法律の規定及び専門職にかかわる諸規定を守らねばならない。また自己の良心に従って行動しなければならない。誠実に職務を遂行するには, 依頼人の利益に入念に配慮するだけでなく, 税法及び職業法の規定を遵守することが要求される(Ebenda, §57 Rn. 40)。
11) 秘密保持 依頼人は, 他の自由業の従事者にはまず許さないような範囲まで, その

財産及び所得関係を税理士に示さなければならない。それゆえ，税理士にあっては，これらの知り得たことを秘密として扱うという自覚が，特に，助言契約によってつくられる信頼関係の基本となる(Ebenda, §57 Rn. 57)。

12) 職業法に反する広告の禁止　職業法に反する広告宣伝の禁止は，税理士法第6次改正以来，第57条aで定められた。その内容は，「広告は以下の場合にのみ許される。職務内容を知らせる形態と内容であって，個別事情の依頼の受託を目的としていないもの」である。これは，従前の規定から，大きく，緩和されたといえる(Ebenda, §57 Rn. 74)。

13) 品位保持　職業上の行動　税理士及び税務代理士は，自らに委託された利益を，公正かつ適切な手段をもって擁護しなければならない(BOStB 1条2項)。第2項に由来するこの職業義務によって，自由な見解表明の権利は制限されることになる。報酬額の算定にあたり，正確に処理し，適正な報酬額を超過することも下回ることもないことは，職業の品位を保持するのに必要である。成功報酬については，ドイツ法9条において，「税務援助に対する報酬の支払い理由と金額を事案の結果若しくは活動の成果にかかわらしめる約定，又は税理士若しくは税務代理士が租税の軽減，節減若しくは払戻しの一部を成功報酬として受け取る約定を行ってはならない」と規定し，第2項において「業務の斡旋に係る手数料又はその他の利益の一部の交付又は受領は，税理士若しくは税務代理士に対する関係又は第三者との関係のいずれにおいても，同様に，いかなる種類のものであっても認められない」とされ，禁止されている(Ebenda, §57 Rn. 75-76)。

14) 職業外の行動　職業上の行動と職業外の行動との間には，はっきりした境界線は引かれていない。職業外の過誤は，それらの個々の状況に応じて，特別に職業活動の実施や職業の品位にとって，重大な形で尊敬と信頼を損なわせる場合に限って，責問され，あるいは職業裁判上罰せられる(ドイツ法89条2項)。職業裁判所で罰せられるかどうかは別として，刑法犯は概ね職業義務違反でもある。特に，詐欺，背任，横領，脱税犯のような財産関係の不法行為は，同時に職業義務違反でもある。公の意見発表に際しては，税理士及び税務代理士には公正と自制が期待される(Ebenda, §57 Rn. 80-83)。

　　同僚間結束　同僚として行動する義務は，法律では職業義務としてはっきりとは記されてはいない。しかしそれは，職業の品位に合致しないことは一切しないという義務から生ずるものである。同僚に対する卑劣な中傷や関与先の奪い合い等の争いは，職業の品位を損なうばかりでなく，職業集団に対する社会的信頼や敬意までも失わしめるおそれがある。それゆえ，BOStBは，同僚としてとってはならない行動を詳細に規定している(Ebenda, §57 Rn. 84-85)。

15) Ebenda, §57 Rn. 8-25.

16) 具体的には次のような業務がある。①税務相談，②納税申告の準備，③税務署に対する代理，④財政裁判所における訴訟代理，⑤税法違反の場合の弁護，⑥経常的な記帳に関する協力，⑦年度決算書(貸借対照表，損益計算書)の作成，⑧経営に関する鑑定意見の提供を含む，経営上の諸問題に関する相談(廣川智子「ドイツの税理士会に

164　第2章　諸外国の税理士制度，他の専門家制度

　　　ついて」租税訴訟学会横浜支部『ドイツの納税者権利救済制度の実情視察』2011年，8頁)。
17)　本書のAOの和訳は，東京税理士会税務審議部法対策特別委員会『ドイツ税務行政における適正手続』1993年，及び中川一郎編『77年AO法文集』税法研究所，1977年によるところが多い。AO 80条3項「手続のために代理人が任命されるときは，官庁は代理人を相手としなければならない。官庁は，関係人に協力が義務づけられている場合には，関係人自身を相手とすることができるが，財務官庁が関係人自身を相手とするときは，代理人にこれを知らさなければならない」。AO 80条4項「関係人は，審理及び討論のために，補佐人とともに出頭することができ，補佐人による陳述は，関係人が直ちに異議を申し立てない限り，関係人による陳述とみなされる」。AO 80条5項「代理人及び補佐人が資格を有しないで業務上の税務援助をなす場合には，財務官庁は，これらの者を拒否しなければならない」。
18)　税理士会は，特に次の各号に掲げる事項について義務を負う。
　　1．職業上の義務(ドイツ法57条)の問題について税理士会の会員に助言及び教示を行うこと。
　　2．税理士会の会員間の紛争について，申立てにより調停すること。
　　3．税理士会の会員及びその依頼人との間の争いについて，申立てにより調停すること。
　　4．会員に課されている義務(ドイツ法57条)の履行を監督し，責問権(ドイツ法81条)を行使すること。
　　5．職業裁判における名誉職陪席裁判官の推薦名簿を州の司法行政官庁に提出すること(ドイツ法99条3項)。
　　6．税理士及び税務代理士並びにそれらの遺族のために福利厚生施設を設置すること。
　　7．裁判所，州の財務官庁又は州の他の行政官庁から要請された鑑定を行うこと。
　　8．職業専門教育について法律により指示されている任務を遂行すること。
　　9．税理士に関する試験委員会の税理士業界側の委員を推薦すること。
　　10．本法の第2編第2章及び第6章において税理士会に指示されている任務を遂行すること。
19)　Gehre/Koslowski, a.a.O. (Anm. 8), §76 Rn. 49.
20)　職業義務違反につき税理士会がとるべき措置は次の三つである。①教示(ドイツ法76条2項1号)，②責問手続の開始(ドイツ法81条1項)，③職業裁判手続開始の申立て(ドイツ法114条，115条を参照)。①及び②は，義務違反が軽微の場合に，税理士会がとる措置である。責問は刑罰ではなく，職業監督上の一つの措置である。
21)　職業裁判所による処分は，次の5種類がある。①訓告，②戒告，③5万ユーロ以下の過料，④5年以下の職業禁止，⑤資格剥奪。
22)　廣川・前掲注16)　10～11頁。
23)　当該許可委員会は，1名の高級職官吏と税理士会が推薦する税理士2名により構成されている(ドイツ税理士法施行令2条，ドイツ法76条2項9号)。
24)　本書における韓国税務士制度に関しては，筆者が2010年に韓国税務士정훈(Jeong

Foon），주영진(Ju Young Jin)に対して行ったヒアリングによるところが多い。なお，韓国税務士法，税務士会倫理規程など，韓国の法規等の和訳は筆者による。
25) 第1段階の開放では，アメリカの税務サービス関連資格者又は税務士関連法人が，韓国国内に現地事務所を設置し，アメリカ国内の租税及び国際租税（韓国の租税は除く）に関する税務コンサルティングに限ってサービスが提供できるようになる。第2段階の開放では，アメリカの税務サービス関連資格者又は関連法人が，韓国の税務法人に50％未満まで出資できることとなる。また，アメリカの税務専門家が韓国の税務法人に勤務することも認められている。2012年3月15日に発効した。
26) 第1条(目的) この規程は，会員の職業倫理観を確立し，専門職業人としての品位は〔税務士〕会の秩序を維持するため，〔税務士会〕会則第40条の規定によって，会員の倫理に関する事項の審議とその処分を規定することを目的にする。
27) その内容は，①税務士は納税者の権益保護と健全なる納税風土醸成に最善を尽くす，②税務士は誠実公正な職務遂行をもってその品位を維持する，③税務士は職務上で得られた秘密を漏洩しない。
28) 高正臣氏は，日本の税理士法1条(税理士の使命)において，「税理士は，税務に関する専門家として，独立した公正な立場において，申告納税制度の理念にそって，納税義務者の信頼にこたえ，租税に関する法令に規定された納税義務の適正な実現を図ることを使命とする」と規定されていると指摘し，この「独立した公正な立場」と近似した内容であると説明している（高正臣「韓国税務士法の改正の動きについて」大阪府立大学経済研究54巻3号(2008年)84頁）。
29) 筆者の韓国税務士に対する「税理士の使命は何か」の問いにつき，すぐに「納税者の権利保護」という答えが返ってくるところをみると，一般的な解釈として認識されているのであろう。
30) 第2条(税務士の職務) 税務士は，納税者の委任により租税に関する次の行為又は業務（以下〝税務代理〟という）を遂行することをその職務とする。
 1．租税に関する申告，申請，請求(課税前適否審査請求，異議申立て，審査請求及び審判請求を含む)などの代理（「開発利益還収に関する法律」による開発負担金に対する行政審判請求の代理を含む）
 2．税務調整計算書とその他の税務関連書類の作成
 3．租税に関する申告のための帳簿作成の代行
 4．租税に関する相談又は諮問
 5．税務官公署の調査又は処分などに係る納税者意見陳述の代理
 6．「不動産価格公示及び鑑定評価に関する法律」による個別公示地価及び単独住宅価格・共同住宅価格の公示に関する異議申立ての代理
 7．当該の税務士が作成した租税に関する申告書類の確認。ただし，申告書類を納税者が直接作成したり，申告書類を作成した税務士が休業するなど，閉業して，これを確認することができない場合は，その納税者の税務調整や帳簿作成の代行又は諮問業務を遂行している税務士が確認することができる。
 8．「所得税法」による誠実申告に関する確認

9．そのほかに第1号から第8号までの行為又は業務の付随業務
31) 湯本三平「第5章　韓国」田中治監修・東海税理士会＝韓国税務士考試会編『諸外国の税理士制度』新日本法規出版，1994年，74頁．解説によると，個人の納税者のうち，約30万人が税務士による税務調整計算書を提出している．法人については，全法人の80％がこれを提出している状況である．
32)「誠実申告確認制度」　収入金額が業種別で一定規模以上の個人事業者が総合所得税を申告するとき，帳簿記帳の内容が正確かどうかの確認を税務士等に受けた後に申告する制度で，個人事業者の誠実な申告を誘導するために導入された．
33) 第18条(設立と監督)
①税務士は，品位を向上させ事務を改善するために，法人である税務士会を組織してその会員にならなければならない．
②第1項の税務士会は，会則を決めて企画財政部長官の認可を受けなければならない．
③税務士会は，企画財政部長官の監督を受ける．
④税務士会の会則に記載する事項と設立及び運営などに必要な事項は，大統領令で定める．
34)　1. 税務士職務の指導と監督(2004.6.5改正)，2. 税務士及びその事務職員に対する研修教育(2004.6.5改正)，3. 租税救済及び税政協力(2004.6.5改正)，4. 納税者に対する租税相談及び広報(2004.6.5改正)，5. 租税制度及び税務士制度に関する調査研究と建議(2004.6.5改正)，6. 租税理論及び関連学術の理論と実務の調査研究(2004.6.5改正)，7. 租税に関する講習会と講演会の開催，8. 会報と図書及び職務関連資料出版事業(2004.6.5改正)，9. 会員共済福祉事業，10. 損害賠償共済事業(1997.6.25新設)，11. 外国及び国際租税団体との協力と交流(1989.4.27改正)，12. 一般人に対する税務，会計などの教育と委託研修教育の実施(2004.6.5新設)，13. 税務会計関連情報のインターネット提供事業(2004.6.5新設)，14. 電算税務会計，税務会計教育及び能力検定事業(2004.6.5新設)，15. 国家・地方自治体，公共機関が委嘱する事業(2010.7.2新設)，16. その他必要な事業(2010.7.2号番号の変更，以前の第15号)．
35)（韓国税務士会会則46条，韓国税務士会倫理規程3条）
1. 本会の名誉を毀損する行為(1999.12.20改正)，2. 本会の秩序を乱す行為(1999.12.20改正)，3. 他会員の名誉を毀損する行為(1999.12.20改正)，4. 会員の品位維持と誠実義務に違反する行為(2010.4.13号番号の変更)，5. 故意に真実を隠蔽する行為(2010.4.13号番号の変更)，6. 会員が事業者登録証の発給を委任した納税者が偽装事業又は資料上の疑いがあることを知っていて故意に事実と異なる記載をし，その発給を代行した場合(2010.4.13号番号の変更)，7. 不当又は不正な方法によって，直接，間接に業務の委嘱を懇請，勧誘，強要又は誘引する行為(2010.4.13改正，号番号の変更)，ア. 事件紹介常習者及び事件担当者に決まった報酬又はその他の利益を提供し，提供を約束することによる受任行為，イ. 事務職員に前に勤めた税務士が担当している業務について担当するように指示し，幇助又は放任する行為，ただし，前勤務税務士が承諾するなど，担当取引先が自発的に担当契約を解約した場合は除く，ウ. 官公署又は権力者を通じて懇請又は誘引の方法によって業務を担当する行為，エ. 納税者

の好み又は弱点を利用して，業務の受任を強要又は誘引する行為，8. 他会員の事務職員を不当に採用する行為(2010. 4. 13 号番号の変更)，9. 税務士事務所設置運営規程の第 10 条の事務職員としての欠格事由に当たる者を採用する行為(2010. 4. 13 号番号の変更)，10. 他会員の事務所から不正行為によって解雇された事実を知りながらも，その従業員を採用し，法律によって処罰された者を採用する次の各目の行為があるとき(2010. 4. 13 改正，号番号の変更)，ア. 税務士事務所設置運営規程の第 10 条による事務職員及び事務長に欠格事由がある者を採用する行為，イ. 会員にこの規程によって処罰を受けるか，あるいは，処罰を受ける程重大な影響を及ぶ行為をさせた者などを採用する行為，11. 会員が会費納付督促を受けてからもこれを納めない行為(2010. 4. 13 改正，号番号の変更)，12. 倫理委員，業務浄化調査委員又は監理委員が，自己が調査した事実を当該委員長に報告しない，あるいは，歪曲して報告した場合，又は，調査によって知り得た秘密を正当な事由なしに他人に漏洩した行為(2010. 4. 13 号番号の変更)，13. 第 12 号各委員会の調査を故意で防害し，忌避する行為(2010. 4. 13 号番号の変更)，14. 会員が自己の業務に関して帳簿を作成して備置しない行為(2010. 4. 13 号番号の変更)，15. 会則第 10 条第 3 号の規定による義務教育を正当な事由なしに 1 会計年度期間中 2 回以上参加しなかった場合(2010. 4. 13 号番号の変更)，16. 会員が納税者と結託して，詐欺その他不正な方法で租税の逋脱，減少及び還給を受け，課税資料を虚偽で作成した行為(2010. 4. 13 号番号の変更)，17. 会員が自己の事務所で受任又は他事業者の計算書，税金計算書及び領収証を代理作成した行為(2010. 4. 13 号番号の変更)，18. 税務調整計算書監理規程第 9 条の規定による調整計算書副本及び実績会費明細書等を提出しない，あるいは，第 16 条第 1 項第 3 号の規定による訂正又は補正要求に正当な事由なしに応じない行為(2010. 4. 13 号番号の変更)，19. 会員が標札，看板，新聞，雑誌及びその他広告媒体に載せる広告，宣伝文書(あいさつ状を含む)などを作成するときにおいて税務士の品位を失墜させるような，あるいは，他人を誤信させるような次の各目の行為があるとき(2010. 4. 13 改正，号番号の変更)，ア. 税務士の業務に関して嘘の内容を表示する行為(2010. 4. 13 新設)，イ. 客観的事実を誇張し，事実の一部を隠すなどして消費者を誤導し，消費者に誤解を招くおそれがある内容を表示する行為(2010. 4. 13 新設)，ウ. 消費者に業務遂行の結果に対して不当な期待を持たせるような内容を表示する行為(2010. 4. 13 新設)，エ. 他の税務士などを誹謗し，自分の立場から比較する内容を表示する行為(2010. 4. 13 新設)，オ. 不正な方法を提示するなど税務士の品位を毀損するおそれがある内容を表示する行為(2010. 4. 13 新設)，カ. 税務士やその事務職員が受任のため，国税公務員との縁故などの関係を示し，影響力を及ぼすことができるという内容を表示する行為(2010. 4. 13 新設)，キ. その他の広告の方法又は内容が税務士の公共性や公正な秩序を害し，消費者に被害を与えるおそれがあると韓国税務士会が判断する広告など(2010. 4. 13 新設)，20. 税務士事務所設置運営規程第 5 条の施設基準に達していない，あるいは，2 ヶ所以上の事務所を設置する次の各目の行為があるとき(2010. 4. 13 改正，号番号の変更)，ア. 本会に税務法人の支店設置を届けないで支店を設置する行為(2005. 3. 15 改正)，イ. 本事務所と支店以外の場所で税務相談所(連絡事務所を含む)を設置する行為

(1995. 3. 21改正)，ウ. 税務法人の理事と所属税務士が所属する税務法人のほか別に事務所を設置する行為(2010. 4. 13新設)，エ. 税務法人の支店に１人以上の理事である税務士が常勤しない行為(2010. 4. 13新設)，オ. 税務法人が営業を目的に支店を設置して，業務遂行を当該の支店の理事である税務士に指示せず，当該の支店の外で主に遂行する場合(2010. 4. 13新設)，カ. 以上の〝ア〟から〝オ〟までと類似した事務所を設置運営する行為(2010. 4. 13改正，号番号の変更)，21. 休業中に職務を遂行する次の各目の行為があるとき(2010. 4. 13改正，号番号の変更)，ア. 本会に休業申告書を又は廃業申告書を提出した者が，会則第７条の規定による開業申告書などを提出しないで税務士業務を遂行する行為，イ. 停職処分を受けた者が停職期間中に，又は登録取消しを受けた者が継続して会則第13条の職務を遂行する行為，22. 税理士の名義を貸与する次の各目の行為があるとき(2010. 4. 13改正，号番号の変更)，ア. 事務所設置及び運営資金を会員でない者(以下〝他人〟という)と共同で投資し運営して，利益を分配する行為(2010. 4. 13改正)，イ. 事務所設置と運営資金を他人が投資し運営して，会員が代価を受ける行為，ウ. その他，他人に自己の名義を利用させ，利用するおそれがある者に便宜を提供する行為(事務所内に他人を勤務するようにして，他人が実際に独立採算運営する行為及び会員の印章を他人が保管使用する行為を含む)，23. 税務士が係争権利を譲り受ける行為，24. 役員など選挙管理規程第９条の２に違反する行為(2005. 3. 15新設)，25. 前記各号以外の行為として税務士法令，会則及び会規などで規定している会員の義務に違反した行為(2005. 3. 15号番号の変更，従前の第24号)。

36) 第４条(税務士の欠格事由)　次の各号のいずれか一つに該当する者は第６条による登録ができない。

1．未成年者
2．禁治産者と準禁治産者
3．破産宣告を受けて復権になっていない者
4．弾劾や懲戒処分でその職から罷免され，解任された者として３年が経たない者
5．この法，「公認会計士法」又は「弁護士法」による懲戒によって除名されたか，登録取消しにあった者で３年が経たない者と停職になった者でその停職期間中にある者
6．第17条第３項による登録拒否期間中にある者
7．禁固以上の実刑を宣告されて，その執行が終わったか(執行が終わったと推定する場合を含む)執行が免除された日から３年が経たない者
8．禁固以上の刑の執行猶予を宣告されて，その猶予期間が終わった日から１年が経たない者
9．禁固以上の刑の宣告猶予を受けて，その猶予期間中にある者
10．この法と「租税犯処罰法」による罰金の刑を受けた者で，その刑の執行が終わった者，執行を受けないと確定された者で３年が経たない者，又は「租税犯処罰手続法」による通告処分を受けた者で，その通告どおり処分された後，３年が経たない者

37) 第12条の2(登録更新)
   ①法第6条第2項によって登録を更新しようとする人は，登録有効期間満了前30日まで，税務士登録更新申込書に税務士登録証及び企画財政部令で定める書類を添付して企画財政部長官に提出しなければならない。
   ②企画財政部長官は，第1項による登録更新の申込みを受けたときには，法第6条第3項各号のいずれか一つに該当する場合を除き，税務士登録簿に記入し，税務士登録証を更新して交付する。
   ③法第6条第2項後段による登録更新期間は5年とする。
38) 第12条の3(名義貸与等の禁止)　税務士は，他の人に自己の氏名又は商号を使用して税務代理をさせ，又はその資格証又は登録証を貸与してはならない。
39) 第22条の2(罰則)　次の各号のいずれか一つに該当する者は1年以下の懲役又は1000万ウォン以下の罰金に処する。
   1．第12条の3(第16条の16第1項及び第19条の14で準用する場合を含む)に違反して，名義などを貸した者。
   2．第16条の9第2項や第20条第2項(第19条の14で準用する場合を含む)に違反して，登録をせず税務法人又は税務士と似た名称を使った者。
   3．第17条(第19条の14で準用する場合を含む)に伴う職務停止命令や登録拒否を受けた者で，その職務停止期間や登録拒否期間中に税務代理を遂行した者。
   4．この法により税務代理ができる者で第6条又は第20条の2第1項に違反して，登録をせず税務代理を遂行した者。
   5．元資格者で国の税務専門家として第19条の3に伴う資格承認を受けず，第19条の5に伴う登録をせず，第19条の7に伴う業務を遂行した者。
40) 第17条(懲戒)
   ①企画財政部長官は，税務士が次の各号に該当する場合は，税務士懲戒委員会の議決によって，第2項で定める懲戒を命ずることができる。
     1．この法に違反した場合
     2．税務士会の会則に違反した場合
   ②税務士に対する懲戒の種類は，次の各号のとおりである。
     1．登録取消し
     2．2年以内の職務停止
     3．1000万ウォン以下の過料
     4．譴責
   ③企画財政部長官は，税務士懲戒委員会によって懲戒が要求された税務士が第7条第3号及び第4号によって登録が取り消された場合には，税務士懲戒委員会の議決によって，5年以内の期間を決めて第6条による登録を拒否することができる。
   ④当該の懲戒事由が発生した日から3年が過ぎたときには，第1項から第3項までの規定による懲戒はできない。
   ⑤企画財政部長官は，税務士が第2項第3号による過料を納付期限まで払わなければ，国税滞納処分の例に従って取り立てることができる。

⑥税務士懲戒委員会の構成と運営等に必要な事項は，大統領令で定める。
41) 第16条(懲戒委員会の構成)
①懲戒委員会は，委員長及び副委員長各1人を含む9人以内の委員で構成する。
②懲戒委員会の委員長は，内国税に関する業務を管掌する企画財政部の高位公務員団に属する一般職公務員又は特別職公務員のなかから，副委員長は企画財政部の三級公務員又は高位公務員団に属する一般職公務員のなかから，企画財政部長官の指名する人とする。
③懲戒委員会の委員は次の各号の人とする(2012.2.2改正)。
　１．法制処の三級公務員又は高位公務員団に属する一般職公務員のなかから企画財政部長官の要請によって法制処長が指名する人　1人
　２．(2012.2.2削除)
　３．国税庁の三級公務員又は高位公務員団に属する一般職公務員のなかから企画財政部長官の要請によって国税庁の長が指名する人　2人
　４．税務士会の長が指名する税務士　1人
　５．公認会計士会の長が指名する公認会計士　1人(公認会計士会に加入している税務士を懲戒する場合だけに該当する)
　６．大韓弁護士協会の長が指名する弁護士　1人(大韓弁護士協会に加入している税務士を懲戒する場合だけに該当する)
　７．租税制度に関する学識と経験が豊かな人のなかから企画財政部長官が委嘱する人　1人
④第3項第4号から第7号までの規定による委員の任期は2年とする。
　(2012.2.2改正) (2011.9.16全文改正)
42) 1993年10月までの登録取消しは27人であった。その具体的な処分事例として，すべてが名義貸しによるものである。これは，税務士が高齢になり就業が困難になる事態が増加し，この事態に税務士資格を持たないブローカーがつけ込んだことによるとされている。そのほか，職務停止39件，会員権停止30件，譴責40件，警告45件，注意喚起66件の処分がある。

　近時の税務士懲戒状況の最新情報では，会計士と税務士などの税務代理人が，所得金額を隠す，あるいは，脱税する行為，納税者の脱税を助ける相談や助言などで懲戒を受ける事例が毎年増えている。会計専門家の個人としての倫理観の問題や税務士業界の道徳心の欠如が深刻となっている。国会企画財政委員会アン・ヒョデ(안효대)議員(ハンナラ党蔚山東区)が企画財政部に提出を求めた「税務代理人懲戒現況」資料を分析した結果によれば，懲戒処分を受けた税務士は，2003年4人，2004年17人，2005年18人，2006年31人，2007年41人，2008年5月時点で13人だった。一方，懲戒処分を受けた会計士は，2004年2人，2005年10人，2006年20人，2007年29人，2008年5月時点で5人で，毎年増加の傾向をみせている。このなかで，2003年からの5年間，所得脱漏及び費用過大計上など脱税とかかわった問題で懲戒を受けた税務士は総計78人だった。なお，同じ理由で懲戒を受けた会計士も49人だった。また，事務職員に対する指導監督義務に違反した税務士と会計士は13人，名義貸し6

人，このなかで，事務所設置で3人が懲戒を受けた。さらに，ことさら，悪質なのは，誠実義務を持つ国家公認士(チェック機能)でありながら納税者の脱税を助ける相談で摘発された会計士1人と税務士2人がそれぞれ懲戒を受けた事実があったことである(http://blog.naver.com/ahnhyodae?Redirect＝Log&logNo＝20055946856)。
43) 業務浄化調査委員会は，韓国会則の第7章で規定され，第40条の2において，業務浄化調査委員会設置等として，①税務士法，会則及び会規に関係ある違反事項を調査処理するために本会と各地方税務士会に業務浄化調査委員会を置くことを定めている。また，②業務浄化調査委員会は委員長1人と委員25人で構成し，会員のなかから，委員長及び委員が選任される。
44) 倫理委員会は韓国会則の第6章で規定され，第33条において，倫理委員会の設置等として，第46条の会員懲戒事項を審議議決するために本会に倫理委員会を置くことを定めている。税務士総会で選任された税務士で構成され，委員長1人と委員25人で組織する。ただし，本会役員は倫理委員会の委員になれない。
45) 第19条(会員の除名)　税務士会は税務士の品位を落とす会員や税務士会の会則に違反する会員がいる場合は，企画財政部長官の承認を受けて，除名することができる。
46) 第3条(税務士の資格)　次の各号のいずれかに該当する者は税務士の資格がある。
　1．第5条の税務士資格試験に合格した者
　2．(2012.1.26 削除)
　3．弁護士の資格がある者
47) 韓国では2011年10月17日に税務士法改正法案が国会に提出された。これは公認会計士試験合格に付与された税務士自動資格制度を廃止するという法案である。同法案は同年12月29日に国会を通過した(韓国税務士新聞571号を参照)。改正法は，公認会計士が公認会計士法に伴う職務として税務代理業務を遂行することまでをも禁止するものではないので，公認会計士の職務範囲を侵害するものではないとされている。
48) 憲法裁判所決定2001年9月27日 2000헌마152。
49) 第5条の2(試験の一部免除)
　①次の各号のいずれかに該当する者は第1次試験を免除する。
　　1．国税(関税は除く。以下同じ)に関する行政事務に携わった経歴が10年以上の者
　　2．地方税に関する行政事務に携わった経歴が10年以上の者で五級以上公務員，又は，高位公務員団に属する一般職公務員で5年以上携わった経歴がある者
　　3．地方税に関する行政事務に携わった経歴が20年以上の者
　　4．大尉以上の経理兵科将校で10年以上軍の経理業務を担当した経歴がある者
　②次の各号のいずれか一つに該当する者は第1次試験のすべての科目と第2次試験科目数の2分の1を過ぎない範囲で大統領令に定める一部科目を免除する。
　　1．国税に関する行政事務に携わった経歴が10年以上で五級以上公務員，又は高位公務員団に属する一般職公務員で5年以上携わった経歴がある者
　　2．国税に関する行政事務に携わった経歴が20年以上の者

③弾劾や懲戒処分によってその職から罷免されたか解任された者には,第1項と第2項を適用しない。

④第1次試験に合格した者は次回の試験でのみ第1次試験を免除する。

50) 第1次試験の合格基準は,それぞれの科目が40点以上,全科目の平均が60点以上の者,第2次試験は,それぞれの科目が40点以上,全科目の平均が60点以上の者である。なお,現行の試験システムは,2000年から改正されたものである。急速な経済発展のなかで,税務士への需要が急激に増大しているにもかかわらず,税務士の数が少ないことに対応したものである。年度別出願者並びに合格者数は,第1次試験の場合,ここ数年の推移でみると,2008年5616人(うち合格者756人),2009年2983人(968人),2010年4515人(1710人)である。実際の受験者に占める合格者の率は,2008年13.5%,2009年32.5%,2010年37.9%である。2008年以前の合格率は,15%程度であったが,最近は,上昇傾向にある。第2次試験受験者は,2008年1940人(うち合格者633人,合格率32.6%),2009年2398人(631人,26.3%),2010年3308人(640人,19.3%)である(http://blog.naver.com/xzxzbb?Redirect=Log&logNo=70121249184)。

51) 田中・前掲注3) 4頁。

52) 田中治氏は,これらの類型は,それぞれの特徴を持っており,一般論として,その差異が,各国の歴史,伝統,文化などの違いによるものである以上,いずれがより優れているとは,必ずしもいえないと述べている(同上5～8頁)。

53) 「ここで注目したい点があります。ダーテフ社を経由する電子申告の方式についてですが,まず会員の税理士事務所からクライアントの申告書データが送られてきます。ダーテフ社はそれを一括して国税当局へ流す。その後,税務当局は課税通知書をダーテフ社に伝送してきます。この場合に,申告書全体の30%程度で,申告額と課税額が違うのだそうです。その差は,事業経費と個人経費の分の問題にあり,これについてはいままでどうしても理解できなかったのですが,根底は賦課課税制度にあったということです。ですから,税務当局と税理士との間では,攻撃側と防御側の戦いが熾烈に常にある。そうなると必然的に判例が出てくるでしょうし,それに税理士が裁判所に出向いて対処するために訴訟代理権が与えられているわけです」(『ドイツ会計人業界視察』TKC特別号(2001年)11頁の飯塚真玄発言)。

54) Jan Grotheer "Richterliche Ethik in Deutschland" 比較法雑誌45巻1号(2011年)169～171頁。

55) ドイツ連邦税理士会=ドイツ税理士連盟=DATEV協同組合(武田隆二監訳)『税理士業務における品質保証と品質管理』TKC出版,2007年,4～5頁。

56) 同上5頁。

57) 信頼性,データ保護への関心,対話能力,積極性,明確な報酬,最新の知識,専門的な資質,情報対応力,創造力,サービスに見合った料金,柔軟性,受容力,実務能力,専門分野の知識,中小企業の専門家,指導の助言,現代性,コンピューター能力。この順序は重要度に応じている。

58) ホ・キウ(허기우)=ホン・チョンファ(홍정화)=キム・ワンヒ(김완희)「세무대리인의

직업윤리규정 준수에 영향을 미치는요인 연구」한국회계정보학회, 회계정보연구, 제 26 권제 2 호 2008 년 pp. 101-132 (「税務代理人の職業倫理規定の遵守に影響を及ぼす要因研究」韓国会計情報学会, 会計情報研究 26 巻 2 号 (2008 年) 101〜132 頁)。本研究は, 税務代理人が職業倫理規定を遵守する際, 影響を及ぼす要因について実証的に分析し, そのような要因が税務代理人の職業倫理規定を遵守するのに及ぼす影響が経歴, 学歴, 出身背景によって変わるかを検証することを目的としている。本研究の結果を要約すれば, 次のようである。第一に, 取引上重要な依頼人に対する税務代理業務の遂行時, 職業倫理規定の遵守は, 税務代理人の経歴, 出身背景によっては異ならないが, 学歴によっては異なると分析された。また, 取引上攻撃的依頼人に対する税務代理業務の遂行時, 職業倫理規定の遵守は, 学歴によっては異ならないが, 経歴, 出身背景によっては異なると分析された。また, 依頼人に対する税務当局の税務調査時, 税務代理業務遂行において税務代理人の職業倫理規定遵守は, 経歴, 学歴, 出身背景によって異ならないと分析された。第二に, 税務代理人の特性変数である取引上重要な依頼人, 攻撃的依頼人及び依頼人に対する税務当局の税務調査という要因が税務代理人の職業倫理に対する認識度に影響を及ぼすかに対する多重回帰分析を実施した結果, 取引上重要な依頼人という要因だけが税務代理人の職業倫理認識に影響を及ぼすことが示された。第三に, 税務代理人の特性変数が税務代理人の職業倫理に対する認識度に及ぼす影響力は, 税務代理人の人口統計的要因, すなわち学歴, 経歴と出身背景によって有意な差異をみせないことが示された。要約すれば, 税務代理人の職業倫理認識に一番重要な影響を及ぼす要因は, 経歴, 学歴, 出身背景とは関係なく, 取引上重要な依頼人であると分析された。このような結果は, 税務代理人が取引上重要な依頼人である場合, 職業倫理規定の遵守から離れて非倫理的判断を下すことがあることを示唆する。

59) チュウ・テヒョン(주태현)=イ・テオク(이태옥)=パク・チュンレ(박춘래)「세무전문가의 윤리적 판단에 관한 연구」한국세무학회, 세무학연구, 제 27 권 제 2 호 2010 년 pp. 9-47 (「税務専門家の倫理的判断に関する研究」韓国税務学会, 税務学研究 27 巻 2 号 (2010 年) 9〜47 頁)。

60) 韓国の場合, 税務代理人を国税庁訓令 1446 号「税務代理業務に関する事務処理規程」で, 税務代理業務を遂行する場合は, 韓国法 6 条の規定による税務士でなければならないと規定しているが, アメリカでは, 税務サービスを誰でも提供することができる。ただし, 連邦租税業務のなかでアメリカ国税庁に対する代理をするためには, 必ず登録代理人 (enrolled agent) の要件を満たさなければならない。登録代理人制度は, 韓国の税務士制度と類似した制度で, 連邦租税業務のなかで国税庁に対する代理行為を行える権利を持った専門家を意味する。倫理規定は, 韓国の場合には, 税務士は,「納税者の権益保護と健全な納税風土の醸成に最善を尽くし, 誠実公正な職務遂行でその品位を維持し, 職務上知り得た秘密を漏らさない」という倫理綱領と懲戒事由, 倫理委員会審議などを韓国法と韓国会則で規定している。アメリカの場合は, 税務代理の各種手続と税務代理人の職務遂行において税務代理人が守らなければならない倫理規定を置いている。登録代理人の倫理規定には, 顧客の情報脱漏に対する認知,

正確性に対する努力,未決定問題に対する迅速な処理,資格停止又は剝奪された者と国税庁退職者からの助力,政府被用者のパートナーによる代理行為禁止,政府退職者,そのパートナー及び補助者による代理行為禁止,受任料,利害関係の相反,受任活動,税金還給小切手の売渡し,節税手段に関する意見書,税金還給見解に係る諮問と還給書類作成又は署名に適用される基準などが規定されている。韓国は倫理教育に対する特別な規定がないが,アメリカでは登録代理人の試験科目に倫理科目が含まれており,登録代理人になった後でも毎年2時間以上の倫理科目を受講するようにしている。税務代理人が諸般の法規定に違反したとき,その重要度に照らして法的制裁が必要であるが,韓国は諸般の法規に違反した場合,登録取消し及び職務の停止を命ずることができるし,懲役及び罰金刑に処することもできる。アメリカの場合,財務部長官は不名誉な行為,規定違反など一定の違法行為をした登録代理人に対して適正な通知及び聴聞を経た後,国税庁に対する代理行為遂行資格を剝奪又は停止するように規定されている。不誠実税務代理に対しては,韓国は刑事処罰規定を明示しているが,アメリカでは税務代理関係法令で特別に刑事処罰規定を明示していない。

61) 韓国の税務士である정훈,주영진は,韓国税務士は納税者の権利擁護が税務士の使命であると考えている者がほとんどであると回答した。

62) 佐藤建男『TKC 行動理念と行動基準』TKC 出版,2011 年,247〜248 頁。「(飯塚) ドイツ税理士法の 57 条には税理士の独立性について規定がありますが,公正性は要求していません。一方,公認会計士法は 43 条でその公正性を要求していますね。この違いはどうして出てくるのでしょうか。／(ダン) それは税理士と公認会計士の仕事の違いを反映しているのです。心と法律にのみしばられて仕事をするそういう意味で独立していなければなりません。ただし,法律に許された枠内で,自分に仕事を委託した人の利益を十分尊重して仕事をしなければならない。そういう意味では税理士はいわば党派に属しているわけです。つまり依頼人の利益のために仕事をするという職業的な義務があるから無党派性を要求されない。だから税理士法 57 条は飯塚博士が指摘されたような条文になっているのです」(「ドイツからみた日本の税制と商法」バンガード 1989 年 10 月号 6 頁,ヴィルフリート・ダン西ドイツ連邦税理士会会長・法学博士と飯塚毅 TKC 全国会会長・法学博士の対談)。

63) 専門家の責任論としては,川井健「専門家の責任と判例法の展開」同編『専門家の責任』日本評論社,1993 年,3 頁以下,能見善久「専門家の責任――その理論的枠組みの提案」『専門家の民事責任』別冊 NBL 28 号(1994 年)4 頁以下,鎌田薫「専門家責任の基本構造」川井健=塩崎勤編『新・現代損害賠償法講座 3』青林書院,2004 年,297 頁以下,山川一陽「専門家責任――総論的記述にかえて」山川一陽=根田正樹編『専門家責任の理論と実際』新日本法規出版,1994 年,1 頁以下を参照。

64) 川井・前掲注 63) 3 頁以下。

65) 西嶋・前掲注 2) 141 頁。

66) 川井健氏は,専門家の特色として次の 4 点を掲げている。①資格を必要とする。その資格は,国家試験制度に基づくことが多く,特定の専門家集団が形成される。また,その団体は自立性を有する。②特殊な領域についての判断が仕事の内容とされ,高度

の裁量権が委ねられる。③仕事の対価は比較的高額となる。その理由は，その仕事が特殊な教育や高度の技能を必要とするからである。④社会的地位は，高いことが通常である（川井・前掲注1) 1頁)。
67) 能見・前掲注 63) 4頁以下を参照。
68) 下森定「専門家の契約責任」川井健＝塩崎勤編『新・現代損害賠償法講座 3』青林書院，2004年，21頁以下。
69) 神戸地裁平成 9 年 1 月 21 日判決判夕 942 号 164 頁。
70) 東京高裁平成 11 年 9 月 22 日判決判夕 1037 号 195 頁。この事件は，「民事保全事件において，個人のプライバシーに関する資料が提出され，記録に編綴された場合，これを記録の閲覧等の対象から除外することのできる一般的な根拠はないから，その資料の提出が当事者の正当な訴訟活動として違法性が阻却される場合があるにしても，その資料が特に本件のような事件の当事者とは無関係な第三者のプライバシーに関する資料であるときは，その提出者において，提出の必要性，相当性について十分な吟味をし，正当な訴訟活動として許されるかどうかを検討することが求められるものである」，そして，「第三者に対するプライバシー等の侵害については，訴訟活動の自由を理由に違法性が阻却されるかどうかの検討は，当事者間における場合よりも厳格であるべきものと考えられ，当該訴訟行為をすることが，これによって損なわれる第三者のプライバシー等の保護を上回る必要性，相当性等について首肯できる特段の事情がない限り，違法性を帯びるというべきである」と判示した事件である。
71) 大阪地裁堺支部昭和 60 年 3 月 7 日判決判時 266 号 123 頁。同判決では，不動産の買主(原告)と司法書士(被告)との間に委託契約は結ばれていなかったが，所有権移転登記手続をするに必要な書類を預かっていた司法書士が，買主に預り書を交付していたことを失念し，売主の求めるままに返還したことは，司法書士として通常払うべき注意をもって書類を保管すべき義務を怠ったものであるとして，司法書士の不法行為責任が認められた。
72) 司法書士法は，嘱託に応じる義務(8条)，秘密保持の義務(11条)，会則の遵守義務(15条の6)及び司法書士会の報告義務(16条)のほか，各種の行為禁止や行為制限に関する規定を設けている。また，弁護士法は，法律事務所の届出義務(21条)，会則を守る義務(22条)，秘密保持の権利及び義務(23条)，委嘱事項等を行う義務(24条)，及び依頼不承諾の通知義務(29条)を定めるほか，各種の行為禁止や行為制限に関する規定を設けている。税理士法は，署名押印の義務(33条)，秘密を守る義務(38条)，事務所設置の義務(40条)，帳簿作成の義務(41条)，会則を守る義務(39条)のほか，各種の行為禁止や行為制限に関する規定を設けている。
73) 座談会「「専門家の責任」法理の課題と展望」法律情報 67 巻 2 号(1995 年)51 頁(小林秀之発言)。
74) 法律分野専門家としては，弁護士，公認会計士，税理士，弁理士，司法書士，土地家屋調査士，社会保険労務士，行政書士等が考えられる。
75) 平成 13 年 6 月 12 日司法制度改革審議会意見書 86〜87 頁。
76) 日本のように法律分野の専門資格が細分化されている国はほとんどない。しかし，

韓国は日本と類似した法律分野の細分化された専門資格がある。
77) 平成 20 年 12 月 22 日規制改革会議「規制改革推進のための第 3 次答申」。
78) 規制改革会議のなかでは，法務・資格タスクフォースにおいて隣接士業の権限拡大要望が取り上げられている。規制改革会議の問題意識は以下のとおりである。まず，資格制度の存在意義は否定しないが，その歴史が古いこともあり，硬直化を生じている部分があることを指摘する。そして，特に業務独占資格(弁護士及び隣接士業の資格は業務独占資格である)については，「業務の独占，合格者数の事実上の制限，受験資格要件などの規制が設けられることで新規参入が抑制され，資格制度そのものが各種業務サービスの需給調整機能を果たす結果，市場における競争が制限される環境を生み，競争を通じて本来国民が享受できる良質で多様なサービスの供給が阻害されるおそれがある」こと，「このため，業務独占資格については，有資格者でないとできない業務範囲を可能な限り限定し，隣接職種の資格者にも取り扱わせることが合理的と認められる業務については，他の職種の参入も認めるなど，資格者の垣根を低くすることにより各種業務分野における競争の活性化を図る必要がある」との問題意識を示している。
79) 司法書士の「制約のない法律相談権の確立」，行政書士の「行政不服審査請求についての一般的な代理権付与」，社会保険労務士の「簡裁訴訟代理権及び労働審判代理権付与」などの要求である。
80) 最高裁第三小法廷平成 12 年 2 月 8 日判決判タ 1027 号 89 頁。判決は，司法書士以外の者が嘱託を受けて登記に関する業務及び登記申請書を作成する業務を行うことを禁止し，これに違反した者を処罰する司法書士法 19 条 1 項，25 条 1 項は，憲法 22 条 1 項に違反しない，また，行政書士が業として登記申請手続について代理することは，司法書士法 19 条 1 項に違反すると判示した。従前から，実務では会社設立に関して定款認証や設立書類等が行政書士の法定業務であることから，行政書士がその付随業務として登記申請書を作成し，会社設立に係る関係者(本人申請)が登記申請行為をすることが行われていた。
81) 浦和地裁平成 6 年 5 月 13 日判決判時 1501 号 52 頁，判タ 862 号 187 頁，金判 959 号 16 頁。東京高裁平成 7 年 11 月 29 日判決判時 1557 号 52 頁。本件の発端は，埼玉司法書士会が非司法書士排除活動の一環として，司法書士でない者を代理人として登記手続をなした依頼主に対して，お願いの啓蒙宣伝文書を出した。その 1 通が岡田滋弁護士が登記手続をなした顧問会社に届いた。これに対し，岡田滋弁護士から，弁護士の資格を有する者は，当然，登記手続の代理業務を行い得るにもかかわらず，当職を名指しで非司法書士による違法業務執行者である旨の文書を当職の顧問先に配布し，もって，当職の名誉信用を著しく傷つけたとして，埼玉司法書士会を被告として損害賠償の訴えが提起されていた。右の時期から間もなくの昭和 62 年 10 月に日本弁護士連合会と日本司法書士会連合会との間に，広く両職能間に介在する諸懸案については国民の権利擁護を職責とする両職能間の協議によって主体的に解決すべきとの合議が成立したのである。
82) 公認会計士の債務不履行責任について論じた文献として，根田正樹「公認会計士の

責任」川井健＝塩崎勤編『新・裁判実務大系 8　専門家責任訴訟法』青林書院，2004 年，98 頁以下，松本祥尚「公認会計士の任務と責任」ジュリ 1235 号(2002 年)39 頁以下，弥永真生「不正発見と会計監査人(上)(下)」ジュリ 1115 号(1997 年)92 頁以下，1116 号(1997 年)72 頁以下，片木晴彦「会社不正と監査人の責任(上)(下)」旬刊商事法務 1284 号(1992 年)2 頁以下，1285 号(1992 年)65 頁以下，志谷匡史「公認会計士の任務懈怠とその責任――主要判例を素材に」月刊監査役 524 号(2007 年)18 頁以下，畑知成「公認会計士の監査証明業務に関する損害賠償責任について」NBL 879 号(2008 年)46 頁以下，八ツ尾順一「粉飾決算・経理不正防止と会計士の役割」税経通信 64 巻 2 号(2009 年)129 頁以下があり，これらを参考としている。

83) 公認会計士の業務は，会計士と被監査会社間で監査契約が結ばれ，それに基づいて監査が行われる。監査契約は，書類等について監査をし，一定の期限までに監査報告書を作成し，提出するという事務委託を目的としているところから，その法的性質は，準委任(民法 656 条)と解される。また，公認会計士が会社法上の機関である会計監査人として企業の監査証明業務を行う場合は，会計監査人と被監査会社との関係は委任に関する規定に従うものとされており(会社法 330 条)，その任務を怠った場合には，被監査会社に対して損害賠償責任を負う(会社法 423 条 1 項)。したがって，その法律関係については，監査契約に特段の定めがない限り金融商品取引法や会社法のほか民法の委任に関する規定が適用される。会計士が会計監査人としてその任務を怠り会社に損害を及ぼしたときは，その会計士は委嘱者に対して連帯して損害賠償責任を負わなければならない。つまり，監査契約が準委任であるところから，会計士は善管注意義務を負い，一般に要求される程度の注意，技量をもって監査及び証明業務を行わなければならず，この義務に違反した場合には任務を怠るものとして損害賠償責任を負うことになる。これらの公認会計士の債務不履行責任を免れるためには，公認会計士の側で善管注意義務違反の不存在，つまり過失がなかったことを証明しなければならない。

84) 粉飾決算は，一般的に，利益を過大に計上することと解されている。また，その逆，すなわち，利益を過少に計上することを逆粉飾決算という。これらは，ともに，不正な経理操作によって導かれるものである。粉飾決算の目的は，会社をよく見せかけることであり，利益を実際以上に過大に計上(粉飾)し，会社の業績が良いことを利害関係者に示すために行うのである。たとえば，新興企業が株価を上昇させるために架空売上を作出して成長性を仮装したり(売上高及び資産が過大計上される)，老舗企業が対外的な信用を維持するために発生した損失を簿外処理したりする例(損失及び負債が過少計上される)がある。

85) ①静岡地裁平成 11 年 3 月 31 日判決資料版商事法務 187 号 216 頁(ヤオハン事件)　会社更生を申請し事実上倒産した有名スーパーマーケットを営む会社の元代表取締役が，粉飾決算・違法配当の罪で刑事責任を問われた事件。経営指導料名目による架空利益の計上や子会社への損失の移し替えなどの経理操作による実態の隠蔽工作が事実認定されている事件。②大阪地裁平成 15 年 10 月 15 日判決金判 1178 号 19 頁(阪急電鉄事件)　私鉄会社が，特別利益として，立体交差化工事に伴い地方公共団体

から受け入れた工事負担金等受入額 402 億 2500 万円を，特別損失として，固定資産圧縮額 21 億 6900 万円を，それぞれ計上した損益計算書を作成した。当該決算についての会計監査人の監査報告書には，本件における工事負担金等受入額の計上について何らの記載もなかった。株主が当時の取締役らを被告に代表訴訟を提起して，恣意的な会計処理を行って会社の重要な資産を流出させたと主張して損害賠償を求めた事件。
③大阪地裁平成 17 年 2 月 24 日判決判時 1931 号 152 頁(山一証券事件) 旧山一証券の株主であった原告が，被告監査法人らに対し，同社の平成 5 年度ないし平成 8 年度の各事業年度における各有価証券報告書には重要な事項について虚偽の記載があったところ，各監査証明において，各財務諸表について虚偽の記載があったにもかかわらず，その記載が虚偽でないものとして証明したと主張して，損害賠償を請求した。この事件では旧山一証券が子会社 5 社を使って，顧客から，時価が簿価を著しく下回っていた有価証券を，簿価で買い取り，損失補塡をしたところ，簿外に巨額の損失を秘匿していた事実が認定されている事件。

86) 渡辺豊樹ほか『改正証券取引法の解説』商事法務研究会，1971 年，69 頁，河本一郎＝神崎克郎『改正証券取引法の解説：問答式』中央経済社，1971 年，111〜112 頁。
87) 根田・前掲注 82) 101 頁。
88) 東京地裁平成 3 年 3 月 19 日判決判タ 760 号 127 頁。
89) 判例評釈として，崎田直次，私法判例リマークス 4 号(1992 年)114 頁，石山卓麿，法律のひろば 45 巻 6 号(1992 年)74 頁，近藤光男，判例評論 395 号(1992 年)48 頁，山村忠平，金判 873 号(1991 年)46 頁，加美和照，ジュリ 1002 号(1992 年)97 頁，弥永真生，ジュリ 1087 号(1996 年)115 頁などがある。
90) 東京高裁平成 7 年 9 月 28 日判決金判 980 号 21 頁。
91) 判例評釈として，石山卓麿，月刊監査役 368 号(1996 年)4 頁，居林次雄，金判 981 号(1996 年)42 頁などがある。
92) 居林・前掲注 91) 44 頁。
93) 長島弘「有限会社任意監査における監査人の責任」経理研究 40 号(1996 年)87〜99 頁。
94) 弥永・前掲注 82) (上)93 頁，江頭憲治郎『株式会社・有限会社法(第 2 版)』有斐閣，2002 年，460 頁。
95) 金子宏『租税法(第 19 版)』弘文堂，2014 年，305 頁。
96) 同上 779 頁。
97) 所得税法及び法人税法の青色申告者は，帳簿作成に加えて決算を行い貸借対照表及び損益計算書の作成を義務づけられている。そしてこの決算手続には総収入金額，必要経費及び益金・損金についての租税法上の規定，並びに会計処理の方法には商法などの遵守が要請され，この制度が適正な申告納税制度の実現に向けての主要な役割を担っているものとされている(所得税法施行規則 60 条，61 条，法人税法施行規則 53 条，57 条)。
98) 飯塚毅氏は，税理士業務に「試査」は認められず，「精査」のみが許されると説いている(坂本孝司『会計制度の解明』中央経済社，2011 年，478 頁)。

99) そのほか, 前橋地裁平成14年12月6日判決 TAINS Z999-0062, 顧問税理士の履行補助者が行った重加算税の説明不足による不適法な申告(逆粉飾)。
100) 事実関係
　　1．X社は, 東京都新宿区歌舞伎町において飲食店(ホストクラブ)の経営, 酒類の販売等を行う有限会社であり, その事業年度は, 毎年8月1日から翌年7月31日までである。
　　2．平成11年12月22日, 税理士Yのアドバイスにより, X社が設立された。Yが, 当時X社の使用していた売上明細書を確認したところ, 連番でなく, 複写でもなかったため, Yは, X社に対し, 連番のある売上明細書を使用すること, X社に経理担当者を入社させることを申し入れ, X社は経理担当者を入社させた。
　　3．X社は, 平成14年3月, 税務署から, 平成12年7月期及び平成13年7月期に関し, 税務調査を受け, 数々の経理改善要請と修正事項の指摘を受けた。X社代表者は, Yに対し, 売上高等の書類は全部捨てたと話したことがあり, X社は, 修正申告をすることになった。
　　4．平成17年3月31日付で, 税務署長から, X社の青色申告の承認は, 平成13年8月1日から平成14年7月31日までの事業年度以後これを取り消した旨の通知を受けた。同処分の基因となった事実は, 本件事業年度の法人税の調査において, ①売上金額の一部443万2093円について, 売上に計上していなかったこと, ②取り引き事実のない仕入金額1694万9010円を計上していたこと, ③給与を360万円過大に計上していたこと, ④社員及びホストから受領している1090万1733円を収入に計上していなかったことが認められ, 青色申告に係る帳簿書類に取引の一部を隠蔽し又は仮装して記載したことになるというものであった。
101) 判タ1272号(2008年)19頁。
102) そのほか, 東京地裁平成16年10月18日判決 TAINS Z999-0095, 経理担当者の横領と税理士の善管注意義務, 大津地裁平成19年2月26日判決 TAINS Z999-0100, 不適切な会計処理と使用人責任(粉飾)。
103) 水野忠恒「税理士の不法行為責任」日税研論集39号(1997年)154頁以下。
104) 山田二郎『税理士業務の民事責任とその対策』東林出版社, 1997年, 145頁。
105) 中小企業の会計分野において, 会計事務所が提供する会計サービスに経営者が不満を持ち, 決算書などはあまり使われていないといった実態が報告されている。こうした実態を踏まえ平成23年2月より, 「中小企業の会計に関する検討会」において新たな会計ルールの検討が進められ, 11月に至り「中小企業の会計に関する基本要領(案)」の公表・パブリックコメント募集が行われた。平成24年2月には最終的に決定, 公表された。「中小企業の会計に関する基本要領」は, 「厳しい内外環境を勝ち抜く自立的な中小企業」と題し, 今後の求められる中小企業は, その経営力強化が必要であり, 中小企業の実態に即した会計ルールの整備・普及が喫緊の課題であるという認識が中小企業関係者のなかで急速に醸成されてきた, とりわけ, その「目的」が重要であり, そこにおいて, 中小企業の成長に資するため, 会社法上の計算書類作成に必要な会計処理等を示すものであると, 端的に本要領の狙いが示されている。その上

で具体的な目的として次の4項目が掲げられている。①経営者が活用しようと思えるように，理解しやすく，経営状況の把握に役立つ会計。②利害関係者(金融機関，取引先，株主等)への情報提供に資する会計。③会計慣行を考慮し，会計と税制の調和を図り，会社計算規則に準拠した会計。④計算書類等の作成負担は最小限にとどめ，中小企業に過重な負担を課さない会計。

106) 本来，チェックリストとは，あくまで処理をした本人にとっての手控えであり，外部に渡すことを目的として作成されるものではないと思われるが，このチェックリストは，税理士が作成した計算書類に関して，中小会社会計指針を適用して作成したかどうかを確認し，その結果を依頼者の代表取締役に対して表明するために作成されるものであった。

107) 司法書士の専門家責任につき，山崎敏彦「司法書士の責任」川井健＝塩崎勤編『新・裁判実務大系8 専門家責任訴訟法』青林書院，2004年，110頁以下，同「司法書士の義務と責任」山川一陽＝根田正樹編『専門家責任の理論と実際』新日本法規出版，1994年，135頁以下，鎌田薫「わが国における専門家責任の実情」『専門家の民事責任』別冊NBL28号(1994年)63頁以下，小野秀誠「司法書士の責任」川井健編『専門家の責任』日本評論社，1993年，327頁以下を参照。

108) (目的) 第1条 この法律は，司法書士の制度を定め，その業務の適正を図ることにより，登記，供託及び訴訟等に関する手続の適正かつ円滑な実施に資し，もって国民の権利の保護に寄与することを目的とする。

109) (職責) 第2条 司法書士は，常に品位を保持し，業務に関する法令及び実務に精通して，公正かつ誠実にその業務を行わなければならない。

110) 司法書士の業務は，従来，他人の依頼を受けて，①登記又は供託に関する手続について代理すること，②法務局・地方法務局，裁判所，検察庁に提出する書類を作成すること，③法務局又は地方法務局の長に対する登記又は供託に関する審査請求の手続について代理することであったが，平成14年改正法による改正後の司法書士法3条によって，④①ないし③の事務について相談に応ずることが明定され，さらに⑤簡易裁判所における手続(請求額が140万円を超えない民事紛争について，簡易裁判所における民事訴訟，起訴前の和解，支払い督促，証拠保全，民事調停手続など)を代理し，⑥民事の紛争について相談に応じ，又は裁判外の和解をすることも加えられた。また，⑤及び⑥すなわち簡裁訴訟代理関係業務については，一定の能力担保のための研修課程を修了し，司法書士の申請に基づき考査等の結果によって法務大臣によりこれらの業務を行うのに必要な能力を有すると認定された司法書士いわゆる認証司法書士のみがこれを行うことができるものとされる。

111) 山崎敏彦＝山野目章夫＝斉藤隆夫＝加藤新太郎「座談会 司法書士の職務と民事責任」判タ1071号(2001年)11頁(山崎発言)。

112) 司法書士法は，第2条のほか，第21条で，嘱託を受けた場合には，簡裁訴訟代理関係業務を除き，正当な事由がある場合でなければこれを拒むことはできないとし，第24条は，正当な事由がある場合でなければ，業務上取り扱った事件について知ることのできた秘密を他に漏らしてはならないと規定している。これらの規定は，義務

違反として裁判上の過誤責任の根拠として援用されることが少なくない。
113) さしあたり，司法書士の不動産登記業務における近時の判例の動向については，七戸克彦「不動産登記業務における司法書士の専門家責任をめぐる近時の動向」市民と法 58 号 (2009 年) 51 頁を参照。
114) ①依頼に応ずる義務，②登記必要書類指示・持参督促義務，③登記必要書類保管，④調査・確認義務，⑤登記簿事前閲覧義務，⑥説明・告知義務，⑦登記手続の履行義務・忠実義務，⑧登記済証等の引渡義務。
115) 京都地裁昭和 40 年 2 月 23 日判決訟月 11 巻 7 号 996 頁。
116) 東京高裁昭和 48 年 1 月 31 日判決判タ 302 号 197 頁，東京地裁昭和 52 年 7 月 12 日判決判タ 365 号 296 頁。
117) 東京高裁平成 17 年 9 月 14 日判決判タ 1206 号 211 頁。
118) ここでは，司法書士の登記事務に限定して論じていることに注意が必要である。
119) 大阪高裁平成 9 年 12 月 12 日判決判タ 980 号 185 頁。
120) 取引の現場では，宅地建物取引業者が競合的にかかわり，宅建業者が，宅地建物取引業法 35 条 (重要事項の説明等) に基づいて調査説明義務を担う。宅建業者は代金額に比例して 3% の高額な報酬を得るが訴訟になるケースが少ない。また，本件の極度額 7500 万円とする根抵当権の設定手数料は，概ね 5 万円程度と思われる。
121) 日本司法書士会連合会では，平成 17 年に全国全員加入保険制度が発足した。これには，司法書士の資格者代理人としての業務範囲・権限の拡大など，社会的な責任が高まっているという社会背景がある。
122) 土地家屋調査士の専門家責任につき，鎌田薫「土地家屋調査士の責任」川井健 = 塩崎勤編『新・裁判実務大系 8 専門家責任訴訟法』青林書院，2004 年，127 頁以下，同「土地家屋調査士の責任」川井健編『専門家の責任』日本評論社，1993 年，357 頁以下，山崎敏彦「司法書士・土地家屋調査士と民事責任」鎌田薫 = 寺田逸郎 = 小池信行編『新不動産登記講座 7 各論 IV』日本評論社，1998 年，302 頁以下などを参照。
123) 土地家屋調査士が調査義務に係る過誤責任の成否が争われた事件 (長崎地裁昭和 62 年 8 月 7 日判決判時 1275 号 110 頁，登記官が表示登記をなすにあたって，必要と思われる事情聴取を怠った過失があるとされた事例) では，「登記官は特段の事情がない限り，右疑問点を解消したうえで所有権の帰属を判断する義務を負うべきであり，その調査の方法として所有権者と認められる可能性のある者については事情を聴取すべき」であると判示されている。
124) 長崎地裁昭和 62 年 8 月 7 日判決判時 1275 号 110 頁を参照。
125) 第 51 条の 2 行政書士又は行政書士法人は，それぞれ行政書士又は行政書士法人の名称を用いて，他人の求めに応じ，ゴルフ場利用税，自動車税，軽自動車税，自動車取得税，事業所税その他政令で定める租税 (石油ガス税，不動産取得税，都道府県たばこ税，特別土地保有税，入湯税) に関し税務書類の作成を業として行うことができる。
126) 札幌高裁昭和 46 年 11 月 30 日判決判タ 271 号 115 頁，「(被告人) 行政書士が業として登記申請手続について代理することは，司法書士法 19 条 1 項に違反する」とし

て実刑に処された事件がある。
127) 西島太一「登記業務を巡る弁護士・司法書士・行政書士の職域分配」阪大法学52巻3・4号(2002年)566頁。
128) 弁護士法72条は,「弁護士又は弁護士法人でない者は,報酬を得る目的で訴訟事件,非訟事件及び審査請求,異議申立て,再審査請求等行政庁に対する不服申立事件その他一般の法律事件に関して鑑定,代理,仲裁若しくは和解その他の法律事務を取り扱い,又はこれらの周旋をすることを業とすることができない。ただし,この法律又は他の法律に別段の定めがある場合は,この限りでない」と改正された。この結果,それぞれの法律分野専門家に関する職業法においても,同様に規定された。
129) 福原忠男『増補弁護士法』第一法規出版,1990年,278〜279頁。
130) 判例評釈として,判タ846号(1994年)67頁。
131) 平成21年度末現在の登録者数は,4万475名,平成22年度行政書士試験受験者数は7万586名で,合格者は4662名であり,合格率は6.6%とかなり難しい(橋間亮二「行政書士に関する実態調査及び平成22年度行政書士試験結果について」地方自治756号(2011年)70〜101頁)。
132) 行政書士の平均年収は,300万円であり,副業をしている行政書士がかなり多い(「行政書士の苦悩と限界」ZAITEN 2009年3月号16頁)。
133) 三木常照『行政書士の役割——行政と市民のインターフェース』ふくろう出版,2004年,40頁。
134) 京都地裁平成15年5月29日判決が「納税者は行政書士の立会いに固執し調査に協力しなかったのであるから,納税者の所得金額につき実額をもって把握することが不可能であったというべきであり,更に,納税者が本件訴訟において提出した各証拠からも所得金額を実額で把握することができない」として推計の必要性があるとされた事例である。
135) 第13条は,「行政書士は,その所属する行政書士会及び日本行政書士会連合会の会則を守らなければならない」としている。
136) 本件の家系図は,戸籍の記載内容を図にあらわすなどした巻き物状のもので,美濃和紙に毛筆書体で印字し,掛け軸用の表装具を使って表装するなどして作成されており,被告人が依頼者に送付したパンフレットには,「こんな時にいかがですか?」という見出しのもとに「いつか起こる相続の対策に」などと記載されているものである。
137) 家系図作成ビジネスとは「事実証明書類作成権限を持つ行政書士による家系図だから真正なものだ」などと宣伝し,書道家等を使い「行政書士の記名職印捺印」や「戸籍調査のプロによる戸籍謄本等の取得代行から作成までを一貫して行う」等を売り文句にし,約30〜200万円程度の値段で,巻き物家系図等を販売するというものである。
138) 日本行政書士会連合会は,このような職務上請求書の不正使用問題を受け,同請求書の使用方法等に関して改善する方針を打ち出したが,個々の行政書士においても,常に職務上請求書の適正な使用を心掛けるとともに,行政書士法及び行政書士倫理綱

領に基づきモラルに合致した行動を日常的に意識して行わなければならない，としている。
139) 住民基本台帳の一部の写しの閲覧及び住民票の写し等の交付に関する省令（昭和60年12月13日自治省令28号）3条は，弁護士，司法書士，土地家屋調査士，税理士，社会保険労務士，弁理士，海事代理士又は行政書士の資格者が職務上の請求である旨を明らかにして住民票等の写しを請求した場合は請求事由の明示を不要としている。そのため弁護士ら有資格者は，その所属団体が所属会員に対してのみ発行する「職務上請求書」を使用することとし，市町村長は職務上請求書による請求があった場合は，有資格者の職務上の請求として簡単に前記住民票等を発行している。過去に，大量の職務上請求用紙を弁護士会から購入し，金融業者に高額で売って利益を得ていた弁護士が，弁護士会から懲戒処分を受けるという事件があり，弁護士会では，どの弁護士が通し番号の何番から何番の職務上請求書を購入したかが分かるように取扱いを改めた。したがって職務上請求用紙を大量購入することについては，チェック機能が働くようになっている。
140) 判タ1214号（2006年）305頁。
141) 判例評釈として，江上千恵子，NBL831号（2006年）8頁。
142) 判例評釈として，澤田省三，戸籍670号（1998年）80頁。
143) 森際康友『法曹の倫理』名古屋大学出版会，2005年，290頁。
144) 兼子一＝竹下守夫『裁判法（第4版）』有斐閣，1999年，372頁。
145) 戦前の弁護士は自治が全く認められておらず，裁判官，検事，司法大臣等の監督下に置かれていた。そして，弁護士が裁判官の訴訟指揮を非難すると，裁判官から懲戒処分を受けるなどの事例が後を絶たなかった。たとえば，明治15年（1882年）7月27日，ある刑事事件の法廷において，弁護人の星亨代言人は，裁判長の許可を得て参考人に尋問をした。すると，立会検事は，治罪法には弁護人が参考人を尋問できるという規定がないことを理由に，弁護人の尋問を差し止めるよう裁判長に要求した。星亨がこれに反論すると，立会検事は自説を敷衍して述べ立てた。これに対して，星亨が「長たらしい御談義は聞かずとも宜し」と述べたところ，立会検事は激怒し，公判の中止と「弁護人の不恭なる言」に対する相当の裁判を要求した。裁判所は，これを容れ，いったん公判を中止した後，8月7日，星亨を弁護人の職から免じる裁判を行った。また，布施辰治弁護士は，昭和3年（1928年）11月21日，日本共産党事件（治安維持法違反事件）の弁護人として，大阪地裁で開かれた第1回公判期日において，統一公判を要求した。裁判長は，この統一公判要求を容れず，そのまま大阪地裁で審理を続けると宣告したので，同弁護士は裁判官全員の忌避を申し立てた。翌昭和4年4月，検事長は，同弁護士の上記一連の訴訟行為に加え，「本件は，起訴後不当な誘導尋問または拷問によって供述が強要されたものである」あるいは「裁判所の措置は暴挙である」等の発言が極めて不穏当であるとして，懲戒の申立てをした。東京控訴院の懲戒裁判所は検事長の申立てをそのまま認め，同弁護士を除名した。同弁護士は大審院の懲戒裁判所に控訴し，控訴審では90人の弁護士が弁護人となった。ところが同裁判所は，昭和7年11月11日の第13回公判において，予定されていた証拠調

べ期日を全部取り消し，弁護側申請の証拠調べを一切行わないまま，控訴棄却の判決をした。このように，戦前の弁護士にとっては，依頼者の権利を守って精一杯奮闘することさえ，自らの職をかけた覚悟が必要だったのである。このような過去の歴史に対する深い反省から，第2次大戦終結直後に制定された現行弁護士法は，弁護士に高度な自治を保障した（森際・前掲注143）293頁）。

146) 第1条　弁護士は，基本的人権を擁護し，社会正義を実現することを使命とする。②弁護士は，前項の使命に基き，誠実にその職務を行い，社会秩序の維持及び法律制度の改善に努力しなければならない。

147) 第2条　弁護士は，常に，深い教養の保持と高い品性の陶やに努め，法令及び法律事務に精通しなければならない。

148) 第3条　弁護士は，当事者その他関係人の依頼又は官公署の委嘱によって，訴訟事件，非訟事件及び審査請求，異議申立て，再審査請求等行政庁に対する不服申立事件に関する行為その他一般の法律事務を行うことを職務とする。
②弁護士は，当然，弁理士及び税理士の事務を行うことができる。

149) 『朝日新聞』2003年10月4日付「私の注目記事・弁護士保険は何のためか」。

150) 後藤富士子「実定法規から見た弁護士と依頼者の関係」日本弁護士連合会編『いま弁護士は，そして明日は？』エディックス，2004年，195頁。

151) 後藤昭「刑事弁護における依頼者と弁護士」大塚喜一弁護士在職30周年祝賀記念論文集『日本の刑事裁判・21世紀への展望』現代人文社，1998年，129～130頁。

152) アメリカ法曹協会「弁護士業務模範規則」では，「弁護士は，代理の目的に関する依頼者の決定に従わなければならず，また，その目的を追求する手段について依頼者と協議しなければならない。……刑事事件においては，弁護士は，依頼者の行うべき答弁に関連して陪審裁判を放棄するか否か，及び依頼者が証言するか否かについて，依頼者がその弁護士との協議の上で下した決定に従わなければならない」（第1の2条）。

153) 田川和幸弁護士の指摘によれば，「簡単なことであるが，弁護士の法廷活動には，まず関係者から事情を聴取し，証拠を持参させ，みずからも証拠収集を行い，思考を巡らせて丹念に要件事実の構成を検討し，それを裏付ける間接事実を取捨選択したうえ，争点をわきまえた準備書面を作成して，証明方法を模索して証拠申請をし，争点をわきまえた尋問をすることに尽きる。ところが，このわかり切ったことを十分に行わない，当事者の言ったことを法論理的に構成しないでそのままに書き，証人申請をすることなく本人申請をするだけで済ましてしまう，こんな弁護士もいる。そして，弁護士が裁判所に真実による解決を求めながら，みずから主張立証を尽くすのでなく，裁判官に主張を整理させることに引け目を感じず，補充尋問を尽くすことを裁判官に期待する，そんな弁護士もいる。そこに，みずから実体的真実を発見することが使命であると考える裁判官が現れて，当事者に代わり主張を整理し，みずからなしうる唯一の証拠方法が補充尋問であるが故に，熱心に補充尋問を繰り返して，心証をとり，判決を起案する。その結果，こんな弁護士でも勝訴して報酬がとれる。このような経験を繰り返していると，裁判官は自然と弁護士より自分が一段上の人と思えてくるの

ではないか」。田川弁護士は，このような弁護士には，弁護士会が倫理性と研鑽を求める必要があるという(田川和幸『弁護士 裁判官になる――民衆の裁判官をこころざして』日本評論社，1999年，220～225頁)。
154) 安田好弘，魚住昭「緊急対談 権力が一人の弁護士を潰しにかかった！――「検察の暴走」「司法の劣化」が極まるとき」月刊現代2004年3月号83頁。
155) 森際・前掲注143) 296頁。
156) この見解によれば，「弁護士は，基本的人権の擁護および社会的正義の実現をその公的使命とするが，その使命を果たすべき職務活動を遂行するにあたっては，検察庁や国の行政部門と対立する当事者の立場に立ち，また，しばしば裁判所の行為の批判者の地位にすら立たねばならない。そこで，弁護士がよくその使命を果たし得るためには，これらの国家機関による監督や懲戒の圧力を受けないようにし，また官僚の意に添う者のみに弁護士資格が与えられるような弊を防止するため，弁護士の自律を認めなければならない。ここに，弁護士自治が要求される根拠がある」と理由を述べている(兼子＝竹下・前掲注144) 372頁)。現行弁護士法が弁護士自治を保障するに至った立法事実を忠実に反映した見解であり，今日に至るまで通説的地位を占めている。
157) 平成14年2月28日に開催された日弁連臨時総会の議案書3頁。
158) この意味における団体自治は，司法書士会，税理士会，医師会についての団体の「自治権」存在を肯定する理由になる(森山文昭「弁護士自治と綱紀・懲戒制度」法の科学36号(2006年)110頁)。
159) 平成13年6月12日司法制度改革審議会意見書85頁。
160) 森山・前掲注158) 109～117頁。
161) それまで，綱紀・懲戒手続に市民が直接参加する制度としては，綱紀委員会の参与員制度と懲戒委員会における弁護士外委員の制度があったが，参与員は議決権を有していなかった。懲戒委員会の過半数の委員は弁護士が占めていたので，綱紀・懲戒に関する決定は弁護士が行うという弁護士自治の建前は一応維持されていた。
162) 綱紀審査会が懲戒相当の議決を行っても，懲戒委員会が最終的に懲戒しないという決定をすることもできる。その意味では，最終的な自治はかろうじて維持されていると評価することも可能である。
163) この点につき，弁護士自治についての国民的な理解を得，説明責任を果たすという視点も考慮すべきであるとしながらも，社会正義や基本的人権を守ることは，国民多数からの批判と闘うことをも，ときに意味するとしている(塚原英治＝宮川光治＝宮澤節生『法曹の倫理と責任(第2版)』現代人文社，2007年，8頁)。
164) 日本弁護士連合会『弁護士懲戒事件議決例集(第12集・平成21年度)』2010年。
165) 多重債務者の債務整理に係る事件での「非弁提携」によるものが少なくない。「非弁提携」は，弁護士法27条で禁止されており，これに違反すれば「2年以下の懲役又は100万円以下の罰金」に処せられる。すなわち，「弁護士でない者が報酬を得る目的で業として法律事務を取扱ったり，周旋すること」等が「非弁活動」として禁止されている(弁護士法72条～74条)。これに違反する者から「事件の周旋を受け，又

はこれらの者に自己の名義を利用させる」行為が「非弁提携」として刑罰で禁止されている。
166) やや古い事件であるが，その後において，この種の事件を見つけることができなかったことから採用した。処分の理由の要旨は，「被懲戒者は，多重債務者の債務整理事件を弁護士に周旋することを業とする疑いのある政治結社Aから，1997年6月13日に多重債務者B及びC，同年7月ころに多重債務者D，1998年10月ころに多重債務者Eの各債務整理事件の紹介を受けるなど，多重債務者の債務整理にかかる破産申立事件，任意整理事件を上記政治結社Aとの継続的な関係に基づいて多数回にわたり受任した」（自由と正義2002年9月号170頁に掲載された「公告」から引用）。
167) 事件の詳細・経過は，後藤・前掲注150) 201〜203頁を参照した。
168) 姉歯秀次元一級建築士は，205件の物件に関与し，うち99件が偽装物件とされる。偽装のやり方は，主として構造計算書の入力部分と出力結果を差し替えるというもので，ほとんどの物件で耐震強度が基準を下回っており，保有水平耐力の数値(Qu/Qun値)が0.5を下回る危険なものも33件あり，悪質な業務内容と報告されている（日高俊明『建築士法，建築基準法，建設業法改正のポイント』オーム社，2007年，15頁）。
169) 平成18年12月13日，建築士制度や建築確認審査などの抜本的な見直しを図った建築士法，建築基準法，建設業法の各改正法が参議院本会議において全会一致で可決，成立した。建築士法と建築基準法が制定されたのは昭和25年(1950年)5月，建設業法はその前年の昭和24年5月。したがって，今回の大幅な法改正は，ほぼ60年ぶりということになる。
170) 一級建築士：34万3650人／二級建築士：73万336人，木造建築士：1万6726人（(財)建築技術教育普及センターHPより。http://www.jaeic.or.jp(平成23年3月31日現在)）。たとえば，1987年1月1日の数字であるが，建築家1人当たりの人口比は，アメリカ約5000人に1人，イギリス約2380人に1人，西ドイツ1000人に1人，日本173人に1人であった。当時の日本の建築士の数は，70万9034人である（花立文子『建築家の法的責任』法律文化社，1998年，29頁）。また，現在は，上述の時点で109万712人である。単純比較はできないとしても，比較参考にはなる。
171) 高橋寿一「建築士の責任」川井健編『専門家責任』日本評論社，2008年，403頁。
172) 高橋寿一「建築士の責任」川井健＝塩崎勤編『新・裁判実務大系8 専門家責任訴訟法』青林書院，2004年，140頁。
173) 古くから，施工者が設計・監理も同時に建築主より委託される形態が広く普及してきたために，施工者としての責任を問うなかで設計ないし監理ミスが同時に問われる場合がある。ただし，これも建築士と施工者との関係によって，①建築士が施工者（建設会社）の従業員である場合と，②建築士が施工者（建設会社）の代表者である場合とに分類される。
174) この類型は，建築主が設計・監理者と施工者を別々に選定・依頼するものであって，設計・監理者と施工者が実質上も分離している場合である。
175) これは，監理のみではあるが施工と分離されている。設計・施工は同一の業者に

よって行われるが，監理が建築主によって別の建築士に依頼される場合である。
176) 高橋・前掲注172) 145頁。
177) 澤田和也『欠陥住宅紛争の上手な対処法——紛争からみた法的対応策』民事法務研究会，1996年，53頁。
178) 福岡地裁昭和61年7月16日判決判タ637号155頁，大阪地裁昭和62年2月18日判決判タ646号165頁，大阪高裁平成元年2月17日判決判タ705号185頁，大阪地裁平成10年7月29日判決金判1052号40頁，大阪地裁平成10年12月18日判決判例集未登載(欠陥住宅被害全国連絡協議会・消費者のための欠陥住宅判例・第1集)，大阪地裁平成11年6月30日判決判例集未登載(同上)，大阪地裁平成12年6月30日判決ジュリ1192号216頁(松本克美評釈)。
179) 松本克美「欠陥住宅と建築士の責任」立命館法学271・272号下巻(2001年)900頁以下に詳しい。
180) 一級建築士の賃金水準については，厚生労働省において実施されている「賃金構造基本統計調査」(平成17年度)によれば，年収(「きまって支給する現金給与額」の12ヶ月分に，年間賞与その他特別給与額を加算したもの)は約540万円(約44歳)であり，医師(約1050万円：約40歳)，歯科医師(約900万円：約35歳)，弁護士(約2100万円：約41歳)等に比べれば低い水準にあるものの，社会保険労務士(約550万円：約38歳)，技術士(約530万円：約40歳)，薬剤師(約507万円：約36歳)とほぼ同程度となっている。しかし，特に，下請となっている構造設計や設備設計を担当する建築士は，契約関係上弱い立場にあり，十分な報酬が得られない等の問題が生じているとの指摘もある(社会資本整備審議会「建築物の安全性確保のための建築行政のあり方の答申」2006年，10頁)。
181) 同上15頁。
182) 建築士法では，工事を設計図書と照合し，それが設計図書のとおりに実施されているかいないかを確認することとされているが，現場管理者が工事監理を行っていて十分なチェック機能が果たせていない場合がある。また，設計者が工事監理者であっても工事現場での照合をほとんど行っていない場合がある等の原因で工事監理が適切に機能していない実態が明らかになってきており，工事監理の方法，内容，範囲等を明らかにして，工事監理者の責任を明確化すべきとの指摘がある(同上9頁)。
183) 同上9頁。
184) 同上15頁。
185) 高度な専門能力を有する建築士の育成・活用については，建築士制度について受験資格や試験などの資格要件の厳格化を図ること，資格取得後も不断の自己研鑽により，建築全般にわたる一定水準の知識及び技能を維持向上させるとともに，各々得意分野の高度な知識及び技能を修得させるため，自己研鑽を実効あるものとするための環境整備を図ることをあげている(同上15頁)。
186) 構造設計及び設備設計の適正化については，必要十分な能力を持つ建築士が，各分野の業務の整合性をとりつつ，設計図書として一つにまとめあげることが必要になっている現状を指摘。したがって，構造及び設備の分野については，高度な専門能

力を持つ建築士が関与して設計が行われる仕組みの制度化が必要であるとしている（同上15頁）。
187) 建築士事務所の業務適正化については，業務内容や責任を明確化し，建築主に分かるようにすることが重要と指摘。このためには，業務を依頼する建築士について消費者が建築士本人であることを直接確認できるようにする，建築士が行う設計や工事監理などの業務内容を建築主が十分理解した上で適切に契約が行われるようにする，管理建築士による事務所管理機能を強化する，業務の再委託などについて適正化を図る，などをあげている（同上15頁）。
188) 工事監理業務の適正化と実効性の確保については，業務内容や実施方法の具体化や建築主への報告内容の充実化を図る，建築主の工事監理者選任義務の履行を担保するための措置を講ずる，などを指摘（同上16頁）。
189) 業務実態を踏まえた業務報酬のあり方については，現在，業務報酬額を統一的・具体的に示すことは適正な競争を阻害するおそれがあるとして，弁護士報酬基準などでも規制改革のなかで廃止され，自由化されている状況を踏まえつつ，建築士が行う設計及び工事監理に関する業務報酬基準は，引き続き，標準的な業務内容とこれに伴って必要となる作業量（人・日数）を示すことが適当とした。ただし，その際，設計業務のCAD化，専門分化や調査業務の増大といった業務実態の変化に合わせて見直しを行う必要があるとしている（同上16頁）。
190) 団体による業務適正化に向けた取り組みの強化については，建築士等が必要な情報を共有し，必要な知識・技能を修得するための研修の提供を受け，互いに切磋琢磨できる環境を整えることが必要と指摘。そして，業に携わる者が自ら率先して業務の適正化を図る必要があるとしている（同上16頁）。
191) 今後の建築を考える上で改善すべき点の一つとして，設計料の安さがある。建築に限らず日本人はモノにはお金を出すが，情報や思想など見えないものには出さない。建築に関しては，いままではそのしわ寄せ，つまり安い設計料では十分に詰めきれない部分が現場に持ち込まれ，現場をつくっていくなかで，場合によっては施工者も一緒に考えながら対処してきた。しかし，今後，法改正によって設計の審査が厳しくなり，設計者は研修などで定期的な自己研鑽を義務づけられる。そうなると，従来の料金ではやっていけなくなる。料金の見直しがなされないと建築士のモラル低下を招きかねず，その先には再び「事件」を惹起しかねないリスクが待ち構えている。これは社会全体が対策を考えるべき課題といえる。
192) 日本建築士会連合会は昭和27年(1952年)，都道府県ごとに設立されている建築士会を傘下に持つ組織として発足。「建築士の品位の保持及びその業務の進歩改善を図り，広く社会公共の福祉増進に寄与する」ことを目的にした社団法人で，正会員は都道府県建築士会に入会している建築士（一級，二級，木造）を合計して10万4000人（平成19年1月31日現在）。
193) 日事連は「建築設計・工事監理等の業務の進歩改善と建築士事務所の健全な発展並びにその業務の適正な運営及び設計等を委託する建築主の利益の保護を図り，公共の福祉の増進に寄与する」ことを目的に昭和50年5月1日に設立。建築士事務所を

構成員として都道府県ごとに設立された社団法人である47の事務所協会を会員としており，平成19年2月末現在の47団体の会員数は1万5240事務所を数える。

194) 日本建築家協会は明治19年(1886年)に発足した造家学会を原点とする社団法人。なお，「建築家(architect)」の定義について，「建築の設計は数多くの専門家の協働で行われますが，その全体を統括するものが建築家です。建物は安全なものでなければなりません。そこに住み，あるいは利用する人々にとって快適なものでなければなりません。そして時にそれは経済的な利益を生むものでなければなりません。周辺環境，地域環境，地球環境に配慮されねばなりません。そのような多様な要請をまとめる建築という環境を形成することによって社会に貢献する人が建築家と考えます」としている(日本建築家協会ホームページ http://www.jia.or.jp/guide/about_jia/president.htm)。

195) 建築士事務所の業務に関し，契約の内容の適正化その他，設計等を委託する建築主の利益の保護を図るため必要な建築士事務所の開設者に対する指導，勧告その他をはじめ，建築士事務所の業務に対する設計等を委託する建築主等からの苦情処理，建築士事務所の開設者に対する研修等の実施，建設設計工事監理等の業務に関する調査研究などを活動の中心としている。

196) CPD(Continuing Professional Development)は，技術の継続的な向上を図る専門職のためのプログラムとして欧米を中心に取り組みが進んできた。日本でも医師やコンサルタントなどの団体では早くからこの制度を導入している。建築士会は良質な建築を社会に提供する使命を持った建築士に，建築士法22条1項にある「建築士は，設計及び工事監理に必要な知識及び技能の維持向上に努めなければならない」(改正後も同じ)に即した技術，技能の向上のためのプログラムを提供することを役割としているが，独自に研究した継続能力開発制度を加味した体系的なプログラムを「CPD制度」として推進している。

197)「この「ピアチェック」は，欧米では，昔から一般的に行われています。アメリカでは行政の審査機関が，フランスでは保険会社が，ピアチェックを実施しています。日本でも，実は20年くらい前から，建築界からこの仕組みの導入が提案されてきました。1998年に確認検査の民間開放が決った時にも，この仕組みの導入が要望されました。民間開放の背景には，建築申請の量が増えすぎただけでなく，行政が構造設計を評価するのが難しくなったからでもありました。当初は，民間の実務者の能力を活かして，審査の質を向上させる狙いもあったのです。しかし，現実には，民間の確認検査員の資格には，審査経験が2年以上という条件がつきました。それまで，行政だけが審査をしていましたので，行政OBでなければ，民間の確認検査員にはなれませんでした。そこで，行政のやり方がそのまま民間検査機関に引き継がれ，構造設計のチェックは形だけとなったのです」(「構造的な問題と今後の提言」NHK教育テレビ2006年12月8日放送オピニオン番組「視点論点」の草稿(http://www.psats.or.jp/katsudou/shitenronten.html)，NPO法人建築技術支援協会常務理事米田雅子の発言)。

198) 外資系の会社(建築主)などはいまでも実践している。ある設計者が設計したもの

を他の設計者に見せ，意見を聞き，ディスカッションする。これは法の外でやっているので，割に自由に物が言えるというメリットがある。
199）西嶋梅治氏は，「医師や建築家の場合には，長年にわたってきずきあげられた一般原理が確立していて，それを個別的ケースにあてはめるについて最終的な判断権を彼自身がもっているので，その主体性や独立性が確保されやすい。しかし，その場合でも，企業や政治団体などの圧力に対して最後まで独立と自由を貫徹することが困難な場合もある。土建請負会社に雇用された建築士や企業内病院に勤務する医師が，その良心を曲げて仕事をするか会社を退職するかの選択を迫られることが多いこともよく知られている。特に弁護士の業務は，弁論という比較的単純なテクニックを使うだけで科学的な意味での一般原理が確立していないし，また彼は単にクライアントの法律問題の助言者にすぎず最終的な判断権はクライアント側に留保されているので，彼自身の主体性や独立性を維持することが困難である。訴訟事件の最終的決定権は裁判所に独占されているので，敗訴しても勝訴しても，それは弁護士の活動に起因しない。弁護士は勝訴の保証をしたのではなく，単に法律上のアドバイスをしたにすぎない。弁護士には最終的判断権も責任もないため，常に買手市場となり，クライアント側の選択や意思が優越的な地位を占める。弁護士が名声を固定して安定したクライアントを確保するためには，常に買手に接近し，買手の意思に迎合しなければならず，そのため独立性や主体性は完全に放棄されてしまうおそれがある。会社に雇われた顧問弁護士が，会社幹部の基本方針に反する活動や，これに批判的な見解を公表できないとか，イソ弁の自主性が名目的なものにすぎないといわれるのも，業務の性質それ自体が医業などと違って最終判断権のないことに基因する」(西嶋・前掲注2) 152頁)と，弁護士と医師・建築家といった職業専門家を最終的判断権から分析している。

第3章　税理士制度と納税環境整備

　本書は，まず第1章において，税理士の置かれた苦境の原因を「国と納税者の間でいずれに対しても適切な距離をとれない」という現象であると捉えた上で(第2節)，本来，税理士の職責を全うさせるための下支えとなるべき税理士制度がうまく機能していないことを明らかにして(第3節)，問題意識を明確にした。そして，問題解決の手がかりを求めて，第2章で広く「専門家責任論」を立てて，外国の税理士制度及び日本国内の他の専門家制度と比較し，日本の税理士制度の改善への示唆を導き出した。そこでは，税理士集団と国家・納税者(顧客)との間の関係のあり方にかかわる独立性の問題と，そのような独立が独善にならないための(納税者の信頼を勝ち取り，公器として公益に奉仕するための)専門性ないし品質の確保の問題とが，重要な視座として明らかにされた。

　そして，その両者をともに実現するための方向性として，「国家・納税者との間に等距離を保つ(どちらか一方に偏するのではなく，単に足して2で割るのでもない，専門家として固有の価値と地位を追求する)税理士という「正三角形」のイメージ」を第2章の最後で簡単に述べたが，これを具体化する方策として，何が必要か(メルクマールは何か)を考える必要がある。本章では，そうした諸方策の総体を「真の納税環境整備」と呼び，以下に詳述する。

第1節　真の納税環境整備

　真の納税環境整備とは，国家，税理士，納税者の三者の不安定な関係を改善するために必要な環境整備である。先に述べたように，国家との関係において，その環境整備がなされないままでの国家権力の行使は，納税者の法令遵守精神を挫折させ，税理士に対する期待感を損なわせる。その結果，税理士と納税者の信頼関係は破壊されることになる。また，納税者との関係において，依頼者の税理士に対する責任追及は，その射程範囲が拡張し，税理士が萎縮するような状況を招いている。そして，これらは，依頼者(納税者)と税理士の信頼関係をさらに不安定にしている。真の納税環境整備は，このような不安定な関係を是正するために，その三者がお互いに牽制し合う関係を基盤として，税理士が「自治権」を獲得し，税理士が「公器」として課税庁と協業することで，納税者にとって信頼できる租税制度を構築することにある。また，これにより国家は，財政を確実に確保し，行政事務効率を高め，課税を公平にすることができる。さらに，専門家である税理士は，独立性をもって，かつ，経済的に自立できることになる。

第1款　税理士の立ち位置

　現行の税理士法1条に規定される「税理士の使命」についての解釈を試みることにより，その使命から導き出される，納税者，税理士，国(課税庁)との関係，税理士の職務段階での納税者，国との位置関係を探る。

第1項　税理士法1条の意義

　税理士法1条は「税理士は，税務に関する専門家として，独立した公正な立場において，申告納税制度の理念にそって，納税義務者の信頼にこたえ，租税に関する法令に規定された納税義務の適正な実現を図ることを使命とす

る」と規定している。この税理士の使命に関する条文につき，すべての修飾語を除去して，理論的に分析すると，最小限の使命とは，税理士は，「納税義務の適正な実現を図ることを使命とする」ということになる[1]。次に，それぞれの修飾語を分析していくことにする。まず，「税務に関する専門家として」とはいかなる意味であろうか。ここで「税務」とは，租税に関する「法律の解釈」，「事実の認定」，「法律の適用」という3要素を抽出する事務をいう。すなわち，実定租税法律に定められてある租税に関する法律要件の内容を特定する作業，実定租税法律の解釈をする作業，その内容を特定した実定租税法律に定められてある租税に関する法律要件にあてはめるべき事実を認定する作業，そして，その認定した事実をその内容を特定した実定租税法律に定める租税に関する法律要件にあてはめる作業に係る事務を指す。したがって，これらの作業を行う専門的な知識と技術を有する者が「税務に関する専門家」ということになる。続いて，「独立した公正な立場において」とは，いかなる意味かを検討する。この「独立した公正な立場」は，「公正な立場」と「独立した立場」に分解される。そして，「公正な立場」とは，「「公正」とは，合理的でかつ正当であることを内容とするという積極的な性質のものであって，いずれにも偏らない中立などということを内容とするという消極的な性質のものではない」[2]という立場である。さらに，「独立した立場」とは，自由業に従事する者としての独立性であり，職業上の意思決定の自由を有する立場である[3]。そして，「独立の業務遂行は，職業上の意思決定の自由を危うくするような拘束が存在しない場合に，はじめて可能になる」[4]。それゆえ，税務当局からの職業監督，税理士自身の整然とした経済関係の欠如，被用者に類する位置につくこと等の職業上の意思決定の自由が制約される場合は，独立性が保たれていないことになる[5]。つまり，税理士は，職業的，個人的，経済的に独立した立場で，自らの責任において決定する者として存在する。さらに，重要なことは，この「公正」ないし「公正な立場」の確認は，「独立した立場」においてなされなければならない。したがって，「独立した公正な立場」とは，何人によっても拘束されることのない状況のもとで，主体的に合理的でかつ正当な判断をする立場であり，その

ことが納税義務の実現を図るために不可欠な税理士の立場である[6]。

さらに,検討を進めると,「申告納税制度の理念にそって」という文言は,納税義務の実現を図るための目的を意味しているとされる。そして,この文言は,昭和55年の衆議院における「税理士法の一部を改正する法律案」には当初において,改正提案されていなかった。その後,この法案が参議院に送付され,法案の質疑終局後に「一部を修正する案」が再提出され,挿入されたものである[7]。すなわち,当時の大蔵省を中心とする立法にかかわる政府関係者が,想定していなかった文言が挿入されたのである。そして,この文言は,税理士の使命の解釈に深く影響を与える結果となった。今日においては,「税理士制度は,税務に関する専門家としての能力,識見を有する者即ち税理士が納税義務者を援助することを通じて,納税義務者が自己の負う納税義務を適正に実現し,これによって,申告納税制度の円滑,適正な運営に資することを期待して設けられたものであり,この点において,税理士制度と申告納税制度とは形影相ともなう一体のものとして捉える必要がある。第1条における「申告納税制度の理念にそって」との表現はこの趣旨をさしたものである」というのが通説とされ,税理士の使命を理解する場合に重要な意味を有し,税理士制度の目指す目的でもあるとされている[8]。したがって,「申告納税制度の意義」については,税理士の使命を考察する上では詳細な検討を加える必要がある。そのため,別項で詳しく述べることにする。

引き続き分析を加えると,「納税義務者の信頼にこたえ」とは,納税義務の実現を図るための税理士責務を意味する。すなわち,税理士が「税理士の使命」を果たすにあたっては,「納税者の信頼にこたえ」ることが要請され,納税者に対して,真正にして適法な納税義務の過不足のない履行を実現する。つまり,税理士を信頼して委嘱した納税義務者の負託に応えるように,納税者が正当な納税義務のみを履行し,不必要な納税義務を履行することはないように努めるべきであるということである。

最後に,「租税に関する法令に規定された納税義務」について検討をする。租税法律主義は,「換言すれば,法律の根拠に基づくことなしには,国家は租税を賦課,徴収することはできず,国民は租税の納付を要求されることは

ない」9)という原則，いわば，「納税者の権利」を規定しているとされている。つまり，法律の定めがなければ，何人も納税の義務を負わないということである。

　憲法は，租税法律主義について，憲法30条「納税の義務」と84条「租税法律主義」の2ヶ所で規定している。この憲法30条と84条の関係について，そもそも，憲法30条につき，美濃部達吉と宮沢俊義の見解10)によれば「納税の義務」は，国民としての当然の本分(責任)であるから，本来規定する必要はないが，種々の本分(義務)のなかでも特に重要な本分(義務)であるという理由から第30条で規定したとしている。また，その経緯を出発点としながら，さまざまな見解が存在する。その一つとして，その租税法律主義(第84条)の内容は，主として，財政法律主義(第83条)に由来し，国家の財政権，課税権を行使する側の視点からの租税法律主義であり，納税義務(第30条)は，国民の納税義務が法律によって具体化されるという面から規定しているとする見解11)がある。また，租税の賦課徴収は法律又は法律の定める条件によるべきことは，第84条で規定されており，これがなくとも，一切の義務づけは法律を要するとの体制が採用されているから，憲法において第30条は特に必要ないとする見解12)や「財政における国会中心主義をうたう83条がある以上，それからの直接の帰結といってよい。しかし，日本国憲法は，30条において，国民の義務の面から納税に関する規定のうちに租税が法律で定められるべきことを示し，さらに84条において重ねて課税権の側面から同じことを再言している。これは「代表なくして課税なし」という近代憲法の基礎となった租税民主制の原則が現代国家においてもなお重要なものであることを明らかにするとともに，国民の負担する租税のもつ意味の重要性を示唆するもの」であるとする見解がみられる13)。さらに，憲法30条の意義につき，松澤智氏は，「租税とは，国民の利益を享受するためにつくった国家社会の維持・存続に必要な費用ということになる。そうだとすれば，わが国の憲法30条が「納税の義務を負ふ」と規定しているのは，当然の確認規定ということになる。むしろ，納税の権利といってもさしつかえない」との見解を示し，また，「国民主権」が「基本的人権尊重主義」とともに憲法の基

本原則と解される以上，第30条にもこれら二つの原則が包含されていることを踏まえて現代的な解釈を施す必要があることを指摘した。そして，第30条の「「国民は，……納税の義務を負ふ」との文言は，民主主義を表明した現行憲法の国民主権主義の原理からすれば，主権者としての国民にとってみれば自己賦課の性質をもち，国家の構成員として当然のことを宣言した文言であるといえる」としている[14]。

以上のように解すると，「租税に関する法令に規定された納税義務」とは，憲法84条の租税は法律又は法律の定める条件により賦課徴収されるとの宣言と憲法30条の国民は申告納税制度で支えられた法律の定めるところにより納税の義務を負うという規定を根拠とした租税に関する法令に規定された納税義務，すなわち，「納税の権利」ということができる[15]。

第2項　申告納税制度

申告納税制度とは，国税通則法16条1項に規定され[16]，納付すべき税額が納税者のする申告により確定することを原則とし，申告がない場合，又は，申告が不相当と認められる場合に限って，租税行政庁の更正又は決定によって税額を確定する方式である[17]。

この「申告納税」という税務用語は，昭和20年の税制改正で，申告により法人税を納付せしめる制度として存在していた[18]。しかし，この制度は，昭和22年に導入された現行の「申告納税制度」[19]とは異なり「申告前納税制度」とでも呼ぶべきものであった。さらに，申告納税制度は，一般に，昭和24年のシャウプ勧告に基づいて導入されたもの[20]との誤解があるが[21]，実際はそれ以前から存在するのである。一方，この制度の性質[22]及び意義は，「申告納税方式は，納税者が自ら進んで，納付すべき租税の課税標準及び税額を計算し，自己の納税義務の具体的内容を確認したうえ，その結果に基づいてこれらを政府に申告することによって，その申告に係る納税義務の実現を企図するもの」[23]であり，「申告納税方式は課税庁の介入なしに納税義務を確定するものであるから，それが円滑に機能するためには，納税者の税に対する高い意識と自発的な協力が不可欠である。また納税者は申告を通

じて自己の税負担を認識し，その内容を分析し，さらに税の使われ方や歳入歳出の決定機構のあり方にまで自己の関心を高めてゆくことができる。申告納税方式こそ，国民主権のもとにおける税額確定方式として最も望ましいものといえよう。このような観点から，シャウプ勧告は申告納税方式を広く採用すべきことを主張したのである」[24]とされる。他方，今日において，その機能は，「申告納税方式においては，納税義務の確定について納税義務者に第一次的な役割が与えられ，納税義務者がこの第一次的な役割を遂行しない場合にはじめて税務官庁が納税義務の確定について第二次的・補充的な役割を果たすのである。この場合，納税義務者に申告により納税義務を確定すべき義務が課されていると同時に，納税義務者に対して納税義務の確定について第一次的確定権ないし第一次的判断権が与えられているということができる」[25]とされている。このように，申告納税制度は，二重の構造を持つといえる。一つは，第一次的な役割としての自主申告及び修正申告による税額確定という構造である。他方は，第二次的・補充的な役割としての税務官庁の課税処分による税額確定という構造である。この申告納税制度の二重構造によって，税務官庁は，納税者との位置関係を変えることになる。第一次的な役割としての自主申告及び修正申告による税額確定という構造における立場は，納税者に対する「行政支援サービス」である。また，第二次的・補充的な役割としての税務官庁の課税処分による税額確定という他方の構造では，課税規範に従い権力的な立場をとることになる。このように申告納税制度の二重構造のもとで，納税者は，「申告の主体」と「課税処分の客体」という二つの地位を有し，税務官庁は，「納税者の支援者」及び「課税処分の主体」という二つの地位を有する。そして，税理士は，この二つの位置関係の変化に取り込まれていくことになる[26]。すなわち，第一次的な役割においては，納税者に対する「保護者」であり，第二次的・補充的な役割においては，「法の監視者」となるのである。

　昭和55年税理士法改正によって，「申告納税制度の理念」が最終局面において税理士法1条に挿入されたことは，税理士の立ち位置との関係でどのような意味を持つのであろうか。税理士を税務官庁の補助者的機構と考える立

場の「国庫主義的租税観」[27]によれば,「税理士は依頼者たる納税者との関係では民法上の契約から代理となっているとおもわれるが,代理の関係は,租税債務の関係から代理以上の範囲のものを含み,単なる依頼関係,民法上の代理関係以上の使命というものが必要になるわけである」[28]との前提に立ち,税という公共的な仕事を独占する上は,民事上の委任契約を超えて,特別の使命が存在するとする。つまり,このような「国庫主義的租税観」は,税理士という職業につき,独占の形で業務を保障する以上は,租税債務の関係から,単なる依頼関係,民法上の代理関係以上の使命が必要となるとし,税理士は,税務行政の一翼を担う者として,国家目的と共通の基盤に立って行動すべきことを命じているとする。すなわち,税理士を徴税機関たる税務署長の補助機構と捉え,もって,不正に税を免れようとする納税者から,それを防止する責任が税理士にあるとするのである。これに対し,「人民主権主義的租税観」によれば,国家を代表する税務署長という権力に抵抗し,もっぱら納税者の権利を擁護することのみに行動することに使命があるとする立場をとる。その立場からは,納税者のみの利益を考え,自主申告の意義を針小棒大に拡張し,税理士は人民の「弁護士」という考えで行動することになる。この二つの見解は,鋭く対立し,税理士の使命論に深く影響していた[29]。

　しかしながら,主権者である納税者たる国民は,代表者によって制定された租税法に基づき自発的な納税申告,すなわち,申告納税制度によって,自らのために,その福利を享受する国又は地方公共団体という団体の維持・存続並びに活動に必要な費用を支弁するのであり,国家の使命によって税を負担させられるのではない。民主主義政治体制の国家のもとでは,自費は自弁すると考えるのが本質である。このように,申告納税制度の確立の理念は,国民主権主義と深く結びついているという,「国民主権主義的租税観」[30]のもとでは,税理士の使命は公共的使命に画された納税者の権利擁護を中心として理解されるのではなく,適正な納税義務の実現という公共的な目的に画された,納税者に対する「支援者」であり,「保護者」であると理解されるのである。

以上のように税理士法1条の税理士の使命における「申告納税制度の理念にそって」という意味は，上述のような租税観が醸成される基礎とされるものであり，今日的な申告納税制度の意義との関係からは，税理士の立ち位置を，第一次的な自己賦課としての申告納税方式においては，納税者の「保護者」とし，第二次的・補充的に税務官庁が納税義務の確定について役割を果たす場合には，納税者とともに「法の監視者」とするのである。

第3項　税理士法1条の本質

上述のように，税理士法1条は，「税務に関する専門家制度に立脚し，憲法30条で支える申告納税制度を基盤として，あらゆるものから独立した立場で公正な立場を設定し，法令により実現することのできる納税義務者のための利益を守り，信頼に応え，納税義務の適正な実現を図ること」と解釈することができる。そして，このような解釈から税理士の基本的な性格とはいかなるものであるかということが検討されなければならない。もっとも，その性格についての論争として，税理士法1条の使命と申告納税制度のもとでは，税理士は，適正な納税を実現することを追求するから，納税者の財産権を守ることのみを目的とせず，租税法上の申告手続，行政手続，不服争訟という局面において，それぞれ，納税者の「保護者」，「法の監視者」，「権利救済者」としての役割があるとする考え方がある[31]。他方，納税者の権利を擁護することが税理士の中心的役割であるとし，税理士の究極的使命は，「平和・福祉」の日本国憲法の「憲法保障」装置である，したがって，税理士の本質は，あくまで基本的人権を擁護すべき法律家・弁護士でなければならないとする考え方がある[32]。いずれにしても，税理士の基本的な性格を確定する上で重要なことは，税理士の性格の二面性を考慮しなければならないということである。その二面性とは，一方において，「納税義務者の信頼にこたえ」ることによって納税者の利益を擁護するが，他方において，「納税義務の適正な実現を図る」という公共的使命も有するということである。そして，この二つは，相互に牽制することで均衡を保つ関係にある。さらに，納税者の利益は，公共的使命で画されるといえる。このような背景のもとで，

税理士の基本的性格は、租税法の執行、適用と税理士業務との関係をどのように捉えるか、また、申告納税制度における納税者、税理士、課税庁の三者の関係をどのように位置づけ、そこでの税理士の位置をどう捉えるかが重要であり、その税理士の位置により税理士の使命の本質が明確になるのである。

第2款　国側か納税者側か

　わが国の申告納税制度のもとにおいては、「能率的な租税制度は、税務当局において納税者を代理する資格のある専門家の存在を必要とする。このような代理は、個人納税者にその個々の事件において、税務行政上の誤謬に対し必要な保護を与えるものである。加えるに、この専門家は、行政制度について見識のある批判を加える能力があるから、このような制度は、行政事務全般にわたる牽制として役立つ」[33]といわれる。したがって、税理士は、法令に基づく適正な納税義務の実現を図ることにより、税務行政上の誤謬に対し必要な保護を納税者に与え、納税者の正当な利益を擁護する保護者である。とりわけ、「租税申告手続」では、複雑な税法の適用に関して納税者を保護するという役割を負う。行政の場面である申告納税制度のもとでは、憲法上の納税義務を負担する納税者は、自らの義務の行為として租税行政庁に申告し、納税するのであるから、それは、対等な租税債権債務関係であって権力関係ではない。つまり、税理士は、債権債務関係上の「保護者」としての地位を有する。他方、租税行政手続法における「税務調査」（質問検査権）のような公権力行使が伴う場合では、権力関係としての性質上、「法の監視者」としての役割を持つ。さらに、更正処分を受けた後の異議申立て、損害賠償請求や争訟の段階では、「権利救済者」としての地位を持つことになる。これが税理士の職務の各階層につき、税理士の使命から誘導される今日的な税理士の立場である。

　前述の税理士法1条の使命と申告納税制度から導き出された、適正な納税義務を実現するための三つの段階、すなわち、「申告」の段階、「調査」の段階、そして、異議申立て、審査請求などの「権利救済」の三つの段階は、そ

れぞれ，租税申告手続法上で税務行政上の誤謬に対し必要な保護を納税者に与え，納税者の正当な利益を擁護する「保護者」である税理士の立場，租税行政手続法における税務調査(質問検査権)のような公権力の行使が伴う場合に，権力関係としての性質上，「法の監視者」としての役割を持つという税理士の立場，さらに，更正処分を受けた後の異議申立て，損害賠償請求や争訟の段階では，「権利救済者」としての地位を持つ税理士の立場を創設することは，すでに述べたとおりである。そして，本書においては，狭い意味での税理士制度に関する問題(その多くは税理士法上の問題に収斂される)につきこの三つのフェーズを分析の枠組みとして活用していくことにする。

第1項 「保護者」である税理士

租税申告手続法上で税務行政上の誤謬に対し必要な保護を納税者に与え，納税者の正当な利益を擁護する「保護者」である税理士の立場において，税理士はいかなる位置に置かれているか。申告納税制度のもとでは，租税法に関する第一義的解釈権を国民に与えている。税制が賦課課税方式をとるか，それとも申告納税方式をとるかによっては，税理士の置かれている位置は大きく変わってくる。歴史的に租税制度が変遷する過程において，当初に採用された賦課課税制度のもとでは，納税者は自らの所得を算定してもらうための資料を提供するという形で申告をし，税務署長が調査し課税すべき税額を確定してきた。この場合，税理士は税務行政の円滑化のための税務署長の補助機関として税務の一翼を担うものと，一般的に位置づけられてきた[34]。これに対し，申告納税制度は，納税者の申告によって租税債権債務が確定するために，納税者自身が租税法の規定に従い適正な納税義務を実現しなければならない。さりとて，租税法の規定が複雑，難解なところから，納税者は税の専門家である税理士の援助とその保護のもとに申告を行うことになる。そのため，税理士は納税者をして適正な納税義務を実現させる使命を負う。

上述の件につき，税理士制度を有する先進国のうち，韓国では，近年，民主主義的要請から，租税制度においても自主納税の性格が強まった。それゆえ，税務士の役割も，基本的には，政府の行政補助者の立場から，納税者の

自主納税の支援者へと変化を遂げている。現行の税務士制度は，税務士の税務調整計算書[35]に関する業務により，法人税や所得税の申告においても申告納税制度が維持されている。したがって，税務士の使命は，納税者の権利の保護をその基本的な目的とするものといってよい[36]。他方，ドイツで採用されている近代的租税制度としての賦課課税制度は，複数税目で存在する。所得税，法人税，営業税の納税者は，申告期限経過後に所得税法25条1項，法人税法31条1項，営業税法14a条等により租税申告義務を負う。これは，申告納税制度でいう「申告」ではない。したがって，納税者側で税額の計算をするのではない。つまり，課税標準を定める資料を提出することが「申告」なのである。その後，提出された申告書は税務署の査定部門でシステムによるリスク審査等を経て，問題がなければ査定通知書が計算センターから納税者に送付されて税額が決定することになる[37]。納税者がその税額査定に合意ができない場合又は自己の申告に問題があった場合には「異議申立て」をすることになる。日本と異なりドイツの「異議申立て」は，単なる税額査定書に対する不合意程度の意思表示にすぎない[38]。ドイツの税理士は，賦課課税に係る申告も適正に行う努力をしているが，第一義的な課税権は，課税庁が行使するのである。そうすると，賦課申告手続においては，税理士は，納税者側でも国側でもないといえる。その後の課税庁の賦課課税に対しての不服は，租税争訟に関する代理権を行使し，自由業としての独立性を維持しながら税理士の業務を遂行する[39]。このドイツ税理士に対する強い独立性の要求は，権利救済の場面でも，税理士に「完全中立」の立場を迫ることになるといえる。このように，その国で採用される申告形式により，税理士の置かれる位置はさまざまである。

　また，日本の租税制度の現状に目を向けると，税制の基本は，通常は，公平，中立，簡素にある。しかし，現行の租税法が納税者の解釈を困難ならしめるほど複雑であり，租税特別措置法を中心として，納税者に有利な効果をもたらす租税制度につき，自らの選択が申告要件となる場合が多い。このような法体系は，改められるべきであり，また，納税者の選択の誤りに係る救済制度も必要である。これらの背景から，申告納税制度の申告手続において

は，「保護者」である日本の税理士の置かれる位置はやや納税者寄りにあるといえる。

第2項 「法の監視者」である税理士

租税行政手続法における税務調査(質問検査権)のような公権力の行使が伴う場合では，権力関係としての性質上，税理士は「法の監視者」としての役割を持つ。その場合の税理士の置かれる位置はどうであろうか。現在のところ，質問検査権の行使の場合，すなわち，一般的に税務調査を指すが，この職務における税理士の置かれる位置は大きく納税者寄りである。それは，税務調査に関する根拠法は存在するものの，税務調査に係る規定の整備が不十分であるからである[40]。

そもそも，租税が公共サービスの資金の調達手段として強い公共性を持っており，租税債権者である国家の手に私法上の債権者にはみられない種々の特権が留保されていることは，その結果として，租税法律関係において，債権者である国家が優位性を持ち，その限りで租税法律関係は不平等な関係としてあらわれることを意味する[41]。

したがって，国家という強い権力のもとでは，納税者は，反射的に弱い立場に追い込まれる。このような，国家と納税者の租税債権債務関係を平等な地点(バランスの合う位置)にまで税理士が調整する役割を負うと考えられる。そこには，「法の支配」があるから，税理士は，法の監視者としての役割を持つのである。

ドイツの税務調査の基本原則は，租税基本法(以下，AO)において，AO193条から207条まで記載されている。この規定を受けて税務当局が調査を行う際の詳細を定めた税務調査省令がある。また，ドイツ納税者連盟[42]は，税務調査に関して『税務調査──調査が来たとき』という冊子を発行して，納税者の権利義務をやさしく解説している[43]。さらに，税務調査は，給与に対する税務調査，売上税の税務調査，企業の税務調査の3種類に区分することができる。税務調査の事前通知は必ず行われ，日本のような無通知調査はあり得ない。調査場所は，原則として納税者の店舗や事務所で行わなけれ

ばならないが，顧問税理士の事務所で行われる場合も多い。また，帳簿，書類の留置権はない。さらに，AO 173条では，納税者が不利になる場合，再調査を行うことを明確に禁止している。とりわけ，AO 201条(終結話し合い)は，「調査によって更正処分が行われる場合，納税者は調査官と最終協議を行う権利を有する。最終協議の場において，納税者は調査の結果明らかになった個々の事項に関して再度総括的に説明するチャンスが与えられる」と規定している。ドイツでは，日本のように調査官が修正申告を慫慂することは，実務的にも法概念としてもない。

したがって，この終結話し合いにおいて，調査による更正処分に合意するか否かが重要となり，合意すると不服申立てを行うことができない。このように，公権力である質問検査権の行使については，法律の整備がなされている。

一方，韓国では，1997年1月から施行された改正「国税基本法」において，その第7章の2に「納税者の権利」の章が設けられ，納税者の権利に関する明文規定が制定された。また，これを受け，「納税者権利憲章」が制定公布された。さらに，2007年に改正された国税基本法は，第81条の2から12まで詳細に税務調査等に関する規定を置いている[44]。納税者権利憲章の制定理由は，国税基本法における納税者の権利を分かりやすく表現することにより，租税手続の適正化・透明化の内容が理解され，納税者の権益が保護されているということを周知し，それにより税務行政の信頼性を確保するためであるといわれている。さらに，納税者権利憲章の実践を目指すために，1999年9月1日から韓国国税庁は「第2の開庁」と名付け，これまでの徴税便宜中心の税務行政を納税者向けのサービス中心に大きく転換した。とりわけ，重要な点は，納税者権利憲章に対応して，税務公務員の具体的な行動の履行基準を「税務行政サービス憲章」として定めたことであり，さらに，国税庁の内規で納税者権利憲章を実効あらしめるための，いわば権利保障制度として「納税者保護担当官」制度を導入したことである[45]。このように韓国では，税務士の使命において強調されているように納税者の権益擁護を中心として，課税行政庁も多様な納税者のための制度設計がなされている。

このような税務行政の納税者の権益擁護という方向性が税理士の使命の解釈に大きく影響していると思われる。

　今日，先進国において，わが国のように納税者の財産権を侵害するおそれのある税務調査手続に関して法律による規定が不十分である国は少ない。近時，国税通則法の改正が平成23年法律114号でなされた。この改正により，税務調査手続の透明性と納税者の方の予見可能性を高めるなどの観点から，税務調査手続について従来の運用上の取扱いが法令上明確化されるとともに，すべての処分（申請に対する拒否処分及び不利益処分）に対する理由附記の実施及び記帳義務の拡大等が定められた。しかしながら，法制化されたという点では評価できるが，従前の各税法に規定された質問検査権を整理統合するにとどまり，いまだ不十分な状況である。

第3項　「権利救済者」である税理士

　税理士法1条は税理士の使命を謳いあげ，そのなかで「独立した公正な立場において」と規定し，続けて「申告納税制度の理念にそって，納税義務者の信頼にこたえ」と規定している。この「独立した公正な立場において」とは，米独でいう自由業に従事する者としての独立性であるとされる[46]。また，申告納税制度は，租税制度の民主主義における国民主権のあらわれであり，租税法に関する第一義的解釈権は納税者にある。さらに，主権者である納税者は，納税者が自ら課した国家を運営する自費を負担する義務を適正に実現しなければならない。したがって，申告納税制度においては，その意味の限りにおいて，納税者の権益は擁護されるべきである。このような申告納税制度のもとでの更正処分を受けた後の異議申立て，損害賠償請求や争訟の段階で，税理士は，「権利救済者」としての地位を持つ。そして，その立場における税理士の役割につき，税理士の置かれる位置はいかなるものかという問題がある。ドイツや日本の税理士は，税務争訟において訴訟代理権や出廷陳述権を有する。税理士がこの代理権を行使する場合は，国と納税者との位置関係において「完全中立」な立場でなければならない。なぜなら，税理士の役割は，納税者の信頼に応え，適正な納税義務の履行を実現することを

目的とするが，それは，税理士の公共的使命の枠組みのなかで実現されるべきであるからである。たとえば，納税者が「適正な納税を実現している」にもかかわらず，税理士に争訟の提起を求めることが考えられる。そのとき，税理士はどうすべきであろうか。思うに，税理士はその争訟を引き受けるべきではない。それは，税理士の使命から争訟の前置主義に準ずる「整理役」の役割があるからである。それは，とりもなおさず，税理士に「完全中立」の立場を要求するといえる。このことは，依頼人の利益や人権の擁護のために働く弁護士とはその立場を異にすると思われる。

　一方で，日本における不服がある場合の争訟に係る納税環境整備も重要な課題である。たとえば，韓国においては，納税者の行政による権利救済手続は，課税処分の事前と事後に分けて制度設計されている。まず，事前救済手続として，「課税処分前適否審査」がある。これは，税務調査の結果通知内容に不服がある納税者の手続である。また，事後救済手続として，処分後に原処分庁等にする「異議申請」，上級庁の国税庁にする「審査請求」[47]及び租税審判院にする「審判請求」，さらに監査院にする「監査院審査請求」の三つの行政審判がある。「課税処分前適否審査」は，1999年に国税基本法81条の12として追加された[48]。この規定により，課税庁が課税前に当該納税者へ課税予告通知をし，その課税予告書を受け取った納税者は，課税処分前にその適否の審査を請求することができることになった。これがいわゆる課税処分前適否審査制度である。課税官庁は，税務調査結果通知書を送付した後に，納税者からの課税処分前適否審査請求が出された場合，課税処分前適否審査委員会[49]で協議をする。そして，①請求の理由がないと認定される場合には採択しないとする決定，②請求に理由があると認定される場合に採択するとする決定，③請求期間を経過し補正期間内に補正をしない場合に審査しないとする決定のいずれかを行う。この結果は，請求のあった日から30日以内に請求者に通知しなければならない。また，審理は原則として書面審理であるが，代理人である税務士等の意見陳述があれば，それも参考にされ議決される。当然のことながら，この請求が出されなければ，課税庁は更正処分をすることになる。その後，不服があれば，事後救済手続に移行す

る。このように，韓国では行政庁における納税者権利救済の納税環境整備が進んでいる。

　一方，ドイツでは，税務争訟の発生件数が多い[50]。これらの税務訴訟は特別な行政裁判権を有する財政裁判所が担当する。この裁判所の特徴を三つあげるとすれば，市民裁判官（名誉職裁判官）を含む参審員が審理に加わる参審制の裁判であること，また，話し合いによる合意が認められていること，及び，救済率が高いということである。とりわけ，ドイツにおいて，特徴があるのは，「事実の合意（和解）」である[51]。担当裁判官が事件を調査している過程で，事実関係の争いが中心で当事者双方に問題があると思われるときには，口頭弁論前に「話し合い」を開くことができる（FGO 79 条 1 項）。話し合いで合意に達すれば，本案が解決したので担当裁判官は判決等を書くことなく訴訟費用の決定（FGO 138 条）だけを行うことになる。これは実質的に納税者の一部勝訴を意味している[52]。たとえば，役員の報酬が過大かどうかや，土地の評価など事実認定に係る事案では話し合いによる合意により解決されている。「事実の合意（和解）」すなわち，「話し合い（交渉）」は，財政裁判所にとっても必要であり，納税者にとっても早期解決ということで受け入れられている[53]。税理士は訴訟代理人として，この和解に深くかかわっている。このように，ドイツの税理士は，「完全中立」な立場を常に要求されているのである。

　他方，日本の租税制度においては，和解は認められない。つまり，当事者の意思によって，納税義務の内容及び履行方法を左右することは許されない。それは，租税法は原則として強制法規の性格を持つからである。しかし，現実の税務行政では，当事者の便宜や能率的な課税等のため「和解」に類似する行為がみられる[54]。

　上記のような納税者権利救済に関しても，その国の租税制度の向かうべき方向と法整備等の環境整備によって，税理士と国家及び納税者との関係，そして，税理士の使命の本質は変化するものであると思われる。

第3款 真の納税環境整備

　税理士は，国家，税理士，納税者の三者の不安定な関係を改善するために必要な環境整備を求めている。先に述べたように，税理士が納税者(顧客)との関係において，法令遵守を励行できないこと(法令遵守を納税者に啓蒙しているのに，税理士が国家の法令逸脱を看過するようなこと)で納税者に失望を与えたり，また，国家との関係で，国家が税理士集団を信頼していないため，国家が税理士と信頼関係を構築するのではなく，税理士を規制しようとすることがある。それゆえ，これらを解消するためには，制度を再構築しなければならない。そのためには，本書が主張するところの「真の納税環境整備」が必要である。さらに，納税環境整備は，従前の法制度の改革にとどまらず，租税教育のような根本的，かつ，哲学的な環境整備もその視野に入れるべきであると思われる。そして，納税環境は，税務行政・納税者・税理士のそれぞれが協力し，又は，対峙しつつ，整備をする必要がある。

　平成23年度税制改正大綱では，その第2章で平成23年度に取り組むべき主要課題として，納税環境整備が掲げられ[55]，その第3章において，具体的な改正案が策定され示された。これらの具体的な項目を，それぞれ，本書における整理(本章第1節第2款)にそって，申告納税手続，税務調査手続，権利救済手続に区分すると，申告納税手続(申告)に関するものとして，納税者権利憲章の策定，とりわけ納税者の権利と義務，租税教育の充実，更正の請求，社会保障・税にかかわる番号制度がある。次に，税務調査手続(調査)に関するものとして，国税通則法の改正，税務調査手続の明確化，理由附記がある。さらに，権利救済手続(訴訟)として，国税不服審判所の改革，理由附記がある。ここでは，まず，納税環境整備に係るそれぞれの項目の現状を検討する。そして，この度の平成23年度税制改正における納税環境整備を整理する。さらに，この納税環境整備は，税理士にとって，どのような意味を持つのかを考えたい。

0. 総　論

「申告」・「調査」・「権利救済」の場面での税理士の立ち位置をそれぞれ，現行制度にあっては，「申告」では，やや納税者寄り，「調査」では，かなり納税者寄り，「権利救済」では，完全な中立と分析してきた(本章第1節第2款第1項〜第3項を参照)。しかし，税理士が求める真の納税環境整備における求められる立ち位置は，三つのそれぞれのフェーズにおいて，完全な中立に位置する必要があると思われる。それは，国と納税者の間において，納税者に寄ることもなく，国に寄ることもない立ち位置が税理士にとって「独立性」を確保する最も適正な位置であるからである。そこで，税理士にとっての真の納税環境整備は，国ないし納税者に偏りがちな税理士の立ち位置を完全な中立に是正する効果のある納税環境整備である。いいかえれば，「調査」の場面で納税者に大きく傾斜している税理士の立ち位置を，中央に引き戻す効果のある制度改革を意味する。真の納税環境整備では，国家，税理士，納税者の三者が相互に作用し合い協力しながらその基盤を整備しなければならない。さらに，それは，税理士が専門家として単に一直線の両端に位置する国と納税者両者の「中間点」に位置するのではなく，それぞれが固有の極として頂点に位置したときに正三角形として完成しなければならない。すなわち，

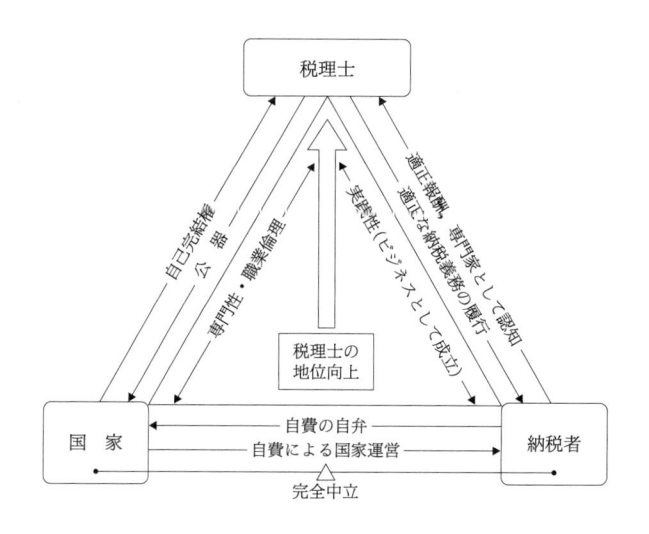

税理士が正三角形の頂点に位置するとき（頂点にリフトするときの作用は「税理士の地位向上」），税理士と国家との関係では，税理士が国家に向けて作用（税理士→国家）するものは，税理士の使命から導かれる適正な納税義務を実現するための「公器」としての役割を担うことにより公共的使命を遂行することであり，その反対（国家→税理士）は，国家が税理士に向けて，税理士の地位向上として，自己完結権（第4章第4節第3款を参照）を付与し，税理士を信頼する作用が働くことであり，また，税理士が納税者との関係において，税理士から納税者に作用（税理士→納税者）するものは，すでに述べた三つのフェーズにおける立場で適正な納税義務を履行することを支援する作用が働くことである。また，納税者は，税理士に対して適正な報酬を支払うこと，及び，確立された専門家として認知することが作用（納税者→税理士）として働くのである。さらに，国家と納税者との関係は，一直線上の関係になり，納税者は国に対して，自費を自弁する意味での税金を支払うのが作用（納税者→国家）であり，国家は，その自費で国家を運営することが作用（国家→納税者）である。このように，税理士を頂点として他の二つの極に対して，一方では「職業倫理」と専門性という「辺」で，他方では「ビジネスとして成り立つ」という実践性という「辺」で結ばれるのである。

　他方，納税者が正三角形の頂点に位置するとき（頂点にリフトするときの作用は「納税者の権利擁護」）は，国家との関係においては，納税者からの国家に対する作用は，納税された税の使途を監視することであり，国から納税者には，課税捕捉のための，いわゆる，「マイナンバー制度」の受け入れなどの作用が働く。つまり，権利と義務が同時に発生する。また，納税者と税理士の関係においては，納税者から税理士に対する作用として，納税者の権利を擁護するための三つのフェーズにおける立場で支援する作用があり，税理士から納税者に対しては，納税者の満足を引き出すビジネスモデルを構築する作用が働くのである。このように，専門家と依頼者と国がつくるトライアングル，すなわち，三位一体の三角形は，三者がそれぞれにおいて，常に緊張状態を保つことでその制度の基盤を維持する。たとえば，それは，納税者がそのバランスが崩れるほどに強く引くとき，それぞれの相手方である税

理士と課税庁がそれに反応するように引き戻すということである。そして，その三者の緊張状態が均衡して保たれた状態である正三角形を描くとき，すなわち，税理士業がビジネスとして成立することを前提としたその公共性と営利性という相克が三位一体でバランスをとっていくための課税庁と税理士と納税者の正三角形の構図として描かれるとき，真の納税環境整備は実現されるのだと思われる。

　専門家としての税理士は，納税者の適正な納税義務の履行を支援することが使命である。また，税理士は，その公共的使命から，国家のために「公器」としての役割を負う。しかしながら，納税者，国との関係において，そのどちら側に寄るのではなく独立して公正な立場，すなわち，「完全な中立」の立場を貫かなくてはならない。ここにいう，「完全中立」とは，納税者の権利擁護のために全力を尽くさない，あるいは，税務行政機関の支援を全く行わないということではない。税務が抱えるそれぞれの行政行為プロセス，つまり，租税申告，課税庁の質問検査権の行使，納税者の権利救済において，納税者と国家との関係が「真ん中でバランス」がとれるように，税理士がその機能を果たすということである。そして，その「真ん中でバランス」を均衡させるときに，税理士は「独立して公正な立場，すなわち，完全な中立」でその機能を行使するのである。

1．申告納税の局面

　租税申告手続において，税理士は納税者の保護者として，やや，納税者寄りに立ち位置を構えなければならない。それは，申告納税制度を持つわが国では，納税者が自身で法令による申告義務を果たさなければならないからである。もっとも，現行の租税法体系では，納税者が税理士の支援と保護のもとでなければ，納税の権利を履行することができない。それほどまでに，租税法は複雑になってしまったのである。しかしながら，そのような状況では，納税者が不利益を被ることになる。そこで，申告納税手続において，納税者の租税法における解釈権をより確実なものにしなければならない。そして，課税庁もこの複雑な租税制度の法体系に関して，税理士が納税者により的確

に税法を解釈し適用できるよう，その環境整備に協力すべきである。その意味で，たとえば，申告後の審査がことごとく調査の段階に行われるのではなく，申告時において，不安定な事項はあらかじめ解決できる制度を構築することも必要である。さりとて，税務行政は，継続して大量な行為が行われるから，事前審査制度は実際のところ機能しないということも頷けるところである。それならば，申告時において，解釈に微妙なところを事前に申請し，それにつき，課税庁が判断し，その判断が行われた場合は，是認とみなす制度が導入できないであろうか。いいかえれば，不安定な租税法の解釈があれば，申告納税手続において，それを顕在化させ，不確実さを払拭する制度を創設する必要があるということである。仮にその制度の創設が実現されると，租税申告手続における納税者と国の均衡が実現される一助になり，税理士の立ち位置が中立になるように作用するといえる。他方，納税者が適正な納税義務を履行して，申告納税手続を終了したことを高らかに宣言するのであれば，それを認めることも差し支えない。そこでは，税理士の「ピアレビュー」[56]，すなわち，専門家の業務を専門家がチェックし評価すること，により適正な納税義務を担保することもあり得る。そして，これに係る費用は，たとえば，税制による税額控除を利用し備えることも考えられる。

2．税務調査の局面

課税庁の質問検査権の行使の場面で，税理士は，「法の監視者」としての役割を持つ。そして，税理士は，大きく納税者寄りの立ち位置をとらなければならない。それは，質問検査権という国家権力が発動されるとき，納税者と課税庁には厳しい緊張関係が生まれ相互に鋭く対立することも，しばしばであるからである。もっとも，納税環境整備改革において，質問検査権の行使における手続規定が整備された。しかし，まだ，それは十分とはいえない。そもそも，国が納税者の誠実な申告の推定をせず，ほとんどの場合に，納税者は適正な納税義務を履行しないと考える必然性はどこにあるのであろうか。一方，納税者側も，国が時折，納税者の誠実性を検査するのであるから，検査を受けるまでは強い法令遵守の必要がないという倫理観(税務調査がなけ

れば納税の適正さを欠くこと)が納税者の「こころ」を支配するのはなぜであろうか。日本人の租税倫理観が，仮に，欧米でいう「教会税」のような相互扶助のための会費という租税倫理観に近いとするならば，おおよその納税者は，納税の権利を遂行するはずである。それよりも，問題の核心は，国家権力がその権力行使のプロセスで，納税者間の公平を維持することができないため，納税者を失望させていることにある。それゆえ，国家権力が一部の納税者の行為に対して強硬な態度をとる結果，「正直者は馬鹿をみる」として，納税者の不適切な行為を助長させている。国は納税者を信頼するところから始めなければならない。そして，申告納税制度のもとで真摯に納税義務を履行する納税者にやみくもに租税法上の制裁規定を発動すべきではない。人間には誰しも「過ちはある」のである。そのような租税倫理観を尊重する制度の構築に税理士が寄与する必要がある。

3．権利救済の局面

納税者の権利救済において，税理士は，「権利救済者」としての役割を持つ。そして，税理士は，納税者や国との関係においては，「真ん中」の立ち位置にある。大量に継続，反復して処分が行われる税務行政の分野では，税理士は「完全中立」な状態において，「公器」としての役割を果たさなければならない。すなわち，納税者の権利救済に関して，救済機関における「前置」として機能するということである。それゆえ，弁護士とは，やや，趣を異にすることになる。それでは，税理士は，権利救済者としてどのような納税環境整備を求めるべきであろうか。そもそも，租税法は強制法規であるから，合法性の原則に支配され，租税法規を適用したときは，同様の結果が生じるとされる。いいかえれば，同じ条件のもとでは，1円の誤差もなく納税義務は確定するということである。そこに，行政庁の裁量権は存在しない。しかしながら，経済環境が複雑に変化し，新種のハイブリッド的な取引行為(たとえば，ビットコインが通貨として機能することなど)が誕生するなかで，租税法はすべてをカバーすることはできない。また，従前から採用してきた慣習法規もなじまないことがある。そして，納税者が納得し得ない，また，

違和感を覚える法令の適用を国が権利救済の場面で貫いたとき，納税者に大きな失望を与えることになる。たとえば，市場の経済論理からは理解できないような行政通達の適用や一般常識から相当離れている役員給与の認定などで税務争訟を追行した結果，その判決が下され，税務行政に対する失望が納税倫理に暗い影を落とすのである。そうであれば，納税者の意を汲んだ「話し合い」を税理士が納税者の代理として課税庁と行うということも納税環境整備として必要ではないだろうか。納税者は，長い時間をかけて，自身の法令解釈が正しいということを獲得することのみを望んでいるわけではない。納税者の主張が受け入れられた早期の決着を望んでいるのである。納税者は基本的に誠実であり，納税者が提出した申告書は真実であると推定すること，すなわち，納税者の誠実性の推定が重要である。そして，納税者は，その期待に応える国や税理士を望んでいるのである。それを支えるのが「真の納税環境整備」である。

第2節　納税環境整備の現状と改革

　前節において，真の納税環境整備という概念を論じた。そして，真の納税環境整備を実現するためには，現状の納税環境整備に不足している法制度を実現しなければならない。そこで，ここでは，納税環境整備の現状と近時の改革をみることにする。

第1款　税務行政手続改革の経緯

第1項　国税通則法制定の経緯

　税務行政手続は，昭和37年の国税通則法が制定されるまで，明治30年(1897年)制定の国税徴収法が基本的に適用され続けてきた。それは，個別実体税法と国税徴収法の2本建てで規定されてきた。国税通則法は，戦後の滞

納増大等の状況変化を受けて，昭和34年に国税徴収法が改正され，さらに昭和37年に課税手続部分が国税徴収法から分離して成立したものである。この国税通則法の成立により，課税と徴収の区分が理論的にも整理されたといえる。たとえば，課税処分には「除斥期間」，滞納処分には「時効」というように課税手続も体系化されたのである。もっとも，改正内容を審議した税制調査会[57]の提言がすべて採用されたわけではなく，「実質課税」，「記帳義務」，「質問検査権」，「課税後の無効と救済」，「過怠税」などについての一般規定は見送られた[58]。ただし，このうち，課税処分後の無効の問題は昭和45年改正で国税通則法23条2項が導入され基本的に整備された[59]。他方で，所得税法においては青色申告制度の採用と同時に，同申告者に対する理由附記規定も制定されており(昭和25年，所得税法46条の2)，税制全体として評価するならば，税務行政の特殊性は，他の行政領域と比較すると相対的に手続整備がなされていたともいえたのである[60]。

　この時期の税務手続に大きな影響を与えた判例としては次の二つがある。一つは，最高裁昭和38年5月31日判決民集17巻4号617頁である。この判決は，「法が行政処分に理由を附記すべきものとしているのは，処分庁の判断の慎重・合理性を担保してその恣意を抑制するとともに，処分の理由を相手方に知らせて不服の申立に便宜を与える趣旨に出たものであるから，その記載を欠くにおいては処分自体の取消を免れないものといわなければならない」と判示し，理由附記規定を訓示規定にすぎないとしてきた課税庁の主張を明確に否定した。もっとも，この理由附記は，青色申告の特典とされ，白色申告にまで必要ないとされた。他の一つは最高裁昭和48年7月10日決定刑集27巻7号1205頁であり，質問検査の諸手続について，「質問検査の範囲，程度，時期，場所等実定法上特段の定めのない実施の細目については，右にいう質問検査の必要があり，かつ，これと相手方の私的利益との衡量において社会通念上相当な程度にとどまるかぎり，権限ある税務職員の合理的な選択に委ねられている」と判示した。これら理由附記と質問検査権は大きな問題を抱えながらも，その後の実務はこの枠組みのなかで推移した。

第2項　行政手続法制定と税務行政

　行政手続法制定は税務行政を相対的に遅れた行政領域へと変質させたといえる。行政手続法は行政運営の公正性と透明性の向上を図り，国民の権利利益の保護に資することを目的として平成5年に成立し，平成6年10月1日から施行されたものである。この法律の施行により行政処分，行政指導，行政に対する届出に係る手続の共通事項が整備されることになった。したがって，国税に関する処分も同法の適用により，手続的整備は他の行政領域と同様の進展をみることが期待できたのである。ところが，国税に関する処分等の税務行政の大部分は国税通則法74条の2により適用除外とされてしまった[61]。これらの後退は，「税務行政の特殊性」という文言がひとり歩きしてしまった結果である。そして，それは税務行政の手続整備のさらなる進展を遮断するものとなった。このため税務行政領域は相対的に公正性や透明性について遅れた領域になってしまったといわれている[62]。このことは，不利益処分に対する理由附記を適用除外にしたことがその象徴でもあるといえる。それまでは，青色申告者に限定されているとはいえ，他の行政領域にはみられない理由附記の規定があったのに対して，同法成立後は一般行政の不利益処分には理由附記がなされるのに対して，税務行政では青色申告者に対する更正処分に限定される結果となるからである。

　この行政手続法制定以後に，さまざまな行政手続の改革が行われた。平成11年の「行政機関の保有する情報の公開に関する法律」(平成11年法律42号)や，平成13年の「行政機関による法令適用事前確認手続の導入について」の閣議決定，さらに，平成16年には行政事件訴訟法の37年ぶりの大幅な改正が行われた。この改正により，出訴期間などが従来の3ヶ月から6ヶ月に延び，税理士が訴訟により納税者の権利救済に関与しやすい状況に変わったのである。また，平成23年の国税通則法改正は，すべての処分(申請に対する拒否処分及び不利益処分)に対する理由附記の実施を求めた。そして，当該規定については，平成25年1月1日から施行されている。この理由附記は，行政実務における的確な開示と今後の判例の積み重ねによる内容の精査

が期待される。

第3項　政権交代による納税者権利憲章の制定への期待

　平成 21 年 8 月末の総選挙で政権交代が行われ，民主党政権は税制調査会で制度改革を行うとともに，平成 22 年度税制改正大綱で「納税者権利憲章（仮称）の策定」を高らかに宣言した。この大綱は，「納税者主権の確立に向けて」というサブタイトルを付し，「です。ます。調」に文体を改めた。また，この制度改革案を政党自身が大部分を起草したこと等に象徴されるように新政権が納税者の目線に立ち，納税者に語りかけようと工夫されたものになっていた。また，この納税者権利憲章の策定に伴い，更正の請求制度などの税務行政手続改革の課題も大綱で明記されていた。この大綱の宣言を受けて，翌 22 年から納税者権利憲章の策定及び各種手続の見直し作業が始まった[63]。この論点整理を受けて，政府税調の「納税環境整備 PT」で，詳しい検討がなされた。財務省と PT 委員の間で激しい意見交換があったが，最終的には論点整理に示されていた積極的な考え方をかなり採用したものになっていたが，権利救済制度については今後の課題にとどまった[64]。そして，平成 22 年 12 月 16 日の平成 23 年度税制改正大綱は，納税環境整備のための改革の具体策を明確に示すことになった。

第2款　納税環境整備の現状と改革

第1項　申告納税手続：「申告」に関する納税環境整備

　わが国において，納税者の権利尊重（たとえば，誠実な申告であることの推定など）は，租税法律主義による申告納税制度のもとで，残念ながら不十分といわざるを得ない。それは，その権利が法令に規定されていないからである。課税庁は，税務体系（つまり，法令に規定していないが，運用指針はあるという意味である）で，納税者の権利を尊重するように格段の配慮をしているとしている。しかし，納税者と課税庁との意識の相違は，かなり大き

いといえる。ここに，納税者の権利とは，具体的には，情報提供や援助と聴聞を受ける権利，不服申立ての権利，適正な税額以外を支払わない権利，確実性の権利(事前通知や文書の記録)，プライバシーの権利，機密保持と守秘義務の権利があげられる。また，納税者の義務として，誠実である義務，協力的である義務，文書提出の期限を守る義務，記録保存の義務，期限納税の義務がある。ことさら，言うに及ばないが，これらの権利及び義務は法令に記載されなければならない。近代的な租税制度を有するわが国においては，これらが法令に規定されていない現状は許されない。これらは速やかに是正されるべきである。

　また，納税者のひとりひとりが固有の番号を持つ，いわゆる，「マイナンバー」は，納税環境整備に大きな役割を果たすといえる。それは，課税捕捉が容易になるからである。そもそも，日本では，歴史的に法律や裁判が尊重されるような風土ではなかったため，法規範などのルールを守っていくことがなかなかできない状況にあるといわれる。なかでも，ルール違反を犯す原因として「みんながルールを守っていない」から「わたしだけがルールを守ることはない」という偏った不公平感があげられる[65]。この「マイナンバー」の登場で，より納税者の納税義務が実現することになる。つまり，税務の現場では，すでに課税捕捉手段として確立しているもの(たとえば，生命保険金の満期金に関する「支払調書」など)は，納税者に対してそれらが課税を受けるべき客体であることの理解が得られやすいということである。一方，租税は，個人の財産権に抵触することで成り立っている。それゆえ，別の見方からは，納税は財産権の侵害と映ることもあり得る。しかし，租税の本来の意味を理解する上で，重要なことは納税者の持つ租税倫理観である。日本における租税倫理観は，いまだ発展途上にあり，「税は，取られるもの」として醸成されてきた。そこで，租税教育が大きな役割を果たすといってよい。なぜ，このように重要なことがなおざりにされてきたのか理解しがたいところがある。

　他方，「更正の請求」は，手続の適正保障の観点から，「嘆願書」に内在する問題が指摘されてきた。租税法律主義のもとでは，適正手続の保障が堅持

されなければならない。しかし，税務行政では更正の請求の期限が徒過した場合，納税者が救済を求めて税務署長に「嘆願書」を提出し，職権での減額更正を「お願い」することが慣例として存在してきた。これは，憲法16条にいう「請願権」を法的根拠とするものではない。もっとも，納税者が税務署に対してこの憲法に基づく「請願書」を提出することを妨げないが，実務慣行として税務署は「嘆願書」なるものを受け付けることになっている[66]。このように，この慣習が救済措置制度のなかに法律で規定されることなく，事実上の制度として運用されている。それは，法制度ではなく運用を重視し，税務行政の恣意的な裁量権の確保に固執する税務行政に内在する大きな問題を正当化する結果となっている。しかし，現実問題として，更正の請求ができる期限を経過した後に申告内容の誤りに気づく場合もあり得る。その場合に，納税者が当初の申告書に記載した，又は，計算事項や審査事項を記載した書面の添付に係る「課税標準等又は税額等」の計算に誤りがあることを具体的に明示して申告内容の是正を求めたのであれば，課税庁は当該納税者の申立てに理由があるかどうかを調査し，その申告内容に重大な瑕疵(やむを得ない理由)があると認められる場合には，これを是正すべきものと考える。

1．納税者権利憲章

わが国の納税者権利憲章を含む納税者の権利保障制度の導入は，昭和55年(1980年)ころから提唱されてきた。この納税者権利憲章の内容は，2003年のOECDが掲げる納税者の権利保護の基本原理や諸外国の税務行政の適正手続に関する法制度が参考になる。これらの納税者権利憲章には，すでに述べた納税者の権利及び義務が謳われている。これらをみると，納税者の権利及び義務につき，わが国では，納税者の義務は，国税通則法や個別法で規定されているとはいえ，納税者の権利に係る規定の整備が不備であることは明らかである。それゆえ，早急に納税者の権利に関する規定に整備が求められている[67]。一方で，租税収入で国家財政を運営する先進諸国は，1970年代に，フランス，西ドイツ，1980年代に，カナダ，イギリス，ニュージーランド，アメリカ，オーストラリア，1990年代に，インド，韓国，オースト

リア，スペインが納税者の権利を章典とし，又は，その権利の宣言をしている。これらは，租税国家の安定には，納税者の協力が不可欠であり，納税者は，大切な「クライアント」であるから，当然に，納税者の権利を保障し，税務行政の信頼を得ることが重要であるという思想がその根底にある。アメリカや韓国等の諸外国では，すでに納税者権利憲章を含む納税者の権利保護規定が整備され，①納税者の誠実性の推定，②税務調査の事前通知と調査理由の開示を受ける権利，③税務調査時に専門家の助力を受ける権利，④重複調査を受けない権利，⑤税務職員から公正な待遇を受ける権利，⑥事前救済制度の充実，が納税者権利憲章で規定されている[68]。租税法律主義の要請から，わが国においても，適正手続保障の整備は重要である。まさに，納税者権利憲章の制定の目的は，適正手続保障を制度的に措置することにある。その意味で，平成23年度税制改正大綱には，国税通則法を改正し第1条(目的)規定に「納税者の権利利益の保護」の文言を入れ，併せて「納税者権利憲章」を策定し納税者の権利を保護する規定が設けられていた[69]。他方，質問検査権が「帳簿書類等の提示・提出」の要求にまで拡大され，これに応じない場合の「罰則」規定の導入や「提出物件の留置き」など納税者の義務規定も強化されている[70]。また，納税者権利憲章は法案成立後一定の期間をおいて，国税庁長官が平易な表現を用いて簡潔に記載した文書にして公表する予定になっていた。ところが，この重要な改正が「政争の具」とされ[71]，国税通則法改正案の改正事項の一部見送りが行われることになった。国税通則法の一部改正案から削除されたのは，法律名を「国税通則法」から「国税に係る共通的な手続並びに納税者の権利及び義務に関する法律」へと変更する改正規定，納税者権利憲章に係る改正案第4条(納税者権利憲章の作成及び公表)を新設する規定である。また，目的規定である第1条で，「……，税務行政の公正な運営を図り，……」とある部分を「……，国税に関する国民の権利利益の保護を図りつつ，税務行政の公正な運営を確保し，……」と改める案も見送られた。この結果，重要な納税環境整備が大きく後退してしまった。先進国において，納税者権利憲章を持たない国は，日本のみである現実を認識して，これらは，早急に創設すべきである。

2．租税教育

　租税教育は，健全な納税者意識を養い，申告納税制度の維持発展に寄与するための重要なテーマである。過去，租税教育は，国税庁と税理士会がそれぞれに単独で取り組んできた[72]。しかしながら，その取り組みが単発的で戦略的でなかったことから，その実績や効果に疑問があるとの指摘もあった。平成23年度税制改正大綱は，「本来，租税教育は，社会全体で取り組むべきものであり，健全な納税者意識のより一層の向上に向け，今後とも官民が協力して租税教育の更なる充実を目指す必要があります。特に，小中学校段階だけでなく，社会人となる手前の高等学校や大学等の段階における租税教育の充実や，租税教育を担う教員等に対する意識啓発について検討し，関係省庁及び民間団体が連携して取り組むこととします」としてその整備を掲げた[73]。そして，税理士会は，租税教育のテーマである「税とは何か，なぜ税金を納めなければならないのか，税がどのようにつかわれているか」などの税の役割について指導すべき適任者は，独立した公正な立場で税理士制度を支える税理士であるとして，「租税教育推進部」を設置した。それでは，なぜ，いままで，国，税理士，教育機関で「租税教育」が進展しなかったのであろうか。それは，国レベルでの推進政策が存在しなかったからである。このような経緯をみると，日本は，納税者の「租税倫理観」の醸成を租税政策において後回しにしてきたと思われる。これらのことは，社会人予備軍としての大学生に対する租税教育に関するアンケートに如実にあらわれており，租税教育のラストチャンスでもあることから，今後はこれまでの小・中・高校の租税教育に加え，大学生に対する租税教育の機会を増やしていくことに大きな意義がある[74]。このように，「税」は，国民が便益を受ける国家活動の運営資金を調達する手段＝会費のようなものであるという近代的な租税観の醸成が納税環境の基礎的な土壌形成に最も重要なことであり，これを丁寧に育てなければならない。

3．更正の請求

　申告納税制度のもとでは，納税者自らが法定申告期限までに正しい課税標

準等又は税額等を申告するのが前提である。しかし，納税者はその申告にあたって計算を間違い，また，税法の解釈を誤ることもあり得る。その場合，法定申告期限後にその誤りに気づいたときは，納税者においても是正する方法が認められている。そこで，国税通則法は，修正申告と更正の請求という二つの手続を設けている。このうち，修正申告は，納税者が期限内申告又は期限後申告をすることにより第一次的に納税義務が確定した後に，また，税務署長の更正・決定により納税義務が確定した後に，納税者自らが課税標準等又は税額等の申告内容を増額変更するものをいう[75]。他方，更正の請求は，納税申告によりすでに確定している課税標準等又は税額等が過大であるときに，納税者が税務署長に対し，その課税標準等又は税額等の減額をするように職権発動を求める手続である。それゆえ，更正の請求それ自体は，課税標準等又は税額等を確定させることを意味しない。さらに，更正の請求には，「通常の場合の更正の請求」[76]と「後発的事由の更正の請求」[77]がある。この更正の請求があった場合，税務署長は，その請求に係る課税標準等又は税額等を調査し，その調査に基づいて減額更正をし，又は更正をすべき理由がない旨を通知する[78]。そして，更正の請求に係る税務署長の処分は不服申立ての対象となる[79]。平成23年度税制改正大綱では，更正の請求に係る規定が大幅に改定された[80]。しかしながら，まだ，残された問題がある。それは，更正の請求ができる事由の拡大についての問題である。国税通則法23条1項は，納税申告書に記載した課税標準等又は税額等の計算が「国税に関する法律の規定に従っていなかったこと」又は「当該計算に誤りがあったこと」と規定しているところから，国税通則法23条1項と2項の関係については，制限説[81]と無制限説[82]の二つの見解があり，仮に，法定申告期限1年以内の合意解除を理由とする更正の請求にやむを得ない事情を必要としない見解，つまり，無制限説に立つと，課税負担に関する錯誤(想定よりも，多大な税額の負担となった場合)を理由とするものも許されると考えられる。これは，納税者の権利保護という観点からは，無制限説が優れているが，現在のところ判例のほとんどが制限説に立っている。しかし，後発的な事由による更正の請求は，昭和45年の税制改正において，通常の場合の更

正の請求を「法定申告期限から1年」に延長した際に,「このように期限を延長しても,なお,期限内に権利が主張できなかったことについて,正当な事由があると認められる場合の納税者の立場を保護するため,後発的な事由により期限の特例が認められる場合を拡張し,課税要件事実について,申告の基礎となったものと異なる判決があった場合その他これらに類する場合を追加するものとする」[83] として,国税通則法に設けられたものである。このような法の趣旨から,この「正当な事由」について,申告の基礎となった課税要件事実,法定申告期限後に錯誤無効であることが確認された場合など,遡及効が生ずる事実が生じた場合にも,更正の請求が認められるようにすべきであり,立法上でそのことを明確にする手当が必要であるとする意見がある[84]。

4. 社会保障・税にかかわる番号制度

納税番号制度の導入の議論は,従前からあった[85]。マイナンバー制度法案[86] は,国民のひとりひとりに番号を割り当て,納税や社会保障に関する情報を管理するという制度であり,平成26年度中に番号が交付され平成27年1月には社会保障や税務の分野で利用が開始される予定である。主に利便性と個人情報保護の点から賛否が分かれているが,制度導入にあたっての課題とされているセキュリティー面やプライバシー保護の部分に関する具体的な解決方法が重要である。マイナンバー制度は,その導入によって,個人の所得や介護・医療などの社会保障の情報を一元管理し,徴税強化と保険料などの徴収強化の政策のために活用される。とりわけ,税務の面では,所得の過少申告の確認や税の不正還付防止,確定申告手続を簡略化するための政策や,さらには消費税増税に伴う「給付付き税額控除」などの手続に利用されると考えられる。政府はマイナンバー法の導入に際して,「国民への給付と負担の公平性の確保」,「国民の利便性向上」,「行政の効率化,スリム化に資する効果」などさまざまな目的を掲げている。また,事務処理にあたってマイナンバーを提供する場合は,個人番号カードの提示などによる本人確認が必要となる。そのほか自宅のパソコンから情報提供の記録を確認できる仕組

み(マイ・ポータル)づくりや，行政組織が国民の個人情報をきちんと保護しているかどうかを監督する「個人番号情報保護委員会」の設置，行政組織などがマイナンバーの使用に際して情報漏洩した場合には，4年以下の懲役又は200万円以下の罰金といった罰則規定を盛り込んでいる。

第2項　税務調査手続：「調査」に関する納税環境整備

納税者と国家権力を発動する課税庁が激しく衝突する税務調査の場面では，「法の支配」がその根底に横たわっていなければならない。わが国に数多くある行政組織のなかで，とりわけ，国税吏員は職務に忠実であり，優秀であるといえる。さりとて，ときには，目標達成のため，やや強引な質問検査権の行使も散見されることも事実としてある。その結果，税務吏員の行為に，もっといえば，課税庁に対して納税者が失望する場合も少なくない。税務行政の効率化に対して，税理士は「公器」としての役割を果たさなければならない。納税者と課税庁，そして，税理士が協調しながら，この三者によって構成される三角形をバランスよく維持しなければならない。そこには，課税庁が納税者を信頼すること，そして，納税者の代理人としての税理士を信頼することが，真の納税環境整備にとって重要である。

1．税務調査手続の明確化

税務調査に関して，わが国の税法には，その規定が一条文にのみ裁量的に定められているだけであり[87]，その他の手続は何ら保障されていない。このことが，国家権力の発動である税務調査において，さまざまな問題を引き起こしている。平成23年度税制改正大綱では，納税者権利憲章を策定し税務調査手続規定を整備することが明記された。そして，その法案には「納税者の権利利益の保護を図る」趣旨のもと，調査手続に際して，これまで規定のなかった「事前通知」や「調査の終了通知」など納税者の権利に関する規定が設けられる予定であった。また，前述のように，納税者権利憲章は法案成立後一定の期間をおいて，国税庁長官が平易な表現を用いて簡潔に記載した文書にして公表する予定になっていた[88]。ところが，国税通則法改正案

の改正事項の一部が見送られることになった。具体的には,「税務調査手続」については,改正案で「更に,手続を「新たに追加」」するとしていた部分が採用されなかった[89]。

　第1章第2節第1款で述べたように,国税局や税務署の職員が行う税務調査は,各税法に規定する質問検査を根拠としている。その規定は,「調査について必要があるとき,……質問し,又はその帳簿書類その他の物件を検査することが出来る」とのみ定め,具体的な手続規定は存在しない。そして,令状に基づく査察部の調査以外はすべて任意調査である[90]。そもそも,質問検査権を根拠として行われる税務調査が任意調査である以上納税者の理解と協力を得て行うものであるのは当然のことである。それゆえ,質問検査権の行使にあたっては一定の限界があることは明白である。国税通則法の平成23年法律114号でなされた改正は,税務調査手続について従来の運用上の取扱いを法令上明確化した。そこには,納税義務者に対する調査の事前通知等や調査の終了の際の手続が定められた。しかしながら,その第74条の10において,「事前通知を要しない場合」という規定が創設された。この規定は,他の税務調査手続規定の例外として機能することで,この改正による法令による明確化を骨抜きにする可能性がある。このように,租税法律主義のもとでの納税者に係る適正手続保障という視点からは,租税法の実体法に税務調査に関するさらに詳細な手続規定を創設する必要がある。

2. 理由附記

　行政手続法14条は,行政庁が不利益処分をする場合には,その名あて人に対し当該不利益処分の理由を示さなければならないと規定している。ただし,国税に関する法律に基づいて行われる処分その他公権力の行使に当たる行為については,理由附記が適用除外とされていた[91]。それらが除外される理由として,課税庁は,国税に関する処分は,金銭に関する処分であり,処分内容をまず確定し,その適否については,むしろ事後的な手続で処分することが適切であること,また,主として申告納税制度のもとで,各年又は各月ごとに反復継続して大量に行われる処分であること等の特殊性を有して

いること，さらに，限られた人員をもって適正に執行し公平な課税が実現されなければならないことによると述べている[92]。従前は，この理由附記につき，個別の税法において規定され，青色申告に係る更正通知書のみが，その更正の理由を附記しなければならないこととされていた[93]。その後，平成23年の国税通則法改正において，すべての処分(申請に対する拒否処分及び不利益処分)に対する理由附記が実施されることとなった。

　この更正処分に理由附記が行われる趣旨は，課税庁の判断の慎重，合理性を担保してその恣意を抑制するとともに，更正の理由を納税者に知らせて不服申立ての便宜を与えることを目的としている[94]。この課税庁の恣意を抑制する作用は，「処分適正化機能」であり，更正に際しその更正理由を明確にして，課税庁がその更正内容を安易に変更することを許さず，その処分の対象を特定することでその責任の所在を明確にし，課税庁の判断を慎重にして合理性を期することを目的とする。

　この理由附記の制度につき，どの程度の理由を附記すべきなのかという理由附記の程度の問題，また，理由が全く附記されていない又はその附記が不十分な場合の課税処分は取り消されるのか否か，さらには，理由附記に瑕疵がある場合に課税庁による理由附記の追加や修正，差替えが認められるのか否かという問題が検討されてきた[95]。

　すでに述べたように，従前は，理由附記は青色申告者に対して，更正処分を行う場合，更正通知書にその更正の理由を附記することのみに求められていた。その理由は，青色申告が仕訳帳・総勘定元帳等の一定の帳簿書類を備え付け，それにすべての取引を正規の簿記の原則に従って，整然とかつ明瞭に記録し，それを整理して一定期間保存している者にのみ認められているため，所得金額の正確な計算について，高い信頼性が与えられているからである。この理由附記は二つに大別され，課税庁による更正処分が，帳簿書類の記載を否認して行われる場合と，帳簿書類の記載自体は否認することなく行われる場合がある。更正処分が，売上の計上漏れや経費の否認など，帳簿の記載を否認してなされる場合には，帳簿書類の記載以上に信憑力のある資料を摘示して課税処分の具体的根拠を明らかにすることが必要とされてい

る[96]）。他方，帳簿書類の記載自体を否認することなく更正する場合で，更正処分が帳簿等の記載を前提として，単に法令の解釈適用の誤りを是正するものであるときは，帳簿否認によるほどの厳格な理由附記は求められていない。この場合，理由附記の程度としては，二つの見解に分かれている。更正の根拠法令の記載だけでなく，更正の根拠，つまり，課税庁の判断過程，認定理由まで明らかにすることを求めるものと，更正の根拠までは求めないものである。前者は，更正にあたって帳簿書類以上に信憑力のある資料を摘示する必要はないにしても，課税庁の恣意抑制及び不服申立ての便宜という理由附記制度の趣旨目的を充足する程度に更正の根拠を明示することが求められるとするものである[97]。後者は，更正処分における根拠，たとえば，課税庁の認定理由として，なぜその帳簿上の費用を税務上損金と認めなかったのかということまでの附記を求めていないとするものである[98]。上記のとおり，理由附記の程度には，帳簿書類以上に信憑力のある資料の摘示を求めるもの，更正の根拠法令，処分の対象，具体的な判断過程，認定理由を求めるもの，根拠法令処分の対象のみでよいとするもの，そして，単に「所得計算の誤り」といった抽象的な理由にとどまるものがある。とりわけ，青色申告においては，所得の計算が法定の帳簿組織による正当な記載に基づく以上，その帳簿の記載を無視して更正されることがないことを納税者に保障したもの[99]であるから，納税者の帳簿を否認して更正がなされる場合においては，附記される理由に，帳簿書類以上の信憑力のある資料によって処分の根拠を明らかにすべきという厳格な運用を求めている。他方，更正処分が帳簿の記載を前提として法令解釈の適用誤りを是正するものであるときは，上記に掲げる程度の理由附記が，個別税法の趣旨と個別の課税処分の態様によって決められているのが現状である。

　先に述べたように，平成23年度税制改正で，処分の適正化と納税者の予見可能性の確保の観点から，すべての処分について，理由附記を実施することになった。ただし，個人の白色申告者に対する更正等に係る理由附記については，記帳・帳簿等保存義務の拡大と併せて実施することになった。したがって，今後は，相続税等の従前は理由附記の対象ではなかったものにおい

ても，理由附記がなされることになる。とりわけ，今回の税制改正で最も実務に影響が大きいと思われるのが重加算税の決定における理由附記である[100]。これまで，重加算税の賦課決定処分については，その賦課要件である仮装又は隠蔽の認定に至る課税庁の判断過程は明らかとなっておらず，納税者が納得するまでの説明があったとはいえない状況にあった。それゆえ，理由附記の実施により，この隠蔽又は仮装であると認定するに至った課税庁の具体的判断過程が明らかとなることは，納税者が処分理由を知ること，課税庁の判断を合理的・客観的なものにすることに機能するといえる。

第3項　権利救済手続：「権利救済」に関する納税環境整備

1．国税不服審判所の現状[101]

　租税訴訟で，課税庁の処分の取消しを求める場合には，直ちに司法機関たる裁判所に訴えることは原則として許されない。それは，国税通則法115条1項が訴訟前手続として，異議申立てや審査請求という行政の判断を要求しているからである。この不服申立前置は，原則として，国税不服審判所に対する審査請求の前に，原処分を行った税務署（異議審理庁）に対して異議申立前置を行うことを意味する。すなわち，司法の判断を仰ぐ前に二つの行政手続を経る必要があるということになる。ただし，所得税法若しくは法人税法に規定する青色申告書又は連結確定申告書に係る更正処分等に不服があるときは，異議申立てを経ないで国税不服審判所に対して審査請求を求めることができる（国税通則法75条4項）。このように，現状は，2段階の不服申立前置が存在している。この不服申立前置はその必要性について，国税に関する処分が毎年大量かつ回帰的であるため，裁判所に過度な負担を与えるような訴訟事件の発生を防ぐためには，不服申立てによってなるべく多くの事件を解決する必要があること，また，租税事件が複雑な課税標準の認定を内容とする場合が多く，多分に専門的・技術的性格を持っているため，まず，行政段階で十分な審理を行い，争点を整理する必要があることが根拠とされている[102]。これらの根拠につき，国税に関する「処分が回帰的」であるかということは，税制の特性として，課税事業年度や課税暦年に連動する処分であ

るから肯定し得るといえる。しかし,「処分が大量」であるか否かについては,やや疑問を持たざるを得ない。というのは,単純な数比較であるが,国税に関する処分は毎年 30 万件[103]前後となっている[104]のに対して,税務行政以外の不服申立制度の発生状況をみると,労災保険給付に関する処分の発生状況は,平成 21 年度で 529 万件[105]であり,生活保護法に関する処分は平成 21 年度で 61 万件[106]である。つまり,国税に関する処分がとりわけ突出して多いわけでもないからである。さらに,「不服申立前置をとらないと裁判所の負担を超えた訴訟事件が発生する」という点では,平成 20 年度の異議申し立て件数は 1134 件であり,行政訴訟事件における租税事件は,255 件であるから,仮に,不服申立前置がなければ,現在より 1000 件程度訴訟件数が増えることとなる[107]。確かに,不服申立前置制度が,訴訟の数について一定のスクリーニング機能を果たしているといえる。

　次に,租税事件が専門的・技術的性格を持っているため,行政段階で十分な審理を行い,争点を整理する必要があるかどうかである。まず,事件に関し行政段階で十分な審理を行い,争点を整理することが納税者のための簡易,迅速な解決につながるというが,現行の不服申立前置機関が行政機関の一部である以上,争訟に至って十分な審理を行うべきというよりは,まず処分を行う前に,十分な審理をすべきであるといえる。また,納税者のための簡易,迅速な解決を目途とするならば,事件の種類(たとえば,国税の法律自体や憲法違反を争うような事件については,行政内部の組織としての国税不服審判所が,結論を出せないものもある[108])によっては,行政段階で判断を求めるか,裁判所の判断を求めるかは,納税者自身の判断に任せるべきであるといえる。そもそも,これらの審理は,課税庁の専門技術的な判断が税法の止しい解釈と適用に適合するかどうかが基本的な争点となっているのであり,納税者は,行政の知識と経験そのものに異議を申し立てているのであるから,課税処分の専門性・技術性の結果が妥当かどうかの問題をいくら主張してもそれは説得力に欠けるという意見がある[109]。

　一方,審査請求の前段階である異議申立前置が必要であることは,一つの理由として,国税に関する処分が大量かつ回帰的なものであること,次に,

事案に熟知し、事実関係の究明に便宜的な位置にある処分庁が裁決庁となることが望ましいこと、さらに、帳簿の備付けや更正の理由附記がない処分について、原処分庁の見直し調査を経ることにより、争点が整理され、後に続く審査請求での議論が容易になることがその根拠としてあげられる。それぞれにつき、「処分が大量かつ回帰的なもの」については、すでに述べたとおりである。また、「事案に熟知し、事実関係の究明に便宜的な位置」に対して、「異議審理庁は原処分庁であって、処分の見直しを本質とし、審査請求に比べ、納税者の権利救済の色彩は希薄であるとされている」[110]という意見がある。もっとも、仮に原処分庁が事案に熟知しているのであれば、処分をする段階と異議申立て後に、同じ事案の結論がそれほど変わるとは考えにくい。かえって、そう簡単に結論が変わるようなら、処分の際にもう少し慎重に考えてほしいと納税者は考えるのではないだろうか。「理由附記のない処分」については、平成23年度税制改正大綱で、平成25年1月からすべての処分について理由附記を実施することとされた。その意味において、この異議申立制度は、もはや、その役割を終えたといえる。以上の検討から、現状の不服申立制度[111]には、一定のスクリーニング機能が認められるため訴訟の前段階の行政制度として存続に意味があるといえる。また、訴訟と比べ行政の権利救済制度には、無料、簡易、迅速といった特徴があるため、納税者にとって利用価値がある。しかしながら、すべての更正処分について、理由附記がされるとなれば異議申立前置主義は実質的な意味を失うことになるといえる。

2. 理由附記

理由附記の機能として、不服申立ての便宜を与える目的として「争点明確化機能」がある。これは、申告否認の理由(争点)を明確にして、これを納税者に告知することによって、告知を受けた納税者がその附記理由によって争点を把握、検討することにより、不服申立てをすべきか否かの判断を誤らずにすることができる機能である。この度の平成23年度税制改正で、すべての更正処分について、理由附記がされることとなった。この理由附記は、行

政運営の公正を確保し，違法な課税処分に対する司法の事後検証を機能させている。したがって，理由附記は国民の権利利益を保護する上で極めて重要な制度である。

第3節　真の納税環境整備に何が必要か

第1款　三つの段階における真の納税環境整備

第1項　申告納税手続：「申告」に関する納税環境整備で何が必要か

　納税者の「保護者」としての税理士の立ち位置は，やや，納税者寄りである。つまり，「申告」における納税者と課税庁の綱引きでは，課税庁が，やや強いという状況にある。いいかえれば，課税庁の方が強いから，税理士は「保護者」として，やや納税者寄りの立ち位置をとることになる。申告納税制度のもとにおいて，租税法における第一義的な解釈権は，納税者のもとにある。しかし，現行の租税制度の法体系は，納税者がより税法を的確に解釈し，適用できる環境ではない。それゆえ，不安定な租税法の解釈があれば，申告納税手続において，それを顕在化させ，不確実さを払拭する制度が必要であるということである。そして，その納税環境整備により，租税申告手続における納税者と国の均衡が実現されることになる。もっとも，不確実性の排除については，納税者による税務署に対する事前照会やタックスアンサーが制度として存在するが，いずれも，共通的・一般的な事項にとどまり，本来，必要とされる個別的な解釈権の行使を満足させるものではない。そこで，とりわけ，税理士法に規定される「計算事項等を記載した書面添付制度」がそれを解決する制度として注目される。「計算事項等を記載した書面添付制度」(税理士法33条の2第1項)は，税理士が自己の作成した申告書について，その申告書の作成に関しどの程度の内容にまで関与し，その申告書を税務の専門家の立場から，どのように調整したものであるかを明らかにした書面を

添付する制度である。そして，その書面が提出された場合に，帳簿等の税務調査の必要があるときは，納税者に通知する前に，課税庁は税理士から意見聴取(税理士法35条1項)をしなければならない。この制度は，申告手続にあたって，納税者とともに，どのように法令を解釈し，申告まで誘導したかということを課税庁に対して示すものであり，その誘導の過程で，解釈の不安定なところを抽出して，その解釈をしたプロセスを課税庁に明らかにすることで納税者を保護することができるというものである。つまり，法令の解釈理由を課税庁に対して，特段に書面で明らかにし不安定な解釈権の行使の不確実性を解消する機能を有するものである。これを「解釈適正化機能」と呼ぶ[112]。これは，課税庁において更正処分に理由附記が行われると同様に，納税者の代理人である税理士の判断の慎重さ，合理性を担保してその恣意を抑制するとともに，解釈の理由を課税庁に知らせることで事前審査を促すことを目的としている。もっとも，税務行政は，継続して，大量な行為が行われるから，申告後の実体的審査がおしなべて税務調査の段階に行われている現状がある。しかしながら，それでは納税者の解釈権行使に不安定な要素が残留することになる。そこで，申告時において，税理士が納税者の保護者として解釈適用の微妙なところを事前に申請(書面添付)し，それにつき，課税庁の判断を求めることにより，不安定な事項は解決できるという機能を利用すべきである。課税実務においても，申告書の概観的な検討は，課税庁が申告書を受理したときに行われていることをみれば，十分に実現可能であると思われる。また，「計算事項等を記載した書面添付制度」は，納税者及び税理士の厳正な解釈理由の記載，すなわち，立証責任の履行であるから，それを覆すには，課税庁において，それ以上の信憑性がある立証が必要であることはいうまでもない。その上で，課税庁からの事前審査による納税者の解釈権に修正の必要が生じたときは，更正の請求の活用による「誤謬」や「合意解除」に関する救済を準備すべきである。

さらに，「計算事項等を記載した書面添付制度」は，税理士が依頼者との関係において，税務申告書類が信憑性を保ち，確定決算主義から求められる会計業務に関する保証を担保する税務監査の機能を持たせることもできる。

つまり，税理士法33条の2第1項とそれに付加される「適正意見(5.「その他」において総合所見を記載すること)」は，税務会計業務に関する保証を利害関係者に行うものである。従前にも増して，企業の財務書類の信頼性に対する社会的な要請が高まるなか，税理士がそのチェック機能を担う専門家としての役割を果たさなければならない。そのことは，現実の経済社会では，すでに，税理士に対する要求としてその活動が行われているところからみても早期の制度設計が必要であるといえる[113]。これらにつき，三位一体の関係で整理すると，納税者は，申告手続における不安定な立場を解消することができ，国家との関係でも適正な緊張関係をつくることができる。そして，税理士は，納税者とともに解釈権を行使する過程において，適正，妥当な解釈権を支援することにより，納税者と適正な関係を維持し，課税庁からも納税者からも等しい距離を保つことができる。それが，税理士の立ち位置を中心に戻すことになる。

第2項　税務調査手続：「調査」に関する納税環境整備で何が必要か

わが国は，「法の支配」のもとにある。先進国における近代的租税制度のもとの納税者の権利は，納税者の誠実性の推定，税務調査の事前通知と調査理由の開示を受ける権利，税務調査時に専門家の助力を受ける権利，重複調査を受けない権利等が納税者権利憲章で謳われ，法令に規定されていることはすでに述べたとおりである。このように，税務調査による質問検査権の発動は，法令に定められた適正手続で履行されなければならない。そして，納税者の代理人としての税理士がこの「調査」の場面では，「法の監視者」としての立場を担わなければならない。このフェーズにおけるその税理士の立ち位置は，かなり納税者寄りである。なぜなら，国家権力の行使たる税務調査に関する法令の規定が不十分であるからである。確かに，近時の納税環境整備で税務調査に関する手続法の整備は整いつつある兆候を示した。しかし，それは，従前の税務体系のなかに存在していた税務吏員の行動指針を単に法令にすくい上げたということにとどまっている。したがって，いまなお，税務調査手続を行使するにあたって，大幅な裁量権が税務吏員に委ねられてい

る。このような現状は是正されなければならない。そのため，租税法律主義のもとでの適正手続保障という視点からは，早急に，租税法の実体法に税務調査に関するさらに詳細な手続規定を創設する必要がある。一方，納税者は，税務調査を忌み嫌っているわけではない。課税庁の「不意打ち」や納税者の信頼を裏切る行為を許さないのである。実際，税務の現場では，税務調査の結果，経理担当の使い込みや工場での不正行為が発覚し，企業の内部牽制を改善することができたという事例が少なくない。そこで，この税務調査の場面で，まず，課税庁は，納税者と税理士に誠実性の推定を働かす必要がある。それにより，納税者と課税庁の歪なバランスを均衡状態に是正するべきである。具体的な処方箋としては，税理士法33条の2第2項が規定する他人が作成した申告書について，税務の専門家の立場から，どのように調整されたかを審査し，その申告書が適法に作成されている旨を明らかにした書面，すなわち，「審査事項等を記載した書面」の添付制度の活用がある。これは，税理士の「ピアレビュー」，すなわち，税理士同士の相互チェックにより適正な納税義務を担保する制度である。この機能を「ピアレビュー機能」と呼ぶ。現在のところ，解釈論として「審査事項等を記載した書面添付制度」でいう「他人」が作成した申告書とは，会社が自身で作成した申告書等を想定しており，他の税理士が作成した申告書を再度，税理士が審査することは納税者との関係(つまり，納税者と税理士は一対一の関係であるの)で，想定しづらいとしている。しかし，文理解釈上は，十分に可能なことであり，税理士法人のなかで所属を同じくするA税理士がB税理士の申告書を審査し，「審査事項等を記載した書面添付制度」を活用することは解釈論としても問題がないといえる。そもそも，税理士法33条の2は，書面が添付された申告書を提出した納税者について，税務官公署の職員が帳簿書類の税務調査をする場合は，その書面を添付した税理士に日時，場所を通知して，その書面に記載された事項に関し意見を述べる機会を与えなければならないという制度であり，意見を述べた結果，疑義が解消された場合は，税務調査を省略する趣旨の規定である。そして，これは，納税義務の適正な実現という税理士制度の本旨に合致するものである。

この書面添付制度の運用につき，具体的には，納税者と税理士が誠実性の推定を受けて，税務調査の省略，すなわち，申告の是認を次の方法で選択することができる。①「計算事項等を記載した書面添付制度」を活用する方法，②「審査事項等を記載した書面添付制度」を活用する方法，③「計算事項等を記載した書面添付制度」と「審査事項等を記載した書面添付制度」を活用する方法，これらは，税理士法上の権利として税理士に与えられているものであり，すべてに意見聴取権が具備されている。もっとも，これらの書面添付制度を活用することで，直ちに，税務調査が省略されるものではないが，課税庁からの信頼は得られるものといえる。それは，これらの制度が税理士法上の制裁規定で担保されているからである。しかしながら，これらの制度の活用は，税務行政の効率化に寄与するが，納税者にとって，必ずしも，受け入れられるものとは限らない。それには，動機づけするためのインセンティブが必要である。また，書面を添付する税理士もビジネスとして成り立つ必要がある。それには，一つの案として，「税務監査意見税額控除」を創設することにより，税務監査・意見報酬を捻出するということも考えられる。そして，これら書面に記載された審査理由及びレビューは尊重され，課税庁において，更正処分を行う場合は，審査書面の記載以上に信憑力のある資料を提示して課税処分の具体的根拠を明らかにすることが必要とされるべきである。この制度の活用による三者の関係は，納税者において，調査手続における国家権力の理不尽な行使から解放される。そして，不安定な立場を解消することができ，国家との関係も適正な緊張関係をつくることができる。次に，税理士は，強い指導力と強い責任を負うとともに，公共的な使命としての「公器」の役割を果たすことで，適正な納税義務の履行に協力できる。さらに，他の税理士に税務監査権を行使されることで，納税者からの不適切な要求(脱税)に対しても，断固とした態度をとることができる。その結果，税理士が納税者と課税庁から同等の距離を維持することができ，それが，税理士の立ち位置を中心に戻す効果を生むことになる。そして，この制度が新たなビジネスモデルとして税理士の経済的自立の一助になる。最後に，当然のことながら，国家は，税務行政の効率化を推し進めることができるのである。

第3項　権利救済手続：「権利救済」に関する納税環境整備で何が必要か

「権利救済」において，税理士の立ち位置は「完全中立」を保つことになる。これにつき，納税者の権利救済であれば，納税者寄りに位置するのが当然であるとの見解もあり得よう。しかしながら，税理士は，「権利救済」の場面では，整理役として救済制度の前置的な機能を負う必要があると思われる。そもそも，行政の権利救済制度には，一般の訴訟と比べ，無料，簡易，迅速といった特徴がある。それゆえ，納税者にとって利用価値が高いといえる。ところが，納税者が持ち込む異議申立てや審査請求不服にはその内容にバラツキがあり，権利救済が必ずしも必要でないものも少なくない。これらを要因として，救済機関が疲弊している現状があると思われる。その結果として，現行の異議申立ては，儀式として形骸化し，本来の意味での機能を果たしていないことが窺える。その限りにおいて，事前に税理士が整理役を務めることで，税務行政の効率化に資するとともに，一定のスクリーニング機能を発揮することができる。

平成25年1月からすべての処分について理由附記を実施することとされた。今後の税務争訟は争点が明確になると予想される。この視点からは，書面添付制度はいわば申告の適正性に関する争点を整理することになるから，「解釈適正化機能」，「ピアレビュー機能」によって，強固な立証責任の履行がなされ，不服申立ての便宜を与える目的として「争点明確化機能」が醸成される。さらに，税理士は，納税者の権利救済に関して，救済機関における「前置」として機能することが考えられる。それでは，税理士は，権利救済者としてどのような納税環境整備を求めるべきであろうか。前述したが，そもそも，租税法は強制法規であるから，合法性の原則に支配され，租税法規を適用したときは，同様の結果が生じるとされる。しかしながら，経済市場の激しい変化や新しい取引行為の出現によって，租税法規がすべてを規律することはできない。また，税務における事実認定には，取引金額が低いとか役員退職金が高いなどの金額の多寡を問題とする場合が少なくない。そして，

その解決をみるとき,必ずしも,経済市場原理にそった決着ではないといえる。その結果,その違和感(一般的な感覚に対して)を覚える法令の適用を国が権利救済の場面で貫いたとき[114],納税者は失望し[115],適正な納税倫理を捨て去るのである。そうであれば,権利救済の場面で,税理士が納税者の代理として課税庁と合法的「和解」を行うことも納税環境整備として必要ではないだろうか。納税者は,自身の主張が受け入れられた早期の決着を望んでいるのである。この「和解」につき,金子宏氏は「租税法は強行法であるから……納税者との間で和解なり協定なりすることは,許されない。ただし,立法で要件を明確にして和解を認めることはできる」と述べている[116]。また,アメリカでは,個人,法人を問わず,税務署内に設けられた不服審判部での協議の段階で納税者が課税庁と和解する可能性が非常に高いとされ[117],租税裁判所事案の約7割が和解によっている[118]。さらに,ドイツでも合法性の原則と折り合いをつけながら,争訟を維持するための文書による意見表明や専門家鑑定の費用を節約し,行政効率の向上効果から訴訟における協議[119]や話し合いによる合意[120]が採用されている。このような視点からも広い意味での和解制度の導入について検討する価値はあると考える[121]。また,現実的に,「事実上の和解」は,実務的には広く行われている[122]。そして,国際課税の分野でも,国際的な視野から制度的にも整備すべきであるとする[123]。さらに,検討の結果,制度的に導入可能となれば,多少の条件整備は必要としても,国税不服審判所段階でも実施すべきであるとの見解がある[124]。これらのことから,この合法的な「和解」が適正に運用されるならば,納税者と税理士,そして,国家との信頼関係が形成され,また,ひとつ,真の納税環境整備が具備されるのである。

第4節 ま と め

本章では,「真の納税環境整備」について検討してきた。真の納税環境整備とは,その公共性と営利性という相克を乗り越えることを意味する。すな

わち，税理士と納税者そして課税庁の三者が信頼関係のもとで，三位一体でバランスをとっていくために，それぞれの緊張状態が均衡して保たれた三角形，すなわち，正三角形の関係をつくり出し，そして，税理士法1条の解釈論から導き出した申告納税手続，税務調査手続，権利救済手続の三つのフェーズでの税理士の立ち位置を税理士が求める真の立ち位置，すなわち，「完全な中立」に矯正し，税理士の「独立性」を確保する納税環境整備であるといえる。

　従前の納税環境整備は，平成23年度税制改正で大きく改正された。先に述べた，三つのフェーズで整理すると，申告納税手続（申告）に関するものとして，租税教育の充実，更正の請求，社会保障・税にかかわる番号制度が，次に，税務調査手続（調査）に関するものとして，税務調査手続の明確化，更正決定に係る理由附記，さらに，権利救済手続（訴訟）として，争点の明確化としての理由附記，国税不服審判所の改革がある。しかしながら，真の納税環境整備には，まだ，不十分である。これらの不備を補充する法制度として，「申告」に関する納税環境整備では，納税者権利憲章を含む納税者の権利保護規定が整備されなければならない。そして，「税」は国家が特別の給付に対する反対給付としてではなく，公共サービスを提供するための資金を調達する目的で法律の定めに基づいて私人に課する金銭給付であるという近代的な租税観の醸成が納税環境の基礎的な土壌形成に最も重要なことであり，これを，丁寧に育てなければならない。さらに，これらは租税法における第一義的な解釈権が納税者のもとにあるということで支えられなければならない。しかし，現行の租税制度の法体系は，納税者がより税法を的確に解釈し，適用できる環境ではない。それゆえ，その不安定さを払拭する制度が必要である。そこで，法令の解釈理由を課税庁に対して明示しなければならない。それには，「解釈適正化機能」を有する税理士法33条の2第1項の「計算事項等を記載した書面添付制度」の活用が重要である。それは，納税者及び税理士の厳正な解釈理由の表明による立証責任の履行である。また，仮に，その上で，課税庁からの事前審査による納税者の解釈権の修正の必要が生じたときは，更正に係る「正当な事由」として，更正の請求の活用による「誤謬」や

「合意解除」に関する救済をすべきである。

さらに，「計算事項等を記載した書面添付制度」は，税理士が依頼者との関係において，税務申告書類が信憑性を保ち，確定決算主義から求められる会計業務に関する保証を担保する「税務監査の機能」を創出する制度である。そして，企業の財務書類の信頼性に対する社会的な要請が高まるなか，また，その信憑性が依頼者に経済的利益をもたらすことから，税理士がそのチェック機能を担う専門家としての役割を果たさなければならない，そのために必要な制度なのである。

次に，「調査」に関する納税環境整備では，国家と納税者の信頼関係の構築が必須である。すなわち，税務調査手続の明確化，納税者が納得する理由の附記が完備されなければならない。これにつき，租税法律主義のもとでの納税者に関する適正手続保障という要請からは，租税法の実体法に税務調査に関するさらに詳細な手続規定を創設する必要があり，また，理由附記の実施により，不適切な行為を否認するに至った課税庁の具体的判断過程が明らかとなり，納税者が処分理由を知ることは，課税庁と納税者の信頼関係をより強固にできる結果をもたらす。そして，これらを下支えする法制度の具体的な処方として税理士法33条の2第2項が規定する「ピアレビュー機能」を有する「審査事項等を記載した書面」の添付制度がある。これは，他人が作成した申告書について，税務の専門家の立場から，どのように調整されたかを審査し，その申告書が適法に作成されている旨を明らかにした書面を添付することで，税務調査を省略する趣旨の規定である。税理士は，この制度の活用によって，依頼者に対して，強い指導力を得ることになり，その反作用として強い責任を負うことになる。これは，一見して，税理士と納税者の信頼関係に否定的な影を落とすようにみえるが，決してそうではない[125]。この制度を通じて，税理士は，公共的な使命としての「公器」の役割を果たし，適正な納税義務の履行に協力する。さらに，他の税理士が税務監査権を行使することで，納税者からの不適切な要求(脱税)に対しても，断固とした態度をとることができる。

最後に，「権利救済」に関する納税環境整備では，税理士は，納税者の権

利救済に関して，救済機関における「前置」として機能する。権利救済の場面において，国家がその威信にかけて，強引に，その納税者が違和感を覚える法令の適用を主張するとき，納税者は失望するのである。そうであれば，権利救済の場面で，税理士が納税者の代理として課税庁と合法的「和解」を行うことも納税環境整備として必要である。これらのことから，この合法的な「和解」が適正に運用されるならば，納税者と税理士，そして，国家との信頼関係が形成される結果となる。また，すべての処分について理由附記を実施するとされたことは，行政運営の公正を確保し，違法な課税処分に対する司法の事後検証の可能性を有効に実現させると思われる。その意味において，税務争訟は争点が明確になると予想され，この視点からは，税理士法33条の2の書面添付制度は，いわば申告の適正性に関する争点を整理することになるから「解釈適正化機能」，「ピアレビュー機能」によって，強固な立証責任の履行がなされ，不服申立ての便宜を与える目的として「争点明確化機能」が醸成されることになるのである。

このように，真の納税環境整備を下支えする具体的な法制度として，税理士法33条の2の「書面添付制度」の重要性を示してきた。そこで，第4章では，本章における「真の納税環境整備」を現実化するための具体的な手段としての税理士法33条の2のポテンシャルを論証する。

1) 税理士の使命に関して，小林博志「税理士の基本理念」日税研論集24号(1993年)61頁以下，北野弘久『税理士制度の研究』税務経理研究会，1995年，松澤智『税理士の職務と責任(第3版)』中央経済社，1995年，新井隆一『税理士業務と責任』ぎょうせい，1997年がある。
2) 新井・前掲注1) 23頁。
3) 飯塚毅「職業会計人の独立性」TKC会報1981年3月号巻頭言。
4) ホルスト・ゲーレ(飯塚毅訳)『ドイツ税理士法解説』第一法規出版，1991年，298〜299頁。
5) ドイツ連邦税理士会編(武田隆二訳)『税理士業務における品質保証と品質管理』TKC出版，2007年，46頁。
6) 松澤智氏は，「独立した公正な立場」と結びつくことによって，税理士は，主観的には良心に従って通達にとらわれず，いずれにも偏せず，税務官庁のみならず，委嘱者からも間を置いて自ら正しいと信ずる法解釈に従って，納税義務者の納税義務を適

正に実現させねばならない，そして，税理士は，決して，税務署長の補助機関ではないのであり，このことは，さらに，委嘱者からも，一歩間を置いた関係が求められるのである，そこに独立した公正な立場の意義があらわれ，その結果として，「法律家」としての性格が強く表明されるのである，とする。「以上のことから，税理士は，税法に関する法律家，ロイヤーであるということができる」と説く（松澤・前掲注1）57頁）。

7) 昭和55年3月の参議院大蔵委員会にて，日本社会党，公明党及び民社党共同提案による税理士法の一部を改正する法律案の一部を修正する案が提出された。片岡勝治委員は，修正案の提案理由について，「修正案は，法案第1条の税理士の使命のうち，「税務に関する専門家として，独立した公正な立場において，」の次に，「申告納税制度の理念にそって」を挿入するものであります。さて，申告納税制度とは，納付すべき税額が原則として納税者の申告により確定される方式です。すなわち，納税者が自主的に課税標準，税額等を計算し，これを申告書に記載して提出すれば，その時点で納付税額が確定する制度で，税務関係当局による申告書の調査，審査等は行わず，もちろん税務署等の承認，認定などの行政措置など一切なしという制度であります。ただ，例外として，未申告や違法の内容があった場合に限り，税務当局の処分により税額が決定されることになっています。これがいわゆる賦課課税方式です。この申告課税方式の理念は，わが国の課税方式の変遷を見れば明らかなように，明治以来，国家権力の象徴としての意義を持っていた賦課課税方式が，新憲法発足による民主改革の一環として，民主的な納税制度として逐次切りかえてきたことにあらわれています。税理士制度のあり方もこの納税方式の切りかえ，すなわち，申告納税制の採用の拡大によりおのずから明確になってきたと思います。前述のように，申告納税制度は，国民主権の政治原理に立って主権者たる納税者にみずから租税債務を確定する権能を認めたものです。したがって，税理士に課せられるべき社会的任務は，必然的にこの納税者の自主申告権である税法上の行為を援助するとともに，税法上の権益を擁護することになるわけであります。また，租税法規がますます複雑多岐にわたってきている今日，申告納税制度のもとにおいては，納税者の後見的な役割を税理士が担うことになることは当然であり，このことが税理士制度の存在の意義を一層高めています。こうした申告納税制度下の税理士制度のあり方は，税理士のみならず，納税者を含めての共通の理解となっています。この基本的な理念が，税理士制度とこの税理士法の運用に貫かれていけば，主権者たる納税者の期待と信頼は一段と強まるに違いありません。このことが，納税義務の適正な実現に通ずることは，言うまでもありません。この考え方を第1条の税理士の使命の中に明確にし，税理士法全体に及ぼそうとするのが，この修正案の理由であります」と述べている。

8) 日本税理士会連合会編『新税理士法(3訂版)』税務経理協会，2008年，51～52頁。
9) 金子宏『租税法(第19版)』弘文堂，2014年，71頁。
10) 憲法30条の「納税の義務」について，美濃部達吉は，「衆議院の修正により追補せられた条文で，規定がなくとも実際上は異なるところはないが，国民が国家の構成員として国費を分担すべきことは国民として当然の本分でなければならぬから，旧憲法

に臣民の義務として規定していたもののうち，兵役義務については軍備の解消とともにこれを撤廃したけれども，納税義務については国民の重要な本分として旧憲法と同じく憲法中にとくにこれを宣言することとしたのである」と述べている(美濃部達吉著・宮沢俊義増補『新憲法逐條解説』新日本評論社，1956年，96頁)。また，宮沢俊義も「納税の義務は，……納税によって，国民が主権者として支配する国の財政を維持することは，なにより「国民」の責任」であり，「本条は，内閣草案にはなく，衆議院の修正で加えられた。第84条があれば，本条はいらないとも考えられるが，国民の重大な義務として，ほかの義務とならべて，権利宣言で宣言するのが妥当とされたのであろう」と述べている(宮沢俊義＝芦部信喜『全訂日本国憲法』日本評論社，1978年，293頁)。

11) 佐藤功『日本国憲法概説(全訂第2版)』学陽書房，1980年，247頁，阿部照哉『憲法(第4版)』青林書院新社，1982年，176頁。

12) 小嶋和司『憲法概説』良書普及会，1987年，291頁。

13) 伊藤正己『憲法(第3版)』弘文堂，1995年，475頁。なお，北野弘久氏は，日本国憲法は立憲民主制憲法として三権分立と国民代表の原理を確立しているので，租税法律主義を規定した第84条，第30条は法理論的には不必要であるはずである，法においては，行為規範にしろ裁判規範にしろ同じことを2度規定する必要はない，日本国憲法のもとでは第41条の，国会は「唯一の立法機関」であるという条項からも租税法律主義の法理を引き出すことが可能である，したがって，ことさら第84条，第30条を必要としない，という見解をとる(北野弘久『憲法と税財政』三省堂，1983年，116頁)。

14) 松澤智『租税法の基本原理』中央経済社，1983年，14頁，44頁。

15)「申告納税において，納税者は，「法律の定めるとおりに，納税の義務を果たさなければならない」とともに，同じような立場にある納税者なのに，人によって申告したり，申告しなかったり，納税したり，納税しなかったり，という申告納税における不公平がないようにしなければならない。納税者による，「法律に定めるとおりの申告納税」と，納税者間の「申告納税における公平」とを確保することが，申告納税制度と税務行政に対する納税者の信頼の基盤である。このように，租税法律主義と租税公平主義は，国側，税務官庁側が守るべき原則であるとともに，申告納税の義務を負う納税者側が守るべき原則でもあるといえる」(澤田正「申告納税制度におけるもう一つの「租税法律主義と租税公平主義」」山口経済学雑誌57巻2号(2008年)59頁)。

16) 申告納税方式とは，納付すべき税額が納税者のする申告により確定することを原則とし，その申告がない場合又はその申告に係る税額の計算が国税に関する法律の規定に従っていなかった場合，その他当該税額が税務署長等の調査したところと異なる場合に限り，税務署長等の処分により確定する方式をいう(国税通則法16条1項1号)。

17) 金子・前掲注9) 770頁。

18) 忠佐市氏によれば，昭和21年11月に公布された財産税法から，本格的な申告納税制度は，始まったとしている。また，昭和20年に類似の制度が存在していたとしつつも，この申告納税制度が戦後GHQの押しつけによる導入であることを明確に否定

していない(忠佐市「申告納税制度の発足」ファイナンス1975年11月号76頁)。
19) 加藤義幸氏によれば，昭和20年の日本の経済状態からは，従前の賦課課税方式では，①税務職員の手が不足し，②事業年度終了から少なくとも4から6ヶ月以上経ないと税を充足できない状況であった，としている(加藤義幸「我が国の申告納税制度の導入について」税法学564号(2010年)3頁)。
20) 日本を占領した米軍は，その占領費用を日本政府に調達するよう要求した。それが「終戦処理費」であり，昭和23年(1948年)度で国家予算全体の353％にも達していた。その徴税攻勢は凄まじく，税務署員を督励して，滞納者の自宅にMPがジープで乗りつけ，差押えや競売を強行するなどがざらにあった。このような社会背景で，さらに，占領軍から，脱税者に刑罰を科すよう強い要求があった。これを受けて当時の事情を，忠佐市氏は次のように語っている。

「昭和21年の臨時財産調査令のときに罰則を入れることについて大蔵省から法務府の方へ相談することになって，……そういうことから始まって，そのあとは直接国税の罰則に懲役刑を導入する問題と間接国税犯則者処分法の憲法上の問題について，法律改正案をまとめる形で接触が始まりました。……その頃，私たちの方にはGHQの方から脱税をした者を処罰するように，それを促進しろと強調してくるわけです。それについて，最初は法務府とは相談していません。大蔵省として答えたのは，その当時の賦課課税時代の所得税，法人税では，政府が課税標準を決定し，徴収することになっているので，納税者に対してはそれほどの責任は負わしてないはずで，脱税を罰するにはそれだけの要件をたしかめなければならない。徴税の大部分は政府の責任として考えているので，簡単に納税者を処罰するわけにはいかないと突っぱねていたのです。それでは申告納税になったらやるのかと言うので，申告納税になれば，納税者の責任が考えやすくなるのでやりますよ，という返事をしていたわけです。そこで，22年の秋ごろになって，1税務署で1件告発することにしてその報告を持ってこいという注文を受けたわけです。そのころ同じようなことを法務府の方へ注文されたのではないかと思います。そして，財務局からの報告をまとめて告発案件何件かを10月末か11月はじめにGHQに報告して，その告発が検察庁に受理される。検察庁に告発されると，法務府に情報がまとめられて司令部に伝わる。起訴されたという情報が司令部にとどくと，裁判所にも司令部からなんらかの挨拶があったのではないかと思われます」(平田敬一郎＝忠佐市＝泉美之松『昭和税制史の回顧と展望』下巻，大蔵財務協会，1979年，128～129頁)。

関本秀治氏によれば日本国憲法の施行に伴い，のちになって申告納税制度は，国民主権主義の税法的な表現であるという解釈論が確立されるようになったが，所得税や法人税について申告納税制度が導入された契機となったのは，実は，憲法の施行後にGHQの命令で脱税犯を処罰することを目的にしたものであったことが，以上の経緯によって明らかである。このような経緯から発足した申告納税制度であるので，その後の税務行政によって，納税申告書は，単なる課税資料の提出制度程度のものと認識されていた。事実，申告納税制度が導入された昭和22年(1947年)の後，東京国税局では昭和24年分から，他の局では昭和25年分から，「お知らせ」といわれる方式が

とられ，税務署が「課税見込額をあらかじめ通知した。わが方の調査によりますと，大体これぐらいになります，……本人を呼び出して通知する」(村山達雄元大蔵省主税局長談，同上220頁)という課税方式がとられた。これは，それまで，大量の更正決定で不服申立てがなされ，税務署の事務負担が大変だったことが主な原因だったようである。この「お知らせ」方式になってから更正決定が70%から一挙に5%以下に減った(村山談，同上)といわれている。したがって，最初から目標額が決められていて，それに基づいて不足すれば更正決定を濫発するという，賦課課税制度と変わらない徴税行政が続いていたことになる。それゆえ，申告納税制度が法定されたからといって，それが，当初から憲法の国民主権主義を税制面で支えるというようなしろものではなかったことが明らかである(関本秀治「隠された「昭和税制史」」税経新報566号(2009年)3頁以下)。

21) 武田昌輔氏は，申告納税制度が，なぜ，昭和22年からの開始だったのかといえば，その年は，労働組合によるゼネラル・ストライキ(二・一ゼネスト)突入への機運が高まり，税務署の労働組合もこれに参加することを企画していたため，税務機構が麻痺することに危機感を持ったからであると述べている。つまり，賦課課税方式では，税額の確定に時間がかかり過ぎるという問題を抱えていた(武田昌輔『法人税回顧六〇年』TKC出版，2009年，11頁)。

22) 国税通則法制定当時における税制調査会の答申では，申告納税制度について，「種々事情の異なる納税義務者について適正公平な課税が行われるためには，その内容を最もよく熟知する納税義務者による課税標準等の申告が第一義的に要請されることは当然というべきであるが，さらに，納税義務の履行を国民自ら進んで遂行すべき義務と観念することによって，その申告をできるだけ正しいものとし，同時に，その申告行為自体に納税義務確定の効果を付与せしめるということが，民主主義国家における課税方式としてふさわしいものということができる」としている(「昭和36年7月国税通則法の制定に関する答申の説明」第4章第1節)。

23) 田中二郎『租税法(新版)』有斐閣，1981年，186～187頁。申告納税制度のもとにおける，納税者の納税義務の成立と，納税者の申告に関しては，「納税義務は法律の規定する課税要件事実の存在によって当然に発生するものであるところ，申告は，納税義務が生じた状態を前提として，納税者自らが進んで自己の納税義務の具体的内容を確認したうえ，課税標準及び税額を計算し，右計算に基づき申告書を提出することによって，その申告に係る納税義務の実現を企図するものである」とされる(仙台地裁昭和63年6月29日判決税資164号989頁)。

24) 畠山武道『租税法』青林書院，1989年，293頁。

25) 清永敬次『税法(第7版)』ミネルヴァ書房，2007年，220頁。

26) 税理士は以下のような納税者に対する事実認定の段階でも，納税者の立場に応じて，それぞれの立場をとる。「申告納税制度の下では，納税者に課税要件事実が生じているかどうかの認定は，次の四つの段階からなっている。①第1段階は，納税者(その代理人を含む)が自ら行う認定である。申告納税制度は，自己賦課制度(self-assessment system)とも呼ばれるが，この制度の下では，納税者は，自ら，法の解

釈と，課税要件事実の認定を行うこととされる。自己の租税事案について，自ら課税標準と税額を確定し，その確定したところにしたがって租税を申告し納付する。②第2段階は，更正・決定等の確定処分の一環として，税務署長等が行う認定である。③第3段階は，不服申立て(異議申立て，審査請求)に対する決定または裁決の一環として，原処分庁または国税不服審判所の行なう認定である。④第4段階は，訴訟において裁判所が行う認定である」(金子宏「租税法と事実認定」税経通信1988年8月特集号2頁)。

27) 松澤智氏は，税理士を税務官庁の補助者的機構と考える立場を「国庫主義的租税観」とし，これに対立する考え方，つまり，申告納税制度をとる以上は主権者たる納税者の申告によって税額は直ちに確定するから，税務署長は原則として更正できない，税を決めるのは主権者たる国民である，そして，国民主権の税法的表現が申告納税制度である，したがって，税法は国民の財産権を擁護することにあり，租税法律主義は課税行政庁に対し課税権の制限規定として理解されるという立場を「人民主権主義的租税観」と分類した。この，「人民主権主義的租税観」からは，税理士は，納税者の権利擁護が使命であるとされる(松澤・前掲注1) 33頁，47頁)。

28) 同上49頁。松澤智氏は，国税当局出身者の申告納税制度に対する意識に関して，その例を示すものとして「租税法研究9号121頁以下の発言」をあげている。本文引用箇所は，松澤氏によるこの発言の要約である。

29) この二つの見解の衝突のなかで，昭和47年4月に日税連の「税理士法改正に関する基本要綱」が税理士の使命に納税者の権利擁護を掲げたが，結果として採用されなかったという事実がある。しかし，「人民主権主義的租税観」が淘汰されたわけではない。それは，立法過程の最終局面において，「申告納税制度の理念にそって」を差し込んだことにより，今日においても，その租税観は存在することとなったといえる。

30) 松澤智氏は，自説として，そもそも憲法は国民が主権者であり，国政は国民の厳粛な信託によるものであって，その権威は国民に由来し，その権力は国民の代表者がこれを行使し，その福利は国民が享受することを宣言しているのであるという憲法前文の考え方からの租税観を「国民主権主義的租税観」と呼ぶとしている(松澤・前掲注1) 47頁)。

31) 同上127頁以下。

32) 北野・前掲注1) 82頁以下。「中立な立場」に対する批判として中川一郎「税理士法改正問題の批判」税法学156号(1963年)2頁以下。

33) 財団法人神戸都市問題研究所地方行財政制度資料刊行会編「シャウプ使節団第二次日本税制報告書」『戦後地方行財政資料別巻1　シャウプ使節団日本税制報告書』勁草書房，1983年，72頁。

34) しかし，近代的租税制度では，ドイツのように賦課課税制度を採用している国も多く存在し，このことが，すぐに税理士の課税庁の補助機関化を意味するものではないと思われる。

35) いわば，日本の税理士法33条の2の「計算事項，審査事項等を記載した書面」と法人税の別表とをまとめたものに相当する。

246　第3章　税理士制度と納税環境整備

36) 韓国税務士制度に関しては，筆者が2009年，2010年に韓国へ意見交換に行った折に，ソウル市立大学税務専門大学院にて，Jeong Foon 税務士，李相信教授，Cheun Gyu Choi 先生，原山道崇先生，Hyejung Byun 教授からのご指導によるものが多い。

37) 賦課課税方式の具体的手続
　①予納申告　予納命令書により前々年度を基準として賦課される。この額に不服があった場合には異議を申し立てることができる。異議を申し立てない限り，当該賦課処分には公定力が伴うことになる。
　②確定申告　申告期限は原則5月31日であるが，通達により，税理士関与の場合には12月31日に延長される。なお，さらに翌2月末まで実務的延長があり得るが，税額査定書が発行されたときまでに15ヶ月を超えると期限内申告とみなされず利子税が賦課される。よって実質的には14ヶ月以内に提出しないと期限内申告とならない。また，賦課課税方式であるが，非公開企業法人でも，企業法人側で確定申告資料の作成のタイミングで，バランスシートに未払法人税を計上する。
　③税額査定　申告書の提出後に数週間で税務署から査定決定書が送られてくる。納税に関しては，予納によって納税の大半がすでに納付されている。
　④税額清算　税額査定書が到着し，納税者が合意した場合には，到着から4週間以内に納付又は還付が行われる。

38) また，異議申立ては簡易な手続であり，当該異議申立ての審議は，税務署内の審議部署において行われることになっている。ドイツ国民は，自己に対する不利益には抵抗すべしという国民意識とも相まって，申立て数も多く，申立てに対する容認率も7割近くと高いのである。

39) ドイツにおいて，財政裁判所への提訴が多い理由について「ドイツ納税者連盟のリーベン氏に尋ねたところ，一つは税制改正が毎年あるため調査官が新しい法律を知らないことが原因している。もう一つは，納税者は提訴する権利をもっているのだから，どんどん裁判で争うべきだという考え方があるのではないか」という答えを得ている(湖東京至編『世界の納税者権利憲章』中小商工業研究所，2002年，83頁)。また，筆者が2011年にドイツのハンブルグ税理士会にて行ったヒアリングにおいても，課税庁の賦課課税による税額査定がやや粗く(つまり，やや税額が高め)であるので不服申立てを前提に税理士は業務を行っている旨の発言があった。

40) 昭和49年に国税庁が発遣した「税務調査の法律的知識」や昭和51年の国税庁長官が訓示した「税務運営方針」，平成9年の「今後の税務行政運営について」，さらに平成11年の「現況調査法」等の内部資料，平成17年に東京国税局法人課税課が発遣した「税務調査の法律的知識」の研修資料をもとにして税務調査が行われているのが実態である。

41) 金子・前掲注9) 28頁。

42) ドイツ納税者連盟にはドイツの16の州に納税者連盟支部がある。会員は主に小さな会社と士業の者であり，構成員は30万人を超える。維持費は会費により，年会費は会員の収入により60〜120ユーロ，日本円に換算すると約7000円から1万4000円となっている。ドイツ納税者連盟の主な目的は，①税の使途についての監視活動，②

税務システムを納税者に分かりやすくするための学術研究と実現に向けての運動である。以上の目的達成のため，ベルリンに研究所を設け，研究所は現在，有給の 12 人の研究員で構成されている。研究所の研究，調査に基づき，①に関しては，「公共の浪費」という税金無駄遣い調査リストを小冊子にして発表し，②に関しては，公聴会等での発言，政府への提言を行っている。

43) この冊子には，調査官の思考，行動，法的根拠，調査を受ける側のとるべき対応等が分かりやすく解説されており，大変興味深い内容であることから前書きの一部と目次を掲載する。

　　税理士クラウス・シェレ博士著『税務調査――調査が来たとき』2009 年(第 9 新版)前書きの一部(鵜沢和彦氏の訳による)

　　「調査官が来訪したとき，真面目な納税者が戸惑うのも無理はないのである。私はこのパンフレットでそういった人々の手助けをしたいと思う。そういった人々が納税者としての権利と義務について理解できるようにし，また，調査の過程――オフィシャルな言い方で言えば「臨場調査」の過程――を描写し，調査の際に調査官が則っている法的な諸規則を示したい。このパンフレットは，著者の 30 年に渡る実務経験，および連邦納税者連盟によって主催された数多くのゼミナールの成果が結実したものである。当たり前のことではあるが，このパンフレットは税理士の仕事に取って代わりうるものでもなければ，税理士の代わりになりうるようなものでもないし，そのような意図もない」

　　目次　1. 調査官は私のところに来てもよいか。2. 調査は毎年おこなわれるのか。3. 何が調査されるのか。4. こんにちは，調査官です。5. 納税者には義務がある。6. 調査官にも義務がある。7. 心理学を少々。8. 慎重さを要するテーマ：税務調査における租税刑法。9. ちょっと待ってくれ――調査官が私の貯金通帳を持っていこうとしているじゃないか！　10. 好んで用いられる追及理由。11. さて肝心な点が残っている：最終協議だ。12. 調査官と納税者双方の為の記録：調査報告書。13. 最終手続き：評価。

44) やや長くなるが，韓国の税務調査に関する条文(国税基本法)の訳文を掲載する。

第 7 章の 2　納税者の権利

第 81 条の 2 (納税者権利憲章の制定及び交付)

①国税庁長は第 81 条の 3 から第 81 条の 16 までに規定された事項とその他に納税者の権利保護に関する事項を含む納税者権利憲章を制定して告示しなければならない。

②税務公務員は，次の各号のいずれかに該当する場合には，第 1 項による納税者権利憲章の内容が収録された文書を納税者に渡さなければならない。(2011.12.31 改正)

　1. 国税の課税標準と税額を決定又は更正するために質問をし，その帳簿，書類又はその他の品物を検査，調査をしてその提出を命ずる場合(「租税犯処罰法」による租税犯則調査を含む。以下この章で「税務調査」という)

　2. (2011.12.31 削除)

　3. 事業者登録証を発給する場合

　4. そのほかに大統領令で定める場合

(2010.1.1 全文改正)
第 81 条の 3 (納税者の誠実性推定)　税務公務員は，納税者が第 81 条の 6 第 2 項各号のいずれか一つに該当する場合を除き，納税者が誠実で，納税者が提出した申告書等が真実であると推定しなければならない。

(2006.12.30 本条新設) (2006.12.30 以前の第 81 条の 3 は，第 81 条の 4 に移動)

第 81 条の 4 (税務調査権濫用禁止)

① 税務公務員は，適正で公平な課税を実現するために必要な最小限の範囲で税務調査をしなければならない。また，他の目的などのために調査権を濫用してはならない。

② 税務公務員は次の各号のいずれか一つに該当する場合でなければ，同じ税目及び同じ課税期間に対して再調査ができない。

　1．租税脱漏の疑いを認めるに値する明白な資料がある場合
　2．取引業者の相手に対する調査が必要な場合
　3．2 事業年度以上にかかわって過ちがある場合
　4．第 65 条第 1 項第 3 号 (第 66 条第 6 項と第 81 条で準用する場合を含む) による必要な処分の決定によって調査をする場合
　5．そのほかに第 1 号から第 4 号までと類似する場合として大統領令で定める場合

(2010.1.1 全文改正)

第 81 条の 5 (税務調査のとき，助力を受ける権利)　納税者は，税務調査を受ける場合に弁護士，公認会計士，税務士に調査に参加するようにする等意見を述べることができる。(2011.12.31 改正)

(2010.1.1 全文改正)

第 81 条の 6 (税務調査対象者選定)

① 税務公務員は次の各号のいずれか一つに該当する場合に定期的に申告の適正性を検証するために対象を選定 (以下"定期選定"という) して税務調査ができる。この場合，税務公務員は客観的基準によって公正にその対象を選定しなければならない。

　1．国税庁長が納税者の申告内容に対して定期的に誠実度を分析した結果，不誠実だという疑いがあると認める場合
　2．最近 4 課税期間 (又は 4 事業年度) 以上同じ税目の税務調査を受けていない納税者に対して，業種，規模などを考慮して大統領令で定めるところによって申告内容が適正なのかを検証する必要がある場合
　3．無作為抽出方式で標本調査をしようとする場合

② 税務公務員は第 1 項による定期選定による調査以外に次の各号のいずれか一つに該当する場合には，税務調査ができる。(2011.5.2 改正)

　1．納税者が税法で定める申告，誠実申告確認書の提出，税金計算書又は勘定書の作成・交付・提出，支給明細書の作成・提出などの納税協力義務を履行しない場合
　2．無資料取引，偽装・架空取引など，取引内容が事実と違う疑いがある場合
　3．納税者に対する具体的な脱税情報提供がある場合
　4．申告内容に脱漏や誤謬の疑いを認めるに値する明白な資料がある場合

③税務公務員は，課税官庁の調査決定によって課税標準と税額が確定される税目の場合，課税標準と税額を決めるために税務調査ができる。
④税務公務員は次の各号の要件のすべてを満たす者に対しては，第1項による税務調査をしないことがある。ただし，客観的な証拠資料によって過少申告したことが明白な場合を除く。
  1．業種別収入金額が大統領令で定める金額以下の事業者
  2．帳簿記録などが大統領令で定める要件を満たす事業者
(2010.1.1 全文改正)

第81条の7(税務調査の事前通知と延期申請)
①税務公務員は，税務調査(「租税犯処罰法」による租税犯則調査は除く)をする場合には，調査を受ける納税者(納税者が第82条によって納税管理人を決めて管轄税務署長に届けた場合には納税管理人をいう。以下この条で同じ)に調査を始める10日前に調査対象税目，調査期間及び調査事由，そのほかに大統領令で定める事項を通知しなければならない。ただし，前もって通知すれば証拠隠滅などで調査目的を果たすことができないと認められる場合を除く。(2011.12.31 改正)
②第1項による通知を受けた納税者が天災地変やその他大統領令で定める事由で調査を受けにくい場合には，大統領令で定めるところによって管轄税務官署の長に調査を延期してくれることを申し込むことができる。
③第2項によって延期申請を受けた管轄税務官署の長は，延期申請承認の可否を決めて，その結果を調査開始の前まで通知しなければならない。
(2010.1.1 全文改正)

第81条の8(税務調査期間)
①税務公務員は，調査対象税目・業種・規模，調査難易度などを考慮して，税務調査期間が最小限になるようにしなければならない。ただし，次の各号のいずれか一つに該当する場合には，税務調査期間を延ばすことができる。(2010.1.1, 2011.12.31 改正)
  1．納税者が帳簿・書類などを隠匿するなど提出を引き延ばし，又は，拒否するなど調査を忌避する行為が明白な場合
  2．取引先の調査，取引先現地確認又は金融取引の現地確認が必要な場合
  3．税金脱漏の疑いが捕捉されるなど調査過程で調査類型が「租税犯処罰法」による租税犯則調査に転換される場合
  4．天災地変や労働争議で調査が中断される場合
  5．その他第1号から第4号までと類似する場合として大統領令で定める事由に該当する場合
②税務公務員は，第1項によって税務調査期間を決める場合，調査対象課税期間中で年間収入金額又は譲渡価額が最大の課税期間の年間収入金額又は譲渡価額が100億ウォン未満の納税者に対する税務調査期間は20日以内とする。(2010.1.1 新設)
③第2項によって期間を決めた税務調査を第1項但し書によって延ばす場合として最初に延ばす場合には，管轄税務官署の長の承認を受けなければならない，また，2

回以後延長の場合には，管轄上級税務官署の長の承認を受けて，それぞれ20日以内で延ばすことができる。ただし，税金計算書に対する追跡調査が必要な場合など，大統領令で定める場合には，第2項の税務調査期間の制限及びこの項本文の税務調査延長期間の制限を受けない。(2010.1.1新設)

④税務公務員は，納税者が資料の提出を引き延ばすなど，大統領令で定める事由で税務調査を進行しにくい場合には，税務調査を中止することができる。この場合，その中止期間は第1項から第3項までの税務調査期間及び税務調査延長期間に算入しない。(2010.1.1新設)

⑤税務公務員は，第4項によって税務調査を中止した場合にはその中止事由が消滅したときは，直ちに調査を再開しなければならない。ただし，租税債権の確保など緊急に調査を再開しなければならない必要がある場合には，税務調査を再開することができる。(2010.1.1新設)

⑥税務公務員は，第1項但し書によって税務調査期間を延ばす場合には，その事由と期間を納税者に文書で通知しなければならない。また，第4項及び第5項によって税務調査を中止又は再開する場合には，その事由を文書で通知しなければならない。(2010.1.1改正)

(2006.12.30本条新設)

第81条の9(税務調査範囲拡大の制限)

①税務公務員は，具体的な税金脱漏の疑いが複数の課税期間又は他の税目までかかわると確認される場合など，大統領令で定める場合を除き，調査進行中に税務調査の範囲を拡大することができない。

②税務公務員は，第1項によって税務調査の範囲を拡大する場合には，その事由と範囲を納税者に文書で通知しなければならない。

(2010.1.1本条新設)

第81条の10(帳簿・書類保管禁止)

①税務公務員は，税務調査を目的に納税者の帳簿又は書類などを税務官公署に任意に保管することができない。ただし，納税者の同意がある場合には，税務調査期間中一時保管することができる。

②第1項但し書によって一時保管している帳簿又は書類などに対して納税者が返還を要請した場合には，調査に差し支えがない限り，直ちに返還しなければならない。この場合，税務公務員は帳簿又は書類などの写本を保管することができ，その写本が原本と違いないという事実を確認する納税者の署名又は捺印を要求することができる。

(2010.1.1本条新設)

第81条の11(統合調査の原則)　税務調査は特定の税目のみを調査する必要があるなど大統領令で定める場合を除き，納税者の事業とかかわる税法によって申告・納付義務がある税目を統合して実施することを原則にする。

(2010.1.1本条新設)

第81条の12(税務調査の結果通知)　税務公務員は，税務調査を終えたときには，そ

の調査結果を書面で納税者に通知しなければならない。ただし，閉業など大統領令で定める場合にはその限りではない。(2011.12.31 改正)

(2010.1.1 全文改正) (2010.1.1 第 81 条の 9 から移動)

45) この「納税者保護担当官」制度は，担当官の権限が強く，①税務調査中止命令権：重複調査，調査権濫用等により納税者の権利が不当に侵害されたと判断できる場合には，調査を中止させることができる，②課税処分中止命令権：税法適用の誤り，事実認定の錯誤等により不当な課税が予想できる場合には，課税処分を中止させることができる，③職権是正要求権：違法不当な課税処分が確認された場合には，職権でその是正を要求することができる，④書類閲覧権：税務署内の租税の賦課・徴収に関するすべての書類の閲覧ができる。担当官は，国税庁の内部から選抜され，この部署において納税者保護の実績を上げることで人事上の優遇措置がある。その後，2008 年には，この制度の独立化を図るため「納税者保護委員会」が創設された。そのメンバーは，税法及び会計の分野における専門的知識を有する外部の民間委員の数を内部の委員より多く登用することにより納税者の権益を代弁できるようになっている(租税訴訟学会横浜支部『韓国の納税者権利救済制度の実情視察報告書』2010 年，10 頁)。

46) 飯塚・前掲注 3)。

47) 租税審判院設立後も国税庁への不服申立ては残っている。

48) この制度が導入される前は，1981 年 9 月から 1996 年 4 月まで，国税庁の訓令で，「告知前審査規程」として実施され，1996 年 4 月からは「課税前適否審査事務処理規程」に改められて運営されていたという背景及び実績があった。

49) 公務員のなかから税務署長などが任命する 3 人と法律と会計に関する学識と経験が豊富な人のなかから税務署長等が委嘱する 4 人で構成される。

50) ドイツ全国の財政裁判所に係属する訴訟事件数は約 6 万件で，うち処理される割合は，①和解によるもの 50％，②判決がなされるもの 50％といわれている。

51) 筆者は，2011 年 3 月 22 日にドイツのハンブルグ財政裁判所を訪問し財政裁判所について説明を受けた。

52) クアー財政裁判所所長によると，ドイツ行政裁判所法 106 条には「当事者が訴えの対象を処分できる場合に限り……調書に記載させる方法により」和解をすることができるという規定があり，また，連邦行政手続法 55 条にも「事実関係又は法律状況を適正に評価して存在する不確実性を相互の互譲によって除去する公法上の契約は，官庁が不確実性の除去のために和解契約を締結することが義務にかなった裁量により適正と判断する場合には，締結することができる」という規定があるが，財政裁判所法(FGO)には和解の規定はない。しかし，連邦財政裁判所は，財政裁判所での「事実に関する合意」について，信義則を根拠にその拘束力を認めているとのことである。

53) ハンブルグ財政裁判所では，数年前からかなりの事案で話し合い・合意の後，課税処分が取消し又は変更されている。また，口頭弁論までは訴えの取下げもできるが，話し合いによって行われる場合が多い。2009 年に処理された事件数は 1586 件で，525 件(33％)は訴訟費用の決定(FGO 138 条)による合意で終了している。2010 年では，処理事件数 1242 件のうち 35％が合意により終了している(ハンブルグ財政裁判

所 2010 年 1 月，2011 年 1 月のニュースレターを参照)。
54) 金子・前掲注 9) 80 頁。また，筆者も実務において，和解に類似する行為を用いている。
55) 「1. 納税環境整備　納税者の立場に立って納税者権利憲章を策定するとともに，税務調査手続の明確化，更正の請求期間の延長，処分の理由附記の実施等の措置を講じることとし，国税通則法について昭和 37 年の制定以来，最大の見直しを行います。国税不服審判所の改革については，納税者の簡易・迅速な権利救済を図り，審理の中立性・公正性を高める観点から，行政不服審査制度全体の見直しの方向を勘案しつつ，不服申立ての手続，審判所の組織や人事のあり方について見直しを進めていきます。社会保障・税に関わる番号制度については，早期の制度導入に向け，「社会保障・税に関わる番号制度に関する実務検討会」を中心に速やかに検討を進めるとともに，税務面においても積極的な検討を行います」。
56) 再度ピアレビューについて紹介するが，外資系の会社(建築主)などはいまでも実践している。ある設計者が設計したものを他の設計者に見せ，意見を聞き，ディスカッションする。これは法の外でやっているので，割に自由に物が言えるというメリットがある。また，職業的地位に対する社会の信頼に関する問題として，「信頼水準が低い場合には，その監査業務の質について追加的な検査を行うことによって，その水準は高められる。これに対して，信頼水準が高い場合は，追加的検査を行うという事実によって，むしろ社会的不信感をもたらすことにより，かえって信頼水準を低める結果になる」(内藤文雄「監査人による監査人の監査──ピア・レビューに対する西ドイツ経営監査士の反応」産業経理 46 巻 2 号(1986 年)82 頁)。
57) この税制調査会は，昭和 34 年に総理府の付属機関として設けられ，3 年間にわたって税制全般に体系的検討を加えた(志場喜徳郎＝新井勇＝山下元利＝茂串俊『国税通則法精解(第 12 版)』大蔵財務協会，2007 年，1 頁)。
58) 同上 24～31 頁。
59) 税制調査会が昭和 43 年に行った「税制簡素化についての第 3 次答申」に基づくものである(同上 46 頁)。
60) 三木義一，2011 年 8 月 4 日北海道税理士会「平成 23 年度全国統一研修会」資料，2 頁。
61) 平成 4 年 2 月 27 日衆議院大蔵委員会で日本社会党の佐藤恒晴の「大蔵省の協力団体であります例えば日本税理士会におきまして，新年度の予算編成に当たって，国税通則法関係の改正について，一般行政手続法制定の動きと並行して税務行政の執行に関する手続規定を整備されたいということで，我が国では統一性を欠いて法令に明定されていない，国民の適正な権利を擁護するためにも欧米並みのことをやりなさい，やってほしい，こういう要望が出されております。それで，例えば国税通則法とか不服審査の関係の法律とか徴収法とか，こういうものを拝見をいたしましても，あるいはまた消費税を導入されるときの税制改革法の法の趣旨あるいは目的という規定を拝見いたしましても，納税者の権利を守るなどという言葉は一つも出てこないのですね。つまり，税務債権をどう確保するかということだけがこの法の目的の中に出てくる。

こういうような状態が我が国の状態だろうというふうに思います」との質問に対して，濱本英輔大蔵省主税局長は，「我が国の法体系で，先ほどお話ございました納税者の側に立った規定というものが不備ではないかというお尋ねであったかと思いますけれども，税務の体系といたしましては，かなり克明に納税者側の権利をいわば守るといいますか，納税者側の権利というものをきちっと踏まえた規定がございますことも申し上げておかなければならないと存じます」(傍点は引用者)と曖昧な答弁をしている。

62) 三木義一「租税手続上の納税者の権利擁護」租税法研究37号(2009年)8頁。

63) 具体的には，税制調査会のもとに専門家委員会(神野直彦委員長)が設けられ，そのもとにさらに「納税環境整備小委員会」が設置され，検討作業が平成22年3月12日から始まった。この委員会は9回の会議を行い，論点整理をまとめ，同年10月6日に政府税調に提出した。この「論点整理」は，諸論点をさまざまな角度から検討し整理したものにすぎず，何らかの方向性を決定したりしているものではなかった。方向性や具体策を決定するのは，政治主導の観点からあくまでも政府税調であり，専門家委員会はその論点の整理に徹する，という役割が与えられていたからである。したがって，委員会では，特に委員の意見をすり合わせて，委員会として一つに意見をまとめることはせずに，それぞれの意見が併記されていた(月刊税理編集局編『納税者権利憲章で税制が変わる』ぎょうせい，2011年，9頁)。

64) 三木・前掲注60) 3頁。

65) 浜辺陽一郎『コンプライアンスの考え方』中公新書，2005年，1頁，65頁。

66) 峰崎直樹内閣官房参与の発言「とにかく，「嘆願書」というものがあることに驚きました。……江戸時代的な，お代官様に訴えなければいけないようなそういう話があること自体に驚いたのです」(月刊税理編集局編・前掲注63) 36頁)。

67) 税務調査の適正手続は，参議院で斎藤勁議員が2度取り上げた。質問第14号，件名「税務行政における適正手続の法的整備に関する質問主意書」(平成11年12月14日)，これに対する政府答弁，内閣参質146第14号・参議院議員斎藤勁提出税務行政における適正手続きの法的整備に関する質問に対する答弁(平成12年1月14日)からその動きをみることができる。同議員は　同じ件名で平成12年5月29日に再質問(質問第44号)を行い，これに対する政府答弁(内閣参質147第44号)は同年6月20日になされた。

　税務行政における適正手続の法的整備に関する質問主意書
　　右の質問主意書を国会法第74条によって提出する。
　　　　　　　　　　　　　　　平成11年12月14日　　齋藤　　勁
　　参議院議長　齋　藤　十　朗　殿
　　税務行政における適正手続の法的整備に関する質問主意書
　　1．わが国においては税務行政についての適正手続が法的に整備されていない。すなわち，わが国の税法には，税務調査に関する規定が，1条文のみ裁量的に「調査について必要があるときは……調査できる」(所得税法第234条，法人税法第153条参照)とあるだけであり，その他の手続(調査の通知，理由開示，時間・場

所，代理人の選任，弁明手続，苦情申立て手続など)は何ら法文化されていない。また，税務調査の違法性をめぐって多くの裁判例がでているが，裁判例は，わが国の成文法主義の見地から原告納税者に不利なものがほとんどである。平成6年に施行された「行政手続法」においても，税務行政手続については，同法及び国税通則法の規定により広範囲にわたり適用除外となっている。しかし，同法案を審議した第3次行政改革審議会の答申の意見では，適用除外された行政手続の分野(税務行政を含む。)について，「それぞれの個別法で行政運営の公正性の確保と透明性の向上を図る観点から必要に応じて規定の見直し等を行った上で，行政手続法の適用除外措置を講ずることが適当」であると指摘されており，また，行政手続法の立法審議過程においても，総務庁長官の答弁において，第3次行革審の趣旨を踏まえた個別法における見直しが必要であることが述べられている。

　私は，次のような理由から，国税通則法を改正すべきと考える。
- 申告納税制度を維持発展するためには，納税者の協力が必要であり，特に国税通則法を改正して税務調査に関する適正な手続規定を整備することは，納税者の税務行政に対する信頼を得るものとなる。
- 税務行政における適正手続が未整備であることは，税務行政に必要以上の裁量を期待する結果となり，効率的な行政運営を阻害する。国税通則法を改正して税務行政の適正手続規定を導入することは，効率的な税務行政の遂行に資することになる。
- 1988年のOECDの納税者の権利に関する報告書等，納税者の権利を保護する観点から税務行政における適正手続を確立しようとする方向は世界的な潮流となっている。アメリカ，ドイツ，フランス，イギリス，カナダ等の諸国では，1980年代から納税者の権利保護に関する法制度が急速に整備されてきている。アジアにおいても，1996年に韓国の「国税基本法」が改正され，翌年には「納税者権利憲章」が公布された。わが国の経済社会が急速に国際化している現状において，納税者の権利を含む税務行政手続の法的整備はまさに急務である。

以上の点について，政府の見解を示されたい。
2．OECDが掲げる納税者の権利保護の基本原理や諸外国の税務行政の適正手続に関する法制度を参考にすれば，少なくとも次のような内容をもった国税通則法の見直しがなされなければならない。
- 納税者は基本的に誠実であり，納税者が提出した申告書は真実であると推定すること(納税者の誠実性の推定)。
- 税務調査を行う場合には，調査実施の14日までに書面により通知するものとすること(税務調査の事前通知)。
- 税務調査に際し，税理士等を代理人とすることができる旨を税務調査通知書等で教示すること(税務調査における代理人選任権の教示)。
- 税務調査を行う場合には，調査対象税目，調査を必要とする理由等を書面により開示すること(税務調査の理由の開示)。

- 原則として個人の住居において調査を行うことを禁止する。また，税務調査においては納税者等のプライバシーを保護すること(税務調査におけるプライバシーの保護)。
- 税務調査が終了した場合において処分を行わないときは，速やかに書面によって調査終了を通知すること。また，税務調査に際して行政指導を行う場合には書面によって行うこと(調査終了の通知)。
- 同一税目で同一期間に関する再調査を行うことは原則としてできないものとすること(重複調査の禁止)。
- 手続規定に違反して行われた税務調査に基づく処分は無効とすること(違法調査の無効)。

以上のような改正について，政府の見解を示されたい。
右質問する。

(政府の答弁書)
内閣参質146第14号
平成12年1月14日
　　　　　　　　　　　　内閣総理大臣臨時代理　国務大臣　　青木　幹雄
　参議院議長　斎藤十朗殿
参議院議員斎藤勁君提出
税務行政における適正手続の法的整備に関する質問に対し，別紙答弁書を送付する。

参議院議員斎藤勁君提出税務行政における適正手続の法的整備に関する質問に対する答弁書

1.について
　わが国における税務行政に係る手続に関しては，各国税に共通な事項である更正の請求，更正又は決定，納付，不服申立て等の手続については国税通則法等において，各国税に固有な事項である確定申告書の提出，青色申告書に係る更正，質問検査等の手続については所得税法，法人税法等において，それぞれ必要な規定が設けられ，独自の体系が整備されている。
　ご質問の税務調査については，例えば，所得税法第234条に質問検査権の行使の要件及び相手方，質問検査権の内容等に関する規定が設けられているが，最高裁判所の判例によれば，同条の規定は，「質問検査権を行使しうべき場合につき，具体的かつ客観的な必要性のあることを要件としており，質問検査の範囲，程度，時期，場所等，権限ある収税官吏の合理的な選択に委ねられていると解される。実施の細目についても，質問検査の必要と相手方の私的利益との衡量において社会通念上相当な限度内という制限を課して客観的にその範囲を画定している」と解されている(昭和58年7月14日最高裁判所判決)。
　また，同法第236条には，税務調査の際の身分証明書の携帯等に関する規定が設けられている。さらに，国税庁において税務行政を遂行する上での基本原則を税務

職員に示した税務運営方針(昭和51年4月1日)等においても、一般の税務調査の際には事前通知の励行に努めること等とされており、これらにより税務調査は適正に実施されている。なお、国税に関する法律に基づく処分等については、行政手続法及び国税通則法により行政手続法の規定の一部を適用しないこととされているが、これらの処分等についても、国税通則法その他の国税に関する法律(以下「各税法」という。)等において必要な規定が設けられ、独自の手続体系が整備されており、行政運営の公正及び透明性は確保されている。税務行政については、右に述べたとおり、各税法の規定等により必要な手続が整備されており、これに基づき、納税者の理解と協力を得つつ、効率的に遂行されていると考える。また、諸外国の納税者の権利保護に関する法令に規定されているような納税者の権利については、日本国憲法第84条に定められているいわゆる租税法律主義の下、各税法において具体的な規定が設けられているものがあること及び各税法の具体的規定等の趣旨に則した適正な税務行政により、基本的にその保護が図られている。

したがって、ご質問のような理由に基づいて国税通則法の改正を行うことは考えていない。

2．について

ご質問の見直し項目は、必ずしも経済協力開発機構(OECD)の報告書(納税者の権利及び義務)や諸外国の納税者の権利保護に関する法令等に共通して掲げられているものではないと承知している。例えば、アメリカ合衆国の「納税者の権利章典」及び「納税者としてのあなたの権利」においては、納税者の誠実性の推定、通常の税務調査の事前通知、個人の住所等における調査の禁止及び違法な調査に基づく処分の無効に関する項目は掲げられていないと承知している。国により課税方式、税務調査の方法、挙証責任の所在、不服申立制度等に違いがあることを考慮すれば、諸外国の納税者の権利保護に関する法令等に掲げられている項目のすべてをわが国の制度に採り入れることが必要となるわけではない。わが国の税務調査については、調査の目的を達成することができなくなるような場合を除いて事前通知を行うこと、必要に応じて概括的な調査理由の開示を行うこと、プライバシーの侵害となるような行き過ぎた調査が行われないよう十分に配意すること、実地調査の結果何らの非違も認められない納税者に対して書面により調査結果の通知を行うこと、再調査は新たな資料情報によって先の調査で把握した所得金額が過少であることが判明した場合等に行うこと等、所得税法第234条を始めとする各税法の規定等の趣旨に則して、納税者の権利に配慮した適正な運用が行われている。また、ご指摘のような内容の国税通則法の改正については、納税申告書の記載が真実であると推測することはその記載の真実性及び正確性を確認するための調査が必要とされる現状に合致しないこと、税務調査の事前通知を行うことによって帳簿書類が隠匿される等のおそれがあること、調査前に具体的な調査理由を開示することは困難であること、税務調査の際の行政指導を書面で行う場合には書面の作成に相当の時間を要し調査期間が長くなること等の問題があると考える。したがって、ご指摘のような内容の国税通則法の改正を行うことは考えていない。

68) 湖東・前掲注39)に詳しい。
69)「(1)納税者権利憲章の策定　納税者の立場に立って納税者権利憲章(以下「憲章」といいます。)を策定します。憲章については，複雑な税務手続を納税者の目から見て分かり易い形でお知らせするため，①納税者が受けられるサービス，②納税者が求めることのできる内容，③納税者に求められる内容，④納税者に気をつけていただきたいことを一連の税務手続に沿って，一覧性のある形で，平易な言葉で簡潔・明瞭に示すとの考え方に沿って策定します。これを踏まえ，税務当局も納税者からより一層信頼される税務行政に向け，取り組むものとします。また，国税通則法について，第1条の目的規定を改正し，税務行政において納税者の権利利益の保護を図る趣旨を明確にします。さらに，憲章の策定を法律上義務付けることとし，その策定根拠，憲章に記載すべき事項を法定するとともに，各種税務手続の明確化等に関する規定を同法に集約します。同法の法律名が改正後の法律の内容をよく表すものとなるよう，題名を変更します」。
70)「(5)理由附記　処分の適正化と納税者の予見可能性の確保の観点から，全ての処分について，理由附記を実施します。ただし，個人の白色申告者に対する更正等に係る理由附記については，記帳・帳簿等保存義務の拡大と併せて実施することとします。なお，個人の白色申告者に記帳が義務化されることに伴い，以下の点について今後検討を行います。①白色申告者の記帳義務化に伴い，必要経費を概算で控除する租税特別措置についてどのように考えるか。②白色申告者に記帳が義務化されることを踏まえ，今後，正しい記帳を行わない者の必要経費についてどのように考えるか。③白色申告者の記帳水準が向上した場合には，現在，白色申告者に認められている専従者控除について，その専従の実態等を勘案し，どのような見直しが可能か検討してはどうか」。
71) 平成23年10月11日政府税制調査会で中野寛成民主党税制調査会長代行は，「当税調としても努力をしてきたところでありますが，やはり，この権利という言葉が「哲学として相手方と相容れない」中にあって局面展開を図るため，また，「更正の請求期間の延長」や「理由附記」など，納税者の権利を具現化する事項を早期に実施することによって，納税環境整備が相当前進する，いわば，「実が取れる」との判断にいたって，「憲章」については断腸の思いではありますが，今回は見送ることにした」と発言している。また，平成23年11月29日参議院財務金融委員会において，安住淳財務大臣は，「与野党交渉を行う与党側の責任者の方から合意をこれを待っているとなかなか難しいので，そういう点では，最初から落とすようにというふうな指示がありましたので，私の政治判断で落とさせていただきました」と答弁している。
72) 税理士会の租税教育の取り組みは，平成15年度の租税教室講師派遣件数が全国で333回であった。当時は，税理士の個人的なつながりで租税教室の開催を教育機関にお願いしていた。平成22年度は4634回に増加している(税理士界1287号(2011年)9頁)。
73)「(2)租税教育の充実　国民が租税の役割や申告納税制度の意義，納税者の権利・義務を正しく理解し，社会の構成員として，社会のあり方を主体的に考えることは，納

税に対する納得感の醸成と民主国家の維持・発展にとって重要です。こうした健全な納税者意識を養うことを目的として，国税庁では，次代を担う児童・生徒に対し，租税教育の充実に向けた各種の支援を実施しています。また，税理士・税理士会においても，納税者又は国民への社会貢献事業の一環として，租税教育を通じて申告納税制度の維持発展に寄与するため，小中学校への講師派遣等を積極的に実施しています。
　本来，租税教育は，社会全体で取り組むべきものであり，健全な納税者意識のより一層の向上に向け，今後とも官民が協力して租税教育の更なる充実を目指す必要があります。特に，小中学校段階だけでなく，社会人となる手前の高等学校や大学等の段階における租税教育の充実や，租税教育を担う教員等に対する意識啓発について検討し，関係省庁及び民間団体が連携して取り組むこととします」。

74) 澤田正氏は，「今の大学生の税知識はきわめて貧弱であり，税のことについてほとんど知らないということである。そして，多くの大学生が，何も知らずに成人し，租税教育を受ける機会のないまま卒業していく。それは，本人にとっても，国にとっても，地方自治体にとっても，そして，何より日本社会にとって，残念な状況である。さらに残念であるのは，大学生自身が租税教育を必要であると認識しており，自分たちが税の知識を身につけたいとしているとともに，子供ができたら，子供にもぜひ税知識を付けさせたいと考えている，というように彼らの側にも租税教育に対する大きなニーズがあるということである。そのような意味で，これまでの小・中・高校での租税教育に加え，大学生に対して租税教育の機会を増やしていくことには大きな意義があると考えられる。自分自身を含め，関係者の一層の努力を期待するものである。租税教育を通じて，学生に税を学ぶ面白さと学び方を伝え，やる気に火をつけられれば，学生は自分から学ぶようになるし，人生を通じて，よき納税者として，税について関心を持ち，税の情報にアンテナを立ててもらうことにつながっていこう」と述べている（澤田正「大学生の租税教育に対する意識とニーズについて」税大ジャーナル7号（2008年）171頁）。

75) 国税通則法19条。

76) 国税通則法23条1項では，納税申告書を提出した者について，納税申告書に記載した課税標準等又は税額等の計算が「国税に関する法律の規定に従っていなかったこと」又は「当該計算に誤りがあったこと」により，①当該申告書の提出により納付すべき税額が過大であるとき，②納税申告書に記載した純損失等の金額が過少であるとき又はその金額の記載がなかったとき，③納税申告書に記載した還付金の額に相当する税額が過少であるとき又はその金額の記載がなかったときには，法定申告期限から1年以内に限り，更正の請求ができるとしている。

77) 国税通則法23条2項では，納税申告書を提出した者又は決定を受けた者について，次に掲げる事由が生じたことにより次の1から3までに該当することとなった場合には，その事由が生じた日の翌日から2月以内に更正の請求ができるとし，また，国税の更正又は決定等の期間制限に係る通常の除斥期間の経過後においても行うことができる。これを「後発的事由の更正の請求」という。
　1. 申告，更正又は決定（以下「申告等」という。）に係る課税標準等又は税額等の計

算の基礎となった事実に関する訴えについての判決(判決と同一の効力を有する和解等を含む。)により，その事実がその計算の基礎としたところと異なることが確定したこと
2．申告等に係る課税標準等又は税額等の計算にあたって，その申告又は決定を受けた者に帰属するとされていた所得その他の課税物件が他の者に帰属するものとする当該他の者に係る国税の更正又は決定があったとき
3．①申告等に係る課税標準等又は税額等の計算の基礎となった事実のうちに含まれていた行為の効力に係る官公署の許可その他の処分が取り消されたこと，②申告等に係る課税標準等又は税額等の計算の基礎となった事実に係る契約が，解除権の行使によって解除され若しくは当該契約の成立後生じたやむを得ない事情によって解除され又は取り消されたこと，③帳簿書類の押収その他やむを得ない事情により，課税標準等又は税額等の計算の基礎となるべき帳簿書類その他の記録に基づいて国税の課税標準等又は税額等を計算することができなかった場合において，その後，当該事情が消滅したこと，④租税条約に基づき我が国と相手方当事国との権限ある当局間の協議により，先の課税標準等又は税額等に関し，その内容と異なる合意が行われたこと，⑤申告等に係る課税標準等又は税額等の計算の基礎となった事実に係る国税庁長官の法令の解釈が変更され，その解釈が公表されたことにより，その課税標準等又は税額等が異なることとなる取扱いを受けることを知ったこと

78) 国税通則法 23 条 4 項。
79) 国税通則法 75 条 1 項。この更正の請求規定は，従前から，さまざまな問題を抱えている。まず，更正の請求期間の問題である。課税標準等を増額する場合の修正申告は法定申告期限から 5 年間，課税庁の増額更正は 3 年(法人税に係る更正を除く)又は 5 年(法人税に係る更正)内とされている。これに対し，更正の請求期間が法定申告期限から 1 年以内に限定されているのは，納税者の権利保護に欠けるのではないかという批判がある。しかしながら，昭和 45 年の国税通則法の改正に際して，更正の請求ができる期間を法定申告期限から 1 年(改正前は 2 ヶ月)に延長したのは，「納税者が自ら誤りを発見するのは次の申告期限が到来するまでの間であるのが通例であり，租税法律関係の安定性の面からの合理的な制約の結果」(東京地裁昭和 54 年 3 月 15 日判決訟月 25 巻 7 号 1969 頁)であるとして，1 年という更正の請求ができる期間の制限については，それなりの合理性があり，更正の請求は，課税庁による職権発動を求める制度であるが，課税庁がこれを拒否した場合には，納税者がその拒否に対して不服申立てや抗告訴訟を提起することができるものであるから，更正の請求期間については，不服申立てや抗告訴訟を提起することができる期間との対比において検討されるべきものであるという意見がある(池本征男『新しい時代を拓く国税基本法の制定に向けて』21 世紀政策研究所，2009 年，69 頁)。
80)「(4)更正の請求　納税者が申告税額の減額を求めることができる「更正の請求」については，法定外の手続により非公式に課税庁に対して税額の減額変更を求める「嘆願」という実務慣行を解消するとともに，納税者の救済と課税の適正化とのバランス，制度の簡素化を図る観点から，更正の請求を行うことができる期間(現行 1 年)を 5 年

に延長し，併せて，課税庁が増額更正できる期間(現行3年のもの)を5年に延長します。これにより，基本的に，納税者による修正申告・更正の請求，課税庁による増額更正・減額更正の期間を全て一致させることとします。また，当初申告時に選択した場合に限り適用が可能な「当初申告要件が設けられている措置」については，事後的な適用を認めても問題がないものも含まれていることを踏まえ，更正の請求を認める範囲を拡大します」。

81) 国税通則法23条1項は，納税申告書に記載した課税標準等又は税額等の計算が「国税に関する法律の規定に従っていなかったこと」又は「当該計算に誤りがあったこと」と規定しているところから，当初の申告に原始的・内在的な瑕疵があった場合に限って法定申告期限から1年以内の更正の請求(通常の場合の更正の請求)ができると解するのである。そして，当初の申告に誤りがなく，法定申告期限後に予知し得なかった事態その他やむを得ない事情が生じたことにより課税標準等又は税額等が過大になったときには，国税通則法23条2項の更正の請求(後発的事由の更正の請求)ができるとする見解である。国税通則法23条2項のかっこ書では，「納税申告書を提出した者については，当該各号に掲げる期間の満了する日が前項に規定する期間の満了する日後に到来する場合に限る」と規定しているが，これは，法定申告期限後1年以内に，国税通則法23条2項に規定する後発的な事由が生じ，その結果，当初の申告内容が過大となった場合には，同条1項の更正の請求ができることを明らかにしたものであると解するのである。この見解を「制限説」と呼んでいる。

82) 国税通則法23条2項は，同条1項の通常の場合の更正の請求に対して期限の特例を定めたものにすぎず，第1項と第2項の更正の請求で請求内容が異なるものではないとする。国税通則法23条2項のかっこ書の趣旨については，第2項の更正の請求は一定の後発的事由が生じてから2ヶ月が期限となるところ，この2ヶ月の期限が第1項の1年の期限内であるときは，この2ヶ月を徒過したからといって更正の請求ができなくなるものではなく，本来の1年の利益は享受できるとし，確認的な規定であると説明するのである。この見解を「無制限説」と呼んでいる。

83) 昭和43年7月30日税制調査会「税制簡素化についての第3次答申」第3の6(1)を参照。

84) 金子宏氏は，更正の請求の排他性と後発的無効の理論について，期間制限の期間を経過してしまった後で間違いに気づいたような場合，その後発的理由による更正の対象となっていないけれども救済を考えないと気の毒だという場合，やはりその後発的な理由による変動が非常に重要なものであって，更正の請求以外に救済を認めないと納税者の利益が著しく害されるような結果になるというような場合は，例外的に後発的無効の理論を使って救済を認める余地があるのではないかと述べている(金子宏「更正の請求について」税大ジャーナル3号(2005年)10頁)。

85) 金山剛「わが国における(納税者)「番号制度」の考察——税と社会保障の一体化を見据えて」札幌学院法学27巻2号(2011年)97～134頁。

86) 平成23年度税制改正大綱では，「(7)社会保障・税に関わる番号制度として　社会保障・税に関わる番号制度(以下「番号制度」といいます。)は，主として給付のため

の制度であり，①真に手を差し伸べるべき人に対する社会保障の充実とその効率化を図りつつ，②国民の負担の公正性を担保し，制度に対する国民の信頼を確保するとともに，③国民の利便性の更なる向上を図るために不可欠なインフラとして可能な限り早期に導入することが望ましいものと考えます。本制度については，「政府・与党社会保障改革検討本部」の下に設けられた「社会保障・税に関わる番号制度に関する実務検討会」の「中間整理」(平成22年12月3日)において，①幅広い行政分野での利用を視野に入れつつ，まずは税と社会保障分野から利用を開始する，②住民基本台帳ネットワークを活用した新たな番号を使用する，③データベースの管理方式については分散管理方式を前提に検討し，番号の管理方式については一元管理又は分散管理とすべき具体的分野について今後検討を進める，④付番機関については，社会保障制度や税制の改革の方向性に照らして「歳入庁の創設」の検討を進めるとともに，「まずはどの既存省庁の下に設置すべきか」について，他の論点の方向性に鑑みつつ，検討を進める，⑤個人情報保護の徹底については，最低限，「自己情報へのアクセス記録の確認」，「第三者機関の設置」，「目的外利用防止に係る具体的法原則明示」，「関係法令の罰則強化」を実施する方向で検討する，という目指すべき方向性を明らかにしたところです。また，スケジュールについては，「社会保障改革の推進について」(平成22年12月14日閣議決定)に基づき，来年1月を目途に基本方針をとりまとめ，さらに国民的な議論を経て，来秋以降，可能な限り早期に関連法案を国会に提出できるよう取り組むこととしています。今後，このような方針に即し，早期の制度導入に向け，実務検討会を中心に速やかに検討を進めます」としている。

87) 所得税法234条，法人税法153条など。

88) 納税者権利憲章は，法律上義務づけることとし，憲章に記載すべき事項を法定した上で，平易な表現で一覧性ある行政文書として，国税庁長官が作成し，平成24年1月1日に公表するとされていた。憲章に記載すべき具体的な項目は，次のとおりである。①納税者の自発的な申告・納税をサポートするため，納税者に提供される各種サービス，②税務手続の全体像，個々の税務手続に係る納税者の権利利益や納税者・国税庁に求められる役割・行動，③納税者が国税庁の処分に不服がある場合の救済手続，税務行政全般に関する苦情等への対応，④国税庁の使命と税務職員の行動規範。

89) 具体的には，次のような規定が審議中の国税通則法改正案から削除されることになった(74条の9～74条の11)。①一定の事項を記載した「書面の交付」により納税者，調書提出義務者，反面先等に調査の事前通知を行うとする規定。②事前通知をしない場合，実地調査を終了するまでの間に一定事項を記載した書面を交付するとした規定。③調査の結果，更正決定等をすべきと認める場合に，調査結果の内容と更正決定等をすべきと認めた額，理由を簡潔に記載した書面を交付するとした規定。④調査の結果について修正申告書の提出等があった場合に調査が終了した旨を書面で通知するとした規定。⑤実地の調査を伴わない調査の場合，書面の交付は納税者の求めがあった場合に限るとした規定。調査の事前通知や終了通知を原則として文書で行うことなど，現行通達等の範囲を超えた手続を新たに追加することが見送られたもので，新たな事務とコスト負担が生じる部分については，引き続き検討するということのよ

うだ。
90) 調査に応じない場合に罰則規定があるので間接強制である。
91) 旧国税通則法 74 条の 2。
92) 東京地裁平成 11 年 12 月 17 日判決税資 245 号 930 頁。
93) 所得税法 155 条，法人税法 130 条。
94) 最高裁昭和 38 年 5 月 31 日判決税資 37 号 653 頁，最高裁昭和 60 年 4 月 23 日判決税資 145 号 97 頁など。
95) これらに関する判例は，理由附記の程度について，具体的な基準は示されておらず，処分の性質と理由附記を命じた各法律の規定の趣旨，目的から判断している。また，理由附記の瑕疵は取り消し原因であり，理由の追完による瑕疵の治癒を認めていない。そして，法律上理由附記の規定がない場合には，その必要を認めていない。酒井克彦「更正の理由附記を巡る諸問題」月刊税務事例 43 巻 1 号〜4 号 (2011 年) において詳しい。
96) 最高裁昭和 38 年 5 月 31 日判決税資 37 号 653 頁。
97) 大分地裁昭和 42 年 3 月 29 日判決税資 47 号 515 頁。
98) 岡山地裁昭和 47 年 2 月 3 日判決税資 65 号 79 頁。
99) 財団法人神戸都市問題研究所地方行財政制度資料刊行会編「シャウプ使節団日本税制報告書」『戦後地方行財政資料別巻 1　シャウプ使節団日本税制報告書』勁草書房，1983 年，160 頁。
100) 風岡範哉「相続・贈与の課税処分における理由附記」月刊税務事例 43 巻 5 号 (2011 年) 74 頁。
101) わが国の税法事件における司法判断に関して，元最高裁裁判官である伊藤正己氏は，「実務で長く行われていることを覆すということに対しては，慎重というか，臆病でございます。殊に，最高裁がいままでの実務をひっくり返すような解釈を出しますと，日本の税務行政は大変なことになる。そこで，何とか苦労して税務行政のやっている実務を容認しようとする考え方がでてきます。不満があれば，こういうことは望ましくない，ぐらいのことは言いますけれども，まあ認めておこうか，ということになり，これは行政寄りと批判されるのです」とその当時を回顧し，そして，その理由として「裁判官的感覚なのですが，これは税法の専門の方から間違っていると言われるかもしれませんけれども，どうも実体法も手続法も，税を取る側に有利にできているのではないか，という感じをしばしば持つのでございます。税金はともかく取るのだ，というふうな考え方がどうも現れております。納税者がこれを逃れるということはけしからん，というような感じでこれを抑えることになっています。ですから，それを法解釈で変えるということはなかなか困難です」とし，「最高裁の裁判官の中にも，ただでさえ徴税側に有利になっている法令を，さらに有利に解釈する，というような人がいるわけで，これは税務行政の実務の安定性を非常に尊重されるというのかもしれませんが，それでいいだろうかという感じが残るのであります。そういう意味では，処理した後，空虚感みたいなものがあるのが税法事件であったような気がするわけです」と税法事件の特性を述べている (伊藤正己「講演・憲法裁判について」

租税法研究 20 号(1992 年)1～4 頁)。
102) 最高裁昭和 49 年 7 月 19 日判決民集 28 巻 5 号 759 頁,昭和 36 年の税制調査会「国税通則法の制定に関する答申及びその説明」第 7 章第 4 節 4.3 の 1。
103) 国税の処分や,異議申立て,審査請求に関する計数資料は,人数(事件)ベースのものと,そのほかに処分数ベースのものがある。処分数ベースのものは,課税年度や,加算税,税目ごとに 1 件とカウントし,1 人(1 法人)の請求人に対する処分でも,延べ件数が数十件と膨らむことがある。
104) 平成 22 年 5 月 13 日納税環境整備小委員会参考資料(国税関係)「課税処分件数と課税関係訴訟数との比較」6 頁,平成 23 年 7 月 28 日行政救済制度検討チーム WG(第 1 回)厚生労働省提出資料 2 頁。
105) 平成 23 年 7 月 28 日行政救済制度検討チーム WG(第 1 回)厚生労働省提出資料 2 頁。
106) 平成 23 年 8 月 4 日行政救済制度検討チーム WG(第 2 回)厚生労働省提出資料 3 頁。
107) 宇佐美敦子「国税の不服申立手続における実務的問題点」月刊税務事例 43 巻 12 号(2011 年)37 頁。
108) 同上 37 頁。
109) 田中治「租税行政の特質論と租税救済」芝池義一＝田中治＝岡村忠生編『租税行政と権利保護』ミネルヴァ書房,1995 年,47 頁。
110) 松澤智『租税争訟法――異議申立てから訴訟までの理論と実務(第 12 版)』中央経済社,1994 年,82 頁。
111) 平成 23 年度税制改正大綱には次のように述べられている。
「(6) 国税不服審判所の改革
　(争訟手続)　国税の不服申立手続の見直しについては,基本的には,現在,内閣府の行政救済制度検討チームで行われている,①「行政不服審査法の見直し」や②「不服申立前置の見直し」の方向性を踏まえて検討を行う必要があります。内閣府・行政救済制度検討チームの議論が来年以降本格化することを踏まえ,不服申立期間,証拠書類の閲覧・謄写の範囲,対審制,不服申立前置の仕組みのあり方については,同検討チームの結論を踏まえて改めて検討した上,所要の見直しを図ることとします。なお①不服申立期間については現行の期間制限(2 月)を延長する方向で,証拠書類の閲覧・謄写の範囲については審査請求人と処分庁とのバランスを踏まえつつ拡大する方向で,それぞれ検討を行うこととします。②不服申立前置のあり方については,納税者の利便性向上を図ることが求められていることから,争訟手続における納税者の選択の自由度を増やすことを基本に,以下の点にも留意しつつ,原則として 2 段階となっている現行の仕組みを抜本的に見直す方向で検討を行うこととします。
　イ．現在,審判所における審査請求を含め,国税の不服申立手続が一定の争点整理機能を発揮しており,裁判所の負担軽減に役立っていること
　ロ．税制調査会専門家委員会「納税環境整備に関する論点整理」(平成 22 年 9 月 14 日)の指摘にもあるように,引き続き納税者の簡易・迅速な救済を図る必要がある

こと
- ハ．行政に対し自律的に迅速かつ統一的に運用の見直しを図る機会を付与する必要があること
- ニ．主要諸外国においても，訴訟に先立ち，租税行政庁への不服申立てが前置されていること

　（争訟機関）　国税不服審判所における審理の中立性・公正性を向上させる観点から，今後，国税審判官への外部登用を以下のとおり拡大することとし，その方針及び工程表を公表します。①民間からの公募により，年15名程度採用します。②3年後の平成25年までに50名程度を民間から任用することにより，事件を担当する国税審判官の半数程度を外部登用者とします。さらに，国税不服審判所については，内閣府・行政救済制度検討チームの検討状況を勘案しつつ，簡易・迅速な行政救済を図るとの観点も踏まえ，審理の中立性・公正性に配意して審判所の所管を含めた組織のあり方や人事のあり方の見直しについて検討を行うこととします」

112) 増田英敏氏は，予防法学の視点から書面添付制度には，法解釈の適正性を事前開示する機能があることを指摘している（増田英敏「リーガルマインドと税理士業務（巡回監査・書面添付の税法上の意義）」TKC北海道研修所，2010年の講演）。

113) たとえば，金融機関において税理士法33条の2の「書面添付」を適用した申告書類は，高い信憑性が確認できるので，融資条件が0.125%の金利に優遇される。

114) 山田俊一「納税者と課税庁の意識のずれと司法判断」租税訴訟1号(2007年)146頁以下。

115) 黒木貞彦『税務訴訟制度が壊れている』実業之日本社，2011年。

116) 金子・前掲注9) 79頁。

117) 松原有里「租税救済手続の国際比較」租税法研究37号(2009年)23頁，同「租税法の和解・仲裁手続」金子宏編『租税法の発展』有斐閣，2010年，77頁。

118) 伊川正樹「アメリカにおける税務訴訟の実態(2)」民商法雑誌133巻2号(2005年)70頁。「法廷に紛争が持ち込まれた後で和解が成立するケースが非常に多いのには次のような理由が考えられる。第一に，不服審査部が職員数に比べて多くの案件を抱えているために，納税者との協議に十分な時間を確保することができず和解に達することができないうちに90日レターの期限到来が近づき，納税者がやむなく紛争を租税裁判所へ持ち込むという場合に，このような訴訟上の和解が利用されているという事情がある。もっともこのような場合，各当事者はそれぞれ和解へのインセンティブが働く。すなわち，納税者は訴訟に費やす費用と時間の点から，不服審査部は和解による紛争解決を図るという任務から，被告代理人たる地方諮問局およびそれを審理する裁判官は負担軽減という動機から，それぞれ和解による解決を望み，またそれを強く勧めるのである。納税者がこのような形での解決に満足しているかどうかは疑問であるが，インフォーマルな紛争解決が強く志向されていることは興味深い現象である。第二に，一般的な傾向として，不服審査部の審査官は更正処分を行った担当税務署の判断にかなり好意的であり，安易に90日レターを発行してしまうという事情がある。そのような事案が租税裁判所へ持ち込まれた場合IRSの代理人である諮問局

所属弁護士は，より有利な「落としどころ」を見つけて和解の道を選びがちだという。第三に，税法ないし実務に関して十分な知識を備えていないにもかかわらず，果敢にも IRS の判断に挑戦しようとする納税者の姿勢がある。彼らはその積極性にもかかわらず，提訴して初めて，あるいはその準備段階において初めて，裁判に要する費用と時間を知り，自己の案件を吟味した結果，より合理的な方法として和解を選択する例が多々あるという」(同上 71 頁)．

119) (訴訟における協議)「訴訟における協議についてですが，大部分の訴訟で首席裁判官もしくは稀に裁判所長もそうですが，当事者を話し合いまたは協議に召喚します。財政裁判所法第 79 条 1 項 1 号に規定されていますが，事実および紛争状況の認定に関する協議のため，また訴訟の友好的な解決のために利用可能となっています。私が 1982 年に裁判官として着任した当初にはこのような協議というのは稀でした。ところがここ数年，ドイツの裁判官はこのような協議を利用することが増えてきています。1988 年に財政裁判所法に次のような文言が入ったこととこれは大きな関連があると思います。その文言は，協議は事実関係の確認だけでなく，訴訟の友好的な解決のために利用するという文言で，1988 年に財政裁判所法に新しく入りました。それ以降この協議が利用されることが増えてきました。立法者が明らかにしたことは，租税訴訟においても友好的に訴訟を解決する可能性について，立法者としても支持しようという姿勢を打ち出したものと思われます。また，私自身の経験から申し上げても，何百回も協議をしてきましたが，このような協議という場で，口頭弁論という公式な場ではなく，打ち解けた雰囲気で協議ができる中での会談は非常に有益です。これにより，裁判官は原告に対して分かり易く法的な状況を説明することができますし，原告の側からすると，そのような協議の場で初めてどうしてそのような税額で課税されたのかというようなことに関して理解するというようなことがしばしばあります。したがって，このような協議の機会は訴訟の平和的な解決に対して大変役立つものであると言えます。通常，裁判官は裁判所の観点から訴訟が適法でないと考えたら協議の機会を設定することはありません。しかし，純粋に法的な判断を行うというような場合でも協議の機会を設けることは意味があります。なぜなら，このような協議の機会に訴訟の当事者に対して首席裁判官がその時点での見解を伝えることができ，それに対して，訴訟代理人が自らの見解を述べることができるからです。訴訟の当事者が首席裁判官の見解に納得するようなケースも少なくありませんし，また，訴訟が取下げられたり，または税務当局が原告の申立てに対応してこの時点で課税処分を変更するというような場合もあります。このような協議に意味があるのは，単に異なるあるいは相反する事実認識が陳述の文書に述べられているようなケース，そして事実関係を明らかにする必要があるようなケースではこのような協議は大きな意味があります。また特に課税額の決定が納税申告ではなくて課税当局の推計により行われたような場合，裁判官はほとんどの場合協議の機会を設定することになっています。そしてまた裁判の当事者が希望する場合も協議を行います。ただし，協議の実行に関して法的な請求権は設定されていません。これに加え，専門家の意見を聞く必要があるような場合にも協議の機会が設けられることになっています。この場合は専門家を協議に呼び，そ

して専門家は訴訟当事者の意見を聞いてその印象を把握し，まずは口頭で意見表明できるようになっています。これにより文書での意見表明に必要な時間を大幅に節約することができます。また，文書による意見表明や専門家鑑定の方が当然にコスト的に高くなりますのでコストの面でも節約できるということになります。私自身の経験においても，この協議で得た印象は非常に良いものでありました。私の裁判官としての経歴の中で，扱った裁判の約80％では裁判の当事者と協議を行っています。そして，裁判の多くのケースでは双方が同意して解決に至り，訴訟を取り下げたり，あるいは税務当局によって課税処分の変更をするということが実現できました。このようなことが具体的に実現するのは，後に申し上げます，いわゆる「事実関係に関する話し合いによる合意」というものが達成されるケースであります。それに関しては後ほどまた述べさせていただきます。この協議の機会は，すでに申し上げたように，立法者の意思によると事実関係および争点の解明そして訴訟の友好的な解決に役立つものです。そして，協議は口頭弁論ではありませんので非公開で行われ，また召喚期限を守る必要もありません。事実関係が解明された場合，それは調書すなわち議事録ですが，そこに記載することになっています。この調書に対して，訴訟の当事者はもちろん意見表明をすることができ，口頭弁論に対する準備作業にもなります。多くの訴訟で，私の推察では全体の70％ぐらいでは，この協議の段階で訴訟がすでに解決していると言えます。このような形で解決するケースとしては，原告が裁判所の提案で訴訟を取り下げるケースであったり，また，原告にとってのメリットは，訴訟コストの増大を回避できるということですが，協議の結果，提訴した税務署や当局が，裁判官の提案で処分変更を行うことによって，原告が提訴してきたもともとの理由が満たされるということがあるわけです。さらに，いわゆる事実関係に関する話し合いによる合意ということも可能であり，当事者が訴訟物に関して合意して訴訟の本案をこれで解決するということができるわけです」（前ハンブルグ財政裁判長ジャン・グローゼア博士「ドイツの税務訴訟について――名誉裁判官を含む参審制および話し合いによる合意制度」2011年10月，租税訴訟学会・講演会録，6頁）。

120）（話し合いによる合意）「このような話し合いによる合意は，行政裁判所法第106条に定めているいわゆる和解とは異なるものです。財政裁判所法には行政裁判所法とは違って，いわゆる公法上の契約という規定はありません。このため財政裁判所での判決では，税法における公法上の契約すなわち和解の締結は適法でないとされています。これに関する根拠としては，税務当局の行政行為の法的な形態として当局の一方的な権限行使の性格，すなわち租税法の強行法規性という意味ですが，高権的な行為の合法性の考え方があるわけです。租税法の強行法規性および合法性の原則というものです。この法的根拠に関する交渉や公法上の契約を締結して法的な根拠から逸脱するということは税務当局には許されていないということです。特に税務当局に課せられた課税の公平という責任から個別的な契約を通じて法から逸脱するということは許されていないわけです。ただし，ドイツの研究者の過半数は財政裁判の手続きにおいても公法上の契約は可能であるという意見です。それでも特定のケースにおいては納税者と税務当局の間で合意する可能性がなければならないということは明らかです。

連邦財政裁判所は，そのような可能性を裁判官の法創造という方法によって，いわゆる事実関係に関する話し合いによる合意という形で独自の法制度を形成してきました。判決ではこの場合，課税権に関して許容されない合意と事実関係解明を通して許容される合意というように合意を二つに区別しています。これによると，事実関係に関する話し合いでの合意は，納税者と税務当局を次のような条件の下で拘束するものとなっています。この合意は，純粋な法律問題の解決には使うことはできず，事実関係の解明が困難なケースでのみ使うというものです。このような場合として，特に推計，土地や企業の価値の解明あるいは将来の予測などを挙げています。財政裁判においてこの事実関係に関する話し合いによる合意というものが行われる可能性が生じてくるのは，特に推計課税，評価，判断，あるいは証拠判断などの，判断の余地があるような場合であり，財政裁判の実際において，事実関係に関する話し合いの合意はかなり頻繁に行われているものです。当事者に合意をするような姿勢がある場合，通常，担当裁判官は，事実関係に関する合意を導きだすように努力します。連邦財政裁判所は，現在も純粋な法律問題においては拘束力のある合意は不適法だとして拒否しておりますが，しかし，実際にはしばしばこの制度は活用されています。事実関係に関する話し合いの合意において，その合意の詳細に関しては裁判官が正確に裁判記録に記載することが非常に重要です。というのは，このような合意決定に関しての対立は通常は起こらないものですが，もし起こるような場合は，その合意の規定が誤解を招くもので，はっきりと記載されていなかったために決定後に紛争になるというケースがあります。従って，裁判記録に正確に記載することが重要になります。特に事実関係に関する話し合いによる合意に基づいて裁判所が出す義務付け表明は明確な記述が必要です。この内容は税務署にとっても拘束力があり，通常は原処分の変更決定という形で実施されます。事実関係に関する話し合いの結果が調書または議事録に記載されると，裁判の結審が宣言され，そして，場合によっては費用負担の提案が付加されて終了します。裁判所は費用に関する決定で当事者の提案に拘束されることはありませんが，当事者が相互に合意して費用の負担を提案した場合は裁判所は通常これに従います」（同上7頁）。

121) 渡辺裕康「租税法における和解」中山信弘＝中里実編『政府規制とソフトロー』有斐閣，2008年，229頁。「実務に携わっている裁判官や弁護士の間には，和解をまったく認めないということでは，法的に不安定な状態がなかなか解消されない，あるいは，時間と費用がかかりすぎるという不満があるようである。盛んに使われる「事実上の和解」は，このような要求から出てきたものであろう。しかしながら，行政庁の側で，和解が法律上認められていないということ等を理由として，事実上の和解にも応じないというケースもないようではないように思う。したがって，和解はすべて認められないという考え方を見直す時期に来ているのではないだろうか」。また，「和解は納税者間の税負担の不公平，あるいは，税務職員の不正につながりかねないという心配があることから，認めるとしても，法律で要件を定め，かつ，裁判官が関与した裁判上の和解に限るべきかもしれない」としている（同上230頁）。

122) 税務訴訟における「事実上の和解」について，鈴木康之判事は「課税処分のある

部分がおかしいと裁判所が思った場合に、被告課税庁側の指定代理人にその点を指摘して「何か方法はないか」と言えば、「それでは、そこの部分は取り消しましょう」ということになる場合があります。このように当事者だけで話をするのではなくて、裁判所が間に入って話をすることになるのです。訴訟物についての和解はできないということから、私の部では、準備手続という形で話合いを進めています。そして、話合いの結果、被告のほうでその処分の一部分を取り消すということになり、これで、双方が満足するなら、訴訟は取下げになるのです」、「ただ、和解という形でたとえば何月何日までにこの行政処分を取り消す、という約束で訴訟を終わらせるということはちょっと無理だと思うのです。被告は、いつまでに減額更正をするとか職権で取消をすると事実上約束して、そのとおり大体するのですが、その間いろいろな手続をとって、多額な取消をする場合には、会計検査院などにも話をしているらしいのです」、「裁判所がこの処分のこの点は取消の可能性があると説明し、課税庁側が判決で取消をされたくないと思うときに、原告がそれに満足すると和解ができる。民事訴訟の和解ですと、事件によっては証拠調べをしない段階で、半分ぐらいで満足したらどうかとか六対四で満足したらどうかということで片が付く場合もあるのですが、行政処分の和解は取消となる可能性を、裁判所が根拠を持って被告に説得しないと、被告は応じないのです。だから和解といっても、結構大変なのです」と述べている(塩野宏ほか「行政事件訴訟法25年をふりかえって」ジュリ925号(1989年)78頁)。

123) 本庄資氏は「国内取引のみに係る課税の紛争事案については、「合意」や「和解」に関する日本流の解釈論に固執しても、国際的批判を浴びることはないかもしれないが、移転価格課税や事前価格決定合意などの国際課税の分野では、民主的、近代的な国際的課税紛争解決ルールとの整合性を図る必要があるため、「納税者との合意」「和解」、さらに「調停」及び「仲裁」についての明快な法的根拠を与えるよう努めるべき時機を迎えているのではないか」と述べている(本庄資「和解を基本とする移転価格課税における不服審査局の重要な役割」税経通信63巻3号(2008年)253頁)。

124) 三木・前掲注62) 14頁。

125) つまり、納税者は、税務調査を否定しているのではなく、「税務署は、10年に1度くらいしか、税務調査をしないのだから、他の経営者も、税務調査が来ないことで、少々の不適正な行為を税理士から見逃してもらっているのだから」という理由で、不正行為に及んでいる。また、税理士も「他の税理士は、そのように納税者に対して、便宜を図っているのならば、少々の不正は、仕方がない」と思っている。

第4章 税理士法33条の2(書面添付制度)の役割

　前述のとおり，租税の専門家である税理士を取り巻く環境は，税法の複雑化や取引の国際化によって，急速に変化してきている。税理士制度もそれに追随すべく，幾度もの制度改正をしてきた。そのことは，税理士業務を多様化させ，税理士のビジネスチャンスを増加させたが，一方で，税理士の抱える問題を増幅させた。税理士は，これらの問題を税理士制度上や専門家として維持すべき原則において解決し，付随するリスクを適切に管理し，軽減する必要がある。他方，税理士は，独立した公正な立場で申告納税義務の適正な実現を図るという公共的な使命を持っている。この税理士の使命や役割を考えるとき，専門家として納税者の信頼に応えること，また，税理士の公共的使命を全うすることの二面性を調和させながら，直面する問題を解決する方法の検討が必要である。こうした観点から注目されるのが，平成21年改正で運用が強化された，税理士法33条の2[1]の「書面添付制度」である。

　税理士法33条の2は，税理士の権利として「書面添付制度」を規定している。この制度は，昭和31年を起点として，平成13年の税理士法改正を経て数次にわたり改正され，少なくとも，税務行政庁，税理士，納税者のそれぞれの問題解決のために納税環境を整備するための趣旨を持つ制度として存在してきた。しかしながら，課税庁と税理士(会)との政治的な駆け引きから，この制度自体が有効に機能しなかった，否，機能させなかったという経緯がある。ところが，平成21年に運用が強化され，一躍，この「書面添付制度」が税務行政庁，税理士，納税者のそれぞれの問題解決のための納税環境を整備していく可能性が現実味を帯びてきた。それゆえ，本章では，税理士法

33条の2(書面添付制度)が税理士の抱える問題解決に与える可能性について検討をする。

第1節　税理士法33条の2の沿革

第1款　立法化された背景

　税理士法33条の2(書面添付制度)の創設は，税理士会からの要望[2]であった。この要望は，税理士の既得権益の拡大，つまり，税理士の業務拡張を意図していた。歴史的に，この制度は昭和24年の日本税務代理士会連合会の税務代理士法改正要綱案で主張されたことから始まった。しかし，昭和23年施行の公認会計士法との関連[3]から監査制度の立法の混乱になるとの批判を受け，第2次シャウプ勧告[4]では，税務代理士の本質を損なう新しい職種資格制度の設置となり，そうしたものならば必要ないとされて実現しなかった。

　その後，税理士会は，昭和31年の税理士法改正に至るまで，この税務書類の監査証明業務の拡大を積極的に国税庁及び衆議院大蔵委員会へ陳情した。このように国側からの批判の多い制度が立法化された理由は，租税政策上の問題ではない。この時代の国税庁，計理士会，税理士会が抱えていた諸問題[5]，すなわち，計理士や税務職員の退職後の税理士登録問題を解決する手段として，政治的な調整策として，「税務書類の監査証明」である「税理士法第33条の2」が誕生したのである[6]。昭和31年3月には，改正要綱案[7]が閣議決定し，6月に参議院を通過して成立した。しかし，調整策としての立法であるがゆえに税理士会が望んだ機能にまで達することはできなかった。つまり，税理士が作成した税務関係書類につき，企業会計を基礎とした上での監査証明を行うことで，税務調査を省略して，税務行政の簡素化に資するという機能はなかったのである。

　国会の政府答弁では，計算事項等を記載した書面の添付制度は，税理士が，

申告書の作成に関してどの程度内容を調査し責任を持って作成したものであるかについて，その責任の程度を明らかにするとともに，税務に関する専門家である税理士が計算し，整理し，又は相談に応じた事項を記載した書面を添付できるようにしたものである。また，税務行政庁もこれを尊重することとして更正前の意見聴取制度を創設したのであり，これにより，税務行政の円滑化に資するとともに，税理士の地位の向上を図ることを目的としたものであると述べている[8]。しかしながら，国側は「なお，この制度により税理士に意見を述べる機会を与える措置の有無と更正決定の効果との関係につきましては，上述のような趣旨にかえりみ，更正決定の効力に影響を及ぼさないものと考えられるのでありますが，この際その旨を法文上明らかにすることとしているのであります」として税務行政庁の処分等に対しては，影響を及ぼさないように法整備を行った。その結果，税理士会の意図とは裏腹に，その機能は封じ込められ，かつ，不十分であった。また，昭和31年5月29日の参議院大蔵委員会で，この書面添付制度と公認会計士の監査証明制度との異同についての質問に対して，渡辺喜久造大蔵省主税局長は「監査証明の制度と今度の書面添付の制度とは性格が全然違ったものだと思っております。監査証明の制度といいますのは，もうすでに御承知のように，公認会計士が会社の経理を監査して，これが正しいということを証明するわけであります。今度の制度は，納税義務者にかわって，たとえば申告書の作成をした場合において，私はこういう程度の関与をしましたということを示すだけでございまして，経理の監査というものを証明するとかしないとかいう問題とは全然これは別個の話でございますので，われわれとしては，これは全然別個な問題だというふうに解しております」と答弁している。このように，会計士制度に配慮する形で税理士の証明業務への参入は排除された。

第2款　改正の経緯

第1項　昭和55年改正

　昭和55年改正では，税理士法は，税理士法1条を「税理士の責務」から「税理士の使命」へと改正した。さらに，改正作業の最終局面において「申告納税制度の理念にそって」という文言が挿入された。申告納税制度とは，税務当局の処分により税額が決定される賦課課税方式とは異なり，納税者が自主的に課税標準，税額等を計算し，これを申告書に記載して提出すれば，その時点で納付税額が確定する制度である。すなわち，主権者たる納税者自らに租税債務を確定する権能を認めたものである。そして，この税理士法の大きな改正のなかで，税理士会からの要望としてではなく，政府の提案として，税理士法33条の2第2項(審査事項等を記載した書面を添付する制度)が提案され創設された[9]。同時に，税理士は，税理士業務に付随して，財務諸表の作成，会計帳簿の記帳代行等の会計業務を行うことができる旨の規定も新設された。この規定が設けられた趣旨は，「租税法に基づく税務計算が，企業の会計経理に関する知識を踏まえてその基礎の上に租税法に定められた納税義務の計算を行うもので，税理士の実際上の業務は，財務書類の作成や記帳の代行と極めて密接な関連があり，これらの業務と併せて税理士業務を行っている実態にあるため，こうした現実を踏まえて，税務書類の作成，税務相談という本来の税理士業務の委嘱を受けた納税義務者についてその税理士業務に付随して会計業務を行うことができることを，いわば，確認的に明らかにすることにより，税理士の税務会計面における専門家としての地位を高めることにある」としている[10]。すなわち，財務書類が税務書類の一部として，租税に関する法令の規定に基づき，作成し，かつ，税務官公署に提出する申告書等に含まれることになったと確認されたのである。そもそも，第2次シャウプ勧告では，公認会計士が帳簿の検査能力がある職種とされ，税理士は，必ずしも納税者の帳簿や記録を検査するのではないと位置づけら

れていた[11]。しかし，青色申告制度の導入を経て，すでに明文化されていた法人税法の公正処理基準[12]や租税法の財務書類の作成規定(法人税法施行規則53条，57条，所得税法60条，61条)を基礎とした上での税務申告がなされている実状を踏まえて，税理士業務と付随して行った会計業務は，会計業務を業とする専門家の業務として，税理士法上に位置づけられ整備がなされたといえる。

　この税理士法33条の2第2項(審査事項等を記載した書面を添付する制度)は，他人の作成したものについて審査をするという点で会計士が監査をするのと同じような形になるのではないか，新しい要素を取り入れているため税理士の業務の変質につながっているのではないかと，昭和54年12月7日衆議院大蔵委員会において指摘された。これに対して，当時の福田幸弘政府委員(大蔵大臣官房審議官)は，他人の作成した申告書を審査した場合の書面添付における審査対象の申告書には財務書類は含まれないと説明している。その上で，この規定は，税理士の地位向上の一環の問題であり，税理士自らが作成した申告書ではなく，たとえば，会社の経理部で作成した申告書等が想定され，税理士が租税の法令に基づいているか否かを「税務監査」することによって書面添付制度の活用となり，その結果，更正決定の前に意見聴取，つまり，税理士に対してその申告書に記載された事項について，意見陳述の機会を与えることが必要になると答弁した。また，そのことを税務官公署が尊重することで，税理士の地位向上また納税者に対する援助の一つの進歩のあらわれであると説明している。さらに，審査した書面の添付制度の審査対象となる範囲は，申告のもとになった財務諸表に遡及するかどうかの問題について，福田政府委員は，「その申告書が租税に関する法令の規定に従っているかどうかを審査するために財務書類にさかのぼって確かめる必要がある場合」があることを認めながらも，「租税法に基づいて適正に申告書が作成されているということを審査するという趣旨」であると，公認会計士の独占業務に配慮する形で説明した。これは，税理士の付随業務での会計業務の専門性が，この改正で確認されたところを考慮すると，合理的な理由に欠け，いささか苦しい答弁に思われる。その他，審査事項等を記載した書面を添付

する制度の創設は，税理士に税理士を審査させることによって，また，税理士が関与していない納税者の申告書を審査させることによって，課税庁の仕事を下請けさせることを目的としているのではないかという指摘もあったが[13]，政府委員の「この規定は納税者にとりましても，特に税理士さんの今後の性格から見ても重要な規定であると考えています。どう今後運用されるか——できるだけ活用していただきたい，また税務官署もこれを尊重する態度をとるべきであろう，こう思っております」[14]という説明のもと法制化されたのである。

第2項　平成13年改正

　昭和55年までに改正された制度，つまり，「更正処分前の意見聴取制度」は，ほとんど利用されることがなかった。それは，国税庁側の答弁によると，税理士側の問題点として指摘された。税理士が書面を添付する顧客と添付しない顧客とを選別することになり，納税者との信頼関係を損なう懸念を持ったこと，また，書面添付がある場合，更正前に税理士の意見を聴取するという制度は，さほどのメリットとはならないこと，さらに，書面に虚偽記載があった場合には懲戒の対象となること等がその理由とされた[15]。

　一方，税理士側からは，書面添付制度の利用が促進しなかったのは，制度設計上の問題であり，書面添付を行った場合の法的効果である税理士法35条の更正処分前の意見聴取制度が実務上の実益がなかったことが指摘された。そもそも，更正処分前の意見聴取制度は，税理士法33条の2に規定する計算事項等を記載した書面及び審査事項等を記載した書面が添付されている申告書について，税務署長等が更正しようとする場合には，税務署長等はこれらの書面を添付した税理士に対し意見を述べる機会を与えなければならないとする制度である。しかし，更正処分は税務調査を実施した上で行われるのが通常であり，税理士は税務調査の立会いを通じて意見を述べることが可能であるので，書面添付を行わない場合であっても更正処分前に意見を述べる機会は事実上与えられている。また，税務調査において非違事項の指摘があった場合には，必ずしも更正処分が行われるわけではなく，実務上は，税

務官公署職員の慫慂により修正申告書を提出することが多いという事情がある。これらのことから，更正処分前の意見聴取制度は，税理士及び納税者にとって必要とされなかったのである。そこで，日税連は，平成元年ころから，次の税理士法改正に関する検討を行い，平成8年に「税理士法改正に関する意見(タタキ台)」を公表した。そのなかで，「計算事項，審査事項等を記載した書面の添付」に関して，「税務官公署の職員は，法33条の2に規定する書面が添付された申告書を提出した者につき，当該申告書に係る租税に関し調査する場合には，あらかじめ当該税理士の意見を述べる機会を与えなければならない」とする改正案[16]を示していた。この要望を受けて，大蔵省主税局において法律案の起案作業が行われ，「税理士法の一部を改正する法律案」が閣議決定された[17]。そして，最終的には，条文中，それまでは「当該申告書に関し……」となっていたところが「当該添付書面に記載された事項に関し……」と変更された[18]。このことにより，意見聴取は税理士の作成した添付書面の記載内容について行われるものであることが明確になり，事前通知前の意見聴取は個別税法に基づく質問検査権の行使ではなく，税理士法に基づく税理士の固有の権利として専門家である税理士に意見を述べる機会を保証するためのものであるという法的な意義が確定したものといえる。さらに，国会の審議過程において，大武健一郎氏(当時の国税庁次長)は，「意見聴取制度の確立により添付書面に記載された事項に対して疑義が解決した場合，問題点がなくなった場合は，原則として，税務調査は終了することになる」という答弁をしている[19]。

この平成13年改正による書面添付制度の拡充の結果，従前から実務慣行として，北海道税理士会と札幌国税局でも行われていた「法人特別指導表」の施策，あるいは，いくつかの国税局管内における「確認書制度」という施策が平成14年3月31日をもって廃止ということになった。この制度は，税理士と税務当局との相互信頼の上で，「法人特別指導表」を添付した法人の税務調査について，行政の簡素化に資するために原則的に「調査省略」してきたものである。このように，実務的な必要性から税理士と税務当局は，すでに，このような制度を運用していたのである。したがって，この改正は，

課税庁の税務調査に際し，税務調査の省略を実務上で有効に機能させることを前提とした税理士の「税務監査」制度の明文規定の創設として，重要な意味を有するのである。

第3項　平成21年改正

　平成13年の税理士法の改正後，書面を添付した申告書に係る帳簿書類を調査する場合において，確かに，税務当局から税理士に対して意見聴取が求められた。しかし，残念ながら，その運用は至って不十分であった。それは，税務当局の事務運営指針で「書面の記載事項に関する税理士からの意見陳述にとどめる。したがって，意見聴取に当たっては，質問検査権の行使と解される具体的な非違事項の指摘や書面に記載のない事項に係る質問は行わないことに留意する」とされていたため，税務当局からの具体的な添付書面の内容に関する質問が税理士になされなかったことが原因であった。税理士としては，意見聴取の段階で十分な意見及び資料を提供し，税務当局に理解を促すように努力を重ねた。しかし，実際は，意見聴取が形式的に行われ，結果として，実地調査に移行することが常態となった。税理士側は，書面添付に費やした時間と労力が無駄になるとして，この制度を批判した[20]。このようなことから，平成15年には，事務運営指針の一部が「例えば顕著な増減事項・増減理由や会計処理方法に変更があった事項・変更の理由などについて個別・具体的に質疑を行うなど，意見聴取の機会の積極的な活用に努める」，また，「意見聴取を行い，その後に修正申告書が提出されたとしても原則として，加算税は賦課しない」と改正された。税務当局は，「添付書面の内容や意見聴取によって，申告書上の疑問点の大部分は解消することが可能である。しかしながら，どうしても納税者の方から直接説明をいただかないとならない場合，どうしても現場を確認しなければならない場合もあり，このような場合には，実地調査に移行せざるを得ない。このような場合であっても，「意見聴取が形式的」との批判を受けないよう，職員への周知に努めたい」と説明していた[21]。その後，その適正かつ円滑な運用に資するよう，日税連と国税庁は，改正後のフォローアップを目的とする検討の場として

第 1 節　税理士法 33 条の 2 の沿革　277

「改正税理士法フォローアップ検討会」を設け，書面添付制度の円滑な運用に関する協議を重ねた。日税連からは，意見聴取の機会が積極的に活用されていないのではないかとの意見が，国税庁からは，書面の記載内容が不十分であることが意見聴取の機会の利用が低調な要因となっており，書面を作成する税理士も制度の趣旨を十分に理解する必要がある等の意見がなされるなど，本制度がより有効に機能するための協議がなされた[22]。

　平成 19 年 4 月に日税連から国税庁に対して「書面添付制度の普及・定着について（要望）」が提出されたことで，日税連と国税庁の双方が認識を一つにして制度のより一層の普及・定着を図っていくため，「書面添付制度の普及・定着に関する協議会」を設置し普及策の検討を進めることとなった。平成 20 年 6 月には一定の結論を得て，添付書面の様式改定や文書による調査省略通知の実施を柱とした「書面添付制度の普及・定着」という文書が合意事項として取りまとめられた。

　平成 21 年 4 月，日税連においては「添付書面作成基準（指針）」を定めるとともに，国税庁においては事務運営指針を改正し，同年 7 月から実施されている。日税連作成の指針には，添付する書面にどのような内容を，どの程度記載すればよいかという基準が具体的に示されている。一方，国税庁の指針には，税務調査の事前通知前の意見聴取の結果，国税当局において疑問点が解消された場合には，文書による調査省略通知を行うことが新たに定められた。国税当局は，日税連の定めた「添付書面作成基準（指針）」にそって作成された書面が添付されることを前提として意見聴取を行い，その結果，事前通知による調査の必要がないと判断された場合には，文書による調査省略通知を行うこととした。日税連，国税庁の双方による指針の制定等，制度の環境整備が推進された二つの指針の関係から書面添付制度が税理士と国税当局との相互信頼関係が前提となって成り立っている制度であることが理解できるのである。この改正を受けて，現在，税務実務において，本格的な運用が始まろうとしている[23]。そして，これらの書面添付制度の今後の研究が極めて重要となる。

　さらに，平成 9 年の地方自治法の改正により，地方公共団体の外部監査制

度の導入に伴い外部監査人の有資格者として税理士が規定された[24]。また、平成19年改正の政治資金規正法の第19条の18第1項により登録政治資金監査人になることができる資格者として税理士が規定され、政治資金適正化委員会の「政治資金監査に関する研修テキスト」(27頁)では、公認会計士及び税理士は、監査及び会計並びに税務に関する職業的専門家とされ監査人としての能力を有すると評価されている。現実的にも税理士の多くが監査実務を遂行している。加えて、平成18年の会社法の施行により新たに会計参与が誕生した。その就任資格者として、公認会計士、税理士、監査法人、税理士法人が規定された。なお、この会計参与の意義について立法者である相澤哲氏(法務省民事局商事課長)は、中小規模の会社向けの法制に検討を重ね、中小規模の会社の信用をさらに高めることが経済全体の活力を高めるという観点から、その計算書類の適正さの確保の方策として、会計の専門家による関与制度を導入した、これにより、会計専門家が制度的に保証して信用性の高い計算情報を対外的に示すための体制が構築され、会計参与制度を採用する会社の信用性が高まる、と述べている[25]。このように、経済の取り巻く環境の急速な変貌を受けて、税理士は、従前の税務の専門家としての立場にとどまらず、帳簿の監査能力を有する会計の専門家としての地位も獲得することとなった。

第2節　書面添付制度の意義

第1款　書面の添付の意義

　税理士法33条の2第1項において、税理士が自己の作成した申告書について、その申告書の作成に関してどの程度の内容にまで関与し、その申告書を税務の専門家の立場から、どのように調整したものであるかを明らかにした書面を添付することは、租税に関する納税義務の適正な実現に資するものであり、また、税理士法33条の2第2項が規定する他人が作成した申告書

について，税務の専門家の立場から，どのように調整されたかを審査し，その申告書が適法に作成されている旨を明らかにした書面を添付することは，納税義務の適正な実現という税理士制度の本旨に合致するものである。そして，計算事項等を記載した書面あるいは審査事項等を記載した書面が添付された申告書を提出した者について，税務官公署の職員は，その申告書に係る租税に関しあらかじめその者に日時場所を通知してその帳簿書類を調査する場合において，税務代理権限証書を提出している税理士があるときは，その通知をする前に，その税理士に対し，その書面に記載された事項に関し意見を述べる機会を与えなければならない（以下，事前通知前意見聴取）こととされている（税理士法35条1項）。また，税務署長又は地方公共団体の長は，この書面が添付されている申告書に記載された課税標準等について更正をしようとする場合において，この書面に記載されているところにより，その更正の基因となる事実につき税理士が計算し，整理し，又は相談に応じていると認められるとき，あるいはその更正の基因となる事実につき税理士が審査していると認められるときは，あらかじめその税理士にその事実に関し意見を述べる機会を与えなければならない（以下，更正処分前意見聴取）こととされている（税理士法35条2項）。このように，税理士が自己の作成した申告書について，どのように調整したものであるか等を明らかにした書面，あるいは他人が作成した申告書について，審査した結果，適法に作成されている旨を明らかにした書面を添付する制度は，納税義務の適正な実現という税理士制度の本旨に合致するというだけでなく，税務官公署がこれを尊重することにより，円滑な税務行政の運営を図るとともに，このことを通じ税理士の地位の向上に資することを期待するものとして意義がある[26]。そして，この計算事項等を記載した書面あるいは審査事項等を記載した書面が添付された申告書の提出と事前通知前意見聴取あるいは更正処分前意見聴取が一体になって機能する制度を書面添付制度という。

　この制度は，本来，添付書面が添付された申告について調査を行う場合は，あらかじめ当該税理士に意見を述べるよう求め，そこで疑義が解明されない場合にのみ調査に移行すべきことを求めていた。それは，従前から課税実務

上に存在していた制度を改定したのであって，新しい制度の導入[27]を求めたのではなかった[28]。しかし，先に述べたように，この制度は定着することができず，平成13年改正では挫折している。そこで，再度，「当該税理士に意見を述べるよう求め，そこで解明されない場合にのみ調査に移行する」という制度に向けて，書面添付制度が再構築された。それは，国税庁と税理士会が歩調を合わせた実質的なフルモデルチェンジといえる。その決意は，国税庁の事務運営指針において「意見聴取により疑問点が解明した場合は，結果的に調査に至らないこともあり得ることを認識し」との文言が追加され，「現時点では調査に移行しない」旨の連絡を文書により通知するという改正が行われ，日税連では，税理士に対して「チェックリスト」を作成し，研修を強化し，「一税理士一税目の書面添付運動」まで展開するに至ったことをみても明らかである。とりわけ，平成20年財務省告示104号において，「税理士・税理士法人に対する懲戒処分等の考え方」を示し，書面添付に虚偽記載があった場合の懲戒に関して，その基準を明確にして，税理士に取り組みやすい環境を用意したことも重要である。近時，平成22年事務年度の「国税庁が達成すべき目標に対する実績の評価書」では，三つの実績目標のうち，「税理士業務の適正な運営の確保」に書面添付制度の浸透が掲げられ，専門家である税理士の立場をより尊重し，また添付書面の活用により行政の一層の円滑化が図られるとしている。同時に，納税者のコンプライアンス向上にも資するため「(2) 書面添付制度の普及定着に向けた取組」という項目が記されている。これらの活動から，税務の現場においても，この制度の普及と定着を実感するところである[29]。以上のように，この書面添付制度は，納税環境整備として，国と税理士，そして，納税者のそれぞれに適正な納税の権利を行使するために極めて重要な意義を有するのである。また，この制度の潜在的機能を見極めることも，今後の納税環境整備に欠かせない作業となる。

第2款　書面添付制度の内容

第1項　計算事項等を記載した書面

1．計算事項等を記載した書面

　税理士又は税理士法人が次の(1)，(2)に掲げる申告書を提出した場合には，その申告書の作成に関し，計算し，整理し，又は相談に応じた事項を記載した書面を，当該申告書に添付することができる。(1)国税通則法16条1項1号に規定する申告納税方式による申告書，すなわち，納付すべき税額が納税者のする申告により確定することを原則とし，その申告がない場合又はその申告に係る税額の計算が国税に関する法律の規定に従っていなかった場合その他当該税額が税務署長又は税関長の調査したところと異なる場合に限り，税務署長又は税関長の処分により確定する方式をいう。また，この申告書には，期限内申告書，期限後申告書，修正申告書がある。(2)地方税法1条1項8号・11号に規定する申告納付・申告納入の方法による申告書，つまり，1項8号(申告納付)は，納税者がその納付すべき地方税の課税標準額及び税額を申告し，及びその申告した税金を納付することをいい，また，1項11号(申告納入)は，特別徴収義務者がその徴収すべき地方税の課税標準額及び税額を申告し，及びその申告した税金を納入することをいう。この添付書面に記載すべき内容は，申告書を作成した税理士自身が，計算し，整理し，相談に応じた事項であり，納税者が計算し，整理した事項は除かれる[30]。

2．添付書面の記載項目

　税理士法33条の2第1項の添付書面(財務省令9号様式)は，「私(当法人)が申告書に関し，計算し，整理し，又は相談に応じた事項」として，(1)自ら作成記入した帳簿書類に記載されている事項を表題として，帳簿書類の名称，作成記入の基礎となった書類等を記載項目とする。続いて，それぞれ，(2)提示を受けた帳簿書類(備考欄の帳簿書類を除く)に記載されている事項，

帳簿書類の名称，備考，(3)計算し，整理した主な事項，①区分・事項・備考，②①のうち顕著な増減事項・増減理由，③①のうち会計処理方法に変更があった事項・変更の理由，(4)相談に応じた事項，事項・相談の要旨，(5)その他を記載事項として報告する形式を採用している。税理士業務で受託する内容は，依頼者の状況により多様であり[31]，中小法人で最も多いと思われるケースについて，添付書面の記載事項を検討すると，次のとおりである。

(1) 自ら作成記入した帳簿書類

自ら作成とは，税理士が自ら作成し記入したということを意味する。ひるがえって，依頼者が作成していないことを示すものである。これは，税理士が会計処理及び税務申告書作成のために，依頼者にどの程度の関与をしているかを示す内容を記載させる項目である。また，税理士が直接にかかわった帳簿の範囲を明確にするものである。とりわけ，依頼者との責任の分担では，税理士の「二重責任の原則」における責任範囲を明確にする機能がある[32]。

(2) 提示を受けた帳簿書類（備考欄の帳簿書類を除く）

依頼者の事務処理能力を吟味するために，依頼者がどのような書類を提供できるかを記載させることにより，その能力の判定をするための項目である。さらに，備考欄の帳簿は，税理士がその帳簿の存在は認知しているが，通常の提示を受けることまでを必要としない帳簿書類を記載する項目である。

(3) 計算し整理した事項

税理士が主に会計処理と付随的に税務調理するための手続に当たり，どの程度，依頼者の企業に関する会計処理及び税法の適用を把握しているかということを判定する項目である。とりわけ，その処理又は判断及び解釈で会計上の利益及び税務上の課税標準に顕著に影響を与えたものを抽出し，会計上や税務上の変動について疎明的に記入をする。さらに，企業会計の理解度と会計に対する認識を判定するとともに，会計処理の変更を容易に行う法人かどうかを記載させることにより会計及び税務処理に無理がないかどうかを判断するための項目である。税理士が急激に変化した数値に関して意見をすることは，その非通常性につき説明をすることである。したがって，税理士の判断の慎重性，合理性を担保してその恣意を抑制する機能がある。

（4）相談に応じた事項

　税務申告書作成内容に関する「相談の要旨」を記載することによって，その申告書に係る重要な税務判断に関して税理士の見解を記載し，また，複数の選択肢が存在する税務判断の場合等にその選択した見解を疎明的に主張することで，課税庁の判断を促すことを目的とする記載項目である。課税庁側からは，税理士法36条（脱税相談）の有無，税理士法41条の3（助言義務）等の義務違反を監督できる項目である。すなわち，この書面添付制度でいうところの「解釈適正化機能」を行使する項目である。

（5）そ　の　他

　上記(1)から(4)に記載できなかったものや，企業の法令遵守姿勢や経営者の納税倫理思想，企業に対する税理士の監査体制，すなわち，月次決算体制を採用しているかどうか，また，税理士の企業の内部牽制に対するかかわり方などを記載する項目である。この記載項目で注目すべきは，通常，税務申告書類等では，表現することが難しい，納税者の遵法精神や納税倫理につき，課税庁に示すことができることである。また，総合的な所見を表明することにより「税務会計の適正意見」を記載することも考えられる。

第2項　審査事項等を記載した書面

1．審査事項等を記載した書面

　税理士又は税理士法人が，他人が作成した申告書に対して相談に応じて審査し，当該申告書が法令の規定に従って作成されていると認めたときは，その審査した事項及び法令の規定に従って作成されている旨を記載した書面を，当該申告書に添付できる。この制度について，平成13年当時の大武健一郎財務省主税局長は税理士法1条の「納税義務の適正な実現を図る」という税理士の公共的使命を具体的に実務面で展開したものであり，他人が作成した申告書等について，専門家の立場からその調整方法を明らかにすることによって，正確な申告書の作成及び提出に資するとともに，税務当局もこれを尊重することで税務行政の円滑化と簡素化が図られ，また税理士の社会的信頼も高まるとの趣旨によるものであると述べている[33]。そして，この場合

他人が作成した申告書とは，納税義務者本人自らが作成した申告書あるいは納税義務者の使用人等が納税義務者の名において作成した申告書ということになり，税理士が作成した申告書について他の税理士に相談することは一般的には考えがたいとの見解がある[34]。しかしながら，法令は「申告書で他人が作成したもの」と規定しているから，税理士が他の税理士の作成した申告書につき相談を受け審査することは，十分に考えられる[35]。もっとも，税理士が他の税理士から相談を受け直接審査の委嘱を受けることは税理士法上の守秘義務に反する行為である。しかし，税理士の作成した申告書を他の税理士が審査する場合においても，当該納税者から相談を受け，納税者を通じて審査の委嘱が行われる場合には当該審査はあり得るとの見解があり[36]，実際問題としても頷けるところである。ここで，他人が作成した申告書を審査する場合とは，依頼者が作成した申告書について，税理士の指導に基づいて依頼者が申告書を修正して完成させる場合などが該当することになる。したがって，この制度は，税理士が納税義務者から相談を受けて申告書を租税に関する法令に照らして適法に作成されているかどうかを審査するものであって，税理士業務の相談の範疇に属する[37]。

2．添付書面の記載項目

　税理士法33条の2第2項の添付書面(財務省令10号様式)は，「私(当法人)が審査の依頼を受けた申告書に関し審査した事項」として，(1)相談を受けた事項を表題として，事項・相談の要旨を記載項目とする。続いて，それぞれ，(2)審査にあたって提示を受けた帳簿書類につき，帳簿書類の名称・確認した内容，(3)審査した主な事項，①区分・事項・備考，②①のうち顕著な増減事項・増減理由，③①のうち会計処理方法に変更があった事項・変更の理由，(4)審査結果，(5)その他を記載事項として報告する。申告書に書面を添付できるのは，適正な内容だったと税理士が判断した書面に限られる。当然のことながら，法令に反した事項のある申告書について書面を添付することはできない。それゆえ，審査した結果，誤りがあったとしても指摘に従って改定が行われれば，これは適正な内容を持った申告書として書面を添

付することができることになる。この場合，審査した内容のなかにこの改定した事項と経緯が記載されることになる。この書面は，審査事項を記載するのであるから，税理士が，提出された資料，書類，帳簿等をもとに審査した事項の内容を記載し，審査した結果として法令の規定に従って作成されている旨を審査の経緯として記載することになる。これらをみると，依頼者から提示された帳簿書類等の範囲の限りにおいて「監査証明」となり得るといえる。しかしながら，現在のところ，通説は，審査事項等を記載した書面はあくまでも税理士業務の執行の事績であって，監査証明ではないし，また，申告内容を保証するものでもないとしている[38]。

(1) 相談を受けた事項

税理士の業務とする税務相談は，申告書等の作成に関し，租税の課税標準等の計算に関する事項について相談に応ずることであり(税理士法2条1項3号)，また，この相談に応ずるとは，具体的な質問に対して答弁し，指示し又は意見を表明することである(税理士法基本通達2-6)。ここでは，納税者から受けた相談のうち，申告書の作成に特に重要となる事項に関する相談事項を「事項」の欄に記載し，その相談内容，回答要旨，申告書への反映状況を「相談の要旨」欄に記載することになる[39]。つまり，納税者から申告に際しどのような相談を受け，それに対しどのように回答し，その結果としてどのような処理が行われたかを具体的に記載することにより，税理士が行った業務内容が明らかとなり，責任の範囲が明確になるとともに，その申告における課税標準の計算の適正性がより高まることにつながる。

(2) 審査にあたって提示を受けた帳簿書類

依頼を受けた申告書の審査を行うにあたり，納税者から提示を受けた帳簿書類の名称を記載し，その記載した帳簿書類等に基づき，申告に関し，どのような内容について確認したかを記載する。もっとも，依頼者が作成した申告書を検討し，その適否を判断する過程において，申告書に不備がある場合には，依頼者にその修正加筆等を指導し，適正な申告書を作成するという結果に導き，最終的に申告書が租税に関する法令の規定に従って作成されていることを認めることになる。したがって，あくまで申告書の適否を審査する

こととされているが，当然，審査の必要上，財務書類等を調査及び検討することもあり得る。さらに，税理士が審査にあたって，確認した帳簿の範囲を明確にするための項目でもある。

（3）審査した主な事項

税理士が審査した主な勘定科目，申告調整科目等を記載する。たとえば，相続税の場合には，相続財産や適用した特例措置の名称等を記載することになる。さらに，その審査した内容を具体的に記載するとともに，関係資料との確認方法及びその程度等を記載する。また，備考には，審査の際に留意した事項等を記載する。税理士が審査にあたり，主に会計処理と付随的に税務調理するための手続に関して，どの程度，依頼者の企業に関する会計処理及び税法の適用を把握しているかということを判定する項目である。とりわけ，その処理又は判断及び解釈で会計上の利益及び税務上の課税標準に顕著に影響を与えたものを抽出し，会計上や税務上の変動について法令を遵守しているか否かを判断し記入をする。この租税に関する法令の規定に従って作成されているかどうかの審査の対象はあくまでも申告書であり，そのために，たとえば減価償却費の計算，たな卸資産の評価の方法等が所得税法あるいは法人税法の定めるところに従って行われているかどうか等その審査が租税に関する法令の定めの枠内で関連の財務書類にまで及ぶことがある。しかし，その財務書類自体について一般的に審査し，それが適正に作成されている旨を記載するといったことは許されないと解すべきだとされている[40]。なぜなら，公認会計士の業務職域に抵触する可能性があるからである。しかしながら，公認会計士による監査又は証明の制度は，投資家保護を目的とし，企業の財務書類がその財務状況あるいは経営実績を適正にあらわしているかどうかを監査し，その結果を証明するということであり，かつ，その利害関係者は，膨大な数に及ぶと考えられる。したがって，厳格な法制度のもとでの法定監査が要求されるのである。一方，中小企業における一般的な財務諸表の作成が適正であることを証明する外部専門家は，法的制度としては存在しない状態が続いている。確かに，財務諸表の適正性を証明する会計専門職として，公認会計士が存在するが，その証明にかかる高額な監査報酬などをみる

と，中小企業においては，その実施は現実的ではない。国家が認定する会計専門家という範囲において，税理士もその一翼を担っているところを鑑みると，財務諸表の適正性に関しても税理士の公的な役割を果たす必要があるといえる。

（4）審査結果

審査した結果，申告書が法令の規定に従って作成されている旨を記載する。なお，審査において，指導等を行った事項がある場合はその内容を具体的に記載することになる。従前から強調してきたように，この記載項目が税務監査及び財務諸表の適正意見を表明するところである[41]。また，課税庁側からは，税理士法41条の3（助言義務）等の義務違反を監督できる項目である。

（5）その他

審査にあたって留意した事項や特記事項，上記(1)から(4)に記載できなかったもの，企業の法令遵守姿勢や経営者の納税倫理思想，などを記載する。

以上のように，この「審査事項等を記載した書面」の添付制度は，税理士法による税理士の税務監査を予定している法制度とみることができる。ここで，再度，この法律の立法者の答弁を引用する。国会議事録（抄）（昭和54年12月7日衆議院大蔵委員会の政府委員答弁）「いまの御質問，33条の2の第2項かと思いますが，これはまた前回の答申を引用いたしますが，税理士の地位向上の一環の問題であります。これの規定の趣旨は御存じのとおりで，税理士さんが自分でつくった申告書でなくて，たとえば会社の経理部でつくった申告書等がございます。しかし，それはそのまま税務署に提出されてくることもございますけれども，税理士さんのところで1回租税の法令に基づいておるかどうかをチェックしてもらう。そうしますと，書面添付ということになりまして，これは更正決定の前〔その後，改正により帳簿書類を調査する前になった〕に御意見を聞くとかという慎重な手続になってくるわけです。したがいまして，そこで第1条の税務専門家という立場でその申告書が租税法令に基づいておるかということを，そのこと自体を審査されるという業務は，専門家の立場を非常に尊重し，地位が向上していく，税務監査という言葉でも私結構だと思うのですが，その申告書を自分がつくらなくても，人がつくった

申告書であっても，専門家として目を通す，それをまた税務官署はそれなりに尊重するというのが，地位向上また納税者に対する援助の一つの進歩のあらわれであると思います。したがって，この規定は納税者にとりましても，特に税理士さんの今後の性格から見ても重要な規定であると考えています。どう今後運用されるか——できるだけ活用していただきたい，また税務官署もこれを尊重する態度をとるべきであろう，こう思っております」(傍点は引用者)と述べている。このように，今後の税理士の性格からどのように運用されるかを期待して，立法されたところをみると，税務監査の客体としての「他人」や「税務書類の範囲」についても，積極的な解釈を妨げるものではないといえる。つまり，他人には，他の税理士が含まれ，税務書類には，財務書類が含まれると思われる。そして，この制度の「ピアレビュー機能」が納税環境整備に大きな役割を果たすのである。

第3款 書面添付制度の法的効果

　意見聴取制度(税理士法35条)は，計算事項，審査事項等を記載した書面の添付制度と表裏一体となって活用されるものであり，税の専門家である税理士の立場をより尊重し，税務執行の一層の円滑化・簡素化を図るために設けられたものである。その効果は，二つの側面を持っている。一つは税理士が税務の専門家として自ら作成した申告書及び審査した申告書について，どのように検討し，処理し，調整したかを明らかにすることによって申告書の信頼性を示す効果である。そして，もう一つは，書面が添付されている申告書について税務官公署がこの申告書に係る税務調査にあたり，事前通知前に添付された書面の記載事項について税理士に意見を述べる機会を与えることによって，できる限り疑問点の解明を図ることで，税務調査を省略することである。さらに，仮に税務調査に移行した場合であっても，その調査を終え，更正をするときに，再び，税理士に意見を述べる機会を与えなければならないという効果である。この更正処分前意見聴取は，すでに添付書面を提出した時点で，その添付書面に記載された内容によって，申告書に示された課税

標準や税額が適正であるか否かは明らかになっているはずであるから，むしろ当該意見聴取は添付書面に表現されなかった部分を補完するという意味において極めて重要である。そして，それにより更正の正確性を確保できるという法的効果が存在するといえる。

第1項　税務調査の省略

事前通知前意見聴取は，その税理士に対し添付書面に記載された事項に関し意見を述べる機会が与えられたものである。したがって，その結果としては，この意見聴取によって税務官公署の職員がその内容について理解が得られた場合には，税務調査が行われないことがある。この点につき，平成21年4月に改正した税務職員の指針となる「書面添付運営指針」では，「疑問点が解明した場合は，結果的に調査に至らないこともあり得ることを認識し」と記載され，「現時点では調査に移行しない」旨の連絡をする取扱いとなっている。さらに，平成22年6月改正では「5.意見聴取結果の税理士等への連絡」の項に「(1)調査に移行しない場合」，「(2)調査に移行する場合」というタイトルを掲げ，たとえ，調査に移行する場合においても，税理士の立場を尊重する施策が盛り込まれた。すなわち，課税庁は，この制度を税務執行の一層の円滑化・簡素化を図るために，強く推進してきている。

他方，税理士側では，平成13年の挫折から，若干の懐疑心を払拭できないものの制度活用の兆しが見え始めている。具体的には，平成22年の時点で税務申告の際に税務代理権限証書(税理士法30条)を60.2%の税理士が添付をし，書面添付制度を30.6%の税理士が活用している[42]。また，書面添付制度を活用し意見聴取を受けた納税者が106件で，意見聴取した後に税務調査に移行した件数が97件であり，その結果，申告是認数が39件であった。なお，従前から書面添付制度を研究してきた「TKC全国会」(税理士の集団)の北海道会の同時期における書面添付に関する調査では，書面添付制度を活用した納税者が3029件で，うち意見聴取された納税者は114件であった。その後，税務調査に移行した件数が43件であった[43]。このように，この税理士法33条の2第1項である「計算事項等を記載した書面」の添付制

度としての運用は，まさに，税務の現場で大きく変化してきている。さらに，税理士法33条の2第2項である「審査事項等を記載した書面」の添付制度，つまり「税務監査」についても，制度の円滑な運用に向けて，①税務計算書類の監査の意義，②税務計算書類の監査と公認会計士法の財務書類監査との区別，③税務計算書類の監査の範囲，④税務計算書類の監査の効果及び責任，⑤税務監査書類の監査の基準，⑥税務計算書類の監査の実施準則，⑦税務計算書類の監査証明に関する規律，⑧その他税務書類の監査証明の施行についての必要な諸規定を整備する必要がある。

第2項　事前通知前意見聴取と質問検査権との関係

　前述のとおり，事前通知前意見聴取制度は，書面添付制度と一体のものとして位置づけられている。すなわち，添付書面が申告書に添付され，かつ，税務代理権限証書が提出されている場合，納税者への事前通知が行われる前に，税理士に対して意見聴取を行い，その結果，実地調査等が省略されることも少なくない。しかし，事前通知前意見聴取の手続において，税理士等から，修正申告がなされることもある。そして，この事前通知前意見聴取手続の段階で，修正申告書が提出された場合に，加算税が賦課されるのかという問題がある。いいかえれば，事前通知前意見聴取手続は「税務調査」に含まれるのかということである。この点で，事前通知前意見聴取手続は，租税法上の調査からみれば，どのような性質のものであるのかということである。そこで，質問検査権の行使である調査とは，どのようなものかということが問題となる。この件につき，判例は「課税標準又は税額等を認定するに至る一連の判断過程の一切を意味し，……税務調査の証拠の収集，証拠の評価あるいは経験則を通じて要件事実の認定，租税法その他の法令の解釈適用を経て更正処分に至るまでの思考，判断を含むきわめて包括的な概念」と述べている[44]。また，調査には，税務職員が直接に調査の相手方と接することなく行われる部内調査である机上調査と直接に税務職員が相手方と接して行う部外調査，実地調査が含まれる。これに加え，面接による質問やその他文書による質問も調査に含まれる。一方，国税通則法65条5項は，修正申告書

が提出された場合に，その提出がその申告に係る国税の調査があったことにより，その国税について更正があるべきことを予知してされたものでないときは，加算税を賦課しない旨を規定している。この規定は「政府の調査前における自発的申告又は修正を歓迎し，これを慫慂せんとして右の如き規定となったものと解するのが相当である」という趣旨とされる。つまり，課税庁の調査以前に自ら修正又は申告した者に対しては，過少申告加算税等を賦課しないものと理解されている[45]。それでは，意見聴取後における修正申告書の過少申告加算税等の扱いはどうであろうか。従前は，平成14年の事務運営指針[46]で，意見聴取を行った後に修正申告書が提出された場合には，「過少申告加算税及び無申告加算税の取扱い」に基づき非違事項の指摘を行ったかどうかの具体的な事実認定により更正の予知の有無を判断することになるとしていた。それゆえ，一般的な意見の聴取にとどまる限り，過少申告加算税は賦課しないとした。そこで，課税庁は質問検査権の行使を一般的な意見聴取にすり替えることによって，加算税の賦課を回避しようとした。それが，意見聴取制度の本旨を変質（税務の現場において，添付書面の内容にあえて触れることなく，税務調査に移行すること）させ，書面添付制度の平成13年改正の挫折をもたらしたのである。その後，平成21年4月1日付の事務運営指針では，意見聴取を行い，その後に修正申告書が提出されたとしても，原則として，加算税は賦課しない，ただし，意見聴取を行った後に修正申告書が提出された場合の加算税の適用にあたっては，国税通則法65条5項並びに「過少申告加算税及び無申告加算税の取扱いについての事務運営指針」[47]に基づき非違事項の指摘を行ったかどうかの具体的な事実認定により「更正の予知」の有無を判断することになるから，修正申告書が意見聴取の際の個別・具体的な非違事項の指摘に基づくものであり，「更正の予知」があったと認められる場合には，加算税を賦課することに留意するとしている。

　上述の「更正の予知」の意味[48]について，事前通知前意見聴取制度に関して検討する必要がある。それは，本制度の発展にかかわる重要な意味を持つことになるからである。加算税の賦課については，添付書面に記載された

事項につき，意見聴取段階(その前に課税庁として内部調査等を行っている場合を含む)又はその直後に修正申告書が提出されても，原則として更正を予知すべきであるような調査がいまだなされていないとみるべきであるといえる。そして，それが，制度の趣旨を尊重することになり，課税庁による納税者と税理士に対しての信頼の証になるのである。もっとも，その意見聴取後に，添付書面に記載されていない事項について更正がされるような調査，つまり，一般的な資料収集のためのような調査ではなく，具体的な更正すべき非違事項を発見し，又は導き出すような調査は，客観的に納税者が調査を予知するような外部的な調査に該当することは，当然であり，その場合は，加算税の賦課が行われることになる。以上の見解につき，平成24年12月19日付の「書面添付制度の運用に当たっての基本的な考え方及び事務手続等について(事務運営指針)」では，「意見聴取は，税務の専門家としての立場を尊重して付与された税理士等の権利の一つとして位置付けられ，添付書面を添付した税理士等が申告に当たって計算等を行った事項に関することや，意見聴取前に生じた疑問点を解明することを目的として行われるものである。したがって，こうした制度の趣旨・目的を踏まえつつ，意見聴取により疑問点が解明した場合には，結果的に調査に至らないこともあり得ることを認識した上で，意見聴取の機会を積極的に活用し，例えば顕著な増減事項・増減理由や会計処理方法に変更があった事項・変更の理由などについて個別・具体的に質疑を行うなどして疑問点の解明等を行い，その結果を踏まえ調査を行うかどうかを的確に判断する。なお，意見聴取における質疑等は，調査を行うかどうかを判断する前に行うものであり，特定の納税義務者の課税標準等又は税額等を認定する目的で行う行為に至らないものであることから，意見聴取における質疑等のみに基因して修正申告書が提出されたとしても，当該修正申告書の提出は更正があるべきことを予知してされたものには当たらないことに留意する」として改正されている。

第3節　ドイツ・韓国の類似制度

　専門家として，国家社会に対する税理士の役割を果たすためには，とりわけ書面添付制度の促進及び定着が重要である。書面添付制度の機能のなかで，わけても活用が期待されるのは，申告書の信頼性を示す効果である。日本においても，近時，税務申告の基礎となる財務諸表の信憑性の証明が大きく取り上げられ議論されている。そこで，本節では，書面添付の機能としての「税務監査の機能」に対する示唆をドイツの税理士の監査制度を概観することによって得ることを試みる。また，韓国には，税務士が作成した書類を他の税務士が審査する制度，すなわち，「ピアレビュー機能」を有する税務調整計算書制度（調整班制度）と誠実申告確認制度がある。そこで，これらの制度を概観する。

第1款　ド　イ　ツ

　ドイツの代表的な職業会計人[49]は，経済監査士，宣誓帳簿監査士，税理士，税務代理士である[50]。そして，ドイツ税理士の立ち位置は，賦課課税方式を採用していること，つまり，税理士や納税者が作成した帳簿（帳簿から誘導される利益）に対しての国側の査定（税額控除に対する意見）が入ることから，課税庁から納税者を防御する位置になる[51]。そして，ドイツ税理士法（以下，ドイツ法）33条は「税理士，税務代理士及び税理士会社は，依頼者の依頼の範囲内において，税務について助言を行い，その者を代理し，税務事務の処理及び税務に関する義務の履行について援助を行うことを職務とする。租税刑事事件及び租税秩序違反を理由とする過料事件についての援助，並びに租税法に基づく記帳義務の履行についての援助，特に税務貸借対照表の作成及び租税法上の判断も，その職務とする」と規定して，税務に関する助言，義務の援助はもちろんのこと，記帳義務の履行の援助，税務貸借対照

表の作成とその租税法上の適正判断をも職務としている。また，商法で認められている任意監査の部分が税理士において業務として行い得るように，ドイツ法57条3項は「次の各号に掲げる活動は，特に税理士又は税務代理士の職務と一致するものである。1. 公認会計士，弁護士，開業ヨーロッパ弁護士又は公認帳簿監査士としての活動，2. 相談を含めて他人の利益を守ることを対象とする自由職業活動，3. 経営相談活動，鑑定又は信託に係る活動，及び財産一覧表と損益計算書が税法規定を遵守して作成されている旨の証明書の発行」と定めている。さらに，ドイツ連邦税理士会の指針では，監査内容について，監査の証明範囲を定義し，そのなかで，確認書，証明書を発行するとしている。このように，ドイツと同様に日本においても，税理士の業務として中小企業の財務諸表に対する信頼を確保するための外部的証明は，市場経済において，必然的に要求されるものである。それゆえ，その外部的証明の信頼を書面添付制度の機能を活用して，税理士が担う必要があるといえる。

第1項　ドイツ税理士の監査制度

ドイツでは，わが国の確定決算主義に類した「基準性原則」が存在し，商法上の会計規準が課税所得の算定の基準に据えられている。このように，ドイツの会計制度は，商法会計基準と税法会計基準が緊密な関係を維持している点が特徴的である。ドイツでは1985年の会計指令法によって商法が改正され，一定規模以上の物的会社に外部監査が義務づけられた(ドイツ商法316条)[52]。監査対象会社は，大資本会社，中規模資本会社及び小資本会社と区分されている。大資本会社の各事業年度の決算書は，経済監査士(Wirtschaftsprüfer，日本の公認会計士に近い)による監査[53]が，中規模資本会社の場合は経済監査士あるいは宣誓帳簿監査士(vereidigte Buchprüfer，日本の計理士に近い)による監査が法的に義務づけられ，小資本会社の場合は，監査は法的には義務づけられていない。しかし，商法上義務づけられた中規模有限会社への外部監査が完全には機能していない(換言すれば，外部監査義務を果たしていない中規模有限会社が相当数存在している)ようである。

その背景の一つに，宣誓帳簿監査士ないし経済監査士の資格を保有する税理士が，「監査行為を超えて，監査されるべき資本会社の帳簿の記帳又は年度決算書の作成に協力した場合」(ドイツ商法319条2項5号)には，同一企業の決算監査人になることができない，という制度的な要因があるといわれている[54]。

また，ドイツ税理士の監査業務は，任意監査であり，ドイツ法57条に規定する監査である。この監査は，特に強制監査を義務づけられていない企業，つまり人的会社，有限会社及び個人企業が対象になる。これらの企業に対して税理士は，記帳の正規性，貸借対照表と損益計算書を強制監査の場合と類似の方法で監査することになっている。具体的には，ドイツ法57条3項3号に基づいて，財産一覧表及び損益計算書において租税法が遵守されている証明をすることができる。そのほか税理士は，法定監査として規定されている一部の監査も行うことができる。さらに，税理士は，税法上の目的のために作成された決算書，並びに商法上の目的のために作成された決算書のどちらも証明をすることができるとされている。このように，ドイツでは監査が経済監査士の特権ではなく，職業会計人としての税理士に広く門戸が開放されている[55]。

監査業務の効果について，ドイツ連邦税理士会の監査に関する指針のなかで「年度決算書の作成または検査に関する証明書には，職業従事者の活動の内容，範囲，結果を関与先(依頼人)に明示するという目的がある。このような証明書は責任を線引きするとともに，特に，根拠のない賠償請求権や刑法上の措置から職業従事者を守るものである。ただし，税理士は，作成報告書が関与先(依頼人)によって内部的な目的で使用されるだけでなく，例えば，金融機関などにも提出されるということを自覚しておくべきである」[56]として，確認書及び証明書に対する記載要領の指導により，責任の範囲を明確にする効果があると指摘している。さらに「決算確認書」の分野においては，「職業従事者は，提供された情報と証憑書類の完全性をクライアントに保証させ，完全性宣言を取り付けるべきである」として，委任者が負担すべき責任も明らかにしている。これらは，日本の税理士法33条の2の書面添付制

度の添付書面と法的役割に違いがあるが，税理士が作成する書面としては，結果的に同じ法的効果をもたらすものと考えられる。このように，書面添付制度は，税理士の使命における「独立した公正な立場による適正な納税義務の履行」としての税理士法33条の2の添付書面の作成のみならず，税理士事務所の利害関係者に対する法的防衛の書面としても機能するのである[57]。

第2項 企業の信用リスクを補完するドイツ税理士による決算書保証業務

ドイツには，税理士が顧客企業の帳簿や財産目録について包括的な監査等を実施した上で決算書を作成し，証明書を発行することにより，税理士自らが決算書の内容を保証するBescheinigung (ベシャイニグング)という制度がある[58]。この制度がドイツでは，経済監査士及び税理士の両職業団体によって創出され，確立されてきた。そして，現在，次のようなベシャイニグングに関する勧告が発表され適用されている。2009年11月27日ドイツ経済監査士協会，Bescheinigung des IDW (IDW S 7) in der Fassung vom 27. 11. 2009及び2010年4月12／13日ドイツ連邦税理士会連合会，Verlautbarung der Bundessteuerberaterkammer zu den Grundsätzen für die Erstellung von Jahresabschlüssen (年度決算書の作成に関する諸原則に対する税理士連合会の公式声明)(以下,「声明」)。この「声明」では，ベシャイニグングを，次の四つに区分している。①検査行為を含まない年度決算書の作成，②蓋然性評価を含む年度決算書の作成，③包括的な評価を含む年度決算書の作成，④その他の委任契約。これらは，①がアメリカ公認会計士が行う決算書のアシュアランス(保証)制度におけるコンピュレーション(保証なし)，②がレビュー(消極的保証)，③がオーデティング(積極的保証)に相当する。金融機関は，「声明」が定めるベシャイニグングの税理士証明[59]で②蓋然性評価を含む年度決算書作成及び③包括的な評価を含む年度決算書作成に係る経営状態を開示した企業に対してのみ，不動産担保又は連帯保証人による保証のない75万ユーロ超の信用供与が認められている。これは，ドイツの信用制度法(日本の銀行法にあたる)18条1項によるものであり，法的

にも，税理士により保証された決算書の信用性が認められ，金融機関による顧客企業に対する信用供与に際して，税理士の果たすべき役割や責務は大きくなっている。もっとも，経済監査士及び税理士は，年度決算書の作成にあたって，自己責任を義務づけられている規定(経済監査士法43条1項，ドイツ法57条1項)から誘導される「自己監査の禁止」の法理を遵守しなければならない。「自己監査の禁止」とは，「経済監査士ないし税理士によって作成された文書は，同一者によって監査が行われてはならない」ことである。この法理は，税理士のビジネスとしての収益構造(決算書を保証する顧客に対して税務を行うことができない)に大きく影響することになる。そこで，「自己監査は監査にあらず」，「自己証明は証明にあらず」という一般原則と，ベシャイニグングとの関係はどのように折り合いをつけているのであろうか。この点につき，ベシャイニグングは，年度決算書の作成を行う経済監査士や税理士が，その職業原則をはじめとする各種規範，特定の税法規定などの遵守を裏付けとして，「税理士に提示された証憑，帳簿，資産証明書」の正規性を評価する業務とされ，そこでは，「自己監査の禁止」に抵触しないような配慮を払いつつ，結果として，「年度決算書の正規性」の保証を行うという制度設計となっている。このように，ベシャイニグングの本質は，信用制度法の要請を受けて，年度決算書の作成を行う税理士が法令遵守を裏付けとして，「関与先が作成した帳簿及び財産目録」ないし「関与先が作成した財産目録」の正規性を評価するところにある。もっとも，わが国の金融制度には，ベシャイニグングのような計算書類の信頼性を担保する仕組みが存在していない。わが国の金融制度をより安定化させ，確立せしめるために，このような仕組みを早急にわが国の金融制度に盛り込む必要がある。ただし，これらの仕組みが有効に機能するためには，中小企業をめぐる金融制度の根幹に「信頼性ある計算書類」が位置づけられる必要がある。そこで，これらの望まれる仕組みの実現には，税理士法33条の2の書面添付制度が有効である。つまり，金融制度と書面添付制度が有機的に結びつくことで大いに効果が期待できるといえるのである。一般に，法令遵守には，清廉な理念とともに「実利」が必要である。それゆえ，納税者である企業経営者がこのような動機づ

けによって適正な納税義務を履行することは，十分に期待できると思われる。

第2款 韓　　国

　韓国の税務士は，納税者の権利を擁護し，納税義務の誠実な履行に貢献することを使命とする。そして，公益と私益が衝突するとき，納税者側に位置しようとする意識が強いといえる。また，韓国の租税法分野は，強い大統領の指揮のもと，大統領令により規定されるものが多い。それゆえ，制度改革の進展も早く，韓国における租税法分野の納税環境整備等は凄まじい発展を実現している。さらに，租税法体系を一見すると，韓国国税基本法の近代的な規定ぶりや政府主導による納税者サービスの向上というスローガンに向けての国家をあげての取り組み，また，納税者権利憲章のような納税者の権利，義務を掲げた規定の具備に特徴がある。とりわけ，今後の国際競争力を強化するために，税務士の国際化を進め，国際租税に関する教育を強化しているところは注目される。これを受けて，韓国税務士法(以下，韓国法)は，外国税務法人等に関する規定を創設した。韓国税務士制度は，その歴史的な背景から日本の税理士制度と類似しているといわれてきた。しかし，その趣は，近時，日本の税理士と異なる部分が多くなってきている。一方で，韓国法2条は，税務士の職務を定めている。その職務につき，第2号で税務調整計算書の作成を規定し，第8号で所得税の誠実申告に関する確認業務を規定している。とりわけ，税務調整計算書は，いわば，わが国の税理士法33条の2にある「計算事項，審査事項等を記載した書面」と法人税の別表とをまとめたものに相当するといわれている[60]。また，新たに規定された第8号は，課税庁から依頼を受けた税務監査制度である。

第1項　税務調整計算書制度(調整班制度)

　韓国では1966年に国税庁(韓国の税務当局は日本と同様に「国税庁」である)が発足し，経済発展と同様，税務行政においても急速な発展を遂げている。そして，課税インフラを整備し，税金計算書[61]や現金領収証[62]により

売上を把握し，申告水準を向上させて調査件数を削減している。とりわけ，電子申告の利用率は驚異的な高さであり，納税者の利便性を図るため IT を利用したさまざまな施策を実行している。韓国における電子申告の高い普及率の背景には，税務士をはじめとした税務代理人の協力が大きいといわれている。また，最近は欧米で実施されている制度（勤労奨励税制（Earned Income Tax Credit：EITC）等）を導入した。

韓国は，申告納税制度の確立と税務士の代理業務の拡大を推進する目的で，1976年1月より，所得税に関する税務調整計算書制度の拡大が図られた。そして，1976年の付加価値税の導入，1979年の申告納税制度の法人税への導入を契機として，経済を近代化し国民の納税意識と自主申告を推進するために，法人の外部の者（税務士）による法人税申告書等を審査する制度（税務調整計算書制度）がつくられた。このような背景のもと韓国では，税務士は納税者の帳簿等を調査して作成した税務調査報告書に当たる「税務調整計算書」を添付する制度が存在している。すなわち，日本の税理士法33条の2の税務監査である。そして，税務士の税務調整計算書が添付された申告書に対しては，国税庁で信憑性を認めて優遇してきた経緯がある。なお，この制度は，課税官庁の持つ税務調査権を一部委任したものと解されている[63]。

韓国所得税法70条[64] 4項3号では，総合所得課税標準確定申告を提出するときは，事業所得金額を備え付け記録された帳簿と証明書類によって計算した場合，企業会計基準を準用して作成した貸借対照表・損益計算書とその付属書類，合計残額試算表及び大統領令で定めるところによって作成した「調整計算書」を提出しなければならないと規定している。また，韓国所得税法施行令131条[65] 1項は，「調整計算書」とは，収入金額及び必要経費の帰属時期，資産・負債の取得及び評価など所得金額を計算する場合，所得税法と企業会計の差を調整するために作成する書類と定義している。さらに，第2項で，企画財政部令で定める事業者で税務士が作成した調整計算書を提出した者は，誠実納税者とされ，調査が省略されている。また，直前課税期間の収入金額が業種別基準収入金額以上の事業者を「外部税務調整対象事業者」[66] として定め，これらの者は，「調整計算書」の提出を強制されている。

この調整計算書業務は，税務士同士が相互にチェック，すなわち，ピアチェックをするため，2人以上の税務士がチーム（調整班）を組み[67]，納税者の申告書について，税務署に提出する前に申告の事前チェックをすることになっている。また，判例では，税務士が本人（税務士）の税務士業に対して自分名義で作成した調整計算書を添付して申告した場合も有効である。つまり，広義の自己チェックが認められている[68]。

同様の規定が韓国法人税法にも置かれて，2009年には，新たに，「外部税務調整対象事業者」[69]が規定され，従前よりも事業者の範囲が拡張された。自主的に調整計算書を添付する法人は，その申告納税期限が15日間延長されることになっている。やはり，この調整計算書業務は2人以上の税務士がチーム（調整班）を組み[70]，納税者の申告書について申告事前チェックをする制度になっている。

第2項　誠実申告確認制度と税務検証制度導入の挫折

1．誠実申告確認制度概要

2011年5月に新設された韓国所得税法70条の2[71]は，収入金額が業種別で大統領令に定める一定規模以上の事業者[72]である「誠実申告確認対象事業者」が，総合所得課税標準確定申告をするとき，備置・記録された帳簿と証明書類によって計算した事業所得金額の適正性を税務士などにより確認して作成した「誠実申告確認書」を納税地管轄税務署長に提出しなければならないとしている。さらに，この誠実申告確認書を提出する場合は，総合所得課税標準確定申告をその課税期間の次の年度6月30日まで延長することができると規定している。すなわち，これは，収入金額が業種別で一定規模以上の個人事業者が総合所得税を申告するとき，帳簿記帳の内容が正確かどうかを確認した税務士等（税務士，公認会計士，税務法人，会計法人）が税務署に申告する制度で，個人事業者の誠実な申告を誘導するために採用された制度である[73]。誠実申告確認書とは，その内容が誠実申告確認対象事業者と誠実申告確認者の税務代理人が署名又は捺印して提出する表紙と具体的な誠実申告確認内容が記載された添付書類で構成されている。そして，誠実申告

確認者が作成する「誠実申告確認結果主要項目明細書」には，事業所の現況，主要事業の内訳，収入金額検討，必要経費に対する適格証明受取の有無などが含まれており，「誠実申告確認結果特異事項記述書」には誠実申告確認過程にあらわれた特異事項を総合的に叙述することになっている。この制度は，まさに，日本の税理士法33条の2と同様の制度と思われる。この制度におけるインセンティブは，誠実申告確認費用に対する所得控除と医療費・教育費所得控除を適用できることであり，他方，違反の際の罰則として，事業者に課する加算税賦課，事業者に対する税務調査や誠実申告確認者に対する制裁が用意されている。

2．税務検証制度導入の挫折

　韓国は，2010年の税制改編基本方向で，財政健全性の拡充を目的とし，高所得である専門職を対象に税務検証制度を導入しようとした。その税務検証制度は，医者，弁護士，学院，結婚式場，産後調理院などの現金領収証の義務発給対象事業者で，年間収入金額が5億ウォン以上の者を対象とし，所得税申告のときに，税務士など税務代理人に帳簿内容の正確性の可否を義務的に前もって検証させることを制度の骨子にする事前検証制度を予定していた。この検証を受けた事業者は，検証費用の60%の税額控除を受けることができ，誠実事業者の場合，教育費・医療費所得控除，無作為抽出方式の定期税務調査からの排除，申告期間の延長などのインセンティブが提供される。一方，検証を受けていない事業者には，算出税額の10%が加算税として賦課され，税務調査優先選定対象に含まれるようになっている。仮に，虚偽申告が発覚すれば，税務代理人に対しても懲戒措置が準備されていた。

　これに対して，関連専門家団体である利害関係者は，次のような論理で制度導入に反対する声を上げた。第一に，現行の法律で，専門職の課税標準を把握するため，すでに，事業用口座義務化，現金領収証発給義務化，適格領収証未発給過料賦課，加算税重課調整，高額脱税犯刑罰強化などの制度を取り入れて施行している。そうであるにもかかわらず，施行中にある幾多の制度の効果に対する検証もなしに，財源確保という目的で新しい制度を取り入

れることは，特定職業の財産権をあまりにも制限するようになり，憲法上過剰禁止の原則に違背するだけでなく，合理的な理由なしに特定納税者を差別することになるので，租税平等主義の原則にも背馳する。第二に，現行所得税法は，申告納税方式を採択している。そして，国税基本法は納税者が申告した内容に明白な脱漏がなければ，申告内容は真実であると推定している。それゆえ，申告前に第三者の検証を受けさせることは，申告納税方式に違背し納税者の誠実さ推定の原則を害している。第三に，税務検証制度は，国家の課税権と直結しているが，事前検証手続を通じて，税務調査責任を個人（国民）に転嫁するということは，国家機関の権限と責務を放棄しているということである。第四に，納税者からの費用を受けて，税務サービスを提供する会計士や税務士が税務検証の主体になることは矛盾であり，検証による追加的な費用も納税者に負担させることは不合理だということである。

一方，税務検証制度導入の妥当性に対して，専門家が分析した結果[74]によれば，財源確保という点での課税当局の調査の必要性があるが，次のような理由で，納税者の権益を侵害しているとしている。第一に，税務検証制度は，納税義務者が届ける前に第三者の検証を受けてから確定される制度なので，納税者に義務を付与する二重負担であり，国税基本法上の申告納税方式に違反している。第二に，税務代理人に納税者の申告内容に対する一次的な検証責任を負わせることで，税務調査という納税者の財産権に重大な影響を及ぼす国家事務を民間に委託する責任転嫁行為になる。第三に，業種の一部の事業者が平均以上の所得脱漏率があったとしても，業種全体を税務検証対象に選定することは，特定職業の財産権をあまりにも制限することになり，租税平等の原則にも背馳するといえる。第四に，税務検証手数料は納税者が負担しなければならない。税務検証制度は，納税者の選択ではなく，課税当局の必要性によって，課税当局の業務を事前に税務代理人が遂行するのであり，納税者に費用を負担させてはならない。したがって，課税当局が課税行政費用で負担すべきである。第五に，税務代理人は，納税者が税金納付をする全過程に一番直接的に深く関与しているが，納税者の過ちをチェックリストによって検証して課税当局に義務的な申告をせよということは，経済主体

の業務(報酬を得て納税者のために活動する税務士の業務)と対立した義務を賦課することになって，実効性がないと判断される，という分析結果を示している。

これらの反対を受けたことから，提案された制度は，実現することなく挫折したのである。もっとも，この時期の韓国税制改正の推移をみると，これと入れ替わる形で，すでに述べた誠実申告確認制度(やや射程を曖昧にした制度)が導入されたのではないだろうかと思われる。確かに，利害関係者や専門家の論説による主張も頷けるところがある。されども，税金は国家運営の会費的な金銭支出であるから，より大きな視野で，国，納税者，税理士が「三方一両損」するという考えも大切である。すなわち，国家は納税者と税理士を信用し，納税者は，重複する義務に耐え，経済的な負担をし，税理士は公共的使命として「公器」の役割を果たすという思想で適正な納税に向けて制度を設計しなければならないのである。

第4節　書面添付制度の活用による功能

ここまで考察してきた書面添付制度は，税理士の地位を向上させ，いま，まさに市場経済が要求しているものを実現し，専門家としての税理士を制度として下支えするものである。本節では，これらのことを具体的・実践的に論証することにする。

第1款　書面添付制度活用による税理士の地位向上

書面添付制度活用による功能として税理士の地位向上はどのように実現されるであろうか。納税者は，税理士との関係において，さらに信頼を深めたいと考えている。しかし，それを成就できない環境にあることは，先に述べたとおりである。これらの環境を改善すべく，税理士が納税者とのさらなる信頼関係を構築するためには，「申告」・「調査」・「権利救済」の段階で，専

門家である税理士が納税者の代理人として判断した事項が，たやすくひるがえることがないようにしなければならない。そこで，それを実現するための機能（申告書の信頼性を向上させる機能）を持つ税理士法33条の2第1項の「計算事項等を記載した書面」の添付制度が重要である。そして，この機能の一つは，申告納税制度のもとにおける「解釈適正化機能」である。これは，税理士が納税者と協同して解釈権を行使し，どのように租税法規や関連法規を解釈し，申告手続を行ったかを課税庁に対して示すものであり，当該申告への誘導の過程で解釈の不安定なところを抽出して不確実性を解消する機能である。さらに，その機能は，課税庁が税務調査の手続に入ろうとするとき，事前に税理士が意見陳述権を行使し得ることを担保し，当該権利を行使した結果，税務調査に移行しない場合は，納税者は税理士が判断した解釈に関して，事後に遡及して修正を受けることなく，不安から解消されるのである。他方，税務業務の範囲をこの書面に記載することにより，納税者と税理士の「二重責任の原則」に関する領域が明示されることで，それぞれの責任負担が明確になる機能がある。このことは，万が一，税理士が専門家として，依頼者に対する責任を負担しなければならないときは，その責任範囲を限定する根拠としても利用できる結果となる。また，税理士にとっても依頼者の本旨を履行しているという業務に関する過程の釈明を得る証左になる。最後に，仮に課税庁が書面添付された申告書に対する疑義が解消せず税務調査に移行し，その結果，課税庁からの更正があった場合は，この書面添付による意見陳述権が再び発動し，税理士が課税庁との争点を整理する「争点整理機能」により，納税者とともに納得がいく権利救済の場に臨むことができる機能がある。このようにして，税務書類の信頼性が向上することにより，納税者との信頼関係がより深まるのである。そして，そのことが，納税者との関係において税理士の地位向上につながっていくのである。

　他方，税理士が税務行政の場において公共的な役割を担うことで，国家との信頼関係を維持する必要がある。それには，税理士法33条の2第2項の「審査事項等を記載した書面」の添付による「税務監査機能」を発展させる必要がある。「税務監査機能」は，税理士をして，適正な納税義務の履行を

納税者に促させる機能である。すなわち，納税者や他の税理士が作成した申告書について，税務の専門家の立場から，どのように調整されたかを審査し，その申告書が適法に作成されている旨を明らかにするものである。この税理士の「ピアレビュー」は，適正な納税義務を担保する効果がある。すでに「ピアチェック」は，欧米において昔から一般的に行われており，日本でも1998年に建築界からこの仕組みの導入が提案され，確認検査の民間開放が決まったときにも，この仕組みの導入が要望された実績を持つ。行政分野の効率化に専門家が公共的使命のもとで参加するのは，いまや当然のことであり，十分に税理士はその資質を有しているといえる。仮に，課税庁が税理士の資質に疑問を持っているのならば，これらの制度設計をいかにするかということで解決することも多いと思われる。とりわけ，「税務監査」制度の円滑な運用に向けて，税務計算書類の監査の範囲や監査の効果及び責任，監査の基準等の法令を整備する必要がある。

以上において述べてきたように，これらの機能が有効に稼働したときに国家からの税理士に対する信頼が醸成されるのである。そして，税理士の地位向上が図られるのである。

実践的な法解釈では，税理士法33条の2第2項「審査事項等を記載した書面添付」の適用は，以下のようになる。たとえば，A税理士が申告書を作成し，C社の税務代理をしているとき，C社の税務申告書を利害関係のないB税理士が審査する。B税理士は，税務関連書類を税務官公署のように審査する。そして，B税理士の審査責任は，C社の税務申告書のみにある。さらに，A税理士は，B税理士の審査が必要であることを理由に，納税者であるC社の逸脱等の要求を排除することができる。B税理士は，この審査料をC社に係る審査料に関する租税法上の税額控除（税務監査税額控除規定の創設）の範囲内で取得する。このように，税理士が自らの税理士業務を開示することは，専門家にとって職務上の責任が極めて重い。しかし，それが納税者との信頼関係をより強固なものにするだけでなく，提出する税務書類に対する信頼性が確保されるのであれば，納税者に対する課税庁の信頼も向上することになる。税理士の責任ある業務内容開示を制度化したものがま

さに書面添付制度である。

第2款　税務監査制度の市場経済での要求

　税理士法33条の2第1項である「計算事項等を記載した書面」及び第2項の「審査事項等を記載した書面」の添付制度は、「税務監査証明」として機能する。すなわち、これは、税理士が依頼者との関係において、税務申告書類が信憑性を保ち、確定決算主義から求められる会計業務に関する保証を担保する税務監査証明の効力を有するのである。具体的には、税理士法33条の2第1項及び第2項とそれに付加される適正意見に係る証明書は、納税者の財務諸表に関する適正性の保証を利害関係者に行うものである。そして、税理士は、財務諸表の信頼性を要求する社会的な要請が高まるなか、その信頼性を証明する専門家としての役割を果たさなければならない。その意味で、書面添付制度は、信頼性の証明に対する市場経済の要求を具現化する機能を持つ。もっとも、現実の経済社会においては、すでに、税理士がこの要求に対応しようとして具体的活動が行われている事実がある。たとえば、金融機関からの「中小企業会計指針のチェックリスト」の添付による金利の優遇、また、税理士法33条の2の書面添付を適用した申告書類に対する融資条件の優遇などがその実例である。ドイツには、先に述べたようなドイツ税理士が顧客企業の帳簿や財産目録について包括的な監査等を実施した上で決算書を作成し、証明書を発行する制度がある。この税理士自らが決算書の内容を保証する制度、すなわち、「ベシャイニグング」は、日本において現実として、税理士が与信を提供している事実がありながら、確固たる制度としては存在していない。それゆえ、この書面添付制度の機能に期待が寄せられるところである。このように、今後はさらに金融機関による顧客企業に対する信用供与に際して、税理士の果たすべき役割や責務は大きくなっていくといえる。そのため、税務監査書類の監査の基準、税務計算書類の監査の実施準則、税務計算書類の監査証明に関する規律、その他税務書類の監査証明の施行についての諸規定を整備する必要があるといえる。また、証明書の信頼性につ

いて，グラデーションをつけることを制度化することも重要であると思われる。その意味で，ドイツの「ベシャイニグング」に関する四つの区分は，それに携わる税理士等の義務と責任を示すという点で制度設計の参考になるであろう。

　しかし，これらの制度の活用は，税務行政の効率化に寄与するが，納税者にとって，必ずしも受け入れられるものとは限らない。なぜなら，企業経営者は，そこまで，自身の財務諸表と税務申告書にコストを投入する意識を持ち合わせていないからである。それには，動機づけするためのインセンティブが必要であり，書面を添付する税理士もビジネスとして成り立つ必要がある。この両者がバランスよく噛み合いながら存在する制度でなければ維持継続は難しいと思われる。そこで，韓国税法にみられるように，この制度におけるインセンティブとして，誠実申告確認費用に対する所得控除と制度適用者のみが医療費・教育費所得控除を受けることができるという税制上の優遇も必要である。それには，一つの案として，「適正意見税額控除」を創設することにより，税務監査に係る適正意見の報酬を捻出するということも考えられる。また，市場経済活動がこの制度構築の後押しをすることも必要である。たとえば，公共事業受注のための建築業等での経営審査事項などに，この信頼性を証明する書面の添付を要求するなどの国家的な政策もこの制度構築を支援するために用意される必要がある[75]。そして，これらは，徴税確保や税務行政の効率化が図られるとともに，税理士制度の新たなビジネスモデルとして，税理士の経済的自立の一助になるのである。

　書面添付制度の実践的活用は，①税理士法33条の2第1項「計算事項等を記載した書面添付」の適用，すなわち，A税理士がＣ社と税務委任契約をして，Ｃ社の財務諸表と税務申告書をＡ税理士が作成する。そして，Ａ税理士が書面を添付し，さらに，Ａ税理士が書面添付に係る「適正意見」を表明し，その信憑性を証明する方法。また，②税理士法33条の2第2項「審査事項等を記載した書面添付」の適用，すなわち，Ｂ税理士がＣ社と税務委任契約をして，Ｃ社の作成した財務諸表と税務申告書を，Ｂ税理士が審査した書面を添付し，審査結果を記載して法令遵守を証明する方法。さらに，

③上記①と②を併用する方法，すなわち，C社の財務諸表と税務申告書につき，A税理士が「計算事項等を記載した書面」を添付し，B税理士が「審査事項等を記載した書面」を添付する方法が考えられる。そして，これらは，市場経済の要請により選択されることになる。さらに，これらの法令遵守の向上というシステムは，法令による罰則のみではなく，市場経済が制裁を課すような制度醸成が必要である。たとえば，市場経済が当該企業の財務書類の信頼性を証明する税理士に対する評価付け，すなわち，A，B，Cランク付けを行う[76]ことを要求してもよい。この点についていえば，ドイツにおいて金融機関が企業に融資を実行する際，どこの経済監査法人が監査したかによって，融資条件が異なるということが出現している。このことからも法令の罰則のみならず市場経済の制裁が働いていることが制度を醸成させるという点で参考になるであろう。

上述してきた制度の活用により，税理士は，その資質・能力が問われ，差別化が進むようになり，脱税請負人のような税理士が炙り出される結果となるのである。そして，税理士の専門家制度のなかの自浄機能によって専門家としての税理士が確立されるのである。

第3款　会計参与と結合した会計税務監査制度

前述のとおり，専門家制度における専門家の独立性の確保は，その専門家が「自己完結権」を持っていることが重要である。しかし，現状の税理士制度においては，税理士法33条の2の書面添付制度が「自己完結権」の取得の可能性はあるものの，まだ，その運用面について課題が残るといえる。

わが国において，現在，存在する法制度のなかで，税理士が会計及び税務の専門家として，納税者の財務諸表と税務申告書の適正性を厳格に担保する方法がある。それは，税理士が会計参与[77]に就任し，税理士法33条の2の書面添付制度を活用する場合である。

会社法において，会計参与制度は会計に関する専門的識見を有する税理士等を活用し，会計指針等や会社法を遵守する役割を職務として負わせること

で，特に中小企業の計算関係書類の正確さを高めることを期待して新たに創設された会社機関である。それゆえ，会社の内部に存在する会計専門家である。そして，税理士が税理士法 33 条の 2 の書面を添付することは，税理士法上の権利として税務申告書の適正性を確保する制度である。その結果，この二つの制度が結合したときに財務諸表と税務申告書の信頼性は，極めて高いものとなる。そもそも，会計参与制度は，税理士及び公認会計士という会計に関する専門的識見を有する一定の資格者が就任することを前提とし，株式会社の内部的な機関でありつつも，内部の他の機関からの独立性を有し，計算関係書類(会社法施行規則 2 条 3 項 11 号に規定するものをいう)を取締役と共同作成し，それに係る株主総会における説明，計算関係書類及び自ら作成した会計参与報告の備置き，株主・債権者への開示等の対応を通じて，計算関係書類の記載の正確さに対する信頼を高め，株主・債権者の保護及び利便に資することを目的とする制度である。それゆえ，会計専門家としての役割は大きい[78]。

　他方で，先に述べたように，専門家制度の存在要件として，最も重要なことは，主体性・独立性の確立である。職業専門家は，その業務上の判断や措置について，顧客や雇主ないし上司から指揮，監督，命令を受けてはならないし，これに盲従することは許されない。職務遂行にあたっては本人の幅広い裁量権が尊重されるべきである。このような専門家の主体性・独立性の確立において，会計参与は，会社に機関として内在することから，これらの主体性・独立性が維持できないのではないかという疑問がある。これにつき，会計参与制度は，会計に関する専門的識見を有する者として，税理士が有する会計の専門性と独立性を重んじて提案された制度である。したがって，会計参与が会社の内部機関として位置づけられたとしても，職務の遂行にあたっては，専門家としての識見を発揮することが期待されているのであり，税理士法 1 条の使命である「独立した公正な立場」が損なわれることはないという見解がある[79]。その理由として，①会計参与は，取締役と共同して計算関係書類を作成する(会社法 374 条 1 項)だけでなく，会計参与としての職務を行うために必要な権限を有しており，それに対する重い法的責任を負っ

ている，②会計参与は，当該計算関係書類及び会計参与報告を，会社とは別に，一定期間備え置き(会社法378条1項)，株主・債権者に開示すること(会社法378条2項)を職務としているため，会計参与の職務を行う税理士には，独立性を堅持する心構えが必要である，③会計参与の報告義務(会社法375条1項)，取締役会への出席(会社法376条1項)，株主総会における意見の陳述(会社法377条1項)の規定も，税理士等の資格の独立性を重視した規定と考えられることをあげている[80]。この見解によれば，会計参与の就任により，専門家としての税理士の主体性・独立性は堅持されると思われる。そして，現在，多くの中小会社における監査役制度は形骸化しているといわれており，金融機関をはじめとして多くの債権者から計算関係書類に対する信頼性がより強く求められている。このような状況のもとで，今後，会計参与を設置した株式会社においては，その計算関係書類に対する信頼性がより一層高まり，会計参与制度創設により税理士の会計に関する専門性が一層期待されるようになると考えられる。

しかしながら，会計参与の就任に関して税理士が積極的でないことが懸念されている[81]。他方，確かに，会計参与制度は，普及されるべき制度であるが会社法上の制度である。したがって，税理士制度とは異なる制度として位置づけられるものである。そもそも，税理士の「自己完結権」は税理士法上の権利で実現されるべきであると考えられ，さらに，それは，税理士制度として国家及び税理士会で育成し，保護すべきものである。そして，その結果が税理士制度の発展に寄与するのである。

それでは，具体的な運用はどのようになるのであろうか。たとえば，税理士法33条の2第2項「審査事項等を記載した書面添付」の適用と会計参与の就任が考えられる。A税理士法人がC社の会計参与に就任して，取締役と共同して，財務諸表を作成し，会計報告書を提出する。D税理士(A税理士法人の所属税理士)がC社と税務代理契約をして，A税理士法人の作成したC社の税務申告書を審査して，審査した書面を添付し，審査結果に係る適正意見を記載する。これは，非常に高い法令遵守を維持できる書面添付制度の活用である。一方で，現行の制度のなかで，税理士及び税理士たる会計

参与に厳しい責任[82]が求められていることも考慮しなければならない。また，税理士の新たなビジネスモデルとしては，会計参与報酬の確保やD税理士の審査報酬の提供が期待される。

第5節　ま　と　め

　すでに述べたように，税理士法33条の2の書面添付制度は，近時の税理士法の改正によって，信頼される専門家としての役割を果たす税理士を下支えする可能性があることを示してきた。この制度が専門家としての税理士の地位向上や税理士が市場経済のなかでの要求される役割を担うために複数の機能を保持していることを論証した。また，税理士の「自己完結権」の萌芽としての会計参与と結合した会計税務監査制度が高い信頼性を有することで「自己完結権」の取得も実現可能であるということも示した。そして，これらの書面添付制度の最も重要な機能は，税理士と納税者と課税庁を「信頼」という言葉で結びつけるというものである。
　さらに，これらの制度をすでに運用しているドイツ税理士制度や韓国税務士制度を概観することや実践的な適用事例によって，日本法において，具体的な適用方法についても言及してきた。これらのことから，この制度は，税理士制度の根幹を担う制度として，今後，発展するものと思われる。しかし，税理士法33条の2の書面添付制度は，まだ，解決すべき問題がある。たとえば，税理士が意見聴取制度を濫用してはならないし，税務官公署はこの制度を税理士の取締りのために利用してはならない。また，この制度が発展することは，税理士の専門家としての力量が問われることになる。そのためにも，国税庁は，この制度に係る効果に関する数値を公表すべきである。そして，その結果として，「悪貨が良貨を駆逐する」ことにならないための制度設計が必要になる。それゆえ，税理士及び税務官公署は協議をしながら誠実に対応し，ともにこの制度の育成に努めなければならないのである。

1) 税理士法33条の2(計算事項，審査事項等を記載した書面の添付)
　1　税理士又は税理士法人は，国税通則法第16条第1項第1号に掲げる申告納税方式又は地方税法第1条第1項第8号若しくは第11号に掲げる申告納付若しくは申告納入の方法による租税の課税標準等を記載した申告書を作成したときは，当該申告書の作成に関し，計算し，整理し，又は相談に応じた事項を財務省令で定めるところにより記載した書面を当該申告書に添付することができる。
　2　税理士又は税理士法人は，前項に規定する租税の課税標準等を記載した申告書で他人の作成したものにつき相談を受けてこれを審査した場合において，当該申告書が当該租税に関する法令の規定に従って作成されていると認めたときは，その審査した事項及び当該申告書が当該法令の規定に従って作成されている旨を財務省令で定めるところにより記載した書面を当該申告書に添付することができる。
　3　税理士又は税理士法人は，前2項の書面を作成したときは，当該書面の作成に係る税理士は，当該書面に税理士である旨その他財務省令で定める事項を付記して署名捺印しなければならない。
2) 昭和28年8月26日に日本税理士会連合会会長名で関係官庁に提出された税理士法改正要望書において以下のような「税務監査」に関する部分がある。
　「次の事項を税理士業務に追加せられること。税理士は，他人の求めに応じ，税務計算書類の監査又は証明を業とすることができる。
　（理由）税理士法第33条によれば，税理士が税務代理及び税務書類の作成をした場合に署名押印をして，その責任を明らかにすることになっているが，更に税理士が職業的専門家として税務計算書類(添付書類を含む)を監査し，公正不偏の立場においてその当否を批判し，監査の概要と監査の意見を以てその結果を監査報告書に明瞭ならしめれば，これによって税務官庁の調査を簡易に為し，事務の能率を向上せしめ，以て徴税費を軽減し納税義務を適正に実現することができる」。
　さらに，識者による審議会又は調査会の設置を提言し，次の各事項を慎重審議する必要があるとした。①税務計算書類の監査の意義，②税務計算書類の監査と公認会計士法の財務書類監査との区別，③税務計算書類の監査の範囲，④税務計算書類の監査の効果及び責任，⑤税務監査書類の監査の基準，⑥税務計算書類の監査の実施準則，⑦税務計算書類の監査証明に関する規律：i 特別利害関係にある証明の禁止規定，ii 税務計算書類監査報告書の規定，iii その他必要事項，⑧その他税務書類の監査証明の施行についての必要な諸規定。
3) 日本税理士会連合会編『税理士制度沿革史(増補改訂版)』ぎょうせい，1987年，115～120頁。
　「会計書類については公認会計士の監査が，いわば最終の監査であり，これによって投資家等の利益が保護されるのであって監査証明の制度は意義がある。しかし税務書類については，税務官公署が最終的監査を行うのであり，この意味で税務書類については制度上第三者たる独立職業会計人の監査証明を必ずしも必要とされない。ただ，税務書類の作成に独立会計人が関与し，その責任を明らかにすることは税務官公署との間において納税義務の円滑化をはかる上において効果的である。したがって，税務

書類の作成について責任を持つ独立職業人を育成することは税務行政上意義があると思われる。ただこの点について疑点があるのは、これを第三者的な監査証明の制度として考えるか、納税者の補助的なものとして考えるかである。これについてはすでに述べたように、税務書類の監査は最終的には税務官庁が行うものであり、その前段階において納税者から独立した第三者としての独立職業者による監査はその必要がない。したがって、これは単に税務官庁と納税者との間において双方に協力するものとしての第三者の立場を明らかにする意味においてその関与の内容を明らかならしめることにより、その協力的機能を認めるための制度として検討することがよいのではないか、このように考えるならば、税理士にいわゆる監査証明の途を開くとしても、その内容は公認会計士の監査証明とは異なるものであり、単に税務書類の作成にどの程度関与したかの事実及び関与した範囲において税務書類の内容が正しいと思う旨の意見を税務官庁に表明する制度を開けばよいであろう。同時に税理士が関与した範囲において、税理士の責任を明らかにするための懲戒責任を明定することが必要である。又国税庁試案のように、税理士が関与し、意見を表明した案件について更正決定を行うときは税理士の意見を求め、その関与した事項に誤りがあるときは税理士の責任を追及するものとすればよいであろう」(千葉寛樹＝藤田時人『税理士法改正による書面添付制度の活用と記載例』新日本法規出版、2002 年、5〜6 頁)。

4)「これに関連して、申告書、帳簿及び記録を税法に従った正しいものとし認証する資格のある「税務公証士」のような新しい職種の納税者の代理者を設けることは、望ましくないように思われる。このことは、弁護士や税務代理士のように会計専門でない者が、右のような地位につく資格を認められる場合においては、特にそうである。帳簿や記録の検査は、会計士の仕事であり、会計専門家に限定されるべきものである。のみならず、申告書を法律的に正しいものとして認証することは、納税者の代理者本来の職務ではない。代理者の任務は、納税者が正しい申告書を提出することができるように、最善の努力を払って納税者を助けることである。申告書の正確さを確かめることは、税務行政の問題であって、私的団体に委任することができない」(財団法人神戸都市問題研究所地方行財政制度資料刊行会編「シャウプ使節団第二次日本税制報告書」『戦後地方行財政資料別巻 1　シャウプ使節団日本税制報告書』勁草書房、1983 年、74 頁)。

5) ①国税庁側の問題：全国国税労働組合からの国税に従事する職員の退職後の税理士登録問題、②計理士会側の問題：計理士の計理士法廃止に伴う税理士登録問題、③税理士会側の問題：国税庁問題や計理士会問題は、税理士会においても警戒すべき問題となる。

6) 森井義之「「税理士法 33 条の 2」が立法化された背景についての一考察」TKC 会報 1995 年 7 月号 49 頁。

7) 改正要綱は、次のとおりであった。
　(1) 税理士は、所得税又は法人税等の申告書を作成した場合には、これらの申告書の作成に関し、計算し、整理し、又は相談に応じた事項を記載した書面を添付することができるものとする。

314　第4章　税理士法33条の2（書面添付制度）の役割

　　(2) 税務官庁は，(1)の書面の添付してある申告書に係る課税標準又は税額について，当該税理士が計算し，整理し，又は相談に応じたものとして記載してある事項に誤りがあると認めて更正決定するときは，あらかじめ当該税理士に意見を述べる機会を与えなければならないものとする。
　　(3)〔以下略〕
 8) 昭和31年3月27日参議院大蔵委員会会議録より。答弁者は，大蔵政務次官である山手満男政府委員。
 9)「他人が作成した申告書に対する書面の添付制度の創設
　　税理士は，他人の作成した申告書につき相談を受けて審査した場合において，当該申告書が租税に関する法令に従って作成されていると認めたときは，審査した事項を記載した書面をその申告書に添付することができることとし，税務署長等は，その申告書に係る租税について更正する場合に，その基因となる事実について税理士が審査したと認められるときは，原則として，あらかじめ，税理士に対し意見を述べる機会を与えることとする制度を設ける」（税務経理協会編『素顔の税理士法』1980年，123頁）。
10) 日本税理士会連合会編『税理士法逐条解説(6訂版)』2010年，29頁。
11)「公認会計士のように，帳簿を検査するだけの能力のある代理者は，その仕事の一部としてこのような検査をしてきたかもしれないが，納税者の代理とは，納税者の帳簿や記録を検査することを，必ずしも意味していない」との記載からも，税理士，計理士，会計士と複数の会計専門家の存在から専門領域が不明確であったことが窺える（財団法人神戸都市問題研究所地方行財政制度資料刊行会編・前掲注4) 74頁)。
12) 昭和42年度の税制改正で，法人税法22条4項は，「一般に公正妥当と認められる会計処理の基準」により計算される旨の基本規定が設けられた。
13) 昭和55年4月1日参議院大蔵委員会で高橋元政府委員は「いま，税務職員が行うべき申告書の審査を税理士に下請させようとするものではないかというお話がございましたけれども，そうではございませんで，御自分で申告書を書いた納税者が，税法，法律上適法なものかどうかということで，事前に税理士さんに意見を求めるわけでございますから，しかもそれについて税法上適法に作成されておるという御意見をつけていただくわけでございますから，納税者の方々の援助に資する制度であるというのが，この条文を新しく御審議願っておる趣旨でございます」と説明している。
14) 昭和54年12月7日衆議院大蔵委員会の福田幸弘政府委員（大蔵大臣官房審議官）発言。
15) 平成13年4月5日参議院財政金融委員会での大武健一郎国税庁次長による，「現在，いわゆるきちっとした統計がとれておりませんので明確な数字はわからないのでございますが，過去のデータによりますと，残念ながら現在でも計算事項等を記載した書面添付はごく少数にとどまっているんじゃないか。例えば平成4年度の数値で申しますと，全体で0.6％程度しかまだ普及していない，こういう事態でございます」という答弁がある。
16)「「税理士法改正に関する意見（タタキ台）」の審議状況について（報告）」（日本税理士

会連合会制度部)平成8年12月20日(抄)
　計算事項，審査事項等を記載した書面の添付(第33条の2)
　この規定制定の主旨を活かすために，税務官公署は当該申告書に関し調査をする場合は，これを尊重する趣旨から，あらかじめ調査着手前に事前に当該税理士に対し意見を述べるよう求め，かつ，これを尊重することとし，解明されないときにのみ調査に移行することとすべきである。
　(改正案) 第33条の2第4項
　税務署長(当該調査が国税庁又は国税局の当該職員においてされるものであるときは，国税庁長官又は国税局長)又は地方公共団体の長は，第1項又は第2項により記載した書面が添付された申告書を提出した者につき，当該申告書に係わる租税に関し調査する場合には，あらかじめ当該税理士に意見を述べるよう求め，かつこれを尊重しなければならない。
　(タタキ台に対する会員等の意見)
　タタキ台に賛成と反対がおよそ同じくらいである。
(1) 是とする理由
①タタキ台における趣旨と同じ理由によって賛成するものが多い。
②税務官公署に書類の信頼度を与えるためにも必要。
③よく当局と納税者，税理士の三者の信頼関係が言われており，そのためには法的手続きの整備が重要な担保となる。
④法33条の2の書面添付をした税理士に対しては当該申告書に対し税務当局がそれなりに配慮をすることは，税理士制度の本旨に適うものと言える。
⑤本条は現行法にもある制度であり，税理士に強制する制度ではない。
(2) 否とする理由
①書面添付によって調査省略を目指すもののようであるが，調査権は税務官公署の固有の権限であり，調査省略の保証はない。すなわち，この制度により調査省略を目指すことは無理である。
②この書面に故意又は過失により虚偽の記載をしたときは，懲戒処分の対象(第46条)となることから，この制度は効果の小さい割に税理士の責任が大きい。
③書面添付の有無により，税理士が自己の依頼者を選別する結果となり，納税者との信頼関係を損なう恐れがある。
④この書面添付制度は一種の税務監査制度に類するものと考えられるが，現行税理士制度は納税者の代理人制度として構成されており，税務監査は基本的には我が国の税理士制度にはなじまない制度と考えられている。
⑤書面に記載した事項に係る損害賠償責任につき検討する必要がある。
⑥第30条の規定による書面を提出している当該税理士が適法な代理権を有することを税務官公署に通知している場合，第33条の2の書面添付により「意見聴取」の差別をするべきでない。
⑦税理士法第35条(意見の聴取)を「タタキ台」のように改正すれば書面添付制度の存在価値は消滅する。

＊条件付き賛成の中に第45条及び第46条も改正(もしくは削除)することを望む意見がある。
　(日税研・検討報告書)
　「タタキ台」が現行の第33条の2第1項の計算事項等および第2項の審査した事項等について，「税務官公署もこれを尊重することにより，税務行政の簡素化と円滑化を図ることを目的としたものである。」と評価し，改正案を提案することによって，その趣旨を，より充実したものとしようというのであれば，改正案の第33条の2第4項中の「あらかじめ当該税理士の意見を述べる機会を与えなければならない。」との文言は，「税務官公署の当該職員」が，ただ，「意見を述べる機会を与えなければならない」という消極的なものとして措置するのではなく，積極的に意見を求め，これを尊重する趣旨を明らかにすることができるように，「あらかじめ当該税理士に意見を述べるように求めなければならない。」とか，「あらかじめ当該税理士に意見を述べるよう求め，かつ，これを尊重しなければならない。」としたらどうか。また，第35条4項も同じ趣旨。
　(宮川雅夫著・日本税理士会連合会編『新書面添付制度の理論と実務』税務経理協会，2002年，15〜17頁)
17)　税理士法の一部を改正する法律案要綱(平成13年3月9日閣議決定)
　最近の税理士制度を取り巻く状況の変化を踏まえ，納税者利便の向上に資する信頼される税理士制度を確立するため，次により税理士法の一部を改正することとする。
〔中略〕
　4　計算事項，審査事項等を記載した書面添付に係る意見聴取制度の拡充
　　税務官公署の職員は，計算事項，審査事項等を記載した書面(以下「添付書面」という。)の添付のある申告書を提出した者について，当該申告書に係る租税に関しあらかじめその者に日時場所を通知してその帳簿書類を調査する場合において，当該租税に関し税務代理の権限を有することを証する書面を提出している税理士があるときは，当該通知をする前に，当該税理士に対し，当該添付書面の記載事項に関し意見を述べる機会を与えなければならないこととする。(第35条関係)〔以下略〕
18)　税理士法第35条(意見の聴取)
　　税務官公署の当該職員は，第33条の2第1項又は第2項に規定する書面(以下この項及び次項において「添付書面」という。)が添付されている申告書を提出した者について，当該申告書に係る租税に関しあらかじめその者に日時場所を通知してその帳簿書類を調査する場合において，当該租税に関し第30条の規定による書面を提出している税理士があるときは，当該通知をする前に，当該税理士に対し，当該添付書面に記載された事項に関し意見を述べる機会を与えなければならない。
　2　添付書面が添付されている申告書について国税通則法又は地方税法の規定による更正をすべき場合において，当該添付書面に記載されたところにより当該更正の基因となる事実につき税理士が計算し，整理し，若しくは相談に応じ，又は審査していると認められるときは，税務署長(当該更正が国税庁又は国税局の当該職員の調査に基づいてされるものである場合においては，国税庁長官又は国税局長)又は地方公共団

体の長は，当該税理士に対し，当該事実に関し意見を述べる機会を与えなければならない。ただし，申告書及びこれに添付された書類の調査により課税標準等の計算について法令の規定に従っていないことが明らかであること又はその計算に誤りがあることにより更正を行う場合には，この限りでない。

3　国税不服審判所の担当審判官又は地方公共団体の長は，租税についての不服申立てに係る事案について調査する場合において，当該不服申立てに関し第30条の規定による書面を提出している税理士があるときは，当該税理士に対し当該事案に関し意見を述べる機会を与えなければならない。

4　前3項の規定による措置の有無は，これらの規定に規定する調査に係る処分，更正又は不服申立てについての決定若しくは裁決の効力に影響を及ぼすものと解してはならない。

19)　平成13年4月5日参議院財政金融委員会会議録8号
〔質問者〕大門実紀史参議院議員〔日本共産党〕
尾原榮夫政府参考人〔財務省主税局長〕「独立した立場についてのお尋ねがございました。第1条に書いてございますが，この「独立した公正な立場」といいますのは，委嘱者たる納税者の援助に当たりまして，納税義務者あるいは税務当局のいずれにも偏らない独立した公正な立場で，税務に関する専門家としての良識に基づいて行動しなければならないということが明らかにされているものと考えております。これは，税理士制度が法令で定められました納税義務の適正な実現に資するということをその使命として定めまして，それで職業上の特権が与えられているわけでございまして，税理士の地位といいますのは，単に私的な代理人ということではなく，より高度な公共的なものとして位置づけていることのあらわれということかと思います」
大門実紀史委員「例えば，具体的に聞きますけれども，調査の通知前に税理士さんの意見を聞く，税務署が税理士さんに連絡をして，おたくが出した書面について意見を聞く，疑問があったりなかったりいろいろでしょうけれども，疑問がある点について聞いて，解決する場合としない場合がありますよね，実際に調査に入らないとわからないと。例えば疑問が解決しない場合，疑義が生じたといいますか，その場合はその後どうなるんですか」
大武健一郎政府参考人〔国税庁次長〕「基本的には，その税理士さん自体がその疑義の解決のために一義的には法人と接触していただくことになるんだろうと存じますが，それでも解決しないときは，それはやはり調査せざるを得ないということにはなると思います」
大門実紀史委員「そうしますと，事前に税理士さんに聞いて疑義が解決した場合，疑問点がなくなった場合，どうなりますか」
大武健一郎政府参考人「お答えさせていただきます。その場合は，それで調査は終わりということでございます」
大門実紀史委員「調査省略になるということですか，その時点で。そうすると，私，これは随分重大な問題を含んでいるんではないかというような気がするんです。書面添付制度そのものに我が党は20年前のときに反対をしているわけなんですが，その

ときのことをまた言わなきゃいけないといいますか，一つは，税理士さんが，これは論理的に言って税務署がやるべき調査のかわりに事前に監査みたいなことをやって書面をつける，それを税務署としては確認さえすれば，疑義が生じなければ調査に入らないということになりますと，これは一つは，本来税務署がやるべきことを税理士さんを使ってといいますか，補助機関といいますか下請機関といいますか，やらせることになりはしませんか」

　大武健一郎政府参考人「やはり税理士さんの仕事というのは，独立した公正な立場で納税者の納税の義務を，事務を援助することでございますから，その一環としておやりになったことを税務署として認められればそれで終わるというのは当然だろうと存じますが」

　平成13年5月23日衆議院財務金融委員会会議録11号
　〔質問者〕日野市朗衆議院議員〔民主党〕

　尾原榮夫政府参考人〔財務省主税局長〕「今回，計算事項等を記載した書面を添付した場合の税理士の意見聴取制度を拡充してございます。その趣旨でございますが，税務の専門家である税理士の立場をより尊重する，ひいては税務執行の一層の円滑化，簡素化にも資することになるという観点から，現行制度を拡充するものでございます」

　日野市朗委員「そうすると，税理士さんが書類を添付すればそれは一応間違いない，申告のいろいろな資料や何か，これは間違いないという推定を働かそうということになりますか。それとも，一応は税理士さんが書類を添付すればそれは信用する，しかし，何か問題があったらちゃんとその税理士さんに問いただすんですよ，問いただして，なおおかしいと思ったら調査に入るんですよ，こういうことになるんでしょうか」

　大武健一郎政府参考人〔国税庁次長〕「お答えさせていただきます。全くそのとおりでございます」

　日野市朗委員「これをつければあとは一切調査や何かをしないという効果を持つものではないというふうに伺ってよろしいでしょうか」

　大武健一郎政府参考人「お答えさせていただきます。この書類自体は，あくまでも税務に関する専門家としての立場を尊重して付与された税理士の権利の一つというふうに我々はとらえておりまして，意見を聞いたことによって直ちに帳簿書類の調査を行わないということでは当然ございません。したがって，税理士からの意見聴取において疑義が解決しない場合は，当然に帳簿書類の調査を行うということになるということでございます」

20) 事実，筆者は，その形式的な運用を裏付けるように，意見聴取終了後，即座に税務調査のための臨場日程の調整を要求された経験を持つ。この時期，おそらく，課税庁の内部においても，制度の運用に混乱があったと思われる。筆者が経験したその他の事実として，書面を添付した所得税の確定申告書につき，意見聴取を行わないで現場に臨場した税務調査官に税理士が税理士法33条の2第1項の添付がある旨を指摘した結果，調査の中断がなされたこともある。

注　319

21) 石井肇＝大久保昇一(国税庁の担当官)『実務家のための書面添付制度活用のポイント』大蔵財務協会，2010年，11頁。
　「税理士法における書面添付制度は，いわば税理士法第1条の税理士の公共的使命を具現化したものといえます。平成13年の税理士法改正において，これを，より明確な制度とし，税理士の皆様方の社会的立場を高めるとともに，税務執行の一層の円滑化・簡素化を図るため，意見聴取制度の拡充を行ったものです。このいわゆる新書面添付制度の趣旨が十分活かされるよう，国税当局としても，申告書に添付された書面を尊重し，申告書の審理や調査の要否の判断などにおいて，書面や意見聴取の機会を積極的に活用するなど，適正な運用に努めているところです。今後，本制度を実効性のある形で育成していくためには，国税当局はもとより，税理士の皆様方におかれても，制度の趣旨及び考え方を十分に理解し，制度を推進していくとの認識に立ち，書面の記載内容を充実させるとともに，積極的に意見陳述を行っていただくことが重要であると考えています。／このためには，国税当局と税理士会の双方による真摯な協議が必要であり，今後とも各国税局と各税理士会との間で書面の記載内容の充実策等について，実務者レベルを中心に積極的に協議を行うなど，両者が協力して制度を育てていきたいと考えています。ちなみに，全国で平成15年7月から16年6月までの間に提出された法人税申告書への書面の添付件数を申し上げると約10万4千件，税理士関与のある申告件数が約236万7千件であることから，書面の添付割合は約4.4％となっております。その一方で，関与先納税者の売上高推移などのデータは添付されているものの，申告書の作成に当たって計算し，整理した事項等について具体的な記載がないものなど，記載内容が不十分なものも見受けられます。今後とも，記載内容の充実について十分配意していただきたいと思います。常日頃から職員にも話していることですが，善良な納税者には，親切に対応する一方，悪質な納税者に対しては厳正な態度で臨んでいく必要があります。これを書面添付との関係で申しますと，税理士法第1条の精神に則って添付された法第33条の2の書面添付については，税務行政側としては，これを尊重し，一方で，今のところ，そのような例はないようですが，添付する書面に虚偽の記載をした場合は，懲戒処分等により厳しく対処していくことになります。信頼される税理士制度，さらには，信頼される税務行政を育てていくため，税理士の皆様におかれましては，今後とも引き続き，本制度の育成にご協力をお願いいたします」(「国税庁長官大武健一郎氏に聞く，書面添付制度は税理士法第1条の具現化である——税理士と協力して書面添付制度を育てたい」TKC 2005年1月号20〜25頁)
22) 石井＝大久保・前掲注21) 8頁。平成19年事務年度(平成19年7月から平成20年6月まで)書面添付割合5.7％，そのうち意見聴取が行われた割合3.4％，平成20年事務年度(平成20年7月から平成21年6月まで)書面添付割合6.0％，そのうち意見聴取が行われた割合3.3％と順調に増加している。また，平成22年事務年度の「国税庁が達成すべき目標に対する実績の評価書」140頁によれば，平成21年事務年度は6.5％，平成22年事務年度は7.0％と増加している。
23) 「新たな局面を迎えた書面添付制度と今後の展望」TKCタックスフォーラム2010

特別号19頁において，国税庁課税部課税総括課課長補佐漢昭弘氏は，「調査省略通知」に係る平成21年7月から同年12月までの上半期の法人税に関する件数をみると，意見聴取を行った結果，調査に移行しなかったケースは約1500件，そのうち書面によって通知したのは約1200件で，約8割が書面による通知を行っていると述べている。

24) 地方自治法252条の28は，第1号において，「普通地方公共団体が外部監査契約を締結できる者は，普通地方公共団体の財務管理，事業の経営管理その他行政運営に関し優れた識見を有する者であつて」，第2号において，「普通地方公共団体は，外部監査契約を円滑に締結し又はその適正な履行を確保するため必要と認めるときは，前項の規定にかかわらず，同項の識見を有する者であつて税理士(税理士となる資格を有する者を含む。)であるものと外部監査契約を締結することができる」と規定している。

25) 「会計参与の役割と立法の趣旨」TKC 2007年8月特別号34〜39頁。

26) 日本税理士会連合会編・前掲注10) 153頁。

27) これと類似した制度として，従前から，北海道，北陸，東海，名古屋，四国，九州北部税理士会とそれぞれの国税局との話し合いのもと，その信頼関係を基盤として適正な納税を実現するという目的において，「指導表・確認書添付制度」が存在していた。新制度もその延長線上に理解されていたのである。「(特別対談)業務の幅を広げる改正税理士法への対応」税理45巻8号(2002年)7頁の薄井信明氏(元国税庁長官)の次の発言がそれを示唆する。「昭和45年に伊勢税務署長を務めましたが，当時の名古屋国税局管内では確認書制度に取り組んでいたことを思い出します。申告納税制度を一層本格的なものに定着させていくためにも，税理士の皆さんには，書面添付制度を活用していただきたいと思います」。

28) 注27) の確認書を添付する効果として，各税理士会で異なるものの，概ね税務調査が省略され，又は，簡素化されていた。この添付対象者は，一定の程度以上の関与先を前提とし，一定の消極的基準に該当する関与先に対しては，むしろ添付の対象外として位置づけることによって，制度の信頼を維持してきた。確認書添付の見合わせ(消極的基準)の参考例は以下のとおり。
①清算事業年度における申告
②休業中の法人
③消費税だけの依頼を受けた場合の消費税確定申告
④関与形態からみて全面的確認資料が得られない場合
⑤申告内容の確認にあたって的確な資料が得られない場合，又はその提示がない場合
⑥不正計算等の改善が確認しがたい場合
⑦使途不明金がある場合，又は過去5年以内の申告書において，使途秘匿金課税の適用があった場合
⑧税法に規定する備付け帳簿書類の不十分なもの
⑨関与期間が短いなど，十分な指導がなされていないもの
⑩過去に重加算税の適用を受けたもので，事後の改善が確認できないもの
⑪仮名取引があるもの

⑫取引先の不正計算に協力したと思われる内容の取引がある場合
⑬他の法律(民法,商法等)に抵触するような取引内容を有する場合
⑭決算内容又は申告内容について,税理士の判断と納税者の見解とが相違する場合
29) 国税庁課税部課税総括課長牧田宗孝氏の発言「平成22年度の法人税申告書にかかる添付書面の書面添付割合は7.0％となりました。前年度は6.5％でしたので,0.5ポイントの増加です。添付書面を提出している税理士等に対する意見聴取割合は4.5％で,これも前年度の4.0％に比べて0.5ポイントの増加となっています。また意見聴取を行った結果,実地調査の必要性がないと認められて実地調査を省略した割合は51.4％。これは前年度が43.7％でしたので,7.7ポイントの増加となっています。これらの数字は,着実に書面添付制度の有効活用が進んでいることの表れであると考えています」(TKC 2012年1月号21頁)。
30) 申告書の作成に関し,計算し,整理し,又は相談に応じた事項とは,申告書に記載された課税標準等について,「たとえば,①伝票の整理,②各種帳簿の記入,整理及び計算,③損益計算書及び貸借対照表の計算及び作成,④税務に関する調整,⑤所得金額及び税額の計算,⑥これらに関する相談等に関して,どの段階から具体的にどのように関与してきたかの詳細をいい,また,依頼者が自ら作成した損益計算書及び貸借対照表について,関係帳簿や関係原始記録との突合等により,これらの財務書類が正確に作成されているかどうかをチェックした場合には,何によって,どのような方法により,どの程度まで確認したかの詳細をいいます」(日本税理士会連合会編『書面添付制度の手引』2002年,8頁)。
31) 依頼者と税理士の関係について分類すると,(1)会計処理分野では,①記帳能力が未熟なために,会計のすべてを依頼する場合,②日常の起票,記帳ができるため,月次計算と決算を依頼する場合,③日常の会計処理及び決算まで自ら処理できる場合,(2)税務代理分野では,①会計処理から税務申告書まで依頼する場合,②税務申告書の作成のみを依頼する場合,③税務申告書を自ら作成できる場合があると思われる。中小企業で最も多いケースは,(1)②と(2)①である。
32)「二重責任の原則」については,第2章第2節第2款第2項1.公認会計士の専門家制度を参照。
33) 平成13年4月5日参議院財政金融委員会会議録8号を参照。
34) 日本税理士会連合会編・前掲注10) 149頁。
35) 日本税理士会連合会編『新税理士法(3訂版)』税務経理協会,2008年,133頁。
36) 近藤新太郎「新書面添付制度の創設(1)」税理47巻11号(2004年)195頁。
37) 同趣旨,大江晋也「改正された意見聴取制度の内容」税経通信57巻10号(2002年)51頁。
38) 近藤・前掲注36) 195頁。
39) 日本税理士会連合会編・前掲注10) 150頁。
40) たとえば,「事項」の欄は,過大役員給与の形式基準について,「相談の要旨」の欄は,過大役員給与に関し,みなし役員とされる者に対して支給した給与を含めた役員給与額が,株主総会で承認された役員給与の総額を超える場合,形式基準の適用があ

るのかという相談について，みなし役員分については形式基準の判断に含める必要はないと回答した，というような記載である。
41) たとえば，「1 交際費　福利厚生費として損金に計上されていた役員による慰安旅行の費用については，給与に該当することを説明の上，別表 4 において所得金額に加算するとともに源泉徴収を行った。2 貸倒損失　貸倒損失について，財務諸表に記載すべき貸倒損失額を検討し，税務における損金算入要件を説明の上，税務と会計の乖離額を認識し，検討を行った結果，S 社に対する債権○○○万円については当期の損金算入は認められなかったことから見直しを行った。以上，審査した結果，申告書は法令の規定に従って作成されている」というような記載である。
42) 北海道税理士会指導研修部情報「平成 22 年度・税理士業務に関するアンケート」第 146 号(2011 年)。全体の回答率 35.2%(678 人)であり，アンケート対象期間は平成 21 年 7 月 1 日～平成 22 年 6 月 30 日である。
43) TKC 北海道会「平成 22 年度・新事務運営指針適用後の書面添付に関するアンケート結果」。全体の回答率 65.4%(117 人)であり，アンケート対象期間は平成 21 年 7 月 1 日～平成 22 年 6 月 30 日である。
44) 大阪地裁昭和 45 年 9 月 22 日判決行集 21 巻 9 号 1148 頁。
45) 大阪地裁昭和 29 年 12 月 24 日判決行集 5 巻 12 号 2992 頁。
46) 平成 14 年 3 月 14 日付「税理士法の一部改正に伴う法人課税部門における新書面添付制度の運用に当たっての基本的な考え方及び事務手続等について(事務運営指針)」。
47) 平成 12 年 7 月 3 日付課法 2-9 ほか 3 課共同「法人税の過少申告加算税及び無申告加算税の取扱いについて(事務運営指針)」及び平成 12 年 7 月 3 日付課消 2-17 ほか 5 課共同「消費税及び地方消費税の更正等及び加算税の取扱いについて(事務運営指針)」及び平成 13 年 3 月 29 日付課消 4-11 ほか 1 課共同「たばこ税等及び酒税の加算税の取扱いについて(事務運営指針)」。
48) ①調査着手説　税務官庁の調査着手後にされた修正申告書の提出を意味するとする説である(最高裁昭和 51 年 12 月 9 日判決税資 90 号 759 頁)，②不足額発見説　納税者に対する当該国税に関する実地又は呼出等の具体的調査により申告不足額(申告漏れを正確に把握する必要はない)が発見された後にされた修正申告書を意味するとする説である(和歌山地裁昭和 50 年 6 月 23 日判決税資 82 号 70 頁)，③端緒把握説　税務職員が申告に係る国税について調査に着手し，その申告が不適正であることを発見するに足りるか，又はその端緒となる資料を発見し，これによりその後に調査が進行して先の申告が不適正で申告漏れの存することが発覚し，更正に至るであろうことが客観的に相当程度の確実性をもって認められる段階に達した後に，納税者がやがて更正に至るべきことを認識した上で修正申告を決意した場合(東京高裁平成 7 年 11 月 27 日判決訟月 47 巻 5 号 1222 頁)，との見解がある。
49) 代表的なもの以外として，EU 諸国間の利害調整により，開業しているヨーロッパの弁護士等が包括的に定められた EU 内(ドイツを含む)で税理士業務を行う資格者として追加された。また，簿記記帳請負人，(公認)決算記帳請負人，税務専門家という新資格名が第 7 次改正によりドイツ税理士法の本文中に登場した。簿記記帳請負人の

資格の前身は，簿記記帳援助者という資格であり，それまで税理士の独占業務とされてきた税法が定める「記帳義務履行にあたっての援助」に関連して，「無資格者による税務援助業務の禁止」規定の一部は，「職業選択の自由」に違反するものと連邦憲法裁判所が決定を下したため，その結果としてドイツ税理士法は改正され，新たに，記帳代行サービス，給与計算サービス，給与所得者の賃金税申告書の申告書作成サービスに関しては，この資格を備えていれば，税理士以外の者でも業としてできる旨の規定が追加されたという背景がある。

50) 小松義明「ドイツ監査基準にみる決算監査の目標と一般原則」大東文化大学経営学会経営論集 21 号 (2011 年) 119 頁以下。

51) 再度，紹介するが，飯塚真玄氏は「会員の税理士事務所からクライアントの申告書データが送られてきます。ダーテフ社はそれを一括して国税当局へ流す。その後，税務当局は課税通知書をダーテフ社に伝送してきます。この場合に，申告書全体の 30％程度で，申告額と課税額が違うのだそうです。その差は，事業経費と個人経費の分の問題にあり，……根底は賦課課税制度にあったということです。ですから，税務当局と税理士との間では，攻撃側と防御側の戦いが熾烈に常にある」という発言をしている (『ドイツ会計人業界視察』TKC 特別号 (2001 年) 11 頁)。

52) ドイツの税理士は，税理士の資格と合わせて，経済監査士，宣誓帳簿監査士の資格を取得している。

53) 注目すべきは，金融機関が企業に融資を実行する際，どこの経済監査法人が監査したかによって，当該企業の決算書類の評価がなされる点である。

54) 坂本孝司『会計制度の解明』中央経済社，2011 年，497 頁。

55) 日本の金融機関が行っている選別融資はドイツでも行われており，金融機関は正しい決算書をもとに融資する仕組みを強化している。その背景もあり，ドイツの税理士は金融機関からの要請により，中堅企業の決算書を監査する業務が増えている。

56) ドイツ連邦税理士会＝ドイツ税理士連盟＝DATEV 協同組合 (武田隆二監訳)『税理士業務における品質保証と品質管理』TKC 出版，2007 年，269〜270 頁。

57) 前掲注 51)『ドイツ会計人業界視察』を参考にした。

58) 経済監査士及び税理士によるベシャイニッグングに関して，経済監査士には「経済監査士による年度決算書作成に関する諸原則 (Grundsätze für die Erstellung von Jahresabschlüssen durch Wirtschaftsprüfer)」(HFA 4/1996) が，また，税理士には「税理士による年度決算書の作成原則に関する連邦税理士会連合会の書簡 (Schreiben der Bundessteuerberaterkammer zu den Grundsätzen für die Erstellung von Jahresabschlüssen durch Steuerberater)」(以下，「書簡」) が適用される。現行の「書簡」が制定された経緯は，以下のとおりである。すなわち，年度決算書の作成及び (任意の) 検査の分野における決算・検査の証明書の作成については，従来，1992 年 2 月 21／22 日付の文章における，税理士及び税務代理士の決算証明書及び検査証明書が適用されてきた。枠組み条件の変化，特に，会計指令法，企業分野における統制と透明性に関する法律，信用制度法 18 条，資本会社及び他の無限責任社員からなる法人子会社の基準に関する法律などによる会計規定の動向を受けて，ドイツ連邦税理士会連合会の

従来の勧告を廃止することになった。こうした背景のもとで，連邦税理士会連合会は，1992年2月21／22日付の「書簡」を昨今の会計規定の動向に合わせて修正した年度決算書の作成及び(任意の)検査の分野における決算・検査の証明書を2001年10月22／23日付の総会決議に基づいて「書簡」として発表している(坂本・前掲注54) 498頁)。

59) 参考のために，証明書の文書を掲載しておく。
②蓋然性評価を含む年度決算書の作成に関する証明書
税理士が簿記／帳簿の記帳に協力した場合
　我々は，委任に従って，前掲の／後掲の，……[日付]から……[日付]までの営業年度に関する[会社名]の―貸借対照表，損益計算書[ならびに注記・附属明細書]―から構成される年度決算書を，ドイツ商事法の規定[および会社の定款／規約の補完規定]に基づいて作成した。
税理士による簿記の協力
　作成の根拠は，我々によって行われた[遂行された行為の種類(例えば，賃金帳簿および給与帳簿，固定資産目録)]および，それについて我々に提示された，委任に従って我々は監査をしていないが，蓋然性を評価した，証憑，帳簿および資産証明書，ならびに我々に与えられた情報である。
税理士による帳簿の記帳
　作成の根拠は，我々によって記帳された帳簿および，それについて我々に提示された，委任に従って我々は監査をしてないが，蓋然性を評価した，証憑および資産証明書，ならびに我々に与えられた情報である。
　ドイツ商事法の規定[および会社定款／規約の補完規定]に従った簿記ならびに財産目録および年度決算書の作成は，会社の法律上の代表者が責任を負っている。我々は，年度決算書の作成に関する諸原則に関する連邦税理士会連合会の声明[「書簡」]に基づいて，我々の委任を遂行した。それは，簿記および財産目録ならびに適用されるべき貸借対照表作成方法および評価方法の準則を根拠にして，貸借対照表および損益計算書[ならびに注記・附属明細書]の説明を包含している。我々に提示された，我々がその作成に協力していない証憑，[帳簿]および資産証明書の蓋然性の評価に対して，我々は，それが正規ではないという十分な確信を排除するために，質問および分析的評価を行った。それによって，我々は，提示された証憑，および，それらを根拠にして我々によって作成された年度決算書の正確性に対して申し述べる状況を確認していない。
　（場所）
　（日付）
　（署名）
③包括的な評価を含む年度決算書の作成に関する証明書
税理士が簿記に協力した場合
　我々は，委任に従って，前掲の／後掲の，……[日付]から……[日付]までの営業年度に関する[会社名]の―貸借対照表，損益計算書[ならびに注記・附属明細書]―から

構成される年度決算書を，ドイツ商事法の規定[および会社の定款／規約の補完規定]に基づいて作成した。作成の根拠は，我々が行った[遂行された行為の種類(例えば，賃金帳簿および給与帳簿，固定資産目録)]およびそれについて我々に提示され，我々が委任に従って，正規性を評価した証憑，帳簿，および資産証明書，ならびに我々に与えられた情報である。ドイツ商事法の規定[および会社定款／規約の補完規定]に従った簿記ならびに財産目録および年度決算書の作成は，会社の法律上の代表者が責任を負っている。

我々は，年度決算書の作成に関する諸原則に関する連邦税理士会連合会の声明[「書簡」]に基づいて，我々の委任を遂行した。それは，簿記および財産目録ならびに適用されるべき貸借対照表作成方法および評価方法の準則を根拠にして，貸借対照表および損益計算書[ならびに注記・附属明細書]の説明を包含している。我々に提示された，証憑，帳簿および資産証明書の正規性の評価に対して，我々はその作成に協力しておらず，我々は十分な確信ある判断をなし得るよう，計画しかつ行動するように評価を行った。

(場所)
(日付)
(署名)
(坂本孝司「ドイツ金融制度における税理士の決算書保証業務」TKC 2011 年 8 月号 17〜18 頁)
60) 湯本三平「第 5 章　韓国」田中治監修・東海税理士会＝韓国税務士考試会編『諸外国の税理士制度』新日本法規出版，1994 年，74 頁。
61) 韓国では付加価値税の計算時に税金計算書方式を採用しており，税金計算書(tax invoice)は，付加価値税を徴収したことを証明する領収証である。納税義務者として登録した事業者が財貨又は役務を供給する場合，供給時に税金計算書を供給される者に交付しなければならない。
62) 現金領収証制度は現金支払い時に専用カード，もしくはあらかじめ登録しておいたカード(積立式カード，クレジットカードなど)，携帯電話番号などの情報を提示すれば加盟店が現金領収証発行装置を通じて，現金領収証を発給し，現金決済の内容別内訳が国税庁に通知される仕組みである。所得税を納めている勤労所得者及びその扶養家族は総給与額の定率を超過する現金使用額の定率が，年末調整時に所得控除の対象となる。
63) 原山道崇「韓国の税務行政と税制の概要」税大ジャーナル 11 号(2009 年)170 頁。
64) 韓国所得税法第 70 条(総合所得課税標準確定申告)
　①当該の課税期間の総合所得金額のある居住者は，その総合所得課税標準をその課税期間の次の年度の 5 月 1 日から 5 月 31 日まで大統領令で定めるところによって，納税地管轄税務署長に届けなければならない。(2009.12.31 改正)
　②当該の課税期間の課税標準がないか，欠損金がある場合にも，第 1 項を適用する。(2009.12.31 改正)
　③第 1 項による申告を「総合所得課税標準確定申告」という。(2009.12.31 改正)

④総合所得課税標準確定申告をするときには，その申告書に次の各号の書類を添付して納税地管轄税務署長に提出しなければならない。この場合，第160条第3項による複式簿記義務者が第3号による書類を提出しない場合には，総合所得課税標準確定申告をしなかったこととみなす。(2009.12.31 改正)

1．人的控除，年金保険料控除，住宅担保老後年金利子費用控除及び特別控除対象であることを証明する書類として大統領令で定めるもの。(2009.12.31 改正)
2．総合所得金額計算の基礎になった総収入金額と必要経費の計算に必要な書類として大統領令で定めるもの。(2009.12.31 改正)
3．事業所得金額を第160条及び第161条に従って備え付け記録された帳簿と証明書類によって計算した場合には，企業会計基準を準用して作成した貸借対照表・損益計算書とその付属書類，合計残額試算表及び大統領令で定めるところによって作成した調整計算書。ただし，第160条第2項に従って記帳をした事業者の場合には，大統領令で定める簡略帳簿所得金額勘定書。(2009.12.31 改正)
4．第28条から第32条までの規定によって必要経費を算入した場合には，その明細書。(2009.12.31 改正)
5．事業者(大統領令で定める小規模事業者は除く)がその事業に係る他の事業者(法人を含む)から財貨又は用役の供給を受け，第160条の2第2項の各号のいずれか一つに該当する証明書類以外のものと証明を受けた場合には，大統領令で定める領収証受取明細書(以下「領収証受取明細書」という)。(2009.12.31 改正)
6．事業所得金額を第160条及び第161条に従って備え付け記録された帳簿と証明書類によって計算しなかった場合には，大統領令で定める推計所得金額勘定書。(2009.12.31 改正)

⑤納税地管轄税務署長は，第4項によって提出された申告書やその他の書類に不備な事項又は誤謬があるときは，その補正を要求することができる。(2009.12.31 改正)

65) 韓国所得税法施行令第131条(調整計算書)

①法第70条第4項第3号本文の調整計算書(以下，この条で「調整計算書」という)は，収入金額及び必要経費の帰属時期，資産・負債の取得及び評価など所得金額を計算する場合に，法と企業会計の差を調整するために作成する書類として企画財政部令で定めるものとする。(2010.6.8 新設)

②誠実納税のため必要とされる企画財政部令で定める事業者の場合，調整計算書は税務士(「税務士法」第20条の2によって登録した公認会計士を含む。以下，この条で同じ)が作成しなければならない。(2010.6.8 改正)

③調整計算書には企画財政部令で定める書類を添付しなければならない。(2010.6.8 改正)

④調整計算書を作成することができる税務士の要件に関して必要な事項は，企画財政部令で定める。(2010.6.8 改正)

⑤税務士が作成した調整計算書を添付する事業者で企画財政部令が定める要件を満たす事業者は，第3項による書類のうち，国税庁長官が決める書類を調整計算書に添付しなくてもよい。この場合，添付しなかった書類が申告内容の分析などに必要に

なり，納税地管轄地方国税庁長官又は納税地管轄税務署長がその提出を書面で要求する場合には，これを提出しなければならない。(2010.6.8改正)
66) 韓国所得税法施行規則第65条の2第1項，1.直前課税期間の収入金額が次の各目の業種別基準収入金額以上の事業者。この場合，ア目からウ目までの業種を兼営するか，事業場が二つ以上の事業者の場合には令第208条第7項を準用して計算した収入金額を業種別基準収入金額にする。(2010.4.30改正) ア.農業・林業及び漁業，鉱業，卸売及び小売業，不動産売買業，その他イ目及びウ目に当たらない事業：6億ウォン(2010.4.30改正) イ.製造業，宿泊及び飲食店業，電気・ガス・蒸気及び水道事業，下水・廃棄物処理・原料再生及び環境復元業，建設業(令第150条の2第3項による住居用建物開発及び供給業を含む)，運輸業，出版・映像・放送通信及び情報サービス業，金融及び保険業：3億ウォン(2010.4.30改正) ウ.不動産賃貸業，専門・科学及び技術サービス業，事業施設管理及び事業支援サービス業，教育サービス業，保健業及び社会福祉サービス業，芸術・スポーツ及び余暇関連サービス業，協会及び団体，修理及びその他個人サービス業，家内雇用活動：1億5000万ウォン(2010.4.30改正)
67) 韓国所得税法施行規則第65条の3(税務士(2010.4.30新設))
①令第131条第3項によって調整計算書を作成することができる税務士は，地方国税庁長官の指定を受けた調整班(以下，この条で「調整班」という)に属している税務士とする。(2010.4.30新設)
②調整班は次の各号のいずれか一つに該当する者のなかで指定することができる。(2010.4.30新設)
　1．2人以上の税務士(「税務士法」第20条の2によって登録した公認会計士を含む。以下，この条で同じ)。(2010.4.30新設)
　2．税務法人。(2010.4.30新設)
　3．会計法人。(2010.4.30新設)
③第2項に従って調整班の指定を受けようとする者は，代表者を選任して毎年11月30日まで代表者の事務所所在地管轄地方国税庁長官に調整班の指定の申込みをしなければならない。ただし，毎年12月1日以後開業した税務士又は設立された税務法人(会計法人を含む)はそれぞれ税務士開業申告日(最近開業した構成員の開業申告日)又は法人設立登記日から1ヶ月以内に申し込むことができる。(2010.4.30新設)
④第2項第1号の税務士は，2個以上の調整班に属することができない。また，同項第2号又は第3号の法人が調整計算書を作成するときは所属税務士2人以上を参加させなければならない。(2010.4.30新設)
⑤第3項の申込みを受けた地方国税庁長官は申込みを受けた年度の12月31日(第3項但し書によって申込みを受けた場合，申込みを受けた日が属する月の翌月末日)まで申請者に指定の可否を通知し，官報又はインターネットホームページに公告しなければならない。ただし，調整班指定申込みをした第2項の各号の者が次の各号のいずれか一つに該当する場合には調整班指定をしない。(2010.4.30新設)
　1．企画財政部税務士懲戒委員会又は金融委員会公認会計士懲戒委員会の懲戒中で，

職務停止や資格停止の懲戒を受けて，その懲戒期間が終わっていない場合(ただし，公認会計士である税務士の場合には，税務代理に係る懲戒に限定する)。(2010.4.30 新設)
　2．第6項第2号から第4号までに該当する事由で調整班が取り消されて，その取り消された日から申込日まで1年が経たない場合。(2010.4.30 新設)
　3．第2項の各号の者に対する所得税又は法人税が記帳によって申告されていない場合。又は，推計決定・更正された課税期間の終了日から申込日まで2年が経たない場合。(2010.4.30 新設)
　4．第3項の調整班指定申込日時点で国税を滞納している場合。(2010.4.30 新設)
⑥地方国税庁長官は調整班が次の各号のいずれか一つに該当する場合には，調整班指定を取り消すことができる。(2010.4.30 新設)
　1．調整班に属す税務士が1人になった場合。(2010.4.30 新設)
　2．税務調整計算書を虚偽記載した場合。(2010.4.30 新設)
　3．不正な方法で指定を受けた場合。(2010.4.30 新設)
　4．調整班指定日から1年以内に調整班の構成員(税務法人又は会計法人の場合には調整計算書の作成に参加した税務士をいう。以下，この号で同じ)又は構成員の配偶者が代表取締役又は寡占株主である企業の税務調整をした場合。(2010.4.30 新設)
⑦調整班指定の効力は1年とする。(2010.4.30 新設)
⑧調整班の構成員(税務法人又は会計法人は除く)や代表者が変更された場合には，その事由が発生した日から14日以内に代表者の事務所所在地管轄地方国税庁長官に調整班変更指定申込みをしなければならない。(2010.4.30 新設)
⑨第8項の調整班変更指定申込みを受けた地方国税庁長官は，申込みを受けた日から7日以内に変更指定の可否を通知しなければならない。(2010.4.30 新設)

68) [문서번호]：심사소득 2006-16, [생산일자]：2006.5.29 ([文書番号]：審査所得 2006-16, [日付]：2006.5.29)。

　(争点) 税務士の複式記帳義務者が本人(税務士)の税務士業に対して自分名義で作成された調整計算書を添付して，申告した場合，不適法な申告として，申告不誠実加算税を賦課できるのか。(要旨) 調整班に指定されている税務士が本人の税理士業に対し自分名義で作成された調整計算書を添付して，総合所得課税標準を申告したとすれば，所得税法第81条第3項所定の調整計算書を添付しないときに該当しないので，申告不誠実加算税を賦課しないことになる。

69) 韓国法人税法施行規則第50条の2第1項，1.直前事業年度の収入金額が70億ウォン以上の法人及び「株式会社の外部監査に関する法律」第2条によって外部の監査人による会計監査を受けなければならない法人(2009.3.30 新設) 2.直前事業年度の収入金額が3億ウォン以上の法人で，法第29条，第30条，第45条又は「租税特例制限法」による租税特例(同法第104条の5及び第104条の8による租税特例は除く)が適用される法人(2009.3.30 新設) 3.直前事業年度の収入金額が3億ウォン以上の法人で，当該事業年度終了日現在，法及び「租税特例制限法」による引当金残額が3億

ウォン以上の法人(2009.3.30新設) 4.当該事業年度終了日から2年以内に設立された法人で,当該事業年度の収入金額が3億ウォン以上の法人(2009.3.30新設) 5.直前事業年度の法人税課税標準と税額に対して法第66条第3項の但し書によって決定又は更正を受けた法人(2009.3.30新設) 6.当該事業年度終了日から溯及して3年以内に合併又は分割した合併法人,分割法人,分割新設法人及び分割合併の相手方法人(2009.3.30新設) 7.国外に事業場を持っている場合。又は,法第57条第5項による外国子会社を持っている法人(2009.3.30新設) 8.正確な税務調整のために税務士が作成した税務調整計算書を添付する法人(2009.3.30新設)

70) 韓国法人税法施行規則第50条の3(税務士(2009.3.30新設))
① 令第97条第10項によって外部税務調整対象法人の税務調整計算書を作成することができる税務士は,地方国税庁長官の指定を受けた調整班に属する税務士とする。(2010.6.30改正)
② 第1項で「調整班」は2人以上の税務士,税務法人又は会計法人とするが,調整班には代表者を置かなければならない。この場合,税務士は2個以上の調整班に属することができない。(2009.3.30新設)
③ 調整班が第1項によって地方国税庁長官の指定を受けようとする場合には,毎年11月30日まで代表者の事務所所在管轄地方国税庁長官に調整班の指定申込みをしなければならない。ただし,毎年12月1日以後設立された税務法人又は会計法人は,設立などの期日から1ヶ月以内に申し込むことができる。(2009.3.30新設)
④ 第3項の申込みを受けた地方国税庁長官は,申込みを受けた年度の12月末日まで申請者に承認の可否を通知し,官報又はインターネットホームページに公告しなければならない。(2009.3.30新設)
⑤ 地方国税庁長官は調整班が次の各号のどれか一つに該当する場合には,調整班の指定を取り消すことができる。(2009.3.30新設)
　1. 調整班に属する税務士が1人になった場合。(2009.3.30新設)
　2. 税務調整計算書を虚偽記載した場合。(2009.3.30新設)
　3. 不正な方法で指定を受けた場合。(2009.3.30新設)
　4. 調整班指定日から1年以内に調整班の構成員(税務法人又は会計法人の場合には実際に税務調整計算の作成に参加した税務士をいう。以下,この号で同じ)又は構成員の配偶者が代表取締役又は寡占株主である法人の税務調整をした場合。(2009.3.30新設)

71) 韓国所得税法第70条の2(誠実申告確認書提出)
① 誠実な納税のために必要だと認められた収入金額が業種別で大統領令に定める一定規模以上の事業者(以下,誠実申告確認対象事業者という)は第70条に伴う総合所得課税標準確定申告をするとき,同条第4項各号の書類に加えて第160条及び第161条により備置・記録された帳簿と証明書類によって計算した事業所得金額の適正性を税務士など大統領令に定める者が大統領令に定めるところにより確認して作成した確認書(以下,誠実申告確認書という)を納税地管轄税務署長に提出しなければならない。

②第1項により誠実申告確認対象事業者が誠実申告確認書を提出する場合には第70条第1項にもかかわらず，総合所得課税標準確定申告はその課税期間の次の年度6月30日までにすることができる。

③納税地管轄税務署長は第1項により提出された誠実申告確認書に不備な事項又は誤りがあるときは，その補正を要求することができる。

72) 農・林・漁業，鉱業，小売卸業，不動産売買業，その他の業種は，当該年度の収入金額が30億ウォン以上，製造業，飲食宿泊業，電気・ガス・水道業，下水廃棄物処理業，建設業，運輸業等は，当該年度の収入金額15億ウォン以上，不動産賃貸業，科学及び技術サービス業，事業支援サービス業，教育サービス業等は，当該年度の収入金額7億5000万ウォン以上を適用事業者としている。

73) http://blog.naver.com/ntscafe?Redirect=Log&logNo=110130504386

74) イ・テゾン(이태정)＝クォン・スンチャン(권순창)＝カン・ヨンオク(강영옥)「세무검증제도 도입(안)과 납세자권익에 관한 연구」한국경영학회, 경영학연구, 제26권 제1호, 2011년, pp. 277-294 (「税務検証制度導入(案)と納税者権益に関する研究」韓国経営学会，経営学研究26巻1号(2011年) 277～294頁)。

75) 公共事業を落札するための経営審査は，税金の完納や黒字決算が必要であるため，粉飾決算が行われることも少なくないことに注意が必要である。

76) 林眞義「第3章 中華民国(台湾)」田中治監修・東海税理士会＝韓国税務士考試会編『諸外国の税理士制度』新日本法規出版，1994年，102頁，台湾の制度が参考になる。なお，中国の注冊税務士のランク付けについては，川股修二「中国の会計・租税専門家」北海道税理士会報2011年8月号32頁以下を参照。

77) 会計参与制度とは，原則として，会計の監査を受けなければならない有限責任会社のなかで，特に小会社が，内部統制問題，監査費用等から会計監査人の監査には耐えられない現状などを考慮し，小会社の会計に関して，会計の専門識見を有する者を利用した「内部機関」として財務の透明性を担保する制度であるといわれている。しかし，穿った見方をすると，税理士と公認会計士の業際問題を解決するためにひねり出された制度でもあると考えられる。確かに，この制度は，税理士の固有の制度ではない。税理士の本来業務である「税理士業務」及び「会計業務」が会計参与制度の導入によって，どの程度の業容の拡大がみられるかという問題も明確ではない。さらに，武田隆二氏は「つまり，会計参与という名の企業内会計士の制度化の問題は，平成15年の公認会計士法改正の折り，戦略の一環として，平成30年までに公認会計士の数において5万人体制を構築するための，一つの手段として織り込み済みの制度であった」と述べている(武田隆二「会計参与制度の内形問題と回顧的・現時的課題——会計参与の役割期待(その2)」TKC 2005年7月号5頁)。事実，会計監査人の監査は，任意で小会社の外部監査として当然に併存できる。そうすると，会計参与は，有限責任会社における財務の透明化を図る目的で，また，その必要性の観点から，特に小会社のために創設したのではなく，すべての大・中・小会社において，いかようにも任意設置できる会社の内部機関として創設された制度であるということになる。換言すると，この会計参与制度は，会計監査人たる公認会計士が外部監査人として，

また，内部監査人として，会社の自由な機関設計により業務の拡大を可能にした制度であるといえる。加えて，会計参与の隠された機能として，武田氏は，監査法人の人事ローテーションの好循環をもたらす機能があると指摘している。この人事ローテーションの好循環とは，代表社員になれない団塊世代の社員の人事停滞の解消，平成30年5万人体制に向けての人事戦略，公認会計士2次試験浪人の監査法人への就職問題の解消，というこれらの問題を促進あるいは解決する循環であると述べている（同上6～7頁）。たとえ，このような背景が事実であるとしても，税理士会が中小企業の監査業務を切望していたにもかかわらず，あえて，会計参与という新たな制度を創設したのは，法令遵守の向上を推進するという強い決意のあらわれであると思われる。また，この制度は，税理士の社会的な地位が高いドイツにおける宣誓帳簿監査士の専門家としての職務と責任を参考にして創設されたのではないだろうか。ドイツの場合は，ほとんど税理士が税理士資格とともに経済監査士資格や宣誓帳簿監査士資格を有しているのである。平成22年に公認会計士制度の改正として，2次試験の合格後から3次試験合格までの間，会計専門家としての事業活動を認める案が浮上しているが会計参与との結びつきは定かではない。

78）会計参与の機能としては，次の2点があげられる。①特に，会計監査人の設置されていない中・小会社において，計算関係書類の調整・作成等の業務を行う税理士・公認会計士等が，取締役と共同して計算関係書類を作成し，会社とは別に計算関係書類及び会計参与報告を備え置き，開示する職務を担うことにより，取締役による計算関係書類の虚偽記載や改竄を抑止し，計算関係書類の記載の正確さに対する信頼を高めること，②専門家が計算関係書類の作成に関与することにより，取締役の計算関係書類の作成や株主に対する説明の労力が軽減され，取締役が経営に専念することができること（日本税理士会連合会編『会計参与制度の手引き』2006年，4頁）。

79）同上4頁。

80）同上5頁。

81）杉下清次「会計参与制度の現状と展望」税理士界1272号（2010年）7頁によれば，個人の税理士が会計参与に就任している件数は，1000件程度にとどまっているとのことである。また，税理士法人においては，141件の就任数である。これらの普及に向けて，制度設計上の問題の是正や制度導入によるインセンティブの創設が必要であるとしている。

82）内田久美子「会計参与制度と税理士・公認会計士の責任」スタッフアドバイザー2006年8月号87～88頁を参照。

結びに代えて

　本書は，税理士制度の法的理想像を探究しながら，わが国の税理士制度の抱える問題点を炙り出し，その解決策を税理士法上の規定に見出すことを目的とした。その際，現在の税理士制度を批判的に分析しつつ，本来，その制度を下支えするはずの納税環境整備に機能不全が生じていることを明らかにした。さらに，日本と類似の体制を有するドイツと韓国の税理士制度を多角的に比較検討して，税理士の真の法的位置づけを理想的な納税環境整備のあり方（「真の納税環境整備」）に結びつけながら論じたものである。加えて，税理士制度の抱える問題を解決し，税理士の独自性を確保する，具体的な方策としての税理士法上の税理士の権利である税理士法33条の2に視座をとり，新たな解釈論を展開するとともに，その機能を論証したものである。

　わが国の税理士は，高度な専門家責任を有する専門家であるとともに，税理士法の第1条により，独立した公正な立場で申告納税義務の適正な実現を図るという公共的な使命を負う。他方で，税理士は，関与先から報酬を得て「業」を成り立たせている役務提供業であり，「業」である以上は提供先（納税者）に満足を与えなければならない，という，相反する要請に直面している。そして，これらの作用から，税理士は，しばしば納税者から「脱税」の幇助を要求されるに至り，これに対して毅然とした態度で臨むことができず，納税者に適正な納税義務の履行を指導することもできない「病理」に冒されている。このような状況を前に個々の税理士の自覚や職業倫理に訴えることはたやすいが，おそらく問題の解決にはならない。むしろ，こうした緊張関係を調和させるための下支えを提供する税理士法を中心とする法制度，及び，

「業」としての税理士が置かれた社会経済的な環境，の両側面から，問題構造を明らかにする必要がある。

　以上の問題意識から，本書では，まず，第1章で，日本の税理士制度の歴史的沿革を踏まえて，税理士制度の問題点を浮き彫りにし，この問題点を二つに区分して分析した。その一つとして，①税理士に対する民事責任，裁判例や損害賠償責任事例を具体的に検討することで，税理士の置かれている「苦境」や現状における「実像」を炙り出した。税理士は，国家と納税者の関係につき，常に納税倫理の向上や法令遵守を目指し啓蒙活動をしているが，たとえば，国家が納税者に対して税務吏員をして法令を逸脱した質問検査権を行使させるとき，また，それを税理士が国家に対して是正できないとき，納税者は税理士に失望する。そして，それが納税者の税理士に対する負の「実像」を創出することになる。これらは，税理士が国と納税者の間でいずれに対しても税理士法1条にいう適切な距離をとることができず，本来，税理士・納税者・国家の三者の関係を適正に構築するための下支えとなるべき税理士制度(「真の納税環境整備」)がうまく機能していないことを示している。また，専門家である税理士と納税者の委任契約上の民事責任の追及において，税理士法上の諸規定を専門家責任の民法による善管注意義務規定に加重することは，必要以上に税理士の専門家責任の拡張になるため妥当でないことを指摘した。さらに，他の一つとして，②税理士制度そのものが内部構造として抱える問題点(実体法としての税理士法規定，基本的使命，専門性に係る問題点)を抽出した。その上で，これらの不安定な三者の関係を改善するために必要な税理士制度に不足している部分を示した。すなわち，税理士の基本的な業務領域である会計付随業務は他者から侵食され，また，税理士の専門家制度を維持するための資格付与体制は厳格さを失い，税理士の「自律」は，国家が税理士を信頼していない証左として税理士法上の規定によって妨げられている。さらに，本書で主張する税理士法33条の2第2項の「税務監査」は，その意義を狭く解釈され，税理士が「公器」としての役割を負担する制度ではなく，税理士が行政の「下請機関」として機能するための制度と誤解される余地が生じている。それゆえ，税理士は国家に対して強い不信

感を抱き，税理士が納税者の権利擁護を使命とするのか，あるいは，国家の徴税機関の一部として機能するのかという不毛な二項対立が生起されている。これらのことが，現在の税理士制度の構造的な問題として存在することを描出した。

第2章は，日本と類似の制度を有する①ドイツと韓国の税理士制度に関して，使命・責任・専門的自律性の観点から詳細な比較法的考察を行うとともに，②日本において，高い専門家責任を有する他の専門職(司法書士，弁護士，建築士等)の制度との相互比較を行い，税理士制度と共通する問題構造を抽出し，日本の税理士制度に欠けるものを明らかにした。その結果，まず，ドイツと韓国の税理士制度を日本の税理士制度と比較したところ，日本の税理士制度は，国際的に，業務の「独占性」が強いが，「自律性」が不足していると分析された。この「自律性(国の監督の程度)」に関して，ドイツ及び韓国において，日本と同様に，税理士は国家からの監督を受けている。しかし，ドイツは，税理士個人に関して，国家の監督権は及ばない。それゆえ，日本の税理士制度において，国家による税理士会の監督という構図は，本書が理想とする国家と税理士の適当な緊張関係においても必要であるといえるが，税理士個人に対する国家の監督は，専門家としての独立性に及ぼす影響を鑑みると問題がある。

また，「納税者の権利擁護」に関して，韓国では公共的な役割を税務士の使命として掲げながらも，納税者の権利擁護という側面を持つと思われ，ドイツでは，税理士は独立性を保ちながら納税者の権利を擁護するとされている。なかんずく，公共的な役割を負担することが強く謳われているのは，日本であり，日本の税理士のみが公共性を強く意識して，「公器」として，課税庁と協業する関係にあるようにみえる。一方，ドイツと韓国の税務専門家の職業倫理を概観した結果，日本の税理士からみたドイツの税理士の職業倫理観は崇高であるといえる。また，韓国において，税務に関係する者の職業倫理に関しては，日本と同じ土壌を有していると分析された。

他方で，法律関連分野の専門家制度と税理士制度を比較すると，依頼者との関係において，税理士も含め，法律分野の専門家に業務を依頼することは，

その専門家の専門性を重視しているのではなく，①専門家の豊富な経験から効率のよい業務の完成を期待されているということ，②受任した業務につき，(たとえ依頼者に帰責するものであっても)専門家に債務不履行として責任を負わせたり，また，不法行為による利害関係者からの損害賠償請求に対して，いわば「楯」としての役割を担わせたりすることが少なくないという状況が明らかになった。その結果，民事責任の追及で実際の専門家の業務保護範囲よりも責任が過大に評価されているのではないかという疑問を得るに至った。さらに，税理士は国家行政との関係において，他の専門家制度と比較して，税務行政の特殊性が影響しているという点が浮き彫りになった。すなわち，税務行政という極めて公共的な性格の強い分野では，税理士と国家との位置づけ(距離感)が極めて重要であり，税理士と国家は，緊張関係における協業が必要であると考えられる。それゆえ，税理士が求めている「自治権」は，弁護士の「自治権」と同様ではなく，お互いに牽制し合う関係が望ましいといえる。さらに，専門家制度の基盤として「経済的自立」が欠如している結果，専門家制度の存続が危ぶまれた建築士や行政書士の経験から，専門家が依頼者との信頼関係のもとでその期待に応える本旨を履行するためには，依頼者に適正な経済負担を求める必要があり，専門範囲が侵食されないように法令や制度によって，その範囲が担保されなければならないという示唆を得た。したがって，これらの諸問題を充足するには，専門家の自律性を高め，依頼者からの信頼を獲得するために必要な専門家としての制度基盤の確立が重要であることが導き出された。そして，独立性と専門性を確保するための法制度の処方のイメージとして，国家・納税者との間に等距離を保つ(どちらか一方に偏するのではなく，単に足して2で割るのでもない，専門家として固有の価値と地位を追求する)ために，税理士が描く「正三角形」が必要であることを述べた。

　以上の比較分析を通じて本書の主題である日本の税理士制度を相対化した上で，第3章は，税理士法1条の使命と申告納税制度から導き出された，適正な納税義務を実現するための「申告」・「調査」・「権利救済」の三つの段階とそれぞれの段階における税理士の三つの立場，つまり，「保護者」・「法の

監視者」・「権利救済者」としての役割において，税理士の立ち位置を検討し，「独立性」を確保する最も適正な位置として，税理士が求める位置は，それぞれ三つのフェーズにおいて，完全な中立に位置することであると結論づけた。そこでは，税理士制度に関する問題につき，この三つのフェーズを分析の枠組みとして活用し，税理士を取り巻く「病理」の問題構造に対応した法制度改革の指針を示した。

　法制度改革では，近時，盛んに議論されている「納税環境整備」に欠けているものを示した上で，「真の納税環境整備」が，税理士業をビジネスとして成立させることを前提とした，その公共性と営利性との相克，すなわち，（専門家としての）公益的側面と（業としての）私益にかかわる現実とを高いレベルで調和させるための下支えを提供する法制度であるとした。そして，この「真の納税環境整備」は，国家と依頼者（納税者）と税理士の不安定な関係を是正するために，この三者が相互に作用し合い協力しながらその基盤を整備し，税理士が専門家として単に一直線の両端に位置する国と納税者の両者の「中間点」に位置するのではなく，それぞれが固有の極として頂点に位置したときに正三角形として完成させるものでなければならないと観念した。その上で「真の納税環境整備」は，課税庁と税理士と納税者のそれぞれが三位一体の正三角形として描かれたとき，また，専門家と依頼者と国家がつくるトライアングルがそれぞれの三者において常に緊張状態に保たれたとき，その制度基盤が維持され整備されるものであるという概念を内包するのである。すなわち，課税の局面では，金銭をめぐって国と私人の利益が正面から相反する関係に立つために，「公益」と「国庫の利益」の区別が曖昧化することが避けられない。その結果，税理士がさまざまな圧力に抗して公共的使命につき忠実に行動することを可能にするための制度的基盤が必要となる。ここに，国からも納税者からも等しく距離をとり，適正な納税義務の履行をチェックする専門家集団としての「税理士」が必要とされる所以があり，それを実現するのが「真の納税環境整備」である。そして，税理士にとっての「真の納税環境整備」は，現状では国ないし納税者に偏りがちな税理士の立ち位置を完全な中立に是正する効果のある納税環境整備として機能する。

そして,「真の納税環境整備」を実現するために,とりわけ,本書で考察する税理士法上の税理士権利規定である税理士法33条の2の「計算事項等を記載した書面」の添付制度と「審査事項等を記載した書面」の添付制度が次のような機能を有することを明らかにした。すなわち,①申告納税手続において,納税者がより租税法を的確に解釈し,不安定な租税法の解釈があれば,それを顕在化させ,不確実さを払拭する納税環境整備が必要であり,それを「計算事項等を記載した書面」の添付制度は,「解釈適正化機能」により,実現できること,②税務調査手続では,「審査事項等を記載した書面」の添付制度が租税法律主義のもとでの適正手続保障という視点から税務調査に関する手続を改善する「ピアレビュー機能」を有すること,③権利救済手続では,税理士が納税者の代理として課税庁と合法的「和解」を行うことも納税環境整備として必要であるが,上述の「解釈適正化機能」,「ピアレビュー機能」によって,強固な立証責任の履行がなされ,不服申立ての便宜を与える目的として「争点明確化機能」が醸成されること,が論証された。

　最後に,第4章は,第3章における「真の納税環境整備」の理念を現実化するための手段として,原理的・制度的考察の視点に立って,税理士法33条の2の機能を論証した。すなわち,税理士法33条の2は,古くから存在するが,実際には効果を封じ込められた「死文」と化していた。しかし,近時の税理士法改正が,税理士法33条の2に新たな息を吹き込んだと解する余地がある。とりわけ,税理士法33条の2第2項(他の税理士等が作成した税務申告書類を審査した書面を添付すること)は,極めて重要な税理士法上の税理士の権利であるにもかかわらず,法原理的な解釈に支えられた社会的な意義やその機能に関する提言を行い得たものは,現在のところ存在しない。そこで,ドイツ・韓国における類似制度を比較した上で,制度上有機的に機能させていくための実践的提言を行った。また,第3章で論じた三位一体の納税環境整備において税理士法33条の2の効果及び機能が進化し発展することにより,税理士の専門家としての地位が確固たるものになることを述べた。その一つとして,①「書面添付制度活用による税理士の地位向上」がある。税理士が納税者と信頼関係を構築し,その地位向上を目指すためには,

「申告」・「調査」・「権利救済」の段階で，専門家である税理士が納税者の代理人として判断した事項が，たやすくひるがえることがないようにしなければならない。そのため，それを実現する税理士法33条の2の機能である申告納税制度のもとにおける「解釈適正化機能」が活用される必要があることを示した。また，税理士は税務行政の場において公共的な役割を担うことで，国家との信頼関係を維持する必要がある。それには，「審査事項等を記載した書面」の添付による「税務監査機能」を発展させる必要があることを述べた。次に，②「税務監査制度の市場経済での要求」に応えることである。具体的には，「計算事項等を記載した書面」及び「審査事項等を記載した書面」の添付制度を「税務監査証明」として機能させることである。これは，税理士が依頼者との関係において，税務申告書類が信憑性を保ち，確定決算主義から求められる会計業務に関する保証を担保する税務監査証明の効力を有する機能を生成させる。そして，税理士は，財務諸表の信頼性を要求する社会的な要請が高まるなか，その信頼性を証明する専門家としての役割を果たさなければならない。その意味で，書面添付制度は，信頼性の証明に対する市場経済の要求を具現化する機能を持つことを論証した。そして，現在のところ，税理士の「自己完結権」を創出できる可能性がある③「会計参与と結合した会計税務監査制度」を論じた。すなわち，現存する法制度のなかで，税理士が会計及び税務の専門家として，納税者の財務諸表と税務申告書の適正性を厳格に担保する方法として，税理士が会計参与に就任し，税理士法33条の2の書面添付制度を活用する場合を実践的に提言した。しかしながら，会計参与制度は，会社法上の制度であり，税理士制度とは異なる制度として位置づけられるものである。したがって，本書で主張する税理士の「自己完結権」は税理士法上の権利で実現されるべきであることを指摘した。

そして，これら三つの機能を具体的・実践的な法解釈のレベルで詳細に論証した。

以上の検討を通じて，専門家と依頼者，そして，行政庁のあるべき関係を提起するとともに，税理士が納税者又は，国家から，期待される税理士制度の確立に向けて，税理士法上の税理士の権利規定（税理士法33条の2）がそ

の役割を果たすという可能性を論じたことで，本書は独自の貢献ができたと思われる。

あ と が き

　本書は，筆者が平成22年(2010年)に北海道大学大学院法学研究科の博士課程後期において，博士学位取得のための論文として執筆したものを基礎とし，『北大法学論集』に2012年11月(63巻4号)から2014年3月(64巻6号)まで9回にわたり掲載された論文を修正加筆して完成させたものである。

　本書では，実務経験から惹起した問題意識，すなわち，税理士・納税者・国家の関係における税理士の立ち位置について考察し，それを支える納税環境整備に税理士の権利としての税理士法33条の2及び税理士法35条が有効であることを述べた。しかしながら，十分な研究成果を発表し得たとはいいがたく，研究として行き届かない点が多々あることをご容赦いただきたい。また，執筆中に本書で課題として取り上げた諸問題に関して，近時において，法改正がなされた部分もある。この法改正は，確かに，課税庁の質問検査権に関する事案につき事務運営指針等で運用されていたものが法令化されたという点では前進といえよう。されども，その法改正が「あるべき納税環境整備」に寄与しているとは思われない。たとえば，国税犯則法による強制調査と同視されるような「無通知調査」が，多くの批判があるにもかかわらず，国税通則法74条の10に規定された。このことは誠に残念である。また，納税者権利憲章の作成及び法令化が立ち消えになったのは，税理士制度を有する先進国に比べて日本が納税者の権利については後進国であることを自ら露呈する結果になったと断ぜざるを得ない。今後も，これらのことは，納税者が税理士に失望するという意味で納税倫理観に暗い影を落とし続けるであろう。したがって，税理士・納税者・国家のそれぞれが適度の緊張感を持ち権利義務を遂行するために本書が理想とする納税環境整備は，まだ，未完であるといわざるを得ない。

　納税環境整備のうち質問検査権の手続が法令に記載されたことで，今後は，

司法の場でその解釈につき判断が下されると思われるが、法律家である税理士は、しっかりと準備をしてその場に臨まなければならない。また、平成26年6月13日に改正・公布された国税通則法は、「行政不服審査法と同等以上の手続き水準の確保を基本に、個別法の趣旨」を踏まえた上で、国税の不服申立手続を大幅に変化させた。そこでは、行政不服審査法の改正趣旨、すなわち、「①公正性の向上(審理の見える化)、②使いやすさの向上(国民の利便性)、③国民の救済手段の充実・拡大」といった三つの観点から、見直しがされている。これを受けて、異議申立前置主義を廃止し、審査請求制度に一本化することとなった。また、証拠の開示に係る改正もなされた。これにより、攻撃防御の機会が現行より公平になったといえる。さらに、改正により閲覧請求権が広く認められ、国税不服審判所の口答意見陳述において発問権が規定されたことで、現状より対審構造的になるであろう。これらは、国税不服審判所の審理を「当事者主義」に変化させると思われる。以上のことから、租税争訟に関して、ますます、税理士の代理人としての役割が重要となることになろう。

　われわれ税理士は、法律家として、法令の解釈を国の通達のみに依存するのではなく、税理士会等の公式解釈＝税理士通達により租税法の解釈を広く公開し、司法の場で解決を図ることも必要である。

　税理士実務に20年ほど携わり、49歳のときに博士学位取得に挑戦し、周囲からは無謀な行動と揶揄されたが、本書が出版されるに至ったことにつき、一仕事を終えたという達成感と喜びに浸っている。これも、ひとえに未熟な学生である私をひたすら支えていただいた藤谷武史先生(当時、米国・Harvard University の博士学位取得をされてから間もなくであった)のご尽力いただいた結果と感謝している。藤谷武史先生からは、論文作成にあたって、問題点を深く考察し、そして大胆に表現するという手法をご指導いただいた。おそらく、藤谷武史先生の眼鏡にかなった研究成果を出せてはいないだろう。力不足のところは、これから、筆者が租税法研究者及び実務家として業績を積むことで補充をしたいと思う。そして、これからの業績につき、藤谷武史先生を生涯の師としている私に対する先生からの厳しい評価を謹んで受けた

いと思う。また，北海道大学のロースクールで租税法の熱い議論に参加し，その後，司法試験を通過した司法修習生(私が勤める税理士法人で司法修習を受け入れた)の若者が弁護士登録をして，現在，租税法事件に精通した若手弁護士として活躍していることも喜ばしい。さらに，研究室で深夜まで研究をした仲間である中国の弁護士や台湾の弁護士たちも私のかけがえのない友人となった。とりわけ，研究に協力してくれた韓国税務士(정훈，주영진)やドイツ税理士の同胞にも感謝を申し上げる。

最後に，研究室に通い続けるために，本業もままならないところ，税理士法人業務を取り仕切ってくれた加藤知子税理士と社員のみなさまにも感謝する次第である。そして，初めての出版で右も左も分からない私を上手に導いていただいた北海道大学出版会の滝口倫子氏，成田和男氏と円子幸男氏にも御礼を申し上げる。そして，壮年の学生に文句をひとつ言わず，お付き合いいただいた川股家の家族(昌子・ちぐさ・広太郎)に「ありがとう」と伝えたい。

2014年8月

川 股 修 二

事項索引

アルファベット

AO(ドイツ租税基本法)
　――78条(代理権)　91
　――80条1項(代理権)　91
　――80条5項(税務援助の拒否)　92
　――173条(再調査禁止)　204
　――201条1項(終結話し合い)　91, 204
　――202条2項(意見表明)　91
　――348条(異議申立て)　92
　――349条(訴願)　92
BOStB(職業規則)　91
FGO(ドイツ財政裁判所法)
　――1条(行政裁判所)　92
　――62条2項(税理士の訴訟代理)　92
　――79条1項(口頭弁論前の話し合い)　207
　――138条(訴訟費用の決定)　207
　――142条(訴訟上の救助)　93
TKC全国会　289

あ　行

青色申告制度　273
アシュアランス(保証)制度　296
悪貨が良貨を駆逐する　311
飯塚事件　57
異議申立て(AO 348条)　92
意見聴取制度(税理士法 35条)　38, 288
意見聴取制度と税務調査の終了　275
意見聴取制度の拡充　8
意見陳述権　35, 304
意見表明(AO 202条2項)　91
意思表示の伝達機関　132
一税理士一税目の書面添付運動　280
一部試験科目免除　55
一般的監督権　41
一般の懲戒(税理士法 44条,46条)　40, 41
委任契約の解除　11

委任者へ延納許可申請の助言・指導義務がある
　とした事例　18
依頼者との位置関係　144
インフォームドコンセント　145
閲覧に関する権利　16
延納許可申請手続　18
大阪税務代弁者取扱規則　2
オーディティング　296

か　行

会員の職務遂行義務(韓国税務士会会則 13条)
　103
開業,休業,廃業申告義務(韓国税務士会会則
　7条)　103
会計業務と税務申告業務　47, 49
会計業務は自由業務であるという意味　47
会計参与　278, 308
会計参与の報告義務　310
会計参与報告の備置き　309
外国税務諮問社(韓国税務士法 19条の3)
　98
解釈適正化機能　232, 236, 240, 283, 304
解釈理由の記載　232
会社法 440条に規定する計算書類の公告
　136
改正税理士法フォローアップ検討会　277
蓋然性評価　296
外部監査人　278
確実性の権利　218
確定決算主義　50, 126
確認書制度　275
家系図作成ビジネス　140
加算税重課調整　301
過少申告加算税　291
「過少申告加算税及び無申告加算税の取扱い」
　291
「過少申告加算税及び無申告加算税の取扱いに
　ついての事務運営指針」　291

課税庁と税理士と納税者の正三角形の構図　211
韓国国税基本法　100, 204
韓国所得税法 70 条の 2（韓国の誠実申告確認制度）　293, 300
韓国税務士会会則
　——3 条（税務士会の目的）　102
　——7 条（開業, 休業, 廃業申告義務）　103
　——13 条（会員の職務遂行義務）　103
　——46 条（倫理規定）　110
韓国税務士会倫理規程
　——1 条, 2 条（税務士の使命）　98
　——3 条（倫理規定）　110
韓国税務士が作成した書類を他の税務士が審査する制度　293
韓国税務士制度　298
韓国税務士の倫理　110
韓国税務士法
　——1 条（税務行政の円滑な遂行と納税義務の適正な履行）　99
　——1 条（税務士の目的）　98
　——1 条の 2（納税者の権益の保護）　98, 99
　——2 条（税務士の業務）　101
　——3 条 2 号（税務士自動資格制度）　104, 105
　——4 条（欠格事由）　102
　——5 条の 2（税務士資格試験）　105
　——9 条（署名捺印義務）　103
　——11 条（秘密厳守義務）　103
　——12 条 1 項（税務士の誠実義務）　110
　——12 条の 2（脱税相談などの禁止義務）　110
　——12 条の 3（名義貸し等の禁止）　103
　——16 条の 2（損害賠償の保証）　103
　——17 条（懲戒処分）　102, 103
　——18 条（韓国の税務士会）　102
　——18 条 3 項（監督）　102
　——19 条（品位の失墜）　104
　——19 条の 3（外国税務諮問社）　98
　——22 条の 2（無資格者の税務代理）　103
韓国税務士法施行令 12 条（税務士の登録）　102
韓国とアメリカの税務代理人倫理規定の比較　111
韓国の意見陳述権　101

韓国の外部税務調整対象事業者　299
韓国の課税処分前適否審査　206
韓国の行政不服審査請求権　101
韓国の勤労奨励税制　299
韓国の現金領収証　298
韓国の事後救済手続　206
韓国の事前検証制度　101
韓国の税金計算書　298
韓国の誠実申告確認結果主要項目明細書　301
韓国の誠実申告確認結果特異事項記述書　301
韓国の誠実申告確認書　300
韓国の誠実申告確認制度（韓国所得税法 70 条の 2）　293, 300
韓国の誠実納税者　299
韓国の税務行政サービス憲章　204
韓国の税務検証制度導入の挫折　301
韓国の税務士会（韓国税務士法 18 条）　102
韓国の税務士に対する資格付与　104
韓国の税務士に対する試験制度　105
韓国の税務士に対する処分権　103
韓国の税務調整計算書　101
韓国の税務調整計算書制度（調整班制度）　293, 299
韓国の納税者権利憲章　204
韓国の納税者保護担当官　204
韓国の補佐人　101
韓国の倫理委員会　103
監査証明　285
完全な中立　93, 209
簡単な特別試験　54
監督（韓国税務士法 18 条 3 項）　102
期限納税の義務　218
規制改革会議の第 3 次答申　120
北村事件　23
記帳代行　49
機密保持と守秘義務の権利　218
義務違反のリスク　217
義務二分論　117
逆粉飾決算　125, 126
給付付き税額控除　223
教会税　213
「行政機関による法令適用事前確認手続の導入について」　216
行政機関の保有する情報の公開に関する法律

事項索引　347

216
行政裁判所（FGO 1 条）　92
行政支援サービス　197
行政書士の業務　137
行政書士の専門家制度　137
行政書士の聴聞手続代理権の付与　120
行政書士の本来の会計業務　139
行政書士法上の職域に関する判決　138
行政書士倫理規程　140
京都税務代弁者取扱規則　3
業務浄化調査委員長　103
協力的である義務　218
記録保存の義務　218
金融制度と書面添付制度の有機的な結びつき　297
金利の優遇　306
国，納税者，税理士が「三方一両損」　303
国の監督（ドイツ税理士法 88 条）　94
経済監査士　294
計算事項等を記載した書面　281, 304, 306
計算事項等を記載した書面添付制度（税理士法 33 条の 2 第 1 項）　231, 239, 278
「計算事項等を記載した書面添付制度」と「審査事項等を記載した書面添付制度」を活用する方法　235
「計算事項等を記載した書面添付制度」を活用する方法　235
計算し整理した事項　282
形式的審査主義　132
刑事罰　40
欠格事由（韓国税務士法 4 条）　102
決算確認書　295
「現況調査における留意事項等について（指示）」　26, 28
「現況調査の手引」　28
現金領収証発給義務化　301
建築基準法上の建築確認制度　154
建築士制度の再構築　154
建築士として経済的に自立　158
建築士と「名義貸し」　151
建築士の主たる業務　150
建築士の専門家制度　149
建築士の注意義務違反　153
建築士の適正報酬の見直し　156
建築士の人数　151
建築士の役割　152, 153

憲法 30 条「納税の義務」　195
憲法 30 条の二つの原則　196
憲法 84 条「租税法律主義」　195
「権利救済者」としての税理士の位置は完全中立　205
権利救済手続　208
権利救済の局面　213
合意解除を理由とする更正の請求　222
高額脱税犯刑罰強化　301
公器　44, 210
公共的使命　210
公共的役割　45
更正処分前の意見聴取制度　274
公正処理基準　126, 273
更正の請求　218, 221
更正の予知　291
構造計算書の偽造　150
口頭弁論前の話し合い（FGO 79 条 1 項）　207
高度注意義務違反型　117
公認会計士協会監査基準委員会の報告第 11 号「違法行為」　124
公認会計士試験合格者　56
公認会計士の専門家制度　121
公認会計士の専門家責任　121
後発的事由の更正の請求　222
合法的「和解」　237, 240
国税審議会　41
国税審議会が指定した研修　55
「国税庁が達成すべき目標に対する実績の評価書」　280
国税に係る共通的な手続並びに納税者の権利及び義務に関する法律　220
国税不服審判所の現状　228
国民健康保険料の負担について損害が生じた事件　20
国民主権主義的租税観　198
個人番号情報保護委員会　224
国家，税理士，納税者の三者　208, 209
国家の税務行政の効率化　235
国庫主義的租税観　198
今日的な税理士の立場　200
コンピュレーション　296

さ 行

財産一覧表と損益計算書が税法規定を遵守して

作成されている旨の証明書(ドイツ税理士法
　57条3項)　294
埼玉事件　121
再調査禁止(AO 173条)　204
裁判官おまかせ主義　145
財務諸表の信頼性　306
財務諸表の適正意見　287
暫定的保証約束(ドイツ税理士法40条3項)
　94
三位一体の三角形　210
資格付与の問題　53
事業用口座義務化　301
自計　52
試験科目　56
自己完結権　210, 308
自己監査の禁止　297
自己監査は監査にあらず　297
自己証明は証明にあらず　297
自己の作成した申告書　279
自己賦課の性質　196
試査　125
事実上の和解　237
事実証明に関する書類　140
事実の合意(和解)　207
使者　132
自主申告権　99
自浄機能　43
事前救済制度の充実　220
事前通知　224
事前通知前意見聴取　275, 279
事前通知を怠ったことは違法か　28
自治権　143
自治権の意義　146
自治権の問題　148
実践的な法解釈　305
実務経験による免除(ドイツ税理士法38条1
　項)　96
質問検査権　13, 22, 23
質問検査権の行使　290
自費を自弁　210
司法書士像　132
司法書士の業務　131
司法書士の専門家責任　131
司法書士の訴訟代理権の獲得　120
司法制度改革審議会意見書　119
市民裁判官　207

市民の目　148
シャウプ勧告　4, 196
シャウプ勧告(第2次)　48, 270
社会資本整備審議会建築分科会　151, 154
社会保障・税にかかわる番号制度　223
重加算税の理由附記　228
自由かつ独立の立場　145
終結話し合い(AO 201条1項)　91, 204
住民票，戸籍謄本等の交付　141
受験者の不正手段(ドイツ税理士法39a条)
　93
守秘義務　39
守秘義務の内容　40
遵法精神　283
使用人監督義務　36
情報採取の義務　18
情報提供や援助と聴聞を受ける権利　218
職域獲得争い　120, 138
職業規則(BOStB)　91
職業裁判による処罰(ドイツ税理士法89条1
　項，90条)　94
職業証票の交付(ドイツ税理士法41条1項)
　93
職業上の一般的義務(ドイツ税理士法57条)
　90
職業専門家たる要件　87
職業と合致しない活動(ドイツ税理士法57条4
　項)　94
職業倫理観の欠落　9
職業倫理と専門性　210
職業倫理に関する事件　140
職務上請求書　141
助言及び教示(ドイツ税理士法76条2項1号)
　94
助言義務　37, 51
助言義務の二重構造　52
助言・指導義務　12
助言・指導義務違反　19
処分適正化機能　226
署名押印　34
署名捺印義務(韓国税務士法9条)　103
書面添付権　34
書面添付制度　270, 273, 279
書面添付制度の実践的活用　307
書面添付制度の普及・定着に関する協議会
　277

事項索引　349

書面添付制度の普及定着に向けた取組　280
書類の効力　34
書類の真否を疑うべき相当な理由　133
自律性　94, 102, 106
自律的機能説　147
申告書の閲覧制度　17
申告書の信頼性を向上させる機能　304
申告書の信頼性を示す効果　288
申告書は真実であると推定　214
申告相談が無償　21
申告納税　196
申告納税制度　4, 89, 99, 196, 202
申告納税制度とは　196
申告納税制度の二重構造　197
申告納税制度の理念　194, 197
申告納税手続　208
申告納税の局面　211
申告納税方式　197
申告の是認　235
申告前納税制度　196
審査結果　287
審査事項等を記載した書面添付制度(税理士法33条の2第2項)　234, 239, 273, 278, 283, 304, 306
「審査事項等を記載した書面添付制度」を活用する方法　235
審査する主な事項　286
審査にあたり提示を受けた帳簿書類　285
新司法試験導入　56
真正の税務代理権　33
人的要件(ドイツ税理士法40条2項)　93
人民主権主義的租税観　198
スクリーニング機能　229
請願権　219
正規の簿記の原則　226
税金の弁護士　7
制限される税務援助の資格者(ドイツ税理士法4条)　91
制限説　222
正三角形　209
正三角形のイメージ　191
誠実義務　9, 31, 218
税務援助の活動内容(ドイツ税理士法33条)　91
税務援助の拒否(AO 80条5項)　92
税務援助の適用範囲(ドイツ税理士法1条)

　91
税務会計業務に関する保証　233
税務会計の適正意見　283
税務監査　44, 46, 273, 276
税務監査意見税額控除　235
税務監査機能　239, 304
税務監査証明　306
税務監査税額控除規定の創設　305
税務監査制度　58, 305
税務行政の円滑な遂行と納税義務の適正な履行(韓国税務士法1条)　99
税務行政の権利救済制度　236
税務行政の特殊性　31, 216
税務公証士　48
税務支援　44
税務支援に関する問題点　44
税務士会の目的(韓国税務士会会則3条)　102
税務士資格試験(韓国税務士法5条の2)　105
税務士自動資格制度(韓国税務士法3条2号)　104, 105
税務士制度　100
税務士懲戒委員会　103
税務士の業務(韓国税務士法2条)　101
税務士の使命(韓国税務士会倫理規程1条, 2条)　98
税務士の誠実義務(韓国税務士法12条1項)　110
税務士の登録(韓国税務士法施行令12条)　102
税務士の目的(韓国税務士法1条)　98
税務証明士　48
税務職員から公正な待遇を受ける権利　220
税務書類の監査証明業務　270
税務書類の作成　50
税務申告に直結する会計業務　50
税務専門家の職業倫理　113
「税務専門家の倫理的判断に関する研究」　111
税務体系　217, 233
税務体系の類似性　113
税務貸借対照表の作成及び租税法上の判断(ドイツ税理士法33条)　293
税務代理権限証書　22, 33, 39, 279
税務代理権の明示　33

税務代理権を無視する言動があったか　29
税務代理士法　2
「税務代理人の職業倫理規定の遵守に影響を及ぼす要因研究」　110
税務代理人法制定に関する建議案　2
税務調査　21, 23
『税務調査――調査が来たとき』　203
税務調査時に専門家の助力を受ける権利　220
税務調査手続　208
税務調査手続の明確化　224
税務調査に移行しない　58
税務調査に関する手続規定の創設　234
税務調査の局面　212
税務調査の事前通知と調査理由の開示を受ける権利　220
税務調査の省略　234, 288
「税務調査の法律的知識」　23
税務とは　193
税務に関する専門家　193
税理士会(ドイツ税理士法73条，74条)　93
税理士会の義務(ドイツ税理士法76条2項)　93
税理士会の自治権　57
税理士会の任務(ドイツ税理士法76条1項)　93
税理士が他の税理士の作成した申告書につき相談を受け審査する　284
税理士が求める真の納税環境整備　209
税理士から意見聴取(税理士法35条1項)　232
「税理士業務における品質保証に関して――ドイツ連邦税理士会の指針」　109
税理士業務に対する自己完結権　57
税理士業務の注意義務　10
税理士試験(ドイツ税理士法35条)　96
税理士職業損害賠償責任保険　10
税理士制度調査会　6
税理士制度に関する答申　5
税理士制度の新たなビジネスモデル　307
税理士，税務代理士及び税務会社(ドイツ税理士法32条)　91
税理士同士の相互チェック　234
税理士となることのできる者　53
税理士に対する監督(ドイツ税理士法76条1項)　94

税理士に対する評価付け　308
「税理士に提示された信憑，帳簿，資産証明書」の正規性　297
税理士の置かれる位置　202
税理士の会計業務に対する責任　125
税理士の基本的な性格　199
税理士の経済的自立の一助　235
税理士の見解の記載　283
税理士の自己完結権　59
税理士の使命　4, 6, 7
税理士の使命論　198
税理士の職業倫理　108
税理士の自律　57
税理士の自律性　88
税理士の自律問題　57
税理士の審査証明の制度　6
税理士の税務訴訟に関する出廷陳述権の付与　120
税理士の責任範囲の明確化　285
税理士の前置としての機能　213
税理士の専門性　43
税理士の訴訟代理(FGO 62条2項)　92
税理士の地位向上　210, 303, 304
税理士の独立性　88
税理士の判断の慎重性，合理性の担保　282
税理士のピアレビュー　212
税理士の名称(ドイツ税理士法43条4項)　92
税理士法　4
　――1条の解釈　199
　――2条2項の付随会計業務の税理士業務における位置　47
　――33条の2の書面添付制度　297
　――33条の2第1項(計算事項等を記載した書面添付制度)　231, 239, 278
　――33条の2第2項(審査事項等を記載した書面添付制度)　234, 239, 273, 278, 283, 304, 306
　――33条の2第2項「審査事項等を記載した書面添付」の適用と会計参与就任の具体的な運用　310
　――33条の2第2項の審査した書面を添付することの問題点　46
　――35条(意見聴取制度)　38, 288
　――35条1項(税理士から意見聴取)　232
　――44条，46条(一般の懲戒)　40, 41

事項索引　351

――45条(特別の懲戒)　36,41
――55条の監督権　42
税理士法改正(昭和55年)　197
税理士法改正意見書　5
「税理士法改正に関する基本要綱」　6
税理士法上の責任　41
税理士法人制度の創設　8
税理士免許(ドイツ税理士法40条1項)　93
責問権(ドイツ税理士法81条)　93,94
積極的な脱税行為　38
設計士の職能　152
善管注意義務　31
宣誓帳簿監査士　294
前置　236
専門家の経済的自立　159
総会決議の取消しの権限　42
相談に応じた事項　283,285
争点整理機能　304
争点明確化機能　230,236,240
相当因果関係　128
相当な理由　133
訴願(AO 349条)　92
訴訟上の救助(FGO 142条)　93
訴訟代理の引受義務(ドイツ税理士法65条)　93
訴訟費用の決定(FGO 138条)　207
租税教育　43,208,221
租税教育推進部　221
租税専門家に関する類型　106
租税に関する法令に規定された納税義務　194
租税法上の援助(ドイツ税理士法1条2項1号,2号)　92
租税法上の行政手続　199
租税法上の申告手続　199
租税法上の不服訴訟　199
租税法の財務書類の作成規定　273
租税倫理観の醸成　43
「その他」の記載事項　283,287
損害因果関係　130
損害賠償請求訴訟　13
損害賠償の保証(韓国税務士法16条の2)　103
尊厳死　145

た　行

第一義的な解釈権　231
第一次的な役割「納税者に対する保護者」　197
第一次的な判断権　197
代書　132
大統領令　100
第二次的な役割「法の監視者」　197
第2の開廷　204
代理権(AO 78条,80条1項)　91
脱税　36
脱税請負人　308
脱税相談などの禁止義務(韓国税務士法12条の2)　110
脱税相談の禁止　35
他人が作成した申告書　46,279
他の税理士の税務監査権行使　235
頼れる町の法律家　139
嘆願書　218
地積測量図作製の過誤　136
注意義務違反　9
忠実義務違反型　117
「中小会社会計指針適用に関するチェック・リスト」　130
中小企業会計基準　130
中小企業会計指針のチェックリスト　306
「中小企業の会計に関する指針」　130
中正な立場　4,6
中正論　6
懲戒処分(韓国税務士法17条)　102,103
調査・確認義務の違反　132
調査省略通知　277
調査立会権　38
調査の終了通知　224
徴税機関の下請　43
重複調査を受けない権利　220
帳簿書類以上に信憑力のある資料の摘示　227
帳簿書類等の提示・提出の拡大　220
帳簿の監査能力を有する会計の専門家　278
聴聞　41
通常の場合の更正の請求　222
提出物件の留置き　220
提示を受けた帳簿書類(備考欄の帳簿書類を除く)　282

適格領収証未発給過料賦課　301
適正意見税額控除　307
適正意見に係る証明書　306
適正意見の報酬　307
適正性の保証　306
適正手続の自治　149
適正な税額以外を支払わない権利　218
適正な納税義務の履行　210
適正な報酬　210
「添付書面作成基準(指針)」　277
添付書面の記載項目　281,284
ドイツ財政裁判所法(FGO)　92
ドイツ職業裁判所　95
ドイツ信用制度法18条1項(保証のない75万ユーロ超の信用供与)　296
ドイツ税理士法(StBerG)　90
　——1条(税務援助の適用範囲)　91
　——1条2項1号,2号(租税法上の援助)　92
　——3条(免許授与)　94
　——3条1項1号(無制限な税務援助の資格者)　91
　——3a条1項(臨時的になす資格)　91
　——4条(制限される税務援助の資格者)　91
　——32条(税理士,税務代理士及び税務会社)　91
　——33条(税務援助の活動内容)　91
　——33条(税務貸借対照表の作成及び租税法上の判断)　293
　——35条(税理士試験)　96
　——36条(予備教育要件)　94
　——38条(免除規定)　95
　——38条1項(実務経験による免除)　96
　——39a条(受験者の不正手段)　93
　——40条1項(税理士免許)　93
　——40条2項(人的要件)　93
　——40条3項(暫定的保証約束)　94
　——41条1項(職業証票の交付)　93
　——41条2項(保証書の提出)　93
　——43条4項(税理士の名称)　92
　——57条(職業上の一般的義務)　90
　——57条3項(財産一覧表と損益計算書が税法規定を遵守して作成されている旨の証明書)　294
　——57条4項(職業と合致しない活動)

　　94
　——65条(訴訟代理の引受義務)　93
　——73条,74条(税理士会)　93
　——76条1項(税理士会の任務)　93
　——76条1項(税理士に対する監督)　94
　——76条2項(税理士会の義務)　93
　——76条2項1号(助言及び教示)　94
　——81条(責問権)　93,94
　——88条(国の監督)　94
　——89条1項,90条(職業裁判による処罰)

　　94
ドイツ税理士法第8次改正法　89
ドイツ租税基本法(AO)　91,203
ドイツにおける裁判官の倫理　108
ドイツ納税者連盟　203
ドイツの基準性原則　294
ドイツの試験免除許可委員会　96
ドイツの試験免除の申請　96
ドイツの申告方式　108
ドイツの税理士会　93
ドイツの税理士登録　93
ドイツの税理士に対する資格付与　95
ドイツの税理士に対する試験制度　96
ドイツの税理士に対する処分権　94
ドイツの税理士の監査業務の効果　295
ドイツの税理士の監査制度　293
ドイツの税理士の使命　90
ドイツの税理士の職業倫理　107
登記業務に関する専門家制度　131
登記事務に係る注意義務　135
登録政治資金監査人　278
独占権　103
独占性　106
特段の事情　133
特定社会保険労務士の労働関係紛争関与　120
特別の懲戒(税理士法45条)　36,41
独立した公正な立場　193
独立保障説　146
土地家屋調査士委嘱契約　135
土地家屋調査士の業務　134
土地家屋調査士の専門家責任　134
トライアングルの関係　158

な 行

内容虚偽の決算書類　130

為す債務　116
二重責任の原則　125, 128, 282, 304
日本コッパース事件　123
任意調査　21
年度決算書の正規性　297
納税環境整備 PT　217
納税義務者の信頼にこたえる　194
納税義務の適正な履行　44
納税者権利憲章（日本）　219
納税者権利保護　100
納税者とともに解釈権を行使　233
納税者に買換特例の適用が可能と誤って教示した事例　16
納税者の意を汲んだ話し合い　214
納税者の義務　218
納税者の権益の保護（韓国税務士法 1 条の 2）　98, 99
納税者の権利　195, 218, 233
納税者の権利保護　113
納税者の権利保護規定の整備　220
納税者の権利擁護　44, 210
納税者の権利擁護論　6
納税者の誠実性の推定　214, 220
納税者の不正な行為　11
納税者の要請と税理士の責任　10
納税の権利　196
納税番号制度の導入　223
納税倫理の向上　32
能力担保措置　54

は　行

配偶者の相続税額軽減に関する説明義務　13
話し合いによる合意　207, 237
ピアチェック　114, 157, 305
ピアレビュー　47, 157, 305
ピアレビュー機能　234, 236, 239, 288
ビジネスという実践性　210
ビジネスモデルの構築　210
非弁提携　149
秘密厳守義務（韓国税務士法 11 条）　103
秘密を保持する権利　40
品位の失墜（韓国税務士法 19 条）　104
賦課課税制度　3, 89, 202
福島事件　120
福田幸弘政府委員答弁　273, 287
不真正税務書類　37

付随会計業務　272
不正な事実　37
不正発見義務の特約　52
不服申立前置　228
不服申立ての権利　218
プライバシーの権利　218
プロの仕事はプロが評価する　157
プロフェッション　115
紛議調停機能　43
粉飾決算　122, 125, 129
文書提出の期限を守る義務　218
平成 23 年度税制改正大綱　208
ベシャイニグング　296, 306
ベシャイニグングの税理士証明　296
ベスト・インタレスト　58
弁護士自治　143, 146
弁護士の依頼者からの自由・独立　145
弁護士の自治権　143
弁護士の使命　144
弁護士の専門家制度　143
弁護士の弁護活動への失望　145
弁護士法改正（平成 15 年）　138
弁護士法 72 条違反　138
弁護士倫理　144
弁理士の訴訟代理権の獲得　120
包括的な評価　296
報酬の有無　21
法人特別指導表　275
法定申告期限後の錯誤無効　223
法の監視者　233
「法の監視者」職務での税理士の位置は大きく納税者寄り　203
法の支配　233
保護者　231
「保護者」職務での税理士の位置はやや納税者寄り　203
補佐人制度の創設　8
保証業務　122
保証書の提出（ドイツ税理士法 41 条 2 項）　93
保証のない 75 万ユーロ超の信用供与（ドイツ信用制度法 18 条 1 項）　296
本旨の履行　117
本人確認制度　132
本坊事件　26
本来的給付義務　117

ま 行

マイナンバー　218
マイナンバー制度　210, 223
マイ・ポータル　224
町の法律家　132
真ん中でバランス　211
自ら作成記入した帳簿書類　282
無資格者の税務代理(韓国税務士法22条の2)　103
無償独占　21, 45
無制限説　222
無制限な税務援助の資格者(ドイツ税理士法3条1項1号)　91
無通知(無予告)調査　22, 26, 28
名義貸し　36
名義貸し等の禁止(韓国税務士法12条の3)　103
明示の承諾　26, 28
免許資格制度　53
免許授与(ドイツ税理士法3条)　94
免除科目制度　54
免除規定(ドイツ税理士法38条)　95
免除認定　54
黙示の承諾　26

や 行

有印私文書偽造　142
融資条件の優遇　306
予備教育要件(ドイツ税理士法36条)　94

ら 行

立証責任　119
立証責任の履行　232
理由附記　225, 230
理由附記の適用除外　216
臨時的な税務書類の作成　45
臨時的になす資格(ドイツ税理士法3a条1項)　91
臨場にあたり事前通知を欠如したことは違法か　27
隣接士業界の既得権益　120
隣接法律専門職種の活用　119
倫理規定(韓国税務士会会則46条)　110
倫理規定(韓国税務士会倫理規程3条)　110
レビュー　296

わ 行

和解　237
和解に類似する行為　207
ワンストップ・サービス　119

判例索引

あ 行

浦和地裁平成 6 年 5 月 13 日判決判時 1501 号[埼玉事件]　176
大分地裁昭和 42 年 3 月 29 日判決税資 47 号　262
大阪地裁昭和 29 年 12 月 24 日判決行集 5 巻 12 号　322
大阪地裁昭和 45 年 9 月 22 日判決行集 21 巻 9 号　322
大阪地裁昭和 62 年 2 月 18 日判決判タ 646 号　187
大阪地裁平成 10 年 7 月 29 日判決金判 1052 号　153, 187
大阪地裁平成 10 年 12 月 18 日判決(判例集不登載)　187
大阪地裁平成 11 年 6 月 30 日判決(判例集不登載)　153, 187
大阪地裁平成 12 年 6 月 30 日判決ジュリ 1192 号　153, 187
大阪地裁平成 13 年 5 月 29 日判決(判例集不登載)　52
大阪地裁平成 15 年 10 月 15 日判決金判 1178 号[阪急電鉄事件]　177
大阪地裁平成 17 年 2 月 24 日判決判時 1931 号[山一証券事件]　178
大阪高裁平成元年 2 月 17 日判決判タ 705 号　187
大阪高裁平成 8 年 11 月 29 日判決 TKC 文献番号 28020219　17
大阪高裁平成 8 年 11 月 29 日判決税理士界 1109 号　68
大阪高裁平成 9 年 12 月 12 日判決判タ 980 号　181
大阪高裁平成 10 年 3 月 13 日判決判時 1654 号　68
大阪高裁平成 10 年 3 月 19 日判決税資 231 号[北村事件]　23
大阪高裁平成 16 年 8 月 27 日判決税資 254 号順号　139
大阪高裁平成 17 年 3 月 29 日判決税資 255 号[本坊事件]　26
大津地裁平成 19 年 2 月 26 日判決 TAINS Z999-0100　179
岡山地裁昭和 47 年 2 月 3 日判決税資 65 号　262

か 行

京都地裁昭和 40 年 2 月 23 日判決訴月 11 巻 7 号　181
京都地裁平成 7 年 3 月 27 日判決税資 208 号[北村事件]　23
京都地裁平成 7 年 4 月 28 日判決 TAINS Z999-0008　16
京都地裁平成 15 年 5 月 29 日判決(判例集不登載)　139
神戸地裁平成 5 年 11 月 24 日判決判時 1509 号　68
神戸地裁平成 9 年 1 月 21 日判決判タ 942 号　117, 175
神戸地裁平成 10 年 12 月 9 日判決判時 1685 号　67
神戸地裁平成 16 年 2 月 26 日判決税資 254 号[本坊事件]　26

さ 行

最高裁昭和 38 年 5 月 31 日判決税資 37 号　262
最高裁昭和 38 年 5 月 31 日判決民集 17 巻 4 号　215

最高裁昭和 48 年 7 月 10 日決定刑集 27 巻 7 号　　215
最高裁昭和 49 年 7 月 19 日判決民集 28 巻 5 号　　263
最高裁昭和 51 年 12 月 9 日判決税資 90 号　　322
最高裁昭和 60 年 4 月 23 日判決税資 145 号　　262
最高裁第一小法廷平成 22 年 12 月 20 日判決判タ 1339 号　　140
最高裁第三小法廷昭和 48 年 7 月 10 日決定刑集 27 巻 7 号　　72
最高裁第三小法廷平成 12 年 2 月 8 日判決判タ 1027 号[福島事件]　　176
札幌高裁昭和 46 年 11 月 30 日判決判タ 271 号　　181
静岡地裁平成 11 年 3 月 31 日判決資料版商事法務 187 号[ヤオハン事件]　　177
仙台高裁昭和 63 年 2 月 26 日判決判タ 663 号　　129

た 行

東京地裁昭和 39 年 11 月 28 日判決判タ 172 号　　78
東京地裁昭和 52 年 7 月 12 日判決判タ 365 号　　181
東京地裁平成 3 年 3 月 19 日判決判タ 760 号[日本コッパース事件]　　178
東京地裁平成 5 年 4 月 22 日判決判タ 829 号　　138
東京地裁平成 8 年 11 月 18 日判決判時 1607 号　　142
東京地裁平成 10 年 9 月 18 日判決判タ 1002 号　　66
東京地裁平成 11 年 12 月 17 日判決税資 245 号　　262
東京地裁平成 15 年 9 月 8 日判決判タ 1147 号　　13
東京地裁平成 16 年 10 月 18 日判決 TAINS Z999-0095　　179
東京地裁平成 17 年 2 月 25 日判決判タ 1195 号　　141
東京地裁平成 19 年 11 月 30 日判決判タ 1272 号　　126
東京地裁平成 21 年 10 月 26 日判決判タ 1340 号　　10
東京高裁昭和 42 年 4 月 27 日判決判タ 172 号　　78
東京高裁昭和 48 年 1 月 31 日判決判タ 302 号　　181
東京高裁平成 7 年 6 月 19 日判決判時 1540 号　　18
東京高裁平成 7 年 9 月 28 日判決金判 980 号[日本コッパース事件]　　178
東京高裁平成 7 年 11 月 27 日判決訴月 47 巻 5 号　　322
東京高裁平成 7 年 11 月 29 日判決判時 1557 号[埼玉事件]　　176
東京高裁平成 11 年 9 月 22 日判決判タ 1037 号　　118, 175
東京高裁平成 17 年 9 月 14 日判決判タ 1206 号　　181
富山地裁平成 12 年 8 月 9 日判決 TAINS Z999-0042　　51

な 行

長崎地裁昭和 62 年 8 月 7 日判決判時 1275 号　　181
名古屋簡裁平成 17 年 11 月 7 日判決(判例集不登載)　　141
名古屋簡裁平成 18 年 2 月 21 日判決判タ 1214 号　　141

は 行

福岡地裁昭和 61 年 7 月 16 日判決判タ 637 号　　187

や 行

横浜地裁平成 6 年 7 月 15 日判決判タ 904 号　　18

わ　行

和歌山地裁昭和50年6月23日判決税資82号　　322

川股 修二（かわまた しゅうじ）

1961 年生まれ
2001 年～　租税訴訟学会理事・補佐人税理士として出廷し，税務争訟・専門家責任訴訟を実務臨床にて研究。「はずれ馬券」の税務争訟を担当。
2005 年～　納税者・国家・税理士の納税環境整備の研究。その一環として，2008 年～2010 年に韓国税務士制度の調査のため，2011 年にドイツ税理士制度の調査のため，それぞれ現地を訪れ，これらの活動から税理士制度を有する先進国の研究機関，税務士・税理士等の実務家との研究交流を続ける。
2012 年　北海道大学大学院法学研究科博士課程修了，博士（法学）。
2013 年　北海道大学法学研究科専門研究員退職。
現　在　あすか税理士法人・代表税理士。北海道税理士会指導研究部・広報部特別委員。TKC 税務研究所副所長。
　　　　租税訴訟学会理事・北海道支部長。日本税法学会会員。ファルクラム会員。アコード租税総合研究所顧問。札幌学院大学法学部非常勤講師。

（論文）
　「税理士制度と納税環境整備(1)～(9)」『北大法学論集』63 巻 4 号（2012 年）2～56 頁，同 5 号（2013 年）286～324 頁，同 6 号（2013 年）335～378 頁，64 巻 1 号（2013 年）180～212 頁，同 2 号（2013 年）232～268 頁，同 3 号（2013 年）443～480 頁，同 4 号（2013 年）262～308 頁，同 5 号（2014 年）213～250 頁，同 6 号（2014 年）303～340 頁。
（共著）
　『書面添付制度ガイドブック』北海道税理士会，2014 年。
（論説）
　「中国の会計・租税専門家」『北海道税理士会報』491 号（2011 年）32～33 頁。
　「ドイツ税務行政の概要」租税訴訟学会横浜支部『ドイツの納税者権利救済制度の実情視察』2011 年，17～32 頁。
（判例評釈）
　「税理士の損害賠償責任」『TKC 北海道』186 号（2012 年）22～24 頁。
（紹介）
　「韓国の納税環境整備」『北海道税理士会報』481 号（2010 年）20 頁。

税理士制度と納税環境整備
―― 税理士法33条の2の機能

2014年11月25日　第1刷発行

著　者　　川　股　修　二

発行者　　櫻　井　義　秀

発行所　北海道大学出版会
札幌市北区北9条西8丁目　北海道大学構内（〒060-0809）
Tel. 011(747)2308・Fax. 011(736)8605・http://www.hup.gr.jp/

㈱アイワード／石田製本㈱　　　　　　　　Ⓒ 2014　川股修二

ISBN978-4-8329-6795-3

北海道の企業 ―ビジネスをケースで学ぶ―	小森正文・川永博夫・佐藤郁彦 編著	A5・320頁 価格2800円
北海道の企業2 ―ビジネスをケースで学ぶ―	佐藤郁夫・森永文彦・小川正博 編著	A5・312頁 価格2800円
北海道の企業3 ―ビジネスをケースで学ぶ―	佐藤郁夫・森永文彦・松本源太郎 編著	A5・386頁 価格3000円
日本経済の分析と統計	近藤昭夫・江昌嗣 編著	A5・372頁 価格4400円
現代株式会社と私有財産	A.A.バーリ・G.C.ミーンズ 著 森杲 訳	A5・420頁 価格6800円
日本的生産システムと企業社会	鈴木良始 著	A5・336頁 価格3800円
非営利組織の経営 ―日本のボランティア―	小島廣光 著	A5・256頁 価格4600円
経済のサービス化と産業政策	松本源太郎 著	A5・216頁 価格3500円
雇用官僚制［増補改訂版］ ―アメリカの内部労働市場と"良い仕事"の生成史―	S.ジャコービィ 著 荒又・木下・平尾・森 訳	A5・456頁 価格6000円

〈価格は消費税を含まず〉

―――北海道大学出版会―――